*Loïc Wacquant*

# *Leben für den Ring*

*Boxen im amerikanischen Ghetto*

Aus dem Französischen von
Jörg Ohnacker



UVK Verlagsgesellschaft mbH

*Ouvrage publié avec le concours du ministère français chargé de la Culture – Centre national du livre.*
*Veröffentlicht mit Unterstützung des Französischen Ministeriums für Kultur.*

Bibliographische Information der Deutschen Bibliothek
Die Deutsche Bibliothek verzeichnet diese Publikation in der Deutschen Nationalbibliographie; detaillierte bibliographische Daten sind im Internet über http://dnb.ddb.de abrufbar.



ISSN 0943-9021
ISBN 978-3-89669-788-2

Titel der Originalausgabe:
Corps et âme
Carnets ethnographiques d'un apprenti boxeur

Leben für den Ring. Boxen im amerikanischen Ghetto / Loïc Wacquant
– Konstanz : UVK Verlagsgesellschaft mbH 2003
ISBN 3-89669-788-9


Einband: Susanne Fuellhaas, Konstanz
Printed in Germany

UVK Verlagsgesellschaft mbH
Schützenstr. 24 · D-78462 Konstanz
Tel. 07531-9053-0 · Fax 07531-9053-98
www.uvk.de

# Inhalt

*In loving memory of DeeDee Armour*
*who is now coaching in that great gym*
*in the heavens*

Jede Gruppe von Menschen – Gefangene, Primitive, Piloten oder Patienten – entwickelt ein eigenes Leben, das sich als signifikant, vernünftig und normal darstellt, sobald man sich ihr nähert.

ERVING GOFFMAN, *Asylum*, 1961

*Subjektive Schwierigkeiten.* Gefahr der oberflächlichen Beobachtung. Nicht »glauben«. Nicht glauben, zu wissen, weil man gesehen hat; keinerlei moralische Urteile fällen. Sich nicht wundern. Sich nicht erregen. Versuchen, in der Gesellschaft der Eingeborenen zu leben. Die Zeugnisse gut auswählen. [...] Die Objektivität wird in der Darstellung wie in der Beobachtung verlangt. Sagen, was man weiß, und zwar alles, was man weiß, und nur das was man weiß.

MARCEL MAUSS, *Manuel d'ethnographie*, 1950

# Prolog

Mein Eintritt in den Boxclub eines der schwarzen Ghettoviertel Chicagos im August 1988 ist einer Verkettung von Umständen zu verdanken[1]. Ich hatte diesen Sport vorher nie ausgeübt und auch nicht vorgehabt, dies zu tun. Abgesehen von den oberflächlichen Eindrücken und Stereotypen, die der Allgemeinheit über Medien, Kino oder Literatur vermittelt werden[E 1], hatte ich bislang keinerlei Kontakt zu der Welt des Boxsports gehabt und befand mich in der Rolle des absoluten Neulings.

Drei Jahre lang habe ich drei- bis sechsmal pro Woche mit den Amateuren und Berufsboxern des Clubs trainiert und mich, vom *shadow-boxing* vor dem Spiegel bis zum *sparring* im Ring, konsequent ihrem gesamten Trainingsprogramm unterzogen. Es kam nicht nur für mich selbst, sondern auch für mein Umfeld überraschend, dass mich diese Tätigkeit immer mehr einnahm und ich schließlich jeden Nachmittag in der Boxhalle von Woodlawn verbrachte, um mit den Profis des Clubs zu boxen und mich auf meinen ersten öffentlichen Kampf anlässlich der Chicago Golden Gloves vorzubereiten. Meine Eindrücke waren so überwältigend, dass ich zeitweilig sogar daran dachte, meine Universi-

1 Urheber dieser Verkettung war mein Freund Olivier Hermine, dem ich zu ewigem Dank verpflichtet bin, dass er mich in den Woodlawn Boys Club mitgenommen hat. Mein Dank gilt auch Pierre Bourdieu, der mich von Anbeginn an in einem Unternehmen bestärkt hat, das beträchtlichen physischen Einsatz erfordert und ohne beständige moralische Unterstützung nicht hätte zu Ende geführt werden können. Seine Ermutigungen, sein Rat und sein Besuch im Boys Club haben mir geholfen, in Momenten des Zweifels (und der Erschöpfung) die Kraft zu finden, meine Untersuchungen fortzuführen. Ebenso danke ich den zahlreichen Kollegen, Verwandten und Freunden, die mir während und nach dieser Untersuchung mit Anregungen und Ermutigungen unterstützend zur Seite standen – die Betreffenden wissen, wer gemeint ist und was ich ihnen schulde. Thierry Discepolo danke ich für die bewiesene Energie und Geduld bei der Erstellung des Manuskriptes. Und letztlich bedarf es keiner besonderen Hervorhebung, dass dieses Buch ohne die Großzügigkeit und das brüderliche Vertrauen meiner »*gym buddies*« aus Woodlawn und unserem Mentor DeeDee nie geschrieben worden wäre; ich hoffe, dass sie darin das Zeichen meiner unerschütterlichen Wertschätzung und Zuneigung sehen. (*Mit* [E n] *gekennzeichnete Anmerkungen finden Sie ab Seite 275.*)

tätslaufbahn zu unterbrechen und in das Lager der Berufsboxer zu wechseln, um mit meinen Freunden und DeeDee Armour zusammenbleiben zu können, dem Trainer des »*gym*«, der mir ein zweiter Vater geworden ist[2].

In ihrem Gefolge habe ich an über dreißig Wettkämpfen und Boxveranstaltungen in Sporthallen, Kinos und anderen Etablissements der Stadt und ihrer Vororte teilgenommen. Als Unterstützer und Fan, Sparringspartner, Vertrauter und Fotograf hatte ich Zugang zu allen Bühnen und auch hinter die Kulissen und war dabei, wenn die Boxer meines *gym* auf Tournee gingen, um Kämpfe in den Kleinstädten des mittleren Westens oder in den berühmten (aber erbärmlichen) Casinos von Atlantic City zu bestreiten. Unter den Fittichen von DeeDee konnte ich mich nach und nach zu einem Fachmann in Sachen Boxsport entwickeln: unsere endlosen Gespräche in der Boxhalle und die Abende, die wir auf dem Bett in der Küche seiner kleinen Wohnung verbrachten und dabei die im Fernsehen gezeigten Boxkämpfe analysierten, haben wesentlich dazu beigetragen.

Die Menschen von Woodlawn haben mir Freudschaft und Vertrauen entgegengebracht. Ich war nicht nur in der Trainingshalle einer von ihnen, sondern begleitete sie auch bei anderen Gelegenheiten, etwa bei der Arbeits- oder Wohnungssuche, der Schnäppchenjagd in den Kauf-

2 Davon zeugt folgender Auszug, stellvertretend für mehrere desselben Tenors, aus meinen Feldnotizen vom August 1990: »Heute habe ich es so genossen, im *gym* zu sein, mit DeeDee und Curtis im Hinterzimmer zu sitzen, zu lachen, zu reden und einfach mit ihnen zu leben, zu atmen und, wie ein Schwamm, die Atmosphäre der Halle aufzusaugen, dass mir die Vorstellung, bald nach Harvard zu gehen [wohin ich einen Ruf erhalten hatte] plötzlich die Kehle zuschnürte. Ich habe ein solches Vergnügen an der bloßen *Teilnahme*, dass die *Beobachtung* zweitrangig wird und ich bei mir schon gedacht habe, dass ich meine Studien, die Forschung und alles, was damit zusammenhängt, gern dafür aufgeben würde, um hier weiter boxen zu können und »*one of the boys*« zu bleiben. Ich weiß, dass sich das vollkommen verrückt und auch unrealistisch ausnimmt, aber in diesem konkreten Augenblick erscheint mir, angesichts des schieren und lebhaften körperlichen Wohlgefühls, das mir dieses verdammte *gym* vermittelt (man muss die eines Pagnol würdigen Auseinandersetzungen zwischen DeeDee und Curtis gesehen haben!), die Perspektive eines Umzugs nach Harvard, der geplante Vortrag bei der ASA [Jahreskongress der American Sociological Association], das Verfassen von Artikeln, das Lesen von Büchern, die Teilnahme an Konferenzen und das ganze universitäre *tutti frutti* so sinnentleert, deprimierend, trübselig und leblos, dass ich alles aufgeben möchte, nur um in Chicago zu bleiben. Es ist wirklich *crazy.* PB [Pierre Bourdieu] hat neulich gesagt, er fürchte, dass ich mich ›von meinem Objekt verführen lasse‹; was er nicht weiß: ich bin schon weit über die Verführung hinaus!«

häusern des Ghettos, zu Auseinandersetzungen mit den Ehefrauen, zum Sozialamt oder zur Polizei und beim Flanieren mit ihren »*homies*« (Kumpanen) aus den berüchtigten Nachbarvierteln. Beim gemeinsamen Picknick, beim Besuch von Tanzabenden oder Familienfesten erfuhr ich von ihren Freuden und Leiden, ihren Träumen und Enttäuschungen. Sie nahmen mich ebenso in die Kirche oder zum Friseur mit, um mir einen ›fade‹ schneiden zu lassen, wie zu einer Partie Billard in die Stammkneipe und ließen mich Rap hören, bis er mir zu den Ohren herauskam. Bei einem politisch-religiösen Meeting der Nation of Islam, wo ich mich als einziger nichtgläubiger Europäer unter zehntausend gläubigen, ekstatischen Afroamerikanern wiederfand, habe ich sogar dem *Minister* Louis Farrakhan applaudiert. Ich habe an drei Beerdigungen, zwei Hochzeiten[E 2], vier Geburten und einer Taufe teilgenommen und 1992 die tiefe Trauer anlässlich der Schließung des *gym* von Woodlawn geteilt, das ein Jahr später einer Maßnahme städtischer »Sanierung« zum Opfer fiel.

Die folgenden Texte sind vor allem aus meinen Aufzeichnungen, die ich regelmäßig am Tag nach dem Training verfasst habe (und die mir ursprünglich über mein Gefühl der Ungeschicklichkeit und körperlichen Unbeholfenheit hinweghelfen sollten, das durch meine Situation als einziger Weißer in einer sonst ausschließlich von schwarzen Athleten frequentierten Sporthalle noch verstärkt wurde). Dazu kommen die Beobachtungen, Fotografien und Tonbandaufnahmen von Boxkämpfen, an denen die Mitglieder meines Clubs teilnahmen[3].

Von Anbeginn des Projektes war klar, dass eine Soziologie des Boxens, die dem vorkonstruierten Objekt kollektiver Mythologie entgehen will, die vorgefertigte Exotik des Gegenstands und seine der Öffentlichkeit zugewandten und für sie bestimmten Aspekte meiden muss. Damit sind all die bedeutenden und unbedeutenden Kämpfe, die Wunder des Heldentums und der damit verbundene soziale Aufstieg

3 Diese ethnographischen Beobachtungen wurden am Ende des Forschungsprojekts durch die Erhebung der Lebensgeschichten der wichtigsten Mitglieder des Woodlawn Boys Club sowie über hundert Tiefeninterviews mit Berufsboxern aus Illinois, ihren Trainern und Managern, und schließlich das Durchforsten der ›indigenen‹ Literaur (Fachzeitschriften, Mitteilungen, Biographien und Autobiographien) und ihrer wissenschaftlichen Ableger (literarische und historiographische Erzählungen) vervollständigt und neu zusammengestellt. Ich habe zudem in drei weiteren professionellen Chicagoer *gyms* trainiert und war in einem guten Dutzend anderer Clubs in den Vereinigten Staaten und Europa zu Gast. Nachdem ich Chicago verlassen hatte, war ich Mitglied in drei Boxhallen in Boston, New York und Oakland.

(»Marvellous Marvin Hagler: aus dem Ghetto zum Ruhm«, verkündet ein Poster an einer Wand des Woodlawn Boys Club) ebenso gemeint, wie die Lebenswege und außergewöhnlichen Karrieren der Champions. Der Zugang zum Boxen muss vielmehr von der weniger bekannten, unspektakulären Seite her erfolgen: dazu zählen die graue und quälende Routine des Trainings, die physisch wie moralisch langwierige und aufreibende Vorbereitung auf die kurzen Auftritte im Rampenlicht, die kaum wahrnehmbaren und intimen Riten des Lebens im *gym*, die den Glauben und die Überzeugung produzieren und reproduzieren, aus denen sich die körperliche, materielle und symbolische Ökonomie der Welt des Boxens nährt. Um eine ungestüme, durch Evozieren der Kämpfe geförderte Spontansoziologie zu vermeiden, sollte man seine Gedanken nicht auf die außergewöhnliche Gestalt des Champions im Ring richten, sondern gemeinsam mit anonymen Boxern im gewohnten Rahmen ihres *gym* den Sandsack schlagen.

Der zweite Vorteil eines Zugangs über die teilnehmende Beobachtung (im vorliegenden Fall eher beobachtende Teilnahme) in einer gewöhnlichen Boxhalle liegt darin, dass die auf diese Weise erstellten Materialien nicht den »ökologischen Paralogismus« aufweisen, von dem die meisten verfügbaren Untersuchungen und Berichte über die noble Kunst des Boxens befallen sind. Keine der hier wiedergegebenen Aussagen wurde gezielt herbeigeführt: die beschriebenen Verhaltensweisen sind die des Boxers in seiner »natürlichen Umgebung«[E 3] und haben nichts mit den theatralischen und stark kodifizierten (Re)präsentationen gemein, mit denen er sich gern der Öffentlichkeit vermittelt und die in Reportagen und Romanen, entsprechend der eigenen Regeln dieser Gattungen, neu interpretiert und verherrlicht werden.

Der moralisierende Diskurs, der über den »Blick aus der Ferne« eines distanzierten Beobachters dieses spezifischen Universums entsteht, wird im vorliegenden Werk vermieden. Es soll vielmehr gezeigt werden, wie der Boxsport »Sinn machen« kann, wenn man sich der Mühe unterzieht, sich ihm soweit zu nähern, dass man ihn, wie in einer experimentellen Situation, *am eigenen Leib* erfahren kann. Dazu sollen die folgenden drei, in Gattung und Stil bewusst unterschiedlich gehaltenen Texte beitragen, die ethnographische Beschreibung, soziologische Analyse und literarischen Anspruch nebeneinanderstellen, um so die Konzepte und Wahrnehmungen, die versteckten Bedeutungen und gelebten Erfahrungen, die externen Faktoren und inneren Empfindungen zu vermitteln, die, miteinander verbunden, die Gesamtheit der Welt des Boxens ausmachen. Kurz gesagt geht es darum, gleichermaßen die soziale und sinnliche Logik *aufzuzeigen und zu belegen*, die das Boxen als körperbezogenes Handeln im amerikanischen Ghetto formt.

Der erste Text ordnet das Gewirr undurchsichtiger Beziehungen zwischen Straße und Ring und entschlüsselt die noble Kunst des Boxens als Prozess einer körperlich-sportlichen, perzeptuellen, emotionalen und mentalen Konversion, der praktisch und kollektiv auf der Grundlage einer impliziten und mimetischen Pädagogik stattfindet und die einzelnen Parameter der Existenz des Boxers Stück für Stück neu definiert. Er stützt sich auf einen Artikel vom Sommer 1989[E 4], der ein Jahr nach meinem Eintritt in den Club von Woodlawn verfasst wurde, als eine Zwangspause wegen eines gebrochenen Nasenbeins, das ich mir beim Sparring zugezogen hatte, mir die Muse gab, meine Tätigkeit als Boxernovize zu reflektieren[4]. Wir haben der Versuchung widerstanden, dieses »Jugendwerk«, Vorstufe einer ausführlicheren Analyse der »Produktion« des Boxers und Thema eines im Entstehen begriffenen Buches[5], unverändert zu übernehmen und alle vorangegangenen Arbeiten einzubeziehen, die in zwei zusätzlichen Jahren intensiver Beschäftigung mit dem Thema entstanden sind, und uns schließlich darauf geeinigt, lediglich die Daten zu erweitern und die ursprünglichen Analysen zu überarbeiten, wobei das Gesamtkonzept beibehalten wurde. Es schien uns in der Tat, dass den empirischen Lücken und der analytischen Halbnaivität dieser Schrift eines Lehrlings der Soziologie eine ethnographische Frische und eine Arglosigkeit des Tons gegenübersteht, die es dem Leser leichter machen könnten, sich in die Haut eines Boxers zu versetzen.

Der zweite Text wurde in einer ersten Version 1993 verfasst und sieben Jahre später anhand von damals angefertigten Tonband- und Videoaufzeichnungen vervollständigt und überarbeitet. Er bietet die ausführliche Beschreibung einer Boxveranstaltung in einer Kneipe eines Arbeiterviertels der South Side – von den Vorbereitungen auf das offizielle morgendliche Wiegen bis hin zu den nächtlichen Feiern nach

4 Bei der Arbeit an diesem Artikel ist mir klar geworden, in welchem Maß das *gym* einen »strategischen Ort der Forschung« (wie Robert Merton es ausdrücken würde) darstellt und ich habe beschlossen, den Beruf des Boxers zu einem zweiten Forschungsgegenstand neben dem des Ghettos zu machen.

5 In *The Passion of the Pugiliste* wird, unter anderem, vertiefend auf die Dialektik von Verlangen und Domination bei der sozialen Genese der Berufung zum Boxer, auf Struktur und Funktionsweise der Ökonomie des Boxens, die Arbeit des Trainers als Bemutterung, die indigenen Glaubensüberzeugungen bezüglich Sex und Frauen und die Konfrontation im Ring als homoerotisches Männlichkeitsritual eingegangen.

dem Kampf. Die Einheit von Zeit, Ort und Handlung macht es hier möglich, das Ineinander-Übergreifen sozialer Ingredienzen und Verflechtungen hervorzuheben, die der erste Text notwendigerweise voneinander trennen musste: Eigennutz und Verlangen, Affektion und Ausbeutung, Maskulinität und Femininität, Sakrales und Profanes, Abstinenz und Lustgewinn, Routine und Unvorhergesehenes, männlicher Ehrenkodex und das brutale Diktat materieller Zwänge.

Beim dritten Text handelt es sich, um einen Begriff zu gebrauchen, der in die Nähe eines Oxymorons kommt, um eine »soziologische Novelle«. Er wurde auf die Bitte von Michel Le Brin für eine Sondernummer der literarischen Revue *Gulliver* unter dem Motto »Sport schreiben[E 5]« verfasst und beschreibt, Schritt für Schritt, die Vorbereitung des Autors auf seinen Auftritt als Boxer und seinen Kampf bei den Chicago Golden Gloves, dem bedeutendsten Amateurturnier des mittleren Westens, in einem narrativen Stil, der darum bemüht ist, jegliche Spuren der Arbeit soziologischer Konstruktion unsichtbar zu machen, ohne dabei auf die Vermittlung ihrer grundlegenden Ergebnisse zu verzichten[6]. (Das Ergebnis hat Le Brin dann veranlasst, in seinem Vorwort – zu Unrecht – den Text als »Erzählung« einzustufen, »bei dem jegliche Soziologie in der Schwebe« bleibe. Die Verschmelzung der in der Regel voneinander getrennten Genres Soziologie, Etnographie und Novelle soll es dem Leser ermöglichen, die mit dem Boxen vebundenen Dinge »konkret [und] so, wie sie sind« zu sehen und die Boxer in der Bewegung darzustellen, »so wie ein Mechaniker Massen und Systeme sieht, oder wie wir im Meer Polypen und Seerosen sehen. Wir entdecken Gruppen von Menschen und Triebkräfte, eingetaucht in ihr Milieu und ihre Gefühle«.[E 6]

Zum Abschluss dieses Prologs erscheint es aufschlussreich, die prinzipiellen Faktoren herauszustellen, die diese Untersuchung ermöglicht haben und deren entscheidendster zweifellos der »opportunistische« Charakter meiner Insertion war[E 7]. Tatsächlich war ich ja nicht mit dem ausdrücklichen Ziel dem *gym* beigetreten, die Welt des Boxens sezieren zu wollen. Meine ursprüngliche Intention war, die Boxhalle als »Fenster« zum Ghetto zu nutzen, um die sozialen Strategien der Jugendlichen des Viertels – mein eigentliches Objekt – zu beobachten. Der Ent-

6 In diesem Text wird in den Termini der Praxis die Frage der Schriftstellerei in den Sozialwissenschaften und des Unterschieds zwischen Soziologie und Fiktion gestellt, mit der sich während des letzten Jahrzehnts die Anthropologen herumgeplagt haben. Kurz nach Erscheinen besagten Textes bekam ich dementsprechend von einem der großen Pariser Verlage ein Angebot für meinen ... »Roman«.

schluss, aus dem Beruf des Boxers ein eigenständiges Untersuchungsobjekt zu machen, wurde erst nach sechzehn Monaten beharrlicher Präsenz und erfolgter Inthronisierung als Mitglied des engeren Zirkels des Boys Club sowie der Einwilligung aller Beteiligten getroffen. Es steht außer Zweifel, dass ich niemals das Vertrauen der Stammbesucher von Woodlawn gewinnen noch von ihrer Kooperation hätte profitieren können, wenn ich mit dem erklärten Ziel einer wissenschaftlichen Untersuchung ins *gym* gekommen wäre, denn eine solche Intention hätte meinen Status und meine Rolle im betreffenden sozialen und symbolischen System unwiderruflich verändert.

Der nächste Faktor besteht in dem Umstand, dass ich während meiner Jugend im Languedoc zahlreiche Wettkampfsportarten (Fußball, Basketball, Rugby, Tennis) in einem Maß betreiben konnte, so dass mir zum Zeitpunkt meines Beitritts zum Boys Club ein gewisses sportliches Kapital zur Verfügung stand, ohne das es mir nicht möglich gewesen wäre, die boxerische Belastungsprobe erfolgreich zu überstehen. Auch ist es einem geographischen Zufall zu verdanken, dass ich mich in einem »traditonalistischen« *gym* eingeschrieben habe, das ein Coach von internationaler Statur mit eiserner Hand führte und das sich seit seiner Eröffnung im Jahr 1977 eines allseits beneideten Rufes erfreute, so dass ich das Boxen nach den Regeln der Kunst und im Kontakt mit kompetenten Trainern und Kämpfern erlernen konnte[7]. Es ist anzunehmen, dass ich mein Unternehmen nicht zu Ende führen oder, schlimmer, mir ernsthafte Schäden hätte zuziehen können, wenn ich meine Ausbildung in einer der von der Stadtverwaltung betriebenen, anomischen Boxhallen absolviert hätte.

Auch meine Situation als einziges weißes Clubmitglied hätte meine Integration ernsthaft behindern und es mir unmöglich machen können, in die soziale Welt der Boxer vorzudringen, wenn hier nicht drei Fakto-

7 Das *gym* von Woodlawn war damals einer der 52 offiziell in Illinois registrierten Boxclubs und einer der vier bedeutendsten professionellen Boxclubs von Chicago (wo, im Gegensatz zu allen anderen, von Amateuren bevölkerten Clubs, Berufsboxer trainieren, die für ihre Leistungen im Ring bezahlt werden). Die Mehrzahl der bedeutenden Chicagoer Boxer der 1980er Jahre waren zum einen oder anderen Zeitpunkt im Woodlawn Boys Club aktiv, der bis zu seiner Schließung einer der Hauptlieferanten von Kämpfern für die regionalen Boxturniere war. Mohammed Ali, der einige Meilen vom Club entfernt im Nobelviertel Hyde Park-Kenwood residiert, einer weißen Insel des Wohlstands inmitten des Ozeans schwarzen Elends der South Side, kam gegen Ende seiner Laufbahn regelmäßig zum Training hierher, wobei sein Erscheinen jedesmal Massenaufläufe einer jubelnden Menge verursachte.

ren kompensatorisch entgegengewirkt hätten. Zunächst einmal bewirken das egalitäre Ethos der Boxerkultur und ihre nachweislich feststellbare Farbenblindheit in Bezug auf unterschiedliche Hautfarben, dass man voll akzeptiert wird, wenn man sich der gemeinsamen Disziplin unterwirft und im Ring »seinen Beitrag zahlt«. Desweiteren hat mir meine französische Nationalität zu einer Art Ausnahmestatus im Gefüge der von Ausbeutung, Verachtung und gegenseitigem Misstrauen geprägten Beziehungen verholfen, die kennzeichnend für die Trennung von Schwarzen und Weißen in Amerika sind. Ich habe dabei sowohl von dem historischen Kapital der Sympathie profitiert, die Frankreich bei der afro-amerikanischen Population aufgrund der Aufnahme ihrer Soldaten während beider Weltkriege auf französischem Boden genießt (bei der sie sich zum ersten Mal im Leben als menschliche Wesen und nicht als Angehörige einer Unterkaste behandelt sahen[E 8]), als auch von dem schlichten Umstand, dass ich nicht die *hexis* des weißen Durchschnittsamerikaners aufweise, der, sei es auch widerwillig, kontinuierlich die unüberwindbare Grenze zwischen den Gemeinschaften behauptet. Eddie, der Assistenztrainer von Woodlawn, äußert sich wie folgt:

> Ich habe Achtung vor dir, Louie, weil du ins *gym* kommst und dich so wie jeder andere hier benimmst ... Es gibt nicht viele *Caucasians* [Weiße], die das mit uns Schwarzen machen ... Meine Frau und ich, wir wohnen jetzt seit fünf Jahren in Hyde Park [dem zu 80% weißen Universitätsviertel von Chicago] und wir haben uns noch nie mit *Caucasians* getroffen, nicht ein einziges Mal. Wenn die dir auf der Straße begegnen, dann haben sie so einen erschrockenen Gesichtsausdruck, als würdest du gleich über sie herfallen. Das führt dazu, dass meine Frau und ich in Hyde Park noch nie mit einem *Caucasian* gesprochen haben. [Die Emotion treibt ihn, lauter und schneller zu sprechen.] Die meisten *Caucasians*, wenn du auf sie zugehst oder mit ihnen sprechen willst, also *dann schrecken die zurück und schauen dich an, als würdest du einen Nasenring tragen*. Sie stieren dich an [er rollt wild mit den Augen] und du merkst, dass irgendwas nicht stimmt. Aber du machst das nicht, du bist so *relaxed* in der Halle und wenn du uns zu den Kämpfen begleitest ...
> *Man!* Du bist so *relaxed*, dass man gar nicht glaubt, dass du *Caucasian* bist. *Bei [deiner Lebensgefährtin] Liz und dir merkt man nur an der Art, wie ihr sprecht, dass ihr keine Schwarzen seid, und natürlich bist du Franzose.* Aber du bist hier mit uns im *gym*, du unterhältst dich

> mit den anderen Jungs, du bist wie sie. Du bist in unserem Kreis nicht angespannt und beunruhigt. Du bist entspannt [*loose*], du verstehst dich gut mit den Jungs und die mögen dich auch ... Weißt du, ich respektiere die Leute, die mich auch respektieren. Also respektiere ich dich. Louie, *du gehörst zu unserer Mannschaft hier.* Neulich hab ich bei der Arbeit zu jemand gesagt: »Wir haben den ›*Fightin' Frenchman*‹ bei uns in der Mannschaft!« [Er errötet vor Freude.] Ja, du gehörst zur Mannschaft, wie alle anderen[8].

Schließlich hat meine vollkommene »Hingabe« an die Erfordernisse des Feldes[9] und hier vor allem der Umstand, dass ich regelmäßig mit ihnen geboxt habe, mir die Wertschätzung meiner Clubkameraden gesichert. Davon zeugen die Anrede »*brother Louie*« und eine Reihe liebevoller Spitznamen, die sie mir im Lauf der Monate angehängt haben: mein Kampfname »Busy Louie«, aber auch »Bad Dude«, »The French Bomber«, »The French Hammer« und »The Black Frenchman«. Neben den Solidaritätsbeweisen, die außerhalb des *gym* in Form von kleinen Gefallen und diversen Interventionen wegen der Bürokratie öffentlicher oder privater Institutionen, die ihr Leben beeinflussen, hat vor allem die Tatsache, dass ich meine Initiation bis zur Teilnahme an den Golden Gloves vorangetrieben habe, zur Festigung meines Status im Club und meiner Legitimation als Boxerlehrling bei den Athleten und Trainern beigetragen, die mich nach meiner offiziellen Leistung zwischen den Seilen ohne weiteres als »*one of DeeDee's boys*« anerkennen.

*Berkeley, im Dezember 2000*

8 Nach meiner Rückkehr von einem weihnachtlichen Frankreichaufenthalt hat mich derselbe Eddie, quer durch den Raum rufend, gefragt: »Hey, Louie, hast du deiner Familie erzählt, dass du im *gym* zusammen mit Berufsboxern trainierst? Hast du deiner Familie erzählt, dass du *one of the boys* bist, dass man dich wie einen Schwarzen behandelt?«

9 Kurt Wolf definiert das Konzept der ›Hingabe‹ in der Ethnographie als »totales Engagement, Außerachtlassung aller erfahrenen Kenntnisse, die Sachdienlichkeit aller Dinge, die Identifikation und die Gefahr, verletzt zu werden«.[E 9]

Die Arbeitsutensilien in der Werkstatt.

# Die Straße und der Ring

Will man das Phänomen einer instituierten Religion wie etwa der katholischen erfassen, ist es notwendig, die Struktur und den Betrieb der sie tragenden Organisation, in diesem Fall der Kirche Roms, im Detail zu untersuchen. Ebenso kann man die Bedeutung und die Verwurzelung des Boxsports in der zeitgenössischen amerikanischen Gesellschaft (wo er, trotz regelmäßiger Prophezeihungen seines unmittelbar bevorstehenden und unvermeidlichen Untergangs, zumindest auf den unteren Ebenen des sozialen Raums immer noch lebt) nur ergründen, wenn man die Hintergründe der sozialen und symbolischen Beziehungen untersucht, die sich im Bereich der Boxhallen abspielen, dem Dreh- und Angelpunkt des boxerischen Universums.

Im englischen Sprachraum bezeichnet *gym* eine komplexe und vieldeutige Institution, deren zahlreiche Funktionen und Repräsentationen sich auch dem versierten Beobachter nicht auf Anhieb offenbaren: gibt es etwas Banaleres und Offensichtlicheres als eine Boxhalle? Dazu George Plimptons Beschreibung aus der berühmten Stillman's Gym im New York der 1950er Jahre, die auch heute noch auf jede Trainingshalle des urbanen Amerika zutrifft, da sich die Strukturen im Grunde nicht verändert haben: »Über eine düstere Treppe gelangte man in einen trostlosen Saal, der an den Laderaum einer alten Galeone erinnerte. Noch bevor die Augen sich an das Halbdunkel gewöhnt hatten, konnte man schon die verschiedenen Geräusche darin ausmachen: das Klatschen der Springseile auf dem Holzboden, den dumpfen Schlag der Boxhandschuhe auf die Sandsäcke und das Klirren der Ketten, an denen sie aufgehängt waren, das Rattern der Punktbälle, das gedämpfte Geräusch der Schuhsohlen im Ring (es waren zwei Ringe vorhanden), den heftigen Atem der Boxer und, alle drei Minuten, den durchdringenden Klang der Rundenglocke. Die Atmosphäre gemahnte an die dumpfen Gerüche eines Dschungels in der Dämmerung[E 1]«[1]. Das *gym* ist, wie

1 Diese Beschreibung trifft auf die Gesamtheit der urbanen Zonen der Vereinigten Staaten und der meisten Industrieländer zu: weltweit sind Boxhallen identisch eingerichtet und zum verwechseln ähnlich[E 2]. (*Mit* [E n] *gekennzeichnete Anmerkungen finden Sie ab Seite 275.*)

man sehen wird, die Schmiede, die den Boxer hervorbringt. Es formt den Körper gleichermaßen zur Waffe und Rüstung, die zur Auseinandersetzung im Ring notwendig sind. Hier werden technisches Können und strategisches Wissen geläutert, deren ausgeklügeltes Zusammenspiel den kompletten Kämpfer ausmachen, und hier werden die Sehnsüchte des Boxers und der kollektive Glauben an die Rechtmäßigkeit der inneren Werte des Boxsports genährt, ohne den sich auf Dauer niemand zwischen die Seile wagen würde. Aber die Trainingshalle bietet noch mehr, und ihre ausdrückliche technische Mission – die Vermittlung technischer Kompetenz – sollte nicht die Funktionen verdecken, die sie, über das Boxen hinaus, für diejenigen erfüllt, die im plebejischen Männlichkeitskult dieses Sports zusammengefunden haben. Das *gym* dient in erster Linie zur Isolation von der Straße und bietet eine Art Schutzschild gegen die Unsicherheit des Ghettos und die Unbillen des täglichen Lebens. Es bietet, einer heiligen Stätte vergleichbar, einen geschützten, abgeschirmten und nicht allgemein zugänglichen Raum, der es möglich macht, sich den täglichen Leiden einer allzu alltäglichen Existenz und dem trüben Schicksal zu entziehen, das Kultur und Ökonomie der Straße für junge Menschen bereithalten, die im schwarzen Ghetto geboren wurden und eingeschlossen sind, diesem Raum, der allgemein verabscheut wird und sich selbst überlassen bleibt. Zweitens ist das *gym* eine Schule der Moral im Durkheim'schen Sinn, indem es den Geist der Disziplin, das Bewusstsein der Gruppenzugehörigkeit, den Respekt vor dem Anderen wie vor dem Selbst und die Autonomie des Willens fördert, die für das Werden der boxerischen Berufung unabdingbar sind[E 3]. Schließlich dient die Trainingshalle als Vektor einer *Entbanalisierung des Alltags*, indem sie, mittels Trainingsroutine und Körpermodellierung, Zugang zu einer distinktiv anderen Welt bietet, in der sich Abenteuer, männliche Ehre und Prestige mischen. Das mönchische »Lebensprogramm« des Boxers, das teilweise auch an den Strafvollzug erinnern kann, ist eine Herausforderung für den Einzelnen und lädt ihn ein, sich selbst zu entdecken oder, besser, zu schaffen. Die Zugehörigkeit zu einem *gym* ist offenkundiges Zeichen der Akzeptanz in einem Männerverbund und bietet die Möglichkeit, aus der Anonymität der Masse herauszutreten und die Bewunderung und den Beifall der lokalen Gesellschaft auf sich zu ziehen.

Will man die unterschiedlichen Facetten des *gym* wahrnehmen und die mit ihm verbundenen Protektionen und Profite entdecken, die es denen bietet, die sich unter seine Ägide stellen, muss man lediglich den seltsamen Kämpfern des noblen Sports bei ihrer täglichen Arbeit folgen und sich, gemeinsam mit ihnen, dem strengen, gleichermaßen körperlichen wie moralischen Regime unterwerfen, das ihren Stand definiert und ihre Identität ausmacht. Dies habe ich drei Jahre lang in einer Trainingshalle im schwarzen Ghetto von Chicago getan, wo ich mich mit den Grundlagen des Metiers vetraut gemacht habe und, über die entstandenen Freundschaften mit den dortigen Trainern und Boxern, die soziale Genese und den Verlauf der Boxerkarrieren *in vivo* beobachten konnte.

Im Rückblick auf diese Lernerfahrung verfolgt der erste Teil des vorliegenden Buches dreierlei Ziele. Zunächst sollen aus der direkten Beobachtung und intensiven Teilnahme hervorgegangene, präzise und detaillierte ethnographische Daten über ein soziales Universum geliefert werden, das vor allem deshalb so wenig bekannt ist, weil es Gegenstand weit verbreiteter, allgemeiner Repräsentationen ist. Auf der Grundlage dieser Dokumentation werden dann einige der Prinzipien herausgearbeitet, nach denen der Komplex spezifischer Aktivitäten organisiert ist, die den Boxsport charakterisieren, der heute in den schwarzen Ghettos der Vereinigten Staaten ausgeübt wird. Dabei wird darauf eingegangen, wie die Boxhalle, über die zweigleisige, sowohl Antagonismus wie Affinität aufweisende Beziehung zwischen Straße und Ring, Gewalttätigkeit steuert. Im Anschluss folgen einige Überlegungen über die Initiation zu einer Praxis, für die der Körper gleichermaßen Sitz, Instrument und Zielscheibe ist. Es geht also nicht darum, diesen allgemein als »barbarisch« verrufenen Sport, der gleichermaßen gerühmt und verdammt, verabscheut und verehrt wird[2], zu verurteilen oder freizusprechen, sondern es soll aufgezeigt werden, was seine spezifische Logik, insbesondere die seiner Verinnerlichung, uns über die Logik jeglicher Praxis lehren kann[3].

Die erste aus dieser Initiation gewonnene Erkenntnis ist, dass die Verinnerlichung dessen, was man den *boxerischen Habitus* nennen kann, auf einem doppelten Widerspruch beruht. Der erste rührt daher, dass es sich beim Boxen um eine Tätigkeit handelt, die im Grenzbereich

2 Dazu ein Zitat von vielen: »Nicht zufällig hat das Boxen als Sport die meisten talentierten Cineasten und Romanciers inspiriert. Es stellt in unserer Zivilisation einen Archaismus dar, einen der letzten allgemein akzeptierten barbarischen Akte, und es ist der letzte Spiegel, der noch unsere düstere Seite reflektieren darf.[E 4]«

3 Für Pierre Bourdieu ist »neben dem Tanz der Sport einer der Bereiche, in dem sich das Problem des Verhältnisses von Theorie zu Praxis wie auch das von Sprache und Körper am schärfsten stellt. [...] Der Unterrricht einer körperbezogenen Praktik [...] beinhaltet [...] eine Reihe höchstrangiger theoretischer Fragen, insofern die Sozialwissenschaften eine Theorie der Verhaltensweisen aufzustellen suchen, die weitestgehend jenseits des Bewußtseins vollzogen werden [...]«[E 5].

zwischen Natur und Kultur, ja sogar an der Grenze der Praxis selbst angesiedelt ist, die aber dennoch eine quasi rationale, tatsächlich hochkomplexe oder sogar wissenschaftliche Verwaltung von Körper und Zeit erfordert, deren Übertragung auf den Modus der Praxis nicht mittels einer Theorie, sondern auf der Grundlage einer weitgehend impliziten und wenig kodifizierten Pädagogik erfolgt. Daraus ergibt sich der zweite, zumindest ebenso offensichtliche Widerspruch: Boxen ist eine Individualsportart, es zählt sogar zu den individuellsten überhaupt, da es den Körper des einzelnen Kämpfers ins Spiel – und in Gefahr – bringt, dessen adäquate Ausbildung jedoch grundsätzlich kollektiv erfolgt, vor allem, weil sie den Glauben an das Spiel voraussetzt, das, wie jedes Wortspiel nach Ludwig Wittgenstein, nur in der und durch die Gruppe entstehen und Bestand haben kann, die dieser Glaube seinerseits gemäß einem zirkulären Prozess definiert. Anders ausgedrückt sind die Dispositionen, die den kompletten Boxer ausmachen, wie jede andere »Technik des Körpers« nach Mauss, »das Werk der individuellen und *kollektiven praktischen Vernunft*«[E 6].

Um Boxer zu werden, muss man sich also, über einen Prozess progressiver Imprägnation, einen Komplex körperlicher Mechanismen und mentaler Schemata aneignen, die so eng miteinander verbunden sind, dass zwischen Physischem und Spirituellem, zwischen dem, was von athletischen Fähigkeiten und was vom moralischen Vermögen und vom Willen abhängt, nicht mehr unterschieden werden kann. Der Boxer ist ein *lebendiges Räderwerk*, das Körper und Geist miteinander verzahnt, die Grenze zwischen Vernunft und Leidenschaft negiert, den Gegensatz zwischen Aktion und Repräsentation aufhebt und dadurch die Überwindung der Antinomie zwischen Individuellem und Kollektivem ermöglicht. Auch hier kann man wieder mit Marcel Mauss reden, der von »physio-sozial-psychologischen Konfigurationen«[E 7] spricht.

## Eine Insel der Zucht und Ordnung

Um die doch sehr in sich geschlossene Welt des Boxens zu verstehen, müssen ihr menschlicher Kontext, die Umgebung, in der sie wurzelt, und die sozialen Möglichkeiten, die sie birgt, mit in die Betrachtung einbezogen werden. Das *gym* definiert sich über eine Doppelbeziehung von Symbiose und Opposition zu seinem Viertel und dem bitteren Alltag des Ghettos. Die Bedeutung der Zugehörigkeit zu einer Boxhalle wird, ebenso wie die Mitgliedschaft in einer Gang oder der Anschluss an die Milieus der Straßenkriminalität (zwei miteinander verbundene Karrieren, die über das Boxen möglicherweise vermieden werden können[E 8]), nur im Zusammenhang mit der Struktur der Lebenschancen deutlich, die das lokale System der Instrumente zur sozialen Reproduktion und Mobilität, insbesondere das öffentliche Schulwesen, der Arbeitsmarkt für unqualifizierte Kräfte und die räuberische Ökonomie der Straße, bietet oder vielmehr verweigert. Vor der eigentlichen Beschäftigung mit dem *gym* ist es daher unerlässlich, zunächst den Bezirk Woodlawn und seine jüngere historische Entwicklung zu skizzieren. Die afro-amerikanische Gemeinde dieses Viertels, das den 13. Rang auf der Armutsskala der 77 Stadtbezirke einnimmt, gehört bei weitem nicht zu den Benachteiligtsten des südlichen Ghettos von Chicago. Dennoch bietet auch sie, nach annähernd einem halben Jahrhundert fortgesetzter Degradierung, verstärkter Rassentrennung und wirtschaftlicher Segregation, das erschütternde Schauspiel eines in Auflösung begriffenen urbanen und sozialen Geflechts[4].

Woodlawn, an der südlichen Grenze von Hyde Park (dem Sitz der Universität von Chicago) gelegen, war kurz nach dem Zweiten Weltkrieg ein gefestigtes und wohlhabendes weißes Wohnviertel mit regem Geschäftsleben und einem belebten Immobilienmarkt. Die Kreuzung der 63. Straße und der Cottage Grove Avenue war eine der belebtesten der Stadt, und die Menschen drängten sich in den unzähligen Geschäften, Restaurants, Kinos und Jazzclubs ihrer Nachbarschaft. Dreißig Jahre später bietet das Viertel ein Bild des Elends und der Verzweiflung, bezeichnend für den Niedergang der »schwarzen Metropole«[E 10] Chicago, wo sich die ärmsten und am stärksten marginalisierten Fraktionen der Bevölkerung konzentrieren. Zwischen 1950 und 1980 sank die Einwohnerzahl des Viertels von 81.000 auf 36.000 und der Anteil der afro-amerikanischen Bewohner stieg von 38% auf 96% (der Anteil der Weißen ist in diesem Zeitraum von 50.000 auf unter 1.000 gefallen). Der Zustrom schwarzer Migranten aus den ländlichen Südstaaten ging mit einem massiven Exodus der weißen Bevölkerung einher, der bald darauf auch die farbige Mittelklasse folgte, die das Zentrum des Ghettos aufgrund der zunehmenden Lockerung der standesbezogenen Restriktionen im Wohnungswesen floh und sich in den Randbereichen des Bezirks ansiedelte, die dann ebenfalls die Segregation zu spüren

4 In 25 dieser 77 Zonen, die fast alle afro-amerikanisch oder hispanophon sind, (über)lebt mehr als ein Fünftel der Population unterhalb der offiziellen Armutsschwelle[E 9].

Der Eingang des Woodlawn Boys Clubs in der 63. Straße

Ein Schnapsladen beim *gym*

Urbane Trostlosigkeit in unmittelbarer Nähe des wohlhabenden weißen Viertels Hyde Park

bekamen[E 11]. Diese demographische Umschichtung, die in den 1950er Jahren durch eine städtische Politik der »urbanen Erneuerung« unter dem Stichwort »*Negro removal*« (Entfernung der Schwarzen) und den »Bandenkrieg« der 1960er Jahre noch verstärkt wurde, hat, in Verbindung mit Rekordziffern bei Arbeitslosigkeit und schulischem Scheitern, zu einer Krise der lokalen Institutionen geführt und Woodlawn schließlich zur ökonomischen Wüste und zum sozialen Fegefeuer werden lassen.

Das Ausmaß der sozio-ökonomischen Prekarität der Bewohner von Woodlawn kann anhand einiger Indikatoren verdeutlicht werden[E 12]: Nach der Volkszählung von 1980 lebte ein Drittel der Familien des Bezirks unterhalb der bundesweiten Armutsschwelle und das durchschnittliche Jahreseinkommen von 10.500 Dollar pro Haushalt betrug nicht einmal die Hälfte des städtischen Mittels. Der Anteil der Familien mit alleinerziehenden Eltern lag bei über 60% (1970 waren es noch 34%), die offizielle Arbeitslosenrate lag bei 20% (das Doppelte der städtischen Rate, nach einer Verdreifachung innerhalb von zehn Jahren), und nur knapp jeder achte Haushalt verfügte über Wohneigentum. Lediglich 34% der Frauen und 44% der Männer über 18 Jahre verfügten über einen Arbeitsplatz und 61% der Haushalte waren auf Sozialhilfeprogramme angewiesen. Bei den Berufstätigen überwog die sozioprofessionelle Kategorie der Angestellten in Handel und Verwaltung mit 31%, gefolgt von 22% im Dienstleistungs- und Sicherheitsbereich sowie den Hausangestellten. Weniger als 8% der Erwachsenen verfügte über einen höheren Bildungsabschluss und über die Hälfte hatten die Regelschule (obwohl deren Abschluss keine Prüfung beinhaltet) nicht zu Ende geführt. Es gibt es kein Gymnasium mehr, ebensowenig wie ein Kino, eine Bibliothek oder eine Einrichtung zur Weiterbildung oder Unterstützung bei der Stellensuche. Trotz der unmittelbaren Nachbarschaft eines der weltweit berühmtesten Zentren medizinischer Innovation, den Universitätskliniken von Chicago, hat die Kindersterblichkeit in Woodlawn 1990 die drei-Prozent-Marke überschritten; sie beträgt somit das Dreifache des nationalen Durchschnitts und übertrifft die Rate zahlreicher Länder der Dritten Welt.

Ebenso wie andere öffentliche Einrichtungen sind die Schulen des Viertels »Geiseln des Elends und der Kriminalität«[E 13]. Ein chronischer Mangel an Mitteln, überfüllte und baufällige Räumlichkeiten sowie das unterqualifizierte und demoralisierte Lehrpersonal haben sie auf das Niveau von »Verwahranstalten« für die Jugendlichen des Viertels reduziert. Die Mehrzahl der Schulen des Ghettos bietet nicht einmal mehr

Vorbereitungskurse für den Zugang zur Universität an. Angesichts dieser Umstände überrascht es nicht, dass die Jugendlichen eher von der Straßenkriminalität als von der Schule angezogen werden, die letztlich nur in die Arbeitslosigkeit oder, bestenfalls, zu Jobs mit vier Dollar Stundenlohn und ohne Sozialleistungen führt. Mit Ausnahme der Universität von Chicago gibt es im Umkreis von vier Kilometern keinen bedeutenden Arbeitgeber.

Wie in den anderen schwarzen Ghettos Amerikas sind »die Kirchen und Getränkehandlungen und -Ausschänke die zentralen Einrichtungen [E 14]« von Woodlawn, auch wenn die Mehrzahl der noch in den 1960er Jahren anwesenden religiösen Einrichtungen längst ihre Pforten geschlossen haben. Der seit Jahrzehnten brachliegende Neubausektor (70% der Wohnbauten stammen aus der Vorkriegszeit) und die Zerstörung des Wohnungsbestandes, der in diesem Viertel, das zehn Kilometer vom Zentrum der drittgrößten Stadt Amerikas am Ufer des Lake Michigan liegt, zwischen 1950 und 1990 von 29.900 auf 15.700 Wohneinheiten geschrumpft ist (hauptsächlich infolge einer Epidemie kriminell motivierter »Versicherungsbrände« während der Schwarzenaufstände 1966-70), sagen mehr als alle Statistiken über die marginale Stellung dieser Gemeinde im Leben Chicagos aus.

Der Saal des Boys and Girls Club von Woodlawn liegt in der 63. Straße, eine der heruntergekommensten des Viertels, inmitten einer Landschaft urbanen Jammers, die von Reportern der größten Regionalzeitung *Chicago Tribune* folgendermaßen beschrieben wird: »Gehen Sie einmal unter der »El« [S-Bahn] die 63. Straße in Woodlawn entlang, einst die belebteste Einkaufsmeile Cicagos nach der State Street [im Stadtzentrum]. Die Gegend erinnert gleichermaßen an eine Geisterstadt und eine Kulisse aus dem Wilden Westen, mit halbverrotteten und rußverschmierten Firmenschildern, die von einstmals prosperierenden Geschäften zeugen: ein A&P-Markt, ein Hi-Lo Lebensmittelgeschäft, ein Walgreens [Drugstorekette], das Kimbark-Kino, der Empire Teppichhandel, das Hotel Pershing, die Southeast Chicago Bank[E 15]«.

Der Boxclub liegt genau in einem solchen Straßenabschnitt, zwischen verfallenen oder ausgebrannten Ladengeschäften, brachliegendem, mit Glassplittern übersätem Gelände und leerstehenden Gebäuden unter der hochgeständerten S-Bahn. Die wenigen, noch existierenden Läden (mehrere Getränkemärkte, ein Geschäft für Kinderbekleidung, eine auf Schönheitsprodukte spezialisierte Drogerie, ein Trödler mit Möbeln und Haushaltsgeräten, ein Lebensmittelladen und ein Familienrestaurant) warten, notdürftig abgestützt und vergittert, auf mög-

Die pandemische Arbeitslosigkeit verurteilt zu Untätigkeit

Ruinen: eine Ladenkirche und ein Jugendclub unter der Hochbahn

liche Kunden. Der Boys Club liegt zwischen dem ehemaligen Kimbark-Kino, von dem nur die mit wurmstichigen Platten abgedeckte Fassade und der verwitterte Giebel erhalten sind, und einem unebenen Freigelände mit einem Kinderspielplatz und einer Art vergittertem Wellblechunterstand, wo die untätigen Männer des Viertels an schönen Tagen zusammenfinden, um eine Flasche Schnaps miteinander zu teilen. Auf der Rückseite des Clubs steht ein altes Gemäuer aus rotem Backstein, rostige Gitter vor den zerbrochenen Fensterscheiben und schwere Vorhängeschlösser an den Metalltüren. Die Nische zwischen den Gebäuden bildet eine Art Hinterhof, in dem sich Abfälle sammeln und der Liefereingang der Boxhalle liegt.

In dieser verrufenen Gegend, wo Faustwaffen zum guten Ton gehören und, laut DeeDee, »jeder« sein Tränengasspray in der Tasche hat, sind Straßenraub, Überfälle [*muggings*], Mord und jegliche Art von Delikten alltäglich und schaffen ein beständiges Klima der Angst und des Schreckens, das die zwischenmenschlichen Beziehungen untergräbt und sämtliche Aktivitäten des täglichen Lebens aus dem Gleichgewicht bringt. Aus Angst vor krimineller Gewalt verschanzen sich die Bewohner des Viertels hinter gepanzerten Türen und vergitterten Fenstern, verzichten auf Ausgänge nach Einbruch der Dunkelheit und meiden, soweit möglich, öffentliche Orte und Verkehrsmittel. Mehrere Metrostationen des Ghettos wurden übrigens geschlossen und die Stadtomnibusse werden während der gesamten Fahrt von Spezialwagen der Polizei begleitet. Die Machenschaften der *El Rukn*-Gang (die ehemaligen *Disciples*), die Drogenhandel, Schutzgelderpressung und Prostitution in diesem Teil der South Side kontrollieren, tragen in erheblichem Maß zur Unsicherheit bei. (Immerhin gibt es ein inoffizielles, gegenseitiges Stillhalteabkommen zwischen dem Boys Club und der Kommandoebene der El Rukns, das auf den persönlichen Verbindungen DeeDees mit einigen ihrer Führer beruht, die früher seine Schüler im Boxsaal waren.) Ein Jugendlicher, der in der Nähe des *gym* wohnt, fasst die im Viertel herrschende Atmosphäre so zusammen: »In meinem Teil des Viertels habe ich eigentlich kaum Angst. Aber der gegenüber, das ist etwas anderes. Ich meine, alle sind zum Fürchten, aber der da ist am schlimmsten: das ist die ›Stadt des Mordens‹ [murdertown].«

Der Club schützt sich gegen die feindliche Umgebung nach Art einer Festung: alle Öffnungen sind mit verstärkten und fest verschließbaren Metallgittern gesichert. Die Fenster des angeschlossenen Kinderhorts sind vergittert, die Tür zum Hinterhof ist doppelt verriegelt, und wenn der Letzte die Räumlichkeiten verlässt, wird ein elektronisches

Alarmsystem scharfgeschaltet. Für den Fall, dass man *manu militari* das Eindringen unerwünschter Besucher abwehren muss, stehen in der Nähe beider Eingänge zwei schwere Baseballschläger bereit, einer an der Rezeption des Kinderhorts, der andere hinter DeeDees Schreibtisch.

> Während ich meine Hände bandagiere, zieht Eugene O'Bannon (ein Postbediensteter, der in seiner Uniform regelmäßig auf ein Schwätzchen mit DeeDee vorbeischaut) eine Dose Mace-Tränengasspray aus der Tasche und hält sie mir hin: »Schau mal, das ist für deine Frau, mit einem schönen Gruß von mir, wir wollen ja nicht, dass ihr was zustößt ... Du zielst dem Typ ins Gesicht und drückst da drauf.« Ich frage ihn nach den Auswirkungen: »Das brennt dir höllisch in den Augen und im Gesicht, und zehn Minuten lang siehst du nichts mehr«. Auch DeeDee zieht eine Spraygasdose aus der Tasche und meint: »Die habe ich immer bei mir. In der Halle, auf der Straße, beim Einkaufen, hab' sie immer dabei.« Beide erzählen von Gelegenheiten, bei denen sie schon davon Gebrauch gemacht hatten. Ich danke O'Bannon und frage, ob er auch ständig eine bei sich trage. »Normalerweise ja, aber *jetzt gerade nicht*: ich bin sozusagen nackt, ich hab' dir ja meine gegeben. Jetzt muss ich schnell nach Hause, ich kann ja nicht so nackt rumlaufen.« Gelächter. [*Notiz vom 13. Dezember 1988*].
>
> Das Gespräch kommt dann wieder auf die Situation der Schwarzenviertel der Stadt zurück. DeeDee und O'Bannon übertreffen sich gegenseitig bei der Einschätzung des Ausmaßes der dort herrschenden Zerstörung und permanenten Unsicherheit. Der alte Trainer bemerkt, dass er unter keinen Umständen mit dem Bus durch die Cottage Grove Avenue fahren würde (diese Straße verbindet Woodlawn mit dem Stadtzentrum und durchquert das South Side Ghetto in seiner ganzen Länge), und den benachbarten Washington Park würde er bei Nacht nur mit einer Pistole betreten. Er selbst wohnt im Süden von Woodlawn, am Rande des South Shore, und sein Urteil über das eigene Wohnviertel fällt hart aus: »Überall Drogen, du kannst auf der Straße bei jedem Stoff kaufen. Ich schere mich nicht darum, aber ich betrachte das nicht als mein Viertel, da treibt sich zuviel Gesindel herum, Leute, die ein schlechtes Leben führen [*low lives*]. Das ist nicht meine Art, diese Leute gehören nicht zu meiner Klasse.« Das Haus, in dem er wohnt, ist eine bekannte Anlaufstelle für Kleindealer mit crack, Kokain und PCP. [*Notiz vom 13. August 1988.*]

Heute hat Tony vom Krankenhaus aus im *gym* angerufen. Zwei Mitglieder einer rivalisierenden Bande haben nicht weit von hier, auf der anderen Seite von Cottage Grove, mitten auf der Straße auf ihn geschossen. Er hatte sie zufällig kommen sehen und ist davongerannt, hat jedoch eine Kugel in den Unterschenkel abbekommen. Danach hat er sich hinter ein Gebäude geschleppt, die eigene Pistole aus der Sporttasche gezogen und das Feuer der zwei Angreifer erwidert, die sich daraufhin zurückzogen. Er möchte das Krankenhaus schnellstmöglich verlassen, da sie ihm bestimmt auf den Fersen seien. Ich frage DeeDee, ob der Schuss ins Bein als Warnung zu verstehen sei: »*Shit*, Louie! Die schießen nicht, um dich ins Bein zu treffen, sondern um dich umzubringen. Hätte Tony nicht seine Knarre dabeigehabt und sie gebraucht, wären sie ihm nach und hätten ihn abgeknallt, ja: der wäre jetzt hinüber.« [*Notiz vom 27. September 1990.*]

Die Jugendlichen des Viertels werden somit sehr früh mit den unterschiedlichsten und unvorhersehbarsten Formen der Gewalt der Straße vertraut, neben der die strikt reglementierte Gewalt des Boxens verblasst. Dazu DeeDee im Mai 1989: »Früher musstest du zäh sein, um hier draußen zu überleben. Aber heute ist das Leben der reine Wahnsinn. Man muss schon verrückt sein, überall sind Drogen [dope] und Waffen, und dazu die Leute, die auf der Straße durchdrehen. Die Typen leben keine 30 Jahre [er nickt bestätigend.] Das stimmt, das ist die durchschnittliche Lebenserwartung, die wird im Viertel nicht oft überschritten, du musst dir nur die Zahlen anschauen: wenn du nicht an Drogen stirbst, dann macht dich einer kalt. Wenn du Glück hast, landest du im Knast. Da hast du dann vielleicht die Möglichkeit, älter als 30 zu werden. Du bist hier in einer harten Gegend, oh ja. Du musst schon wissen, wie du dich verteidigen kannst. Wenn du Zoff suchst, dann bist du hier richtig.«

Tatsächlich ist die Gewaltkriminalität so verbreitet, dass beinahe alle Mitglieder des *gym* von Woodlawn schon einmal einen Mord miterlebt haben oder selbst Opfer von Schuss- oder Stichverletzungen geworden sind[E 16]. Die meisten sind mit fast täglichen Schlägereien in der Schule und auf der Straße groß geworden, die unumgänglich waren, um das Geld oder den Mantel zu verteidigen, oder um ganz einfach im Viertel seine Ruhe zu haben. Butch erinnert sich an eine typische Szene aus seiner Jugend: »In dem Block da drüben, wo ich gewohnt habe, das war schon hart, da hieß es fressen oder gefressen werden [*dog eat dog*]. Ich musste einfach ein gemeiner Hund [*mean dog*] sein. Eine Menge zusammengepferchter Leute, die Jungen wollten dein Geld und dich verhauen, und du musstet dich entweder schlagen oder aus dem Viertel wegziehen. Ich konnte nicht wegziehen, also musste ich draufhauen.« Die meisten Mitglieder des Clubs waren aus reiner Notwendigkeit in der Kunst der Selbstverteidigung bewandert. Eine beträchtliche Anzahl meiner Freunde in Woodlawn waren zum Boxen konvertierte Straßenkämpfer [streetfighters]. »Als ich jung war, habe ich mich dauernd geschlagen, *auf jede erdenkliche Art* ...,« sagt Lorenzo, »und mein Vater hat dann gemeint: ›Wenn Du dich schon so schlägst, dann kannst du genausogut in ein *gym* gehen, wo du noch was lernen kannst und die Grundlagen mitbekommst, vielleicht kannst du ja sogar ein bisschen Geld verdienen, weiterkommen und etwas daraus machen, anstatt dich einfach so auf der Straße zu prügeln.‹«

Im Gegensatz zu dieser feindlichen und unsicheren Umgebung bildet der Club, auch wenn er über so gut wie keine Mittel verfügt, eine Insel der Ruhe und Ordnung. Er bietet die Möglichkeit zum Aufbau sozialer Beziehungen, die außerhalb nicht mehr gegeben sind. Die Boxhalle ist ein relativ in sich geschlossener Ort geschützter Geselligkeit, der von äußeren Einflüssen kaum berührt wird und Gelegenheit gibt, dem Druck der Straße und des Ghettos für einige Zeit zu entkommen. Dieser kollektive Rückzug auf sich selbst, der nahe der ›Klaustrophobie‹ angesiedelt ist, macht das Leben in der Boxhalle erst möglich und gleichzeitig ihre Anziehungskraft aus[5]. Mike ist 19 und kommt jeden Nachmittag nach dem Unterricht direkt aus seinem Gymnasium in das *gym*: »Du kannst kommen und dich gut fühlen. Ich sage mal, du fühlst dich *beschützt, in Sicherheit*. Du bist da, schön, und du fühlst dich wohl – es ist so etwas wie ein zweite Familie. Du weißt, du kannst kommen und findest Unterstützung ... wenn du deprimierst bist, richtet dich jemand auf [*pump you up*]. Ich sage mal, du lässt deinen Frust am Sandsack aus. Dann nimmt du die Handschuhe und kletterst in den Ring: vorher warst du eigentlich gar nicht in der Stimmung dazu, aber dann fühlst du dich sofort besser.« Bernhard ist ein ehemaliger Boxer des *gym*, der seine Karriere als Profi nach einem Dutzend Kämpfen aufgrund ei-

5 Diese erstickende Atmosphäre im gym findet ihren Ausdruck in Leonard Gardners Roman *Fat City*[E 17], der von John Huston unter gleichem Namen verfilmt wurde und in den kleinen Boxsälen der Stadt Stockton in Kalifornien spielt. Das Gefühl des Eingeschlossenseins wird noch durch das Fehlen physischer Öffnungen nach außen verstärkt: im *gym* von Woodlawn gibt es kein einziges Fenster (ebensowenig in den Boxhallen, von denen detaillierte Beschreibungen vorliegen, wie etwa der von Gleason's in Manhattan oder Rosario in East Harlem).

ner Handverletzung unterbrechen musste. Er kommt dennoch zum Training, sooft es sein Beruf als Röntgentechniker zulässt, und erklärt dies so: »Ich schaue den Leuten einfach gerne beim Training zu, wenn sie aus sich selbst etwas Positives machen und ihre Energie nicht in einer Weise verpulvern, die sie in Schwierigkeiten bringt, wenn sie die *gangs, die Drogen und den Knast außen vor lassen, weil sie hier in der Halle sind und etwas aus sich machen*, und es tut gut, das zu sehen.«

Tatsächlich hört man oft von Boxern: »Jede Stunde im *gym* ist eine weniger auf der Straße«; »Das hält mich von der Straße ab«; »Lieber bin ich hier, als auf der Straße Ärger zu bekommen [*get in trouble*].« Einige Berufsboxer geben ohne weiteres zu, dass sie aller Wahrscheinlichkeit nach in die Kriminalität abgeglitten wären, hätten sie nicht das Boxen für sich entdeckt, und viele ehemalige und aktuelle Stars wie Sonny Liston, Floyd Patterson und Mike Tyson haben ihre ersten Boxlektionen im Gefängnis erhalten. Mustafa Muhammad, ehemaliger Weltmeister im Halbschwergewicht, gesteht: »Wenn ich nicht Boxer geworden wäre, hätte ich Banken ausgeraubt. Es gab Zeiten, in denen ich das tun wollte. Drogen wollte ich nie verkaufen. Ich wollte besser sein, also wollte ich Bankräuber werden.« Der WBC-Weltmeister von 1985 im Schwergewicht, Pinklon Thomas, äußert sich ähnlich: »Das Boxen hat mich aus meinem Sumpf herausgeholt und zu einem akzeptablen Menschen gemacht. Wäre das nicht gewesen, würde ich heute Heroin verkaufen, oder ich wäre tot, oder im Gefängnis«[E 18]. Nach dem gleichen Muster haben mehrere Teilnehmer der Endrunde der Golden Gloves von 1989 diese Motivation in der Kurzbiographie angegeben, die ihren Fotos im Turnierprogramm angefügt ist: »Vaughn Bean, 16 Jahre alt, 1,79m, 80 kg, vertritt den Valentine Boys Club, wo er seit einem Jahr boxt. Er ist Oberstufenschüler am Gymnasium von Calumet, und sein Bruder hat ihn zum Boxen mitgenommen, um ihn von der schiefen Bahn abzuhalten«; »Gabriel Villafranca, 18 Jahre alt, 1,74m, 64 kg, vertritt den Harrison Park Club. Boxt seit drei Jahren mit einer Bilanz von acht Siegen und drei Niederlagen«. Er steht vor dem Abitur im Juarez-Gymnasium und hat mit dem Boxen begonnen, um nicht auf die schiefe Bahn zu geraten. Bei einem Jugendturnier (Altersgrenze 16 Jahre) im International Amphitheater bestätigt mir DeeDee, dass die Mütter der jungen Boxer, die den ersten Auftritte ihrer Abkömmlinge in der Regel mit einer Mischung aus Angst und Bewunderung folgen, dem Boxen diese beschützende Eigenschaft zugestehen: »Nein, sie halten ihre Bengel nicht davon ab. Lieber sehen sie die im Ring als auf der Straße, wo sie in Schwierigkeiten geraten. Sie wissen, dass es für sie selbst besser ist, wenn die im *gym* sind.« Die Mitglieder des Boys Club von Woodlawn stimmen dem uneingeschränkt zu:

LOUIE: Wo wärst du heute, wenn du nicht zum Boxen gefunden hättest?
CURTIS: Also, mh, wahrscheinlich im Knast, oder tot, oder als Säufer auf der Straße.
LOUIE: Im Ernst?
CURTIS: Ja. Da gab es diesen Druck von meinen Kumpels, als ich sechzehn war, es ging darum, mit zweifelhaften Typen rumzuhängen und sich mit denen zusammenzutun [*to blend in*], weil du sonst als *punk* oder *pootbutt*[6] giltst und die Jungs auf der Straße dich unterkriegen. Das ist der Gruppenzwang der Leute aus deiner Umgebung, kapierst du? Wenn du in deinem Viertel aufwächst, willst du von den Leuten in deiner Umgebung akzeptiert sein.
LORENZO: Wenn das *gym* nicht gewesen wäre, das ist mit klar, würde ich heute vielleicht etwas tun, was ich gar nicht tun möchte, verstehst du, also das ist schon gut, das *gym* hat mir sehr geholfen.
LOUIE: Was zum Beispiel?
LORENZO: Also, zum Beispiel jemand umbringen, Leute auf der Straße ausrauben [*stick up*], oder auch Drogen verkaufen – egal: du steckst nicht drin! Du kannst nie wissen, was das Leben für dich bereithält ...
LOUIE: Und die Boxhalle hat dich vor all dem bewahrt?
LORENZO: Ja schon, im *gym* wird mein Kopf frei von den Dingen draußen – wenn du Probleme hast, also dann gehst du zum Training, man könnte sagen, das macht den Kopf frei [blanks out the mind], das ist wie ... alles, woran du denkst, ist die Halle und der Sandsack, auf den du schlägst.

Die Abgeschlossenheit der Boxhalle von der Außenwelt ist einer der wichtigsten Aspekte für die Mitglieder und bildet die Grundlage für die Politik des Trainers. Diese ist unter anderem dadurch gekennzeichnet, dass Ereignisse, die das öffentliche Leben auf nationaler oder kommunaler Ebenen bestimmen, im *gym* keinen Niederschlag finden. So wur-

6 Der *poot-butt* (Furzer) ist eine Subkategorie des *lame* (übertragen: Trottel) und bezeichnet eine »sozial unerfahrene« Person, die biologisch und emotional zu unerfahren ist, um auf der Straße »zu bestehen«, und von der man sagen kann: »Er versucht, den Typen rauszuhängen, der schon alles gesehen hat, aber in Wirklichkeit hat er keine Ahnung! Der bekleckert sich noch mit Muttermilch. [...] Mama hat ihm nicht genug beigebracht. Sie hat ihn zu früh auf die Straße gelassen«[E 19].

de der Wahlkampf um das Präsidentenamt zwischen George Bush und Michael Dukakis zu keiner Zeit erwähnt, mit Ausnahme einer nüchternen Bemerkung von Gene O'Bannon: »Ich wähle doch nicht zwischen einer Portion Pferdemist und einer Portion Hundedreck«. Auch die Ablösung des schwarzen Bürgemeisters Eugene Sawyer durch den Sohn des ehemaligen weißen Bürgermeisters Richard Daley (der während eines halben Jahrhunderts in Chicago mit eiserner Faust ein patrimoniales, rassistisches Regime führte) gibt nur zu einigen flüchtigen Kommentaren über die »verrottete« Politik Anlass[7].

> Am 11. November 1988 begrüße ich alle per Handschlag: »Na, wie geht's heute?« DeeDee trägt eine graue Hose und seinen blauen, mit Boxabzeichen übersäten Blouson mit dem Aufdruck ›Moonglow Lounge‹ [eine Bar des Ghettos, Schlupfwinkel von Flukie Stokes, dem Anführer der beherrschenden Gang der South Side]. Die langen Spinnenfinger halten eine Zigarette, die Lippe hängt herab und seine Augen sind glanzlos. Er antwortet, dass alles in Ordnung sei. Ob er zur Wahl gegangen sei? »Jaja, ist erledigt, heute morgen« sagt er eintönig. Es scheint ihn nicht weiter zu bewegen. Ich frage nach seiner Meinung zum Wahlkampf und ob Bush oder Dukakis seiner Meinung nach gewinnen würde: »Das schert mich einen Dreck, Louie. Was außerhalb dieser Wände geschieht, ist mir schnuppe. Das hat keinerlei Bedeutung für mich. Es zählt nur, was *innerhalb dieser vier Wände hier* stattfindet. Alles andere ist mir vollkommen egal.« Mit einer lässigen Handbewegung nach draußen beendet er die Diskussion.

Der an die Boxhalle anschließende Boys and Girls Club von Woodlawn und der Kinderhort in der anderen Haushälfte gehören zu einem Netz von dreizehn Clubs in Chicago, die von The United Way betrieben werden, einer nationalen, karitativen Organisation, die über Ableger in allen amerikanischen Großstädten, meist den schwarzen und hispanischen Vierteln verfügt. Der 1938 gegründete Woodlawn Club hat sich 1978 mit seinem größeren Pendant, dem Club von Yancee vereinigt, der einige Kilometer weiter westlich im benachbarten schwarzen Viertel Washington Park liegt. Laut einer Werbebroschüre (Titel: »Ein Jahr persönlicher Siege«) werden die beiden Clubs jährlich von mehr als

7 Die von David Halle[E 20] beschriebene Leidenschaft des (weißen) amerikanischen Arbeitermilieus für öffentliche oder private Skandale und politischen Missbrauch ist im *gym* nicht vorhanden.

1.500 Personen genutzt; 70% davon sind männliche Jugendliche zwischen 6 und 18 Jahren, und fast alle stammen aus der afro-amerikanischen Gemeinde. Die Angebote wie Schnupperkurse, Schülerhilfe, Ausflüge mit kulturellem Hintergrund und Sportprogramme werden zu 90% über Spenden von Privatunternehmen finanziert, deren Führungskräfte im Vorstand des Clubs sitzen. 1987 konnte der Club Woodlawn und Yancee über annähernd 50.000 Dollar Spendengelder aus der Hand dieser Unternehmen verfügen.

Der vollständige Name der Einrichtung – Woodlawn-Yancee Unit, Boys and Girls Club of Chicago: *The Club that Beats the Streets* – spricht für sich: ihr Auftrag definiert sich aus der Opposition zur »Straße« und der ökonomischen und sozialen Marginalität, deren Vektor sie bildet. Erklärtes Ziel ist die Schaffung einer Rahmenstruktur mit der Möglichkeit, die Jugendlichen des Ghettos der urbanen Exklusion und ihrem tristen Gefolge aus Kriminalität, Gangs, Drogen, Gewalt und Elend zu entreißen[E 21]: »Wer heut in die Jugend investiert, investiert in das Chicago von morgen. Die Jugend von heute steht für die Kraft, Vision und *leadership* unserer Stadt. Aber zu viele der potentiellen *leader* von morgen müssen allzu früh erfahren, dass die Straße Austragungsort des Überlebenskampfs ist und es für sie keine Alternative zu einem Leben ohne Zukunft gibt. Die Programme des Zentrums von Woodlawn-Yancee wurden mit dem Ziel erstellt, die sozialen, ökonomischen und schulischen Barrieren zu überwinden. Über konstruktive Lernprozesse sichern wir die Entwicklung von Talenten und Qualifikationen, die Grundlagen des Selbstbewusstseins sind und Zugang zum Erfolg schaffen. Unsere Verantwortung besteht darin, den Jugendlichen von heute ein besseres Morgen zu bieten. Gemeinsam werden wir ›die Straße besiegen‹ [*Let's »beat the streets« together*]« (aus der Werbebroschüre des Clubs).

Die Boxhalle kann lediglich über ein äußerst knappes Budget verfügen, da der Großteil der für den Club von Woodlawn bewilligten Mittel für die Kindertagesstätte verwendet wird. Der Boys und Girls Club trägt lediglich die Kosten für den Gebäudeunterhalt. Die Betreuung der Boxer geschieht ausschließlich auf ehrenamtlicher Basis, und DeeDee erhält als Trainer keinerlei Zuwendungen. Für den Ersatz unbrauchbar gewordener oder beschädigter Geräte muss die Halle selbst aufkommen, was durch die deutlichen Gebrauchsspuren der Sandsäcke und Handschuhe sowie den chronischen Mangel an bestimmten Geräten belegt wird (der Club hat einen Verbrauch an Punktbällen, der weit über die Beschaffungsmöglichkeiten hinausgeht und regelmäßig zu

Engpässen führt. Dies gilt ebenso für den Punchingball zum Training der Jabs).

Jedes Jahr zu Beginn der Wintersaison organisiert die Boxhalle von Woodlawn einen ›Gala‹- Abend mit einer Eintrittsgebühr von 25 Dollar pro Person (einschließlich der Mitglieder), bei dem die lokalen Amateurboxer sich vor einem Publikum aus ortsansässigen Notablen und Berühmtheiten, Verwandten und Freunden messen, um die notwendigen Mittel zur Neubeschaffung oder Reparatur der Ausrüstung zu sammeln. Wenn ein Sandsack zerreißt oder aus der Form geht, kommt es auch vor, dass eine Kollekte unter den Trainingsteilnehmern durchgeführt wird, bei der jeder, entsprechend seinen bescheidenen Mitteln, zur Beschaffung eines Ersatzes beiträgt. DeeDee hält jedoch nicht viel von dieser Methode, denn: »in der Regel gibt niemand etwas und am Schluss steht man dann immer noch mit leeren Händen da«. Bargeld sieht man so gut wie nie im Club zirkulieren, außer wenn Jimmy Kitchen, der Hausfotograf, das Geld für die bei ihm bestellten Aufnahmen einsammelt.

### *Ein Tempel des Boxkults*

Die Trainingshalle des Woodlawn Boys Club befindet sich im rückwärtigen Teil eines alten Backsteingebäudes aus der Zwischenkriegszeit, das für eine sportliche Nutzung um behelfsmäßige Duschen und eine Garerobe erweitert werden musste; das erst kürzlich in Kolibriblau neu gestrichene Kabuff, in dem die Boxer sich umziehen, ist lediglich mit einem einfachen Tisch ausgestattet, auf dem eine Gymnastikmatte liegt[8]. Im gleichen Gebäude befindet sich ein von The United Way und aus Mitteln der städtischen Sozialdienste finanzierter Kinderhort, wo die (ausnahmslos schwarzen) Kinder der benachbarten Grundschule jeden Nachmittag an Förderkursen teilnehmen. Der Hort besteht aus zwei großen Zimmern mit farbigen Postern, die das Rassenselbstbewusstsein fördern sollen, wie etwa die

8 Die Halle hat auch keine eigene Heizung. Im Sommer, wenn die Temperaturen häufig 30°C übersteigen, sorgt eine schwache Klimaanlage gerade eben dafür, dass die Hitze nicht unerträglich wird. Während der winterlichen Kälteperioden (im Januar und Februar fällt das Thermometer oft unter -10°C) kann es vorkommen, dass die Rohre der vier Blocks entfernten Zentrale der Fernheizung einfrieren und bersten, so dass das *gym* über keine Heizmöglichkeit mehr verfügt. DeeDee sucht dann Zuflucht in der Küche, wo er seine Tage vor dem voll angeschalteten Herd verbringt. Wenn es in der Halle wirklich zu kalt wird, lässt man die beiden Duschen auf voller Hitze im Dauerbetrieb laufen und hüllt alles in einen lauwarmen Nebel, der die Temperatur auf ein erträgliches Maß hebt.

Bildserie über berühmte schwarze Persönlichkeiten aus Geschichte, Wissenschaft und Literatur. Im Eingangsbereich steht ein Holzregal mit einer Vielfalt von Broschüren für die Nutzung durch die Jugendlichen des Clubs und ihre Familien: »CURE« (Informationen zur Schulreform); »Wie finde ich Arbeit: zehn Ratschläge«; »SOS – Aids in der schwarzen Gemeinde«; »Mechaniker werden mit dem Truman-Kurs in Kraftfahrzeugtechik«. Kinderhort und Boxhalle leben nebeinander her: nur der regelmäßige Einfall eines Schwarms von Kindern, die prompt von DeeDee hinausexpediert werden, sowie die täglichen Essenstransporte aus der kleinen Küche neben den Duschen weisen auf die Nachbarschaft hin. Damit die Kinder nicht gestört werden, benutzen die Boxer den Hintereingang, der mit Baumaterial unter einer blauen Plane verstellt ist.
Die Halle selbst wirkt baufällig: Wasser- und Stromleitungen liegen auf Putz, überall blättert die gelbe Farbe von den Wänden und die Sockelleisten fehlen oder sind zerbrochen. Die Türen sind verzogen und ab und an löst sich ein Stück Putz von der Decke über den Spiegeln. Dennoch ist es sauber und wirkt gepflegt: im Gegensatz zum fortgeschrittenen Stadium des Verfalls in der Umgebung macht die Halle keinen heruntergekommenen Eindruck.
Der Teil der Halle, in dem geboxt wird, ist mit einem auf dem Linoleum verlegten Holzboden versehen und misst ungefähr 11 auf 9 Meter. Auf der einen Seite wird er vom massiven Korpus des blauen Rings begrenzt, der den Gang zum Kinderhort absperrt, auf der anderen durch den rückwärtigen Hallenteil (mit dem Büro des Trainers, einer Reihe Kleiderhaken, zwei Schränken mit Boxzubehör, einem großen Abfalleimer und einer Waage), von wo aus DeeDee die Fortschritte der Boxer durch eine großes, rechteckiges Sichtfenster betrachtet, sowie den kleinen Raum, der als Umkleideraum dient. In der Mitte des Übungsbereichs hängen an schweren Ketten der gepolsterte *soft bag* und der *hard bag*, ein riesiger, roter Sandsack, hart wie Beton, mehrfach geflickt und mit Klebeband umwickelt. An der Ostwand gibt es zwei Spiegel, deren einer 1,50 Meter breit und schräg an die Wand gelehnt, der andere, schmälere, aufgehängt ist. Ein horizontal an derselben Wand angebrachter Sandsack dient zum Training von Uppercuts. Am Plattformball, dessen Höhe über eine Kurbel regelbar ist, werden Geschwindigkeit und die Koordination von Hand und Auge trainiert. In einer Ecke stehen eine Eisenstange für Lockerungsübungen und eine Reihe Gewichte, die aber nur selten Verwendung finden, sowie ein Feuerlöscher.

Die übrige Ausrüstung besteht aus Sprungseilen, Handschuhen sowie ledernen Kopf- und Tiefschützern [cups] für das Sparring, die in mehreren Schränken verstaut sind oder sich auf dem Büroschreibtisch stapeln, und einem roten Doppelendball zum Training der Jabs, der mit Gummiseilen zwischen Boden und Decke gespannt ist. Ein Tisch, auf dem ein Lederriemen eine mit silberfarbigem Klebeband zusammengeflickte Gymnastikmatte hält, dient für Übungen zur Stärkung der Bauchmuskulatur. Neben dem kleineren Spiegel steht ein Eimer, um das Wasser aufzufangen, das aus einer durchlöcherten Dachrinne eindringt; ein anderer Eimer fängt den Speichel auf, den die Boxer in einen Trichter an einem der Ringpfosten spucken.

An den übrigen Wänden stehen Metallspinde mit großen Vorhängeschlössern, deren Türen mit Fotos und Plakaten aus der Boxwelt verziert sind. Auf einer prangt stolz ein knallig rot-blauer Aufkleber mit dem Slogan: »Sagt nein zu Drogen !«. In der gegenüberliegenden Ecke hängen drei große, holzgerahmte Collagen aus mehreren Dutzend Fotos, die Jimmy Kitchen, der selbsternannte Clubfotograf, aussortiert hat. »*Life in the Big City 1986*« ist ein Patchwork aus Boxfotos (vor, während und nach den Kämpfen, Szenen aus dem Training, Gruppenbilder von Trainern und ihren Schülern, Kampfsieger mit hochgehaltenen Pokalen), Sofortbildern von Nummerngirls bei Turnieren, politischen Versammlungen, religiösen Zeremonien (Hochzeiten, Taufen), Tanzabenden (aufspielende Musiker, Paare in Umarmung, fröhliche Festteilnehmer) und Aufnahmen der Stadt. Diese Collage bringt, in verdichteter Form, die Verzahnung all dieser Aspekte der afro-amerikanischen Kultur in Chicago zum Ausdruck[E 22].

Auch die Wand des Hinterzimmers, vor der DeeDees Sessel steht, lässt sich als ein Stück Volkskunst interpretieren: Alte Werbekalender hängen neben schwarzen pin-up girls aus den 1960er Jahren, farbigen Boxwimpeln und verblichenen Plakaten großer Kämpfe (Gerry Cooney gegen Larry Holmes), die mit Telefonnotizen vollgekritzelt sind. Ein Titelblatt der *Newsweek* zeigt Mohammed Ali, wie er bei seinem Abschiedskampf leidend in der Ringecke auf einem Schemel sitzt (»Ali: ein letztes Hurrah«), daneben hängen Kopien von Titelblättern des *Ring Magazine*, Ansichten von Chicago bei Nacht, Werbeplakate von Luxusautos, Portraits von DeeDee und Boxern des Clubs, Aufkleber von Boxveranstaltungen, zwei amerikanische Flaggen, vergilbte Rundschreiben der Boxing Commission, das Diplom einer Privatschule für einen Erste-Hilfe-Kurs in Plebologie und, über dem Sessel des Trainers, die Lizenz des Clubs. Das Ganze ist auf einem grünen Hintergrund angebracht, der eine riesige Dollarnote darstellt (insgesamt sind es mehr als 65 Bilder und Fotografien).

Die Wände des *gym* sind stellenweise ebenfalls mit Postern von Boxern, Ankündigungen lokaler Boxkämpfe und Titelseiten verschiedener Boxmagazine (Ring, Knockout, KO und Ringworld) behängt[9]. Über dem großen Spiegel hängt eine Schwarzweißfotografie eines jungen Kolosses mit nacktem Oberkörper, gespannten Muskeln, drohender Miene und der Aufschrift: »Select the things that go into your mind« (Überleg dir gut, was du denkst). Darüber ein großes rotes Plakat mit der Ankündigung des Duells Tyson-Spinks und eine Farbaufnahme von Alphonso Ratliff, ehemaliger Star des Clubs, der seinen Weltmeistergürtel der WBC im Halbschwergewicht schwenkt (er hat den Titel inzwischen verloren). Zu beiden Seiten des Spiegels hängen Ankündigungen lokaler Treffen in gelb und beige; links sieht man ein Photo von Tyson in Aktion, rechts einen lächelnden Tyson in Kampfmontur am Telefon und Titelseiten des Boxmagazins Knockout mit den bedrohlichen Mienen von Leon Spinks, Marvin Hagler und Tony Lalonde. Rechts vom Eingang zum Büro hängen gut sichtbar zwei große, einfarbige Portraits von Martin Luther King und Harold Washington, dem ersten schwarzen Bürgermeister von Chicago, der kürzlich verstorben ist. Die Karikatur eines Boxers mit winzigem Körper und riesigem Kopf (mit einem doppeldeutigen Begleittext, der gleichzeitig zu Bescheidenheit und Bravour aufruft: »*Don't let your head get big in the ring*« – behalte einen kühlen Kopf und vermeide Beulen) sowie ein weiteres Poster von Mike Tyson verschönern die Küchenwand.

Räumliche Aufteilung und Dekoration machen die Halle zu einem Tempel des Boxkults, an dessen Wänden die großen Kämpfer der Vergangenheit und Gegenwart zu sehen sind, denen die Boxer des Ghettos selektiv, aber mit Inbrunst huldigen. Die Champions sind in der Tat lebende Beispiele für die höchsten Tugenden des Boxberufs (Mut, Stärke, Geschicklichkeit, Hartnäckigkeit, Intelligenz, Unerbittlichkeit) und stehen als Inkarnation der verschiedenen Formen boxerischer Exzellenz. Es ist auch möglich, dass sie direkt in das

9 Diese Dekoration ist typisch für alle amerikanischen Boxhallen. Thomas Hauser bemerkt, dass »es kein *gym* gibt, das nicht sein oder seine Photos von Ali an der Wand hängen hat« (op. cit. S. 35).

Leben jedes Einzelnen treten, wie das Gruppenfoto von Mike Tyson, DeeDee und Curtis zeigt (Curtis trägt anlässlich der Gelegenheit eine blaue Kappe, auf der in großen, roten Buchstaben »WAR« steht), das einen besonderen Platz an der Bürowand einnimmt und auf die beiden Clubmitglieder einen kleinen Teil des symbolischen Kapitals des Stars aus dem Ghetto von Brooklyn abwirft.
Allein an der Wand mit den Spiegeln und der Punktbirne hängen nicht weniger als fünf Fotos von Tyson, zwei weitere findet man an der gegenüberliegenden und drei an der Nordwand. Der nächste Champion in der Rangfolge ist Sugar Ray Leonard, der auf fünf Postern vertreten ist und damit weit vor Mohammed Ali rangiert. Dabei ist es weniger die Anzahl der Bilder, sondern ihre *Anordnung*, die diesem Beispiel spontaner und profaner Ikonographie ihre besondere Stärke und Bedeutung verleiht. Auffallend ist dabei, dass jede Bildgruppe ein oder mehrere Fotos von Champions beim Kampf aufweist, die meist *über* den Ankündigungen der lokalen Wettkämpfe angebracht sind: dieses »Syntagma« lässt – über die physische Nähe – den Eindruck einer sozusagen genealogischen Verbindung zwischen den lokalen Boxern, die für lächerliche Preisgelder die regionalen Boxveranstaltungen bestreiten, und den großen Champions entstehen, die sich die unglaublichen Börsen der prestigeträchtigen, medienwirksamen Kämpfe in Las Vegas und Atlantic City teilen. Damit wird die konkrete Vorstellung einer umfassenden boxerischen »Wesenskette« geschaffen, eine angebliche Kontinuität zwischen dem Infanteristen des ärmlichsten Boxclubs und dem exzellent betreuten und medizinisch versorgten internationalen Star, dessen Namen allein schon eine Dollarflut auslöst und die mutigsten Gegner zum Zittern bringt (wie etwa der Mythos Tyson). Für alle soll derselbe Grundsatz gelten: Vorsehung und individuelle Bestimmtheit entscheiden darüber, welcher der Kleinen zum Großen wird, vorausgesetzt, er verfügt über das erforderliche Maß an Mut und Talent.
Diese harmlos scheinende Ikonographie an den Wänden, die ein Foto von Michael Spinks, der gerade von Tyson übel zugerichtet wird (ein Artikel neben dem Bild wirft die Frage auf: »Ruhm – um welchen Preis?«) neben eine lokale Anzeige für einen zweitklassigen Kampf zweitklassiger Boxer stellt (Manning »Motor City Madman« Gallaway gegen Craig »Gator« Bodzianowski), stützt den Glauben an ein – per definitionem unerreichbares – Ideal der meisten Boxer und trägt dazu bei, die Illusion einer »Erfolgsleiter« aufrechtzuerhalten, die man nur kontinuierlich und Schritt für Schritt zu beschrei-

ten brauche, um aus den Niederungen der Boxhierarchie an deren Spitze zu gelangen. Die tatsächlichen sozialen und ökonomischen Organisationsformen des Berufsboxens verweisen jedoch eher auf eine Diskontinuität, und die Rahmenbedingungen der Verwaltung des Box-*business* vermitteln weniger das Bild einer Leiter, sondern das stark voneinander getrennter Segmente, deren Zugang streng von den Eignern des spezifischen, sozialen Kapitals kontrolliert wird[E 23].

Die Veranstaltungsplakate und Bilder an den Wänden haben große Bedeutung bei der Bildung von Hierarchien innerhalb des Clubs. Die Plakate sind »Handelsobjekte« (Geschenk, Tausch, Suche, Anbringung durch die jeweils Betroffenen), mittels derer jeder Einzelne seinen Wert auf dem Boxmarkt zu bestätigen oder zu steigern sucht, wenn er diese Beweise seiner Teilnahme an diesem oder jenem Turnier zur Schau stellt. Dazu folgender Eintrag vom 15. November 1988:

Während ich mich mit einem Handtuch trocken reibe, frage ich DeeDee, ob die verblichenen Veranstaltungsplakate lokaler Boxkämpfe, die in einem großen Karton neben dem Schrank mit den Sprungseilen verstaut sind, für den Müll bestimmt seien und ob ich einige davon haben könnte. Charles (der Assistenztrainer) sagt sofort: »Klar, nimm doch alle, wenn du willst, die schmeißen wir auf jeden Fall raus«. DeeDee unterbricht ihn und widerspricht: »Was erzählst du denn da, die werfe ich nicht raus! Das wäre ja noch schöner! Lass mich mal an den Karton, dann geb' ich dir vier oder fünf alte, Louie, aber du kannst nicht jedes beliebige haben. Auf jeden Fall nicht die, auf denen ein Foto von den Jungs aus dem Club drauf ist. Die will ich aufheben und an die Wand hängen. Die Jungs haben das gern, wenn ihr Foto an der Wand hängt. [...] Die sehen gern ihr Foto auf den Plakaten. Das ist dann das erste, was sie ihren Kumpels [*buddies*] zeigen, wenn die zum ersten mal hierherkommen. Die gehen dann direkt zu dem Plakat mit ihrem Namen und ihrem Bild drauf, rufen ihren Freund und sagen: ›Schau dir das an, das bin ich auf dem Bild da‹. Das ist für sie sehr wichtig. So wie bei Duane, erinnerst du dich? Der hielt sich für einen bekannten Boxer und hat deshalb gedacht, dass sein Foto hier schon irgendwo hängen würde. Als er zum ersten Mal kam, ist er im *gym* herumgelaufen und hat überall geschaut, aber nirgends war ein Foto von ihm. Der Typ hat seinen Augen nicht getraut! Er war so wütend, dass er mir *am nächsten Morgen* eins gebracht hat.«

Als Schutzschild gegen die Versuchungen und Gefahren der Straße ist die Boxhalle nicht nur ein Ort rigorosen körperlichen Trainings; sie ist auch Träger dessen, was Georg Simmel mit »Geselligkeit« bezeichnet: reine Assoziationsprozesse, die sich selbst genügen, und Formen sozialer Interaktion, die keinen oder nur einen sozial unbedeutenden Inhalt aufweisen[E 24]. Grund dafür ist die stillschweigende Übereinkunft, dass die Mitglieder beim Betreten des Clubs jeglichen Status sowie alle familiären, arbeitsbezogenen und seelischen Probleme und Verpflichtungen vor der Tür lassen. Es scheint tatsächlich so etwas wie einen Nichtangriffspakt bei den zwischenmenschlichen Beziehungen zu geben, der jedes »ernste« Gesprächsthema ausschließt, das die »spielerische Form der Sozialisation« sowie den täglichen Meinungsaustausch beeinträchtigen und somit die spezifisch männliche Subkultur gefährden könnte, deren Fortbestand im *gym* betrieben wird[10]. Von Politik wird so gut wie nie gesprochen. Sogenannte Rassenprobleme, etwa Diskriminierung auf dem Arbeitsmarkt oder polizeiliche Gewalt, werden am Rande erörtert, führen jedoch, aufgrund der ethnischen Homogenität der Mitglieder, kaum zu Kontroversen. Lediglich sportliche Ereignisse haben automatisch ihren Platz in der Konversation, vor allem der Bereich der Kampfsportarten, bei denen in erster Linie männliche Qualitäten gefragt sind. Die Spiele der Chicagoer American Football-Mannschaft *Bears* bilden am darauffolgenden Tag ein häufiges Gesprächsthema, wobei vor allem die Härte und der physische Mut bestimmter Spieler herausgehoben werden; im Gegensatz dazu wird etwa ein Spiel der *Chicago Bulls* in der nationalen Basketball-Meisterschaft nur dann erwähnt, wenn der Starspieler Michael Jordan eine gute Leistung gezeigt hat. Vorrangiges Gesprächsthema sind die lokalen und nationalen Boxturniere, die regelmäßig aus Atlantic City, Las Vegas und Reno über Kabelsender wie ESPN, SportsChannel und Sportsvision oder über die Bezahlsender TVKO und Showtime übertragen und deren Ergebnisse und Folgen ausführlichst diskutiert werden. Weiterer »smalltalk« dreht sich um Körperertüchtigung[E 26], das ewige Problem des Gewichthaltens und sonstige Betrachtungen technischer Art: Ratschläge und Kniffe werden ausgetauscht, Sparringseinheiten diskutiert und vergangene oder künftige Kämpfe besprochen.

Während dieser ständig neu entstehenden Gespräche legen DeeDee und die ältesten Mitglieder ein enzyklopädisches Wissen bezüglich Na-

10 Die Boxhalle ähnelt in dieser Hinsicht den Billardsalons, die, laut Ned Polsby[E 25], zusammen mit den Bars zu den letzten Refugien der männlichen, ledigen Subkultur zählen.

men, Schauplätzen und bemerkenswerten Ereignissen der Folklore des Boxens an den Tag. Die entscheidenden Kämpfe insbesondere der regionalen Geschichte werden ebenso häufig erwähnt wie die Erfolge und Misserfolge aufstrebender oder im Abstieg begriffener Boxer. Als Folge einer bewussten Umkehrung der offiziellen Werteskala werden die großen, im Fernsehen übertragenen Kämpfe (etwa Leonard gegen Hagler oder Holyfield gegen Foreman) weniger geschätzt als lokale Begegnungen, und die Reihe der im Lauf des Gesprächs erwähnten Namen enthält mehr Boxer, die eher unbekannt sind, als aus den Medien bekannte Stars. Vom Boxen geht die Diskussion unmerklich auf ein anderes Thema über: nun ist die Rede von Schlägereien, zweifelhaften Geschäften, Verbrechen und Aggression, und jeder trägt seine entsprechenden persönlichen Erfahrungen dazu bei. So gesehen wird DeeDees Büro – das Hinterzimmer mit den über und über von Veranstaltungsplakaten und Bildern von Boxern geschmückten Wänden, aus dem er die Halle durch ein rechteckiges Fenster überwacht – zu einer Art Bühne, auf der jeder Einzelne den Beweis seiner Fähigkeiten im Umgang mit dem gruppeneigenen kulturellen Kapital erbringen kann, das sowohl die Kenntnis der Welt des Boxens als auch die des verrufenen Milieus der Straße umfasst.

Die Gespräche im Club sind streng ritualisiert. Die Reihenfolge der Sprecher, der Gehalt ihrer Äußerungen und die Position, die sie im abgeschlossenen Raum des Hinterzimmers innehaben, zeugen von einer komplexen und feinstrukturierten Hierarchie. Während des laufenden Trainings wird in der eigentlichen Halle nur wenig miteinander gesprochen[11]. Das Belegen der Sessel und die Reihenfolge der Redebeiträge unterliegen einer strengen Hackordnung: Trainer und langjährige Mitglieder haben den Vortritt (ranggemäß: DeeDee, Ed Woods, Manager,

11 Die folgende Notiz vom 27. Juni 1989 ist in diesem Zusammenhang typisch: Ich beginne mit dem Aufwärmen und beobachte dabei Lorenzo und Big Earl, die vor dem Ring »sparren«, als Billy kommt, um mir die Hand zu schütteln. Er ist ziemlich bleich und scheint beunruhigt, aus gutem Grund: »Ich habe morgen meinen Kampf, meinen ersten. Glaubst du, dass alles gut gehen wird? – Aber klar, du hast dich gut vorbereitet, du bist in Form. Das hier ist ein gutes *gym*, du wirst sehen, dass du eine Stufe besser bist als die anderen. – Glaubst du? Ich hab' wirklich Schiss, ich hab' Muffensausen.« Bevor er sein Herz weiter ausschütten kann, fährt Eddie ihn an: »Was schwätzt du denn hier herum? Was glaubst du denn, wo du hier bist, etwa in einem Single-Club? Wir sind hier nicht in einem Salon, also los, an die Arbeit, Billy! Nimm das Sprungseil oder mach' Bauchaufzüge, aber steh' hier nicht bloß rum, auf jetzt!« Billy nimmt sich zusammen und macht sich kleinlaut ans Werk.

Betreuer und Leiter eines ähnlichen *gym* in Saint Louis, Charles Martin, zweiter Trainer und enger Freund von DeeDee, der alte Page, Übungsleiter in einem städtischen *gym*, der Postbedienstete O'Bannon). Dann folgen die Boxer in der Reihenfolge ihrer Leistungen und der Dauer ihrer Zugehörigkeit zum Club (Curtis, Butch, Smithie, Lorenzo, Ashante, Rico usw.) und schließlich die Besucher. Der Sessel, aus dem DeeDee die Fortschritte der Athleten begutachtet, ist strikt für den Hausherrn reserviert. Seine offizielle Begründung dafür lautet, dass er nicht wolle, dass der Sessel vom Schweiß der Boxer beschmutzt würde. Aber das Verbot bezieht sich ebenso auf Besucher, die angekleidet kommen und nicht am Training teilnehmen. Lediglich Curtis, der aussichtsreichste Boxer des Clubs, überschreitet das Verbot gelegentlich, aber meistens nur dann, wenn der Cheftrainer abwesend ist. Das Argument der Hygiene kaschiert nur dürftig den sozialen Hintergrund des Verbots: der Sessel ist das Symbol für DeeDees Position und Funktion in der Halle. Dieser Beobachtungsposten ist sozusagen der Sitz seiner Autorität, von dem aus er mit einem Blick alle Phasen des Trainings und alle Teilnehmer erfassen, überwachen und kontrollieren kann.

Die Bedeutung der anscheinend belanglosen Gespräche darf nicht unterschätzt werden: sie machen einen wesentlichen Teil des »versteckten Curriculums« des *gym* aus und vermitteln den angehenden Boxern oral und osmotisch das diesem Beruf zugrunde liegende Wissen. In der Form mehr oder minder apokrypher Erzählungen, als Tratsch, Anekdoten vergangener Kämpfe und Geschichten von der Straße dienen sie, ebenso wie zur Verankerung der Werte der »Straße« im Ghetto, als Träger boxerischer Werte und Begriffskategorien: eine Mischung aus Solidarität mit der eigenen Gruppe und individualistischem Misstrauen, Härte und physischem Mut, einem unerschütterlichen Sinn für die männliche Ehre und einer starke Betonung der persönlichen Leistung und des eigenen Lebensstils[E 27].

### *Die Verheißungen des Boxens*

Am 10. Juni 1989, ich beginne gerade meine dritte Runde am Sandsack, kommt Curtis in Unterhosen aus der Umkleidekabine geschossen und wendet sich an Reggie und Luke – der eine mit nacktem Oberkörper und roter Hose, der andere in Shorts und blauem Trikot –, die spät mit dem Training begonnen haben und lässig vor den Spiegeln boxen, während sie miteinander reden. Mit einer Stentorstimme, die ich bislang nicht von ihm gehört hatte, weist er sie streng für ihr Verhalten zurecht und zeichnet dann ein Portrait des

erfolgreichen Boxers und der Möglichkeiten, die sich einem Champion bieten, wobei er mehrmals Anthony als Zeugen anruft, der auf einem Tisch neben dem Ring sitzt. »Statt nichts zu tun, nichts zu sein und übel auf der Straße zu enden, kannst du *jemand sein*. Über das Boxen kannst du jemand werden, kannst stolz auf dich sein und deine Mutter kann auch stolz auf dich sein. Wenn du hart trainierst und an dir arbeitest, wenn du im *gym* hart trainierst und deine Aufgabe gut machst, mein Junge, wenn du ernsthaft bei der Sache bist, kannst du ein großer Boxer werden [big-time fighter] und große Kämpfe gewinnen. Du wirst bei den Gloves [Golden Gloves Turnier] antreten und gewinnen und einen riesengroßen Pokal mit nach Hause nehmen, und deine Mutter und deine Großmutter werden ihren Augen nicht trauen, weil er so groß ist, und sie werden weinen, wenn sie nur daran denken, dass du ihn gewonnen hast.
Wenn du hart trainierst, kommst du viel herum, die Olympiamannschaft und die Promoter nehmen dich in ihre *gyms* auf, mein Junge, du glaubst ja nicht, was die für *gyms* haben, und dann geben sie dir Hosen und Jacken umsonst, mein Junge, die geben dir Kleidung und Essen, dreimal täglich gutes Essen, alles umsonst. Du kommst an Orte, von denen du noch nicht mal geträumt hast, jemals dorthin zu kommen, nach Frankreich oder nach England und nach Europa, und es gibt da große Kämpfe für dich – frag Anthony, ob es nicht so ist. [Anthony nickt bestätigend mit dem Kopf.] Aber du musst hart arbeiten. Von nichts kommt nichts (*no pain, no gain*]. Das kommt dir nicht über den heiligen Geist zugeflogen. Du musst hart arbeiten, hart trainieren, und zwar jeden Tag: joggen, Schattenboxen, Sandsäcke schlagen, du musst deine Aufgabe ernst nehmen, mein Junge. Dann kannst du das alles erreichen«.
Ob dieser Tirade des entfesselten und halbnackten Curtis verdutzt – und wohl auch motiviert – senken Reggie und Luke die Köpfe und nehmen mit neuem Ernst und Eifer das Training wieder auf.

## Die Straße besiegen

Man weiß, dass fast alle Boxer aus den unteren Gesellschaftsschichten stammen, insbesondere aus den neuen, von der Immigration gespeisten Fraktionen der Arbeiterklasse. So entspricht in Chicago die wechselnde Prädominanz der Iren, mitteleuropäischen Juden, Italiener, Schwarzen und, seit kurzem, der spanischsprachigen Bevölkerung ziemlich genau der

Aufeinanderfolge dieser Gruppen auf der untersten Klassenebene[E 28]. Der zunehmende Einfluss der Chicano-Boxer während der letzten Jahre, der etwa anhand der entsprechenden Programme des großen, jährlichen ›Golden Gloves‹-Amateurturniers deutlich wird, ist direkter Ausdruck des massiven Zustroms mexikanischer Migranten in die unteren Regionen des sozialen Raumes des mittleren Westens Amerikas. Während der Finalkämpfe des Turniers von 1989 macht mich DeeDee dementsprechend darauf aufmerksam: »Wenn du wissen willst, wer in der Gesellschaft ganz unten steht, musst du dir nur anschauen, wer boxt. Für die Mexikaner ist es heute härter als für die Schwarzen [*they have it rougher than the blacks*]«. Ein ähnlicher Prozess »ethnischer Nachfolge« lässt sich in den anderen Zentren des Boxsports des Landes (New-York, New Jersey, Michigan, Florida und Kalifornien) feststellen. Als Bestätigung dafür dient der Fragebogen, den jedes neue Mitglied des Woodlawn Boys Club bei seinem Beitritt ausfüllen muss. Anzugeben sind Familienstand, Schulbildung, eigener Beruf und Beruf der Eltern, alleinerziehender Elternteil und die Familieneinkünfte, die in fünf Kategorien gegliedert sind, deren höchste bei 12.500 Dollar jährlich beginnt, was gerade die *Hälfte* des kommunalen Durschnittseinkommens beträgt.

Dennoch muss betont werden, dass, entgegen einer landläufigen Meinung, die sich aus dem Mythos des »hungrigen Boxers« [*hungry fighter*] nährt und regelmäßig die selektive Aufmerksamkeit der Medien auf die exotischsten Vertreter der Zunft lenkt – etwa den Weltmeister aller Klassen, Mike Tyson[12] –, die Boxer in der Regel nicht aus den benachteiligtsten Fraktionen des Ghetto-Subproletariets stammen, son-

12 Der Einfluss des Phänomens Tyson auf den Boxsport im schwarzen Ghetto gegen Ende der 1980er Jahre kann in seiner Bedeutung kaum übertrieben werden. Die mediale Flutwelle, die seinen Aufstieg (aus dem Ghetto von Brooklyn und dem Gefängnis, wo er als Jugendlicher mit dem Boxen begonnen hatte) begleitete, seine ehelichen und finanziellen Kapriolen mit der afro-amerikanischen Schaupielerin Robin Givens (die Gegenstand mehrerer Fernsehsendungen zur besten Sendezeit waren), seine finanziellen Verbindungen zu dem weißen Milliardär Robert Trump aus New York, seine Beziehungen zu Künstlerkreisen (über die Vermittlung von Spike Lee) und seine persönlichen wie auch gerichtlichen Konflikte mit seiner ehemaligen Entourage haben ihn zu einer legendären Persönlichkeit gemacht, die nicht nur einen ständigen Strom von Gerüchten, Diskussionen und Geschichten nährt, sondern die unter anderem allein durch ihren Symbolwert für einen Massenzulauf zum Boxsport sorgte – wie schon Joe Louis und Mohammed Ali, die zu ihrer Zeit Leitbilder für tausende Boxschüler waren. Das Phänomen hat sich mit der überraschenden Niederlage Tysons gegen Buster Douglas im Februar 1990, seiner Verurteilung zu einer Haftstrafe wegen Vergewaltigung und der anschließenden Folge bizarrer Zwischenfälle dann ins Gegenteil verkehrt[E 29].

dern vielmehr aus den Randbereichen der Arbeiterklasse, die auf dem Weg zu einer stabilen, sozio-ökonomischen Integration sind. Diese (Auto)Selektion, die in der Tat auf einen Ausschluss der Ausgeschlossensten abzielt, wird jedoch nicht als Folge mangelnder Geldmittel vollzogen, sondern über die *Vermittlung moralischer und körperlicher Dispositionen*, die diesen beiden Fraktionen der afro-amerikanischen Bevölkerung zugänglich sind. Es gibt tatsächlich keine erwähnenswerten materiellen Zugangsbeschränkungen: Der Mitgliedsbeitrag des Clubs beträgt 10 Dollar im Jahr, die Lizenz für die Amateur Boxing Federation, die aus rechtlichen Gründen erworben werden muss, kostet 12 Dollar und die gesamte Ausrüstung für das Training wird vom Club kostenlos zur Verfügung gestellt – mit Ausnahme der Bandagen zum Schutz der Hände [*hand-wraps*] und dem Mundschutz [*mouth-piece*], die jeder Boxer in einem Fachgeschäft für ungefähr acht Dollar selbst erstehen muss[13]. Der Ausschluss der Jugendlichen aus den benachteiligtsten Familien geschieht über Umstände und Gewohnheiten, die Voraussetzung für boxerische Praxis sind: vom Boxer wird ein geregeltes Leben, Sinn für Disziplin und physische wie mentale Askese gefordert, alles Eigenschaften, die unter von chronischer Instabilität und zeitlicher Desorganisation geprägten sozialen und ökonomischen Bedingungen nicht herausgebildet werden können. Ohne ein gewisses Maß objektiver persönlicher und familiärer Stabilität ist der Erwerb der zur erfolgreichen Ausübung dieser Sportart notwendigen körperlichen und moralischen Voraussetzungen wenig wahrscheinlich[14].

13 Die von der städtischen Park- und Gartenverwaltung betriebenen *gyms* sind noch günstiger, weil die Mitgliedschaft kostenlos ist. Ein anderes *gym* für Berufsboxer erhebt einen Monatsbeitrag von 5 Dollar für Amateure und 20 Dollar für Berufsboxer, lässt jedoch unzählige Ausnahmen von dieser Regel zu. In anderen Städten sind die Kosten für eine Mitgliedschaft wesentlich höher: das Somerville Boxing Gym in einem Arbeitervorort von Boston, wo ich von 1991 bis 1993 geboxt habe, verlangt 55 Dollar pro Trimester, und in einer Boxhalle in Tenderloin, einem berüchtigten Viertel von San Franzisco, werden 50 Dollar monatlich erhoben.

14 Andernfalls muss der Mangel an Selbstdisziplin durch Härte gegenüber dem Schmerz, athletische Fähigkeiten und eine außergewöhnliche Aggressivität im Ring kompensiert werden. Solche Boxer neigen jedoch dazu, frühzeitig »auszubrennen« und kommen nur selten dazu, ihr volles boxerisches und ökonomisches Potential zu entfalten. Dafür steht exemplarisch der Wunderknabe und dreifache Weltmeister Wilfredo Benitez, Sohn eines Zuckerrohrschneiders aus Puerto Rico: er wechselte bereits mit 14 Jahren ins Berufslager und holte seinen ersten Weltmeistertitel mit 17, aber seine Unregelmäßigkeiten beim Training und seine notorisch mangelhafte Disziplin bei der Ernährung haben seine Karriere früh beendet.

Eine vorläufige Analyse der 27 Berufsboxer (alle zwischen 20 und 37 Jahren und bis auf zwei afro-amerikanischer Herkunft), die während des Sommers 1991 in den drei größten *gyms* von Chicago aktiv waren, bestätigt, dass die sozialen Bedingungen der Boxer besser als die der untersten Segmente der männlichen Ghettobevölkerung sind. Ein Drittel ist in Familien aufgewachsen, die Sozialhilfe bezogen und 22% waren arbeitslos, die Übrigen standen in einem Arbeitsverhältnis oder bezogen ein »wöchentliches Gehalt« von ihrem Manager. Dreizehn (48%) besuchten Kurse in einem kleinen *community college* (wenn auch meist nur sporadisch, ohne Abschluss und ersichtlichen ökonomischen Nutzen): einer erwarb ein *associate degree*, ein anderer legte ein Examen ab[15]. Lediglich drei (11%) hatten keine mittlere Schulbildung und annähernd die Hälfte verfügte über ein Bankkonto mit Scheckheft. Im Vergleich dazu waren 36% der 18-45-Jährigen männlichen Bevölkerung der South Side von Chicago 1989 in Familien aufgewachsen, die Sozialhilfe empfingen, 44% waren arbeitslos, die Hälfte waren Schulabbrecher ohne Abschluss und lediglich 18% verfügten über ein Bankkonto[E 31]. Das sozio-ökonomische Profil und das Bildungsniveau der Berufsboxer liegen somit spürbar über dem Durchschnitt der Ghettobewohner. Von den Vätern dieser Boxer hat keiner eine weiterführende Schule abgeschlossen, und fast alle waren Arbeiter oder angelernte Arbeiter, mit der – erwähnenswerten – Ausnahme des Sohns eines reichen, weißen Unternehmers aus dem Umland. Die unzusammenhängenden Daten, die man aus geschönten Biographien und Angaben aus dem Umfeld der Boxer erhält, weisen darauf hin, dass die soziale Schicht, aus der sie stammen, mit ihrem Rang in der Boxwelt steigt. Emanuel Steward, der Trainer, Manager und Gründer des berühmten Kronk-*gym* in Detroit, aus dem zahlreiche Weltmeister hervorgegangen sind, äußert sich dementsprechend: »Im Gegensatz zu dem, was die Leute denken, sind die meisten meiner Jungs gar nicht so arm. Sie kommen landesweit aus den guten Vierteln.[E 32]«

Alles weist darauf hin, dass die Boxer nicht etwa aus den neuen desorganisierten und desozialisierten ›gefährlichen Klassen‹ stammen, die im pseudo-wissenschaftlichen Diskurs über die Enstehung einer schwarzen, angeblich unwiderruflich vom Rest der Gesellschaft isolier-

15 Ein *community college* (oder *junior college*) ist eine weiterführende Bildungseinrichtung, die eigentlich den Zugang zur Universität öffnen soll, aber tatsächlich nur Wiederholungskurse auf Gymnasialniveau bietet und nach zwei Jahren ein berufsbezogenes Abschlusszeugnis (*associate degree*) ausstellt, das für den Arbeitsmarkt kaum verwertbar ist[E 30].

ten ›underclass‹[E 33] als Angstfaktor aufgebaut werden, sondern sich von den übrigen Jugendlichen des Ghettos durch ein – angesichts ihres niedrigen kulturellen und ökonomischen Niveaus – Übermaß an sozialer Integration unterscheiden. Sie stammen entweder aus traditionellen Familien der Arbeiterklasse oder geben sich alle Mühe, diesen Status zu erreichen, indem sie einen Beruf wählen, den sie als qualifiziertes Handwerk betrachten, der in ihrer nächsten Umgebung hohes Ansehen genießt und zudem die Möglichkeit bietet, viel Geld zu verdienen. Die große Mehrheit der erwachsenen Mitglieder des *gym* von Woodlawn hat eine feste Beschäftigung (allerdings überwiegend in Teilzeit), etwa als Wächter, Tankstellenwärter, Maurer, Straßenreiniger, Lagerverwalter, Bote, Sportlehrer in städtischen Parks, Angestellter in einem Reprographiebetrieb, Hilfsarbeiter, Feuerwehrmann, Kassierer, Erzieher in einer Freizeiteinrichtung für Jugendliche oder Stahlarbeiter. Diese Verwurzelung im Proletariat ist zwar nicht tief, da die genannten Beschäftigungen typisch prekäre Züge aufweisen, schlecht bezahlt sind und den chronischen Rückgriff auf das *hustling* nicht verhindern, das in der Nutzung der informellen Ökonomie der Straße besteht und notwendig wird, um am Monatsende über die Runden zu kommen[E 34]. Ein Teil der Boxer stammt natürlich aus den unteren Schichten der Arbeiterklasse, aus vielköpfigen Familien, die in stigmatisierten Sozialbauten von »der Stütze« leben und von endemischer und ständiger Arbeitslosigkeit betroffen sind. Sie stellen jedoch nicht die Mehrheit, und die Boxer aus diesen Schichten haben mittelfristig auch keinen großen Erfolg im Ring.

Die Berufsboxer unterscheiden sich zwar hinsichtlich ihrer mageren Einkünfte und dem oft vorzeitigen Schulabbruch nicht vom Durchschnitt der Ghettobewohner ihrer Altersklasse, stammen jedoch häufiger aus intakten Familien und sind weit häufiger verheiratet und Familienväter. Zudem haben sie das Privileg, einer formellen Organisation – dem Boxclub – anzugehören, während die große Mehrheit der schwarzen Bewohner der ärmsten Stadtteile keine Mitgliedschaft in einem Verein aufweisen kann, ausgenommen einiger weniger Angehöriger der Mittelklasse, die im Viertel verblieben sind[E 35]. Der integrative Einfluss der Familie und der Ehe als Grundvoraussetzungen für die Ausübung des Boxens hat positive und negative Seiten: er muss ausreichend stark sein, um den Erwerb der zum Kampf notwendigen Einstellung und Motivation zu ermöglichen, darf jedoch andererseits nicht so übermächtig sein, dass Arbeit und häusliches Leben das boxerische Engagement zu sehr beeinträchtigen.

DEEDEE: Nein, Ashante kommt nicht jeden Tag, das weißt du doch, Louie. Die Jungs vom Gymnasium, die kommen jeden Nachmittag. Die Erwachsenen haben da Probleme: die sind verheiratet, haben Familie, Kinder, die können nicht jeden Tag in die Halle kommen. Die Mieten sind hoch, das Essen ist teuer, und du musst das nötige Kleingeld dafür zusammenkratzen. Die brauchen einen Halbtagsjob, eine Arbeit, die ihnen das nötige Geld für Frau und Kinder sichert. Und wenn du die Möglichkeit hast, Geld nach Hause zu bringen, dann musst du die wahrnehmen und kannst nicht zum Training kommen. Das ist auch Ashantes Problem. Ashante hat zwei Kinder. Er arbeitet mal hier, mal da. Er war beim letzten Kampf nicht dabei, obwohl er auf dem Programm stand, weil er vier Tage am Stück Arbeit hatte und ein bisschen Geld verdienen konnte. Er war da in einem Lager, die holen ihn, wenn Überstunden anfallen [als Lagerarbeiter im Taglohn]. Er ist da nicht fest angestellt, aber er wird oft geholt, wenn Hilfe gebraucht wird. Mit seiner Teilzeitarbeit kann er dort mehr verdienen als im Ring [Ein Kampf im mittleren Rangbereich sichert den Boxern eine Börse von 150 – 300 Dollar pro Teilnehmer], und er braucht sich dafür nicht verprügeln zu lassen. Er muss so einen Job einfach annehmen. [*Notiz vom 13 Januar 1989.*]

Danach kommt die Rede auf Mark – ein junger Neuling, der in einem Reproatelier angestellt ist, seit er die höhere Schule ohne Abschluss verlassen hat. Obwohl er mit reichlicher Verspätung eintrifft, lässt ihn DeeDee trotzdem das Training aufnehmen. Er bearbeitet mit viel Einsatz den Sandsack mit kurzen Haken und wird dafür von DeeDee ausführlich gelobt: »Der Bursche ist gut. Er bewegt sich gut. Der hat das Boxen von Natur aus drin. Schau dir seine Bewegungen an. Er ist kräftig, hat gute Hände. Der ist mit Prügeleien auf der Straße großgeworden. Er macht gute Fortschritte, aber er hat steife Beine, er bewegt seine Beine nicht genug. Und wegen seiner Arbeit kommt er immer so spät. Das ist schade, wirklich schade, denn er könnte eine guter Boxer werden. Wenn ich den bloß früher hier gehabt hätte, als er noch jünger war ... – Wie alt ist er denn ? – Er ist 22. Er hat mit auch gesagt, wie gern er mit dem Boxen angefangen hätte, als er 15 oder 16 war, aber da, wo er vorher gewohnt hat, war kein *gym*, und er hat nichts getan. Er hat sich rumgetrieben und seine Zeit mit Schlägereien in seinem Viertel verbracht. Er wiegt 55 Kilo, nicht dick, aber stämmig, das ist das Problem. In seiner Schule hat er American Football in der Schulmannschaft gespielt. Er könnte

noch abspecken, aber es ist ein Schande, dass er nicht mehr Zeit zum Training hat ... Burschen wie den, die gibt es leider viel zu oft.« [*Notiz vom 22. März 1989.*]

DeeDee erwähnt hier nebenbei einen der Faktoren, die den »Straßenschläger«, der möglicherweise straffällig wird, von denen unterscheidet, die ihr Talent im Ring ausüben und, sei es auch nur unregelmäßig, einer bezahlten Arbeit nachgehen: identische Veranlagungen können, je nach dem örtlich zur Verfügung stehenden Angebot, in die eine oder andere dieser Karrieremöglichkeiten führen: einerseits die organisierten Banden, die ein Wohngebiet beherrschen, andererseits ein *gym*, das in einem relativ ruhigen Viertel betrieben wird.

Die Zahl der Aktiven in der Halle von Woodlawn schwankt von Monat zu Monat beträchtlich. Grob geschätzt kommen pro Jahr zwischen 100 und 150 Interessierte zur Arbeit am Sandsack, die meisten bleiben jedoch nur einige Wochen, weil sie feststellen, dass ihnen das Training zu viel abverlangt. In einer Boxhalle ist es normal, dass 90%

der Einsteiger bald wieder aufgeben[16]. Hauptsaison ist in der Regel der Winter, vor allem kurz vor dem Golden Gloves-Turnier (die Vorkämpfe werden jedes Jahr Anfang Februar ausgetragen). Die aktiven Mitglieder (*regulars*) stellen eine Gruppe von ungefähr dreißig, mit einem harten Kern von acht Boxern, die kürzlich ins Profilager gewechselt sind, nachdem sie gemeinsam die Amateurklassen durchlaufen hatten. Die Motivationen der Teilnehmer sind unterschiedlich und hängen vom jeweiligen Status ab. Die Beflissensten boxen offiziell als Amateure oder Professionelle, und die Halle ist für sie der Ort für eine intensive Vorbereitung auf die Kämpfe. Die übrigen kommen in den Club, um in Form zu bleiben (um somit, unter anderem, Eindruck auf das andere Geschlecht zu machen, wie etwa Steve, ein massiger Puertorikaner von 29 Jahren, der hier »abnehmen will, wegen der Mädels. Ich will diesen Bauch weghaben, verstehst du, wegen der Frauen: die sagen, was sie wollen, die treffen die Entscheidung«), um den Kontakt zu Freunden zu pflegen (es gibt einige ehemalige Profiboxer, die mehr Zeit mit Gesprächen im Nebenzimmer als mit der Arbeit am Sandsack verbringen), oder auch um sich Selbstverteidigungstechniken anzueignen[17]. Außer den Boxern und den Trainern kommen noch einige Ehemalige in die Halle, die dann stundenlang im fensterlosen Kabuff sitzen und mit DeeDee über die alten Zeiten reden, in denen »Boxer noch Boxer waren«. Für den alten Coach von Woodlawn zählt einzig der Wettkampf. Selbst wenn er aufmerksam die Fortschritte der einfachen Amateure begleitet, verhehlt er seine Vorliebe für die echten Faustkämpfer nicht, und wenn sich die Gelegenheit bietet, versucht er, erstere von der Faszination des Kampfs im Ring zu überzeugen, wovon folgendes Gespräch zeugt:

16 Die Rate in Woodlawn ist vergleichbar mit der von William Plummer (op. cit. S. 57) für das *gym* von East Harlem beschriebene, wo die jährliche Fluktuation bei ca. 80% liegt.

17 Am 8. Oktober 1988 erkläre ich der Leiterin des dem *gym* benachbarten Kinderhorts auf deren Frage, warum ich diesen »rohen Sport« betriebe, dass es mir dabei hauptsächlich um die körperliche Kondition gehe. Sie meint darauf sofort, als ob das selbstverständlich sei: »Ach so, und dann schadet es ja auch nie, wenn man in diesem Viertel etwas von Selbstverteidigung versteht. Das muss man sich immer vor Augen halten.« Am 17. Juni 1989, als ich nach einer Sparringseinheit mit dem Sprungseil arbeite, fragt mich Oscar, der Manager von Little Keith, ob ich ins Berufslager wechseln wolle – ich versichere ihm, dass ich mich als dilettantischen Boxer betrachte, aber gerne ein paar Amateurkämpfe bestreiten möchte: »Weißt du, du kämpfst nicht schlecht, du kommst gut zurecht ... Und das gibt dir Selbstvertrauen auf der Straße, weil du dich besser verteidigen kannst.«

Am 6. Dezember 1988 treffe ich im Büro einen hoch gewachsenen Schwarzen von ungefähr 40 Jahren in einem eleganten, hellbraunen Anzug mit passender dunkelbrauner Krawatte, die Haare leicht ergraut, der gekräuselte Bart sauber gestutzt, die Figur leicht rundlich, der Typus entspricht einem leitenden Angestellten des öffentlichen Verkehrswesens. Er fragt nach »Mister Armour«. DeeDee antwortet, dass er das sei und bietet ihm den Platz auf dem kleinen Hocker vor seinem Schreibtisch an. Ich tue so, als lese ich in der Chicago Sun Times vom Tage, höre jedoch in Wahrheit ihrer Konversation zu.

– Ich möchte mich über Boxkurse für Erwachsene informieren. Bieten Sie so etwas an?
– Ja natürlich, das hängt davon ab, was Sie genau möchten: wollen sie nur in Form bleiben, oder möchten Sie kämpfen? Wie alt sind Sie denn?
– Ich bin 41. Nein, kämpfen will ich nicht, nicht mehr mit 41. [...] Mir geht es eher darum, in Form zu bleiben, und um die Selbstverteidigung auf der Straße.
– Einverstanden, aber es kann ja sein, dass Sie sich später für den Kampf interessieren. Wir haben einige ältere Mitglieder, 49, 50 oder sogar 53 Jahre alt, die gekommen sind, um sich fit zu halten, und dann, nach drei oder vier Monaten, wollen sie an den Golden Gloves teilnehmen. Natürlich [betont DeeDee] treffen sie da auf junge, kräftige Kerle, von denen sie fertiggemacht und verhauen werden, aber sie kommen auf ihre Kosten: das ist ihnen egal, ihr einziger Wunsch ist es, zu kämpfen.
– Mit 49? Ist man da nicht zu alt für Boxkämpfe?
– Ja schon, aber das kommt immer drauf an, wir haben hier Alte und Junge.
– Nein danke, ich interessiere mich nur für die Selbstverteidigung, um mich wehren zu können, wenn ich auf der Straße angegriffen werde.

Man hat ihn nie wieder in der Halle gesehen.

Bei den »ernsthaften« Boxern des *gym* von Woodlawn fällt sofort die Unterschied zwischen den Jungen, die noch die Schule besuchen, und den Erwachsenen auf, die keine schulischen Verpflichtungen mehr haben, aber dafür den härteren Zwängen des Lebens in Beruf und Familie ausgesetzt sind. Der jüngste Boxer ist 13, der älteste 57 Jahre alt. Das Durchschnittsalter liegt bei 22[18]. Die Mitglieder sind natürlich aus-

18 Eine Amateurlizenz kann nach Vollendung des 13. Lebensjahres beantragt werden, bei einigen Turnieren werden jedoch auch Kinder ab zehn Jahren zugelassen,

»Rocking« Rodney genießt das äußerst seltene Vergnügen weiblicher Gesellschaft neben dem Ring

schließlich männlich, und die Halle ist ein *eminent maskuliner Raum*, in dem weibliche Präsenz nur sporadisch geduldet wird: »Boxen ist für Männer da, ohne Männer gäbe es das nicht, Boxen und Männer sind eins. Wo Männer gegen Männer kämpfen, um sich, d.h. ihre Männlichkeit unter Beweis zu stellen, ist für Frauen kein Platz[E 37]«[19]. Auch wenn es keine formellen Zugangsbeschränkungen gibt – manche Trainer bestreiten explizit jegliche Abneigung gegen Frauenboxen –, sind Frauen in der Halle nicht gern gesehen, weil ihre Anwesenheit sich nicht nur auf die Trainingsroutine, sondern auf das symbolische Gefüge

die sogenannten *sub-novices*. Laut Henri Allouche verfügen in Nordamerika 30.000 Jugendliche unter 15 Jahren über eine Lizenz und bestreiten jährlich mehr als zwanzig Kämpfe[E 36].

19 Die Sportberichterstatter klagen bisweilen über die immer strengere Regulierung der Gewaltanwendung bei Boxkämpfen, die sie als »Verweiblichung« ansehen, die diesen Sport zu entstellen droht: Verminderung der Rundenzahl bei Meisterschaften von 15 auf 12, zunehmender Einfluss der Ärzte, obligatorische Zwangspause nach einem K.o. und, vor allem, der zunehmend größere Entscheidungsspielraum des Ringrichters, einen Kampf abzubrechen, wenn einer der Boxer verteidigungsunfähig erscheint oder eine ernsthafte Verletzung riskiert.

der Boxwelt störend auswirkt. Nur zu außergewöhnlichen Anlässen, etwa kurz vor einem bedeutenden Kampf oder am Tag nach einem entscheidenden Sieg, dürfen Freundinnen oder Ehefrauen beim Training ihrer Männer anwesend sein. Dabei haben sie die Auflage, ruhig und still auf den Stühlen hinter dem Ring zu sitzen. Wenn sie sich bewegen, dann in der Regel entlang der Seitenwände der Halle, um nicht den eigentlichen Trainingsbereich zu betreten, selbst wenn sich niemand darin aufhält. Es versteht sich von selbst, dass sie sich in keiner Form in das Training einmischen, außer in einem unterstützenden Sinn, etwa durch Übernahme von häuslichen Aufgaben wie Kindererziehung und Hausarbeit, der Zubereitung angemessener Mahlzeiten, durch emotionalen Rückhalt oder auch finanzielle Unterstützung. Wenn sich eine Frau im *gym* von Woodlawn aufhält, ist es den Boxern untersagt, die Umkleidekabine mit nacktem Oberkörper zu verlassen, um sich im Nebenraum zu wiegen – ein halbnackter Männerkörper darf zwar »bei der Arbeit« im öffentlichen Raum des Rings betrachtet werden, nicht jedoch »in Ruhestellung« hinter den Kulissen. In einer anderen Boxhalle in der Nähe von Little Italy greift der Trainer zu härteren Bandagen, um Frauen fernzuhalten: er untersagt seinen Boxern streng, ihre »Mädchen« mitzubringen; bei Zuwiderhandlungen schickt er sie zu einer Sparringsrunde mit einem wesentlich stärkeren Partner in den Ring, so dass sie vor den Augen ihrer Begleiterin auseinandergenommen werden und das Gesicht verlieren. Im Windy City Gym an der Grenze des West Side Ghettos gibt es einen offiziellen »Zuschauerbereich«, der durch eine hüfthohe Mauer vom Trainingsbereich abgetrennt ist und in der Praxis nur dazu dient, die Begleiterinnen der Boxer ›abzustellen‹. In der berühmten Halle von Top Rank in Las Vegas ist das Betreten für Frauen offiziell untersagt.

Bei den Aktiven besteht eine grundsätzliche Trennung zwischen Amateuren und Berufsboxern. Beide Sparten sind zwar eng miteinander verwandt und verbunden, unterscheiden sich jedoch wesentlich in Bezug auf das Training. Ein Boxer kann jahrelang als Amateur kämpfen, ohne etwas über die Sitten und Umstände zu erfahren, von denen seine professionellen Kollegen geprägt werden (dies betrifft insbesondere die finanziellen Aspekte, die von allen Beteiligten im Dunkeln gehalten werden[20]). Auch sind die Wettkampfregeln der beiden Sparten so

20 Berufsboxer sprechen nie über die Höhe ihrer Börsen, auch nicht mit ihren vertrauten Sparringspartnern; alle finanziellen Verhandlungen und Transaktionen zwischen Boxern, Trainern, Managern und Veranstaltern werden unter dem Siegel der Verschwiegenheit durchgeführt [E 38].

unterschiedlich, dass es nicht übertrieben ist, von zwei verschiedenen Sportarten zu sprechen. Einfach dargestellt geht es bei den Amateuren darum, dadurch Punkte zu sammeln, dass man den Gegner so oft als möglich mit einer Reihe schneller Schläge trifft, wobei dem Schiedsrichter viel Spielraum gelassen wird, den Kampf abzubrechen, sobald die Treffer bei einem der Kämpfer Wirkung zeigen. Bei den Berufsboxern, die keinen Kopfschutz tragen und deren Handschuhe wesentlich kleiner sind, besteht das wesentliche Ziel darin, den Gegner durch gezielte Hiebe »anzuschlagen«, und der Kampf wird solange fortgesetzt, bis einer der Teilnehmer nicht mehr zur Fortsetzung in der Lage ist. Der Trainer der Boxhalle von Sheridan Park formuliert es so: »Berufsboxen ist kein Kinderspiel, weißt du, sondern da prügeln sie dir die Birne weich [*they'll knock you outa your mind*]. Das ist ein hartes Spiel, wenn du zu den Profis wechselst, dann ist das ein hartes Spiel – [er korrigiert sich] nein, *das ist kein Spiel.* Bei den Amateuren kannst du Spaß haben. Die Profis wollen dich umbringen«. Die große Mehrheit der Boxer wechselt nicht ins Lager der Professionellen, was dazu führt, dass letztere eine stark (auto)selektionierte Gruppe bilden. Auch hier hängt der Erfolg beim Übergang von einem Lager in das andere wesentlich davon ab, ob der Kämpfer sich auf eine soziale und familiale Umgebung mit einem Minimum an Stabilität stützen kann.

Weitere Unterscheidungsmerkmale innerhalb der einzelnen Kategorien von Boxern im *gym* beziehen sich auf den Stil und die Taktik, die im Ring zum Ausdruck kommen: *boxer* (»Stilist«) gegen *brawler* oder *slugger* (»Schläger«), *counterpuncher* (»Konterboxer«), *banger* (»Haudrauf«), *animal*, usw. Jenseits dieser Differenzierungen zeigt sich die Kultur im *gym* offenkundig egalitär, indem alle Teilnehmer gleich behandelt werden: unabhängig von ihrem Status und ihren Ambitionen genießen sie die gleichen Rechte und haben die gleichen Aufgaben zu erfüllen, angefangen bei der Verpflichtung, »hart« für ihren Beruf zu arbeiten und, im entscheidenden Moment, ein Minimum an Tapferkeit im Ring zu beweisen. Wer über einen persönlichen Trainer verfügt, zieht natürlich mehr Aufmerksamkeit auf sich, und die Berufsboxer folgen einem aufwändigeren und strukturierteren Trainingsplan. Aber DeeDee zeigt den gleichen Einsatz, wenn er einem Sechzehnjährigen, der nach einer Probewoche die Halle nicht mehr betreten wird, die Ausführung eines Jab erklärt, wie bei der Verfeinerung der Defensivtechnik eines Ringveteranen. Unabhängig vom jeweiligen boxerischen Niveau werden alle, die in der Halle »ihre Pflicht erfüllen«, als Vollmitglieder des Clubs akzeptiert.

Im Lauf der Zeit und mit zunehmenden Fortschritten findet jeder Boxlehrling den Bereich, in dem er sich am wohlsten fühlt: manche begnügen sich mit der Rolle des »Saalkämpfers«, der am Training teilnimmt und ab und an die Handschuhe überstreift, um an einem Turnier teilzunehmen; andere wagen sich weiter hinaus und schlagen die Amateurlaufbahn ein; wiederum andere beenden ihre Amateurkarriere und wechseln zu den Berufsboxern. Der Unterschied zwischen einfachen Sportlern und Wettkampfboxern zeigt sich in den Aufwendungen für die Ausrüstung und die Belegung eines Spinds in der Umkleidekabine. Nur Wettkampfboxer trainieren mit eigenen Handschuhen (von denen sie nach ein paar Jahren in der Regel mehrere Paare besitzen), eigenem Helm und eigenem Springseil, die sie sorgfältig in einem verschließbaren Fach aufbewahren. Allein der Kauf von Boxstiefeln (Anschaffungspreis 35 – 60 Dollar) oder, darüber hinaus, eines Sparringskopfschutzes (mindestens 60 Dollar) bedeutet für den Kämpfer und seine Umgebung eine dauerhafte Verpflichtung im Wettkampfbereich. Auch die Kleidung bietet ein gutes, wenn auch aufgrund der leichten Manipulierbarkeit weniger zuverlässiges, Indiz für das sportliche Engagement: die Firma Ringside, Spezialist für Boxerbedarf, fertigt auf Bestellung ein breites Spektrum personalisierter Kleidungsstücke an, und jedermann kann sich ein Trikot mit einem beliebigen Namen oder Emblem eines großen Champions ordern. Dennoch bilden die Aufwendungen für Zubehör eine im allgemeinen zuverlässige Größe zur Ermittlung der materiellen und moralischen Investitionen in der Welt des Boxens.

Neben der Gruppe der Athleten gibt es die Trainer, Berater, ›Besucher‹, Verwandten, Freunde und Schaulustigen, die zu einem Schwätzchen in die Halle kommen oder sich das Training anschauen wollen, wobei das ständige Kommen und Gehen eine kontinuierliche Veränderung der Atmosphäre bewirkt: Kitchen, ein ehemaliger Boxer und arbeitsloser Metallarbeiter, der von Gelegenheitsjobs und den Photos lebt, die er von den Boxern beim Kampf macht und ihnen dann zu weit überzogenen Preisen verkauft; der Postbedienstete O'Bannon, der sich einer glänzenden Kampfbilanz rühmt (35 Amateursiege, davon 33 durch vorzeitigen Abbruch), für die er jedoch noch nie auch nur den geringsten Beweis vorgelegt hat; T-Jay, ein städtischer Angestellter, ehemaliger Europameister der Amateure im Weltergewicht (er erkämpfte diesen Titel während seiner Stationierung als Soldat in Deutschland), begutachtet das Treiben seines Sohnes Carlo, der eine Amateurkarriere anstrebt; der winzigkleine Philippino Romi, von Beruf Vorarbeiter, fungiert als Trainer und Betreuer für Alphonso Ratliff, den ehemaligen

Weltmeister im Halbschwergewicht; Oscar, ein gutmütiger Handwerker in den Fünfzigern, der als Inhaber eines Verputzgeschäfts regelmäßig selbst Hand am Bau anlegt, verbringt – geschmückt mit einem hohen Cowboyhut und schweren vergoldeten Ketten und Anhängern – bisweilen ganze Nachmittage im *gym*, um die Sportler zu beobachten und zu beraten, obwohl er vom Boxen nicht die geringste Ahnung hat; Elijah, Inhaber einer kleinen Wäschereikette im Ghetto und Manager von zwei Neuzugängen des Clubs, die gerade ins Profilager gewechselt sind; Charles Martin, ein ehemaliger Trainer, der den jüngeren Clubmitgliedern ab und an als Betreuer in der Ringecke dient; dann eine ganze Reihe älterer Männer, meist Rentner aus der Umgebung, für die das Training im Club wichtigster Bestandteil des täglichen Zeitvertreibs ist[21]. Das periodische Auftauchen des (weißen) *matchmakers* Jack Cowen in seinem bonbonrosa Anzug ist jedesmal ein Ereignis, denn dann wird in einer geheimnisvollen Konferenz mit DeeDee ausgetuschelt, welcher Boxer des Clubs an den Kämpfen teilnehmen wird, die er monatlich im Park West ausrichtet, einem ›yuppie‹-Nachtclub im Norden der Stadt. Auch im rückwärtigen Teil der Halle halten sich immer drei bis sechs Personen auf, die leidenschaftliche Diskussionen über das Boxen führen oder das laufende Sparring kommentieren.

Die Ökologie des Ghettos und die damit verbundene Kultur der Straße führen dazu, dass die Jugendlichen in Woodlawn das Boxen als sinnvolle Tätigkeit wahrnehmen, die ihnen eine Bühne für die Umsetzung der zentralen Werte des männlichen Ethos bietet. In dieser Hinsicht ist die Beziehung zwischen Ghetto und *gym* von Kontiguität und Kontinuität geprägt. Befindet man sich jedoch *in* der Boxhalle, verändert sich diese Relation und wird durch die spartanische Disziplin, der sich die Boxer zu unterwerfen haben und die alle auf der Straße erworbenen Fähigkeiten zur Verfolgung anderer, entfernterer und streng strukturierter Ziele einsetzt, ins Gegenteil gekehrt. So bestehen die Trainer vor allem darauf, was man im *gym* zu *unterlassen* hat. Eddie, der Assistenztrainer von Woodlawn, gibt eine kompakte Zusammenfassung dessen, was in der Halle verboten ist: »Fluchen. Rauchen. Laut reden. Mangelnder Respekt vor Frauen, mangelnder Respekt vor Trainern, mangelnder Respekt untereinander. Keine Animositäten, kein Prahlereien.« Dazu kommt eine Unzahl zweitrangiger, oft impliziter

21 Ehemalige Boxer, die ihren Lebensabend als passive Zuschauer in den *gyms* verbringen, werden treffend als »*lifer*« bezeichnet – ein Terminus aus dem Gefängnisjargon, der für »Lebenslängliche« verwendet wird [E 39].

Regeln, die darauf abzielen, das Verhalten der Clubmitglieder zu *pazifizieren.*

Ohne explizite Zeichen von Strenge zeigen zu müssen, hält DeeDee im *gym* von Woodlawn bezüglich Verhalten und Trainigsablauf eine eiserne Disziplin aufrecht: es ist verboten, Nahrungsmittel oder Getränke in den Club mitzubringen, während den Trainigseinheiten zu trinken oder zu sprechen, sich auf die Tischkante zu setzen, die Reihenfolge der Übungen zu verändern (etwa Aufwärmen mit dem Sprungseil anstatt mit Schattenboxen) oder eine Standardfigur zu modifizieren. Das Material darf nur zu den vorgesehenen Zwecken verwendet werden, Faustschläge auf Gegenstände sind zu unterlassen, kein Sparring im Ring ohne die erforderliche Ausrüstung und erst recht keine Auseinandersetzung außerhalb des Rings (die entsprechenden ›Zwischenfälle‹ sind so selten, dass sie – im Gegensatz zu den alltäglichen gewaltsamen Auseinandersetzungen der Straße – Bestandteil des kollektiven Gedächtnisses der Halle geworden sind). Beim Verlassen des Duschraums ist obligatorisch ein Slip unter dem Handtuch zu tragen, aus der Halle darf man nur mit trockener Wechselkleidung. Die Kinder aus dem benachbarten Hort oder dem Viertel, die ihre älteren Geschwister bewundern kommen, dürfen sich unter keinen Umständen den Sandsäcken nähern. Selbst die Sprache unterliegt bestimmten Regeln: DeeDee lässt nicht zu, dass jemand beim Training das Verb *to fight* anstelle von *to box* (bzw. *to spar* für das Sparring) verwendet; und weder er noch die angestammten Clubmitglieder bedienen sich bei ihren Gesprächen einer groben Ausdrucksweise.

Die meisten der Klauseln dieses impliziten ›internen Reglements‹ werden im Verhalten der ständigen Clubmitglieder deutlich, die sie mehr oder weniger verinnerlicht haben, und sie werden auch nur im Fall von Verstößen in Erinnerung gebracht[22]. Wer sich nicht daran halten kann, wird von DeeDee hinauskomplimentiert oder aufgefordert, sich eine andere Boxhalle zu suchen. Insgesamt – wie man anhand der Trainigsordnung und -moral feststellen wird – funktioniert ein *gym* wie eine quasi-totale Institution, von der die gesamte Existenz des Boxers gesteuert wird: seine Zeit, sein verfügbarer Raum, der Umgang mit seinem Körper, sein Geisteszustand und seine Wünsche. Dies geht so weit,

22 In den meisten anderen *gyms*, die ich in Chicago und anderen Städten besucht habe, ist die Hallenordnung in Form einer standardisierten Liste an der Eingangstür oder einer Wand angebracht; bisweilen hängt sie auch von der Decke, um von allen gesehen zu werden. Je höher der Grad an Instabilität und sozialer Disparität der Mitglieder eines *gym*, desto expliziter scheint die Reglementierung auszufallen.

dass viele Boxer die Arbeit in der Halle mit einer Verpflichtung bei der Armee vergleichen.

BUTCH: Im *gym* lernst du Disziplin, Selbstkontrolle. Du lernst, früh Bett zu gehen und früh aufzustehen, dein *roadwork* (morgendliches Lauftraining) zu erledigen, auf dich zu achten, das richtige zu essen. Also, dein Körper ist eine Maschine, und die muss in Schuss sein. Du lernst es, dich beim Ausgehen einzuschränken, nicht mehr auf der Straße rumzuhängen und Dummheiten zu machen [rippin' an' runnin' the streets]. Du bekommst sowas wie eine *Soldatenmentalität, wie in der Armee*, und das ist gut für dich.

CURTIS: Der durchschnittliche Typ, der in der Halle hier trainiert, egal ob Jugendlicher oder Mann, *der wird reifer*, weißt du, um 85% mehr, als er es draußen auf der Straße war. Denn er braucht Disziplin, wenn er versucht, erwachsen zu werden, wenn er Sportsgeist entwickeln will oder ein strategisches Gespür im Ring [*ring generalship*], also, du weißt schon, äh, ich weiß nicht ...[er verheddert sich]. Das ist eher so, also, ich könnte jetzt weiterschwatzen, aber man kann das vielleicht so auf den Punkt bringen: das ist *wie bei der Armee*, da kriegst du mit, wie man ein *gentleman* wird, da lernst du *Respekt.*

*Die Boxhalle definiert sich somit in einer symbiotischen Oppositionsbeziehung zum Ghetto*, von dem sie umgeben und eingeschnürt ist: sie bezieht ihre Mitglieder aus der Jugend des Ghettos und stützt sich auf seine maskuline Kultur des physischen Muts, des individuellen Ehrbegriffs und der körperlichen Leistungsfähigkeit, bildet jedoch gleichzeitig einen Gegensatz zur Straße: hier Ordnung, dort Unordnung; hier individuelle und kollektive Regulierung der Leidenschaften, dort private und öffentliche Anarchie; hier die kontrollierte und konstruktive Gewalt – zumindest hinsichtlich des sozialen Lebens und der Identität des Boxers – eines streng geregelten und klar begrenzten Austauschs, dort die sinn- und hirnlose Gewalt der unkalkulierbaren, ausufernden Konfrontationen, die charakteristisch für die Bandenkriminalität und den Drogenhandel im Viertel sind.

### *Das Gesetz des gym*

*Aufnahmegespräch eines Neulings mit dem Trainer Mickey Rosario im gym von East Harlem (Puertoricanerviertel), New York*[E 40].

– Okay, als Erstes musst du über die Regeln Bescheid wissen. Fluchen ist verboten. Sich schlagen ist verboten, außer im Ring. Ich bin hier nicht dafür da, dass du deine Zeit vergeudest, und du bist nicht hier, um meine zu vergeuden. Ich trinke nicht, ich rauche nicht, und ich laufe auch nicht den Mädels nach. Klar, ich mag die Mädels. Aber es reicht, wenn ich ihnen nachschaue, das ist alles. Ich hab da oben eine schön eingerichtete Wohnung. Ich kann meine Frau zum Essen ausführen, wann immer ich will. Ich arbeite. Ich arbeite in einem Krankenhaus, und wenn es da mal nichts zu tun gibt, arbeite ich als Mechaniker. Ich hab' den Führerschein Klasse zwei und drei. Ich kann jede Art LKW fahren. Ich kann im Lebensmittelhandel arbeiten. Kapiert?

Offensichtlich hat der Neuling nichts kapiert.

– Was ich dir sagen will: ich opfere meine Frau und meine Kinder für dich, also opfere dich gefälligst auch, für dich selbst. Die Regeln, das sind die Regeln, meine Regeln, und die stehen nicht zur Diskussion. Kapiert?
– Ja, antwortet der Neuling. Er hat sich langsam, wie an Fäden gezogen, dem Schreibtisch des Trainers genähert.
– Wenn du Recht hast, aber mit mir nicht einverstanden bist, dann habe ich Recht. Kapiert?
– Ja.
– Wenn ich sage: »sechs Runden mit dem Sprungseil«, dann heißt das nicht etwa nur vier. Wenn ich sage »spring«, will ich, dass du springst.
– Ja.
– Und du hörst erst dann auf, wenn ich es sage.
– Ja.
– Es gibt nur einen Chef hier.
– Ja.
– Und den hast du vor dir.
– Ja.
– Willst du immer noch hier anfangen?
– Ja.
– Okay, dann brauche ich deine Ausweispapiere. Außerdem vier Passfotos. Und 15 Dollar für die ABF-Lizenz [American Boxing Federation]. Außerdem noch 25 Dollar Jahresbeitrag für den Club. [...] Was machst du denn gerade den ganzen Tag lang? Gehst du zur Schule? Arbeitest du?
– Also, man könnte sagen, ich bin irgendwie dazwischen ...

– Du bist ein Nichtsnutz [*bum*].
Der Neuling zuckt zurück, als wäre er geschlagen worden und sieht den Trainer ungläubig an. Er schaut sich schnell um, um festzustellen, ob jemand anderes diese Provokation mitbekommen hat [...]. Dann sagt er:
– Ja gut, ich bin ein Nichtsnutz. Aber ich will eben keiner mehr sein.
– Du wirst mich verabscheuen, sagt Mickey etwas versöhnlicher. Vor allem am Anfang. Später wirst du mich bewundern.

## Eine wohl dosierte wilde Praxis

Wenn, wie Pierre Bourdieu postuliert, die Praxis einer Logik gehorcht, die sich in der körperlichen Übung unmittelbar und unter Umgehung des diskursiven Bewusstseins oder einer erwägenden Erklärung vollzieht[E 41], also die aus einer entzeitlichenden und kontemplativen theoretischen Haltung resultierende Angst ausschließt, dann gibt es wohl kaum eine Tätigkeit, die dieser Praxis näherkommt als das Boxen. In der Tat sind die Regeln der Kunst des Boxens auf körperliche Bewegungen zurückzuführen, die sich nur in der Ausführung selbst erfassen lassen und im Grenzbereich dessen liegen, was sich intellektuell sagen und begreifen lässt. So besteht das Boxen unter anderem aus einer strategischen Folge wechselseitiger Schläge, bei der sich Fehler unverzüglich rächen. Stärke und Häufigkeit der erhaltenen Schläge bilden gleichzeitig die Bilanz der eigenen Leistung: die Aktion und ihre Bewertung bilden eine Einheit, die keinen Raum für Reflexion lässt. Daraus folgt die Feststellung, dass man diese »soziale Kunst« nur wissenschaftlich fassen kann, indem man sich, in Echtzeit und realen Situationen, einer Initiation in diese Praxis unterzieht. Die Welt des Boxsports versteht nur, wer persönlich in sie eintaucht, die entsprechende Lehrzeit und die verschiedenen Stadien durchläuft. Ein indigenes Erfassen ist hier unabdingliche Voraussetzung für ein adäquates Begreifen des Gegenstandes[23].

Die »Kultur« des Boxers besteht nicht aus einer endlichen Summe versteckter Informationen, sprachlich vermittelbarer Begriffe und nor-

23 Aus diesem Grund bilden, selbst 30 Jahre nach ihrem Enstehen, die beiden kurzen, bereits zitierten Artikel von Nathan Hare (ein junger Berufsboxer, der an der Universität von Chicago in Soziologie promoviert hat) und des Tandems Weinberg (Soziologe und Amateurboxer) und Arond (Trainer) die schlüssigsten soziologischen Untersuchungen zum Thema.

mativer Modelle, die unabhängig von ihrer Umsetzung existieren, sondern aus einem diffusen Komplex von Haltungen und Gesten, die kontinuierlich durch das *gym* und die darin stattfindenden Abläufe (re)produziert werden: es handelt sich somit um Akte und um die Spuren, die diese Akte im und am Körper hinterlassen. Daraus erklärt sich die Tragik der Unmöglichkeit einer Rekonversion des Boxers am Ende seiner Karriere: das spezifische Kapital, über das er verfügt, ist vollständig inkorporiert; einmal verbraucht, hat es in einem anderen Feld keinen Wert mehr. Der Boxsport besteht in einer Gesamtheit von Techniken im Mauss'schen Sinn, das heißt in *Akten*, die traditionell als effizient gelten[24] und aus einem praktischen Wissen, das sich aus praxisimmanenten Schemata zusammensetzt. Daraus folgt, dass die Verinnerlichung der Dispositionen, die den Boxer ausmachen, im wesentlichen auf einen Prozess körperlicher Erziehung und auf eine besondere Sozialisation der Physiologie zurückzuführen sind, wobei »die pädagogische Arbeit darin besteht, den ›wilden Körper‹ durch einen ›habitualisierten Körper‹, d.h. temporär strukturierten und, entsprechend den Erfordernissen des Feldes physisch ›umgebauten‹ zu ersetzen[E 42].

Das Training des Boxers ist eine intensive und ermüdende Angelegenheit, die – vor allem, wenn es sich um einen Club von hohem Niveau und einen Trainer handelt, der ohne explizite Forderungen hohe Erwartungen hat – mittels der Praxis, das heißt durch *direkte Einverleibung*, die Beherrschung der grundlegenden körperlichen, emotionalen, visuellen und mentalen Abläufe des Boxens in der Praxis vermitteln will. Besonders auffallend ist dabei der repetitive, nüchterne und asketische Charakter: die verschiedenen Phasen werden unendlich oft wiederholt, Tag für Tag, Woche für Woche und in beliebig vielen Variationen. Viele Kandidaten müssen sich eingestehen, nicht in der Lage zu sein, diese »mönchische Hingabe, [...] die vollständige Unterordnung des Ich[E 43]« zu ertragen, die das Training erfordert und geben dann nach einigen Wochen auf oder vegetieren solange im *gym* dahin, bis DeeDee sie auffordert, ihre Karriere anderswo fortzusetzen.

»Die wichtigsten Voraussetzungen für einen guten Trainer sind Pünktlichkeit und Regelmäßigkeit, und zwar sowohl von ihm aus, als auch seitens seiner Boxer[E 44]«. Die Boxhalle ist täglich außer Sonntag während der Anwesenheit DeeDees geöffnet, das heißt von 12 bis 19 Uhr

24 »Als Technik bezeichne ich eine traditionell wirkungsvolle Handlung«, schreibt Marcel Mauss und verweist dann darauf, der Körper sei »das erste und natürlichste technische Objekt und gleichzeitig technisches Mittel des Menschen.« (op. cit. S. 371)

(mit leichten saisonbedingten Schwankungen). Die Athleten kommen, wann sie Zeit und Laune haben; die meisten trainieren zwischen 16 und 18 Uhr und halten regelmäßige Zeiten ein, während derer sie immer wieder dieselben Übungen absolvieren. Der Imperativ der Regelmäßigkeit hat einen solchen Stellenwert, dass eine längere Trainingspause eines bekannten Boxers sofort zu den wildesten Gerüchten über seine Person führt. Als etwa Curtis im Februar 1989 kurzfristig nicht mehr im *gym* erschien, hieß es, dass seine Karriere beendet sei: er würde mit den Mädchen des Viertels »rummachen« und hätte sich Aids eingefangen ...

Die Mitglieder des Boys Club trainieren im Schnitt vier- bis fünfmal wöchentlich in der Halle, manchmal auch mehr. Auf dem Trainingsplan für eine Einheit, die 45 bis 90 Minuten dauert, sind immer dieselben Übungen in fester Reihenfolge vorgesehen, die jeder nach seinem Geschmack einteilt: Schattenboxen vor dem Spiegel und im Ring, Arbeit am Sandsack und der Punktbirne, Seilspringen und Liegestützen. Häufigkeit und Dauer der Trainingseinheiten unterliegen spürbaren zeitlichen Schwankungen und variieren von Boxer zu Boxer. Die folgende Schilderung einer Trainingseinheit von Pete trifft auf die Mehrzahl der Boxer zu, die in Erwartung eines Kampfs stehen: er erscheint kurz vor 17 Uhr, nimmt die Sportkleidung (ein Boxhemd mit dem Aufdruck »Leonard-Hearns: The War II«, weiße Boxstiefel und enganliegende schwarze Bermudas) aus seinem Schrank und zieht sich sofort um. Nachdem er seine Hände bandagiert und dabei ein Schwätzchen mit DeeDee und einigen Kollegen im rückwärtigen Teil der Halle gehalten hat, ist es Zeit, an die Arbeit zu gehen. Er beginnt mit drei Runden Schattenboxen vor dem kleinen Spiegel (Jab, Jab, Rechte, linker Haken), wobei er sich vor seinem Spiegelbild vor- und zurückbewegt und bisweilen Handhanteln (kurze Metallzylinder) benutzt, die er in beiden Fäusten hält, um die Muskelbelastung zu erhöhen. Danach folgen drei Runden simuliertes Boxen im Ring mit einem imaginären Gegner, wobei er die Ausweichmanöver wiederholt, Scheinmanöver einstudiert und sich ständig entlang der Seile bewegt. Er verlässt nun den Ring und holt sich ein Paar Trainingshandschuhe im Büro und arbeitet drei Runden am Sandsack: Jabs, beidhändige Gerade, kurze Uppercuts, Haken – die ganze Palette des Boxens. In der letzen Runde werden Petes Schläge von kurzen, gutturalen Lauten begleitet, die in der ganzen Halle zu hören sind. Danach benetzt er sein Gesicht mit Wasser aus der kollektiven Spritzflasche und absolviert zunächst eine Runde am Uppercutsack, dann zwei Runden an der Punktbirne zur Steigerung der

»Floorwork«: Tony am Sandsack, im Hintergrund Anthony beim »shadow« vor dem Spiegel

Armschnelligkeit und und der Koordination zwischen Auge und Hand. Pete beendet das Taining mit drei Runden schnellem Seilspringen, verschiedenen Übungen zur Stärkung der Bauchmuskulatur (die hier, in Entsprechung zum roadwork – dem Lauftraining – und dem floorwork – der Gesamtheit der Bodenübungen – *tablework,* wörtlich ›Tischarbeit‹ genannt werden) und Liegestützen (in ihrer klassischen Form, d.h. die Füße liegen auf einem Stuhl und die Hände bilden eine Faust, bzw. zwischen jeder Liegestütze wird in die Hände geklatscht).

Zu dieser kaum variierenden Basisarbeit kommen weiter Übungen wie die Arbeit am *jab bag* oder Doppelendball (ein einfacher oder doppelter Punchingball, der mit zwei elastischen Spannseilen an Boden und Decke befestigt ist), Lockerungs- und Dehnübungen mit einer schwe-

»Ringwork«: Lorenzo arbeitet mit seinem Trainer Eddie an den Pads

»Tablework«: Curtis beim Bauchmuskeltraining, unterstützt von seinem Cousin

Smithie und Anthony beim Seilspringen

ren Metallstange sowie eigens zur Stärkung der Verteidigungsmuskulatur entworfene Übungen. Einmal pro Woche lässt sich Pete geduldig von Eddie den Bauch mit Punchingballschlägen malträtieren; in jeder zweiten Trainingseinheit trainiert er die Halsmuskulatur mittels eines mit Gewichten beschwerten Helms. Die Arbeit an den *pads* (Tatzen), wobei er Schläge gegen die von seinem Trainer getragenen Handpolster trainiert, ist eine Mittelding zwischen Schattenboxen bzw. den Übungen am Sandsack und dem Sparring im Ring. Zusätzlich zu den Übungen in der Halle gibt es noch das endlose Lauftraining: im Sommer wie im Winter legen die Boxer von Woodlawn an sechs Tagen der Woche jeweils fünf bis acht Kilometer zurück.

*Tatzenarbeit*

2. März 1989. Ich bin bereit: blaue Jacke, schwarze Shorts und rotes Sweatshirt, rote Handschuhe. Ich hüpfe auf der Stelle und warte auf Eddie, der mit Sorgfalt die Tatzen (große, flache Handpolster) anlegt; er prüft den richtigen Sitz der Finger und lässt sich von O'Bannon beim Anlegen und Zuschnüren der zweiten Tatze helfen. Dee-Dee blafft: »*Time, work!*« Eddie stellt sich vor mich und hebt die rechte Hand nach oben: »Jab!« Ich mache einen Ausfall und schlage mit aller Kraft die linke Faust auf das Handpolster, das er mir hinhält. Paff, paff, paff, wie das kracht, ich bin in Form und meine Schläge treffen gut – am klatschenden Geräusch erkennt man sofort, ob man die Tatze richtig getroffen hat, andernfalls ist der Ton eher dumpf. Auf jedes seiner Kommandos schnellt meine Faust aus der Deckung. Im Augenblick des Kontakts mit seiner Hand schlägt Eddie leicht aus dem Handgelenk nach unten, um meinen Jab zu kontern. »Jetzt doppelt, genau ... vorwärts, komm her mit deinem Jab.« Ich schlage wild auf die Tatze, die er mir jetzt abwechselnd rechts und links hinhält. Das Geräusch der Schläge bereitet mir Wohlgefühl und stachelt meine Energie an. Der Schweiß rinnt mir schon in Strömen herunter. »Eins-zwei, Jab und die Rechte, auf-auf, eins-zwei«. Ich schaffe es nicht, beide Tatzen zum Klatschen zu bringen und wir machen mit einfachen Jabs weiter. Es ist unglaublich anstrengend. Eddie umkreist mich mit kleinen Schritten. Ich bemühe mich, dauernd in Bewegung zu bleiben und an ihm dran zu bleiben. »Jetzt eine Rechte zum Körper, genau«. Paff-paff! Jetzt knallt es wieder richtig! Tsch-tsch, paff-paff! Eddie ändert das Programm: »Jetzt ein Jab Richtung Gesicht (Tatze hoch in der Luft), Jab zum Körper (Tatze halbhoch)! Doppelter Jab zum Körper, genau, weiter so«. Ich

bewege mich regelmäßig schlagend vorwärts, mein Atem kommt stoßweise. Eddie ist immer noch vor mir (rund wie er überall ist, könnte er als Sumoringer durchgehen) und hält mir beide Tatzen gleichzeitig hin: »Jetzt ein Jab, rechts-links-rechts, und dann schließt du mit einem rechten Cross ab, okay?« Ich rücke mit kurzen Schritten vor, Jab, paff-paff-paff-paff, drehe auf dem hinteren Fuß und strecke mich soweit es geht, um mein Ziel mit der letzten Rechten gut zu treffen. »Weiter [keep goin'], weiter, pass auf, dass deine rechte Schulter in Linie bleibt, wenn du deine Rechte schlägst.« »*Time out!*« Uff, ich kann schon fast nicht mehr; meine Lungen brennen und meine Arme wiegen hundert Tonnen. Ich atme während der Pause tief durch und versuche, wieder Luft zu bekommen. Ich habe nur dreißig Sekunden. Ich konzentriere mich darauf, meine Energien zu sammeln. Bei diesem Tempo schaffe ich vielleicht zwei Runden, aber niemals drei.

»*Time in!*« Eddie hält die Tatzen nach unten, um kurze Uppercuts zu üben. Die entsprechende Bewegung ist schwieriger, da sie weniger »natürlich« ist (wenn es denn für mich überhaupt etwas Natürliches im Ring gibt). Der Schlag erfolgt von unten nach oben, die Hand im rechten Winkel zum Ellbogen. Die Faust muss nach innen zeigen, aber ich habe immer das Gefühl, mein Ziel verfehlt zu haben. Ich beuge mich ein wenig nach vorn, um Eddies unsichtbare Deckung zu überwinden. »Komm schon, du kannst es schaffen, Rechte, Linke, beweg dich, beweg deine Beine.« Rechter Uppercut, linker Uppercut. Mir tut alles weh. »Gut so, lass deine linke Faust nach dem Jab oben, weitermachen!« brüllt Eddie und geht zurück, um mich zu zwingen, Schläge und Schritte zu kombinieren. Ich dresche einen rechten Uppercut, einen linken Uppercut, einen Jab, um meinen Arm zu entspannen, dann einen doppelten rechten und linken Uppercut mit gebeugten Knien und gelockerter Hüfte – es ist tödlich! Ich habe kein Gefühl mehr in meiner rechten Faust und in meinen Schultern. Ich ringe nach Luft, während ich wie ein Automat meine Uppercuts schlage. Wenn sie gut gegen die Tatze klatschen, motiviert mich das, und ich lege mehr Kraft in den nächsten Hieb. Dann kann ich wirklich nicht mehr und gehe aus der Deckung, um Atem zu holen.

Übergang zur nächsten Übung: »Jetzt schlägst du eins-zwei, dann duckst du dich unter meiner Rechten durch und schlägst wieder eins-zwei auf der anderen Seite«. Ich verstehe das Manöver nicht sofort, aber nach dem zweiten- oder drittenmal finde ich den Rhythmus:

linker Jab auf die rechte Tatze, rechter Haken auf dieselbe Tatze, unmittelbar darauf Drehbewegung mit gebeugtem Arm und linker Haken auf die andere Tatze und wieder rechter Haken; Eddie antwortet mit einem weitausholenden Haken, unter dem ich mich kurz wegducke, um mit zwei kurzen Haken zu erwidern. Wenn er mich rechts kontert, weiche ich aus und entgegne mit rechts-links, und umgekehrt. Die Übung ist genial, aber noch wesentlich anstrengender als die vorigen. Paff, paff-paff, paff-paff, ausweichen, paff-paff.
Ich habe Schwierigkeiten, bei der Drehung das Gleichgewicht zu halten. DeeDees Stimme dröhnt: »Behalte deinen Stand, lass das rechte Bein hinten und dreh den Fuß nach innen.« Ich folge Eddie zwischen den Sandsäcken. Er hält einen Moment inne, um die Tatzen zurechtzurücken. Währendessen gehe ich um ihn herum und tue so, als ob ich imaginäre Hiebe blockiere. Dann geht es weiter. »Los, auf geht's! Ja, genau so, schlag zu, gut so Louie, schlag deinen Jab!« Seine Ermunterungen werden immer lauter. Außer den schwarzen Tatzen, die er mir hinhält und auf die ich um jeden Preis schlagen muss, und seinem rundlichen, blauen Körper, der sich entfernt, sehe ich nichts mehr. Meine Lungen explodieren fast; ich habe keine Beine und keine Kraft mehr. Ich folge ihm »jabbend« in einem Nebel aus Müdigkeit, Schweiß und Aufgedrehtheit. Meine Fäuste werden zu schwer, meine Arme steif. Ich bin total fertig, aber boxe weiter wie eine Schlagmaschine. Paff-paff, peng, peng-peng. Meine Energie verflüchtigt sich schlagartig und meine Hiebe klatschen nicht mehr. Eddie feuert mich an: »Auf, noch einen, und noch einen, *keep it up*, Louie!«
In einem komaähnlichen Zustand schlage und atme ich abwechselnd, ein Hieb nach jedem Ausatmen. *Ich habe das Gefühl, in einem Karussell zu sitzen, bei dem ich gleichzeitig Motor und Karussellfigur bin.* Eddie schreit mir seine Aufmunterungen zu. Ich gebe mein Letztes und gehe vorwärts, schlage, nehme meine Fäuste zurück, ziele, schlage. Ich mobilisiere meine letzten Reserven, um die Serie zu beenden. »Auf gehts, jetzt wird's heiß, jetzt wird's heiß im Ofen! [*You're cookin', you're cookin' in the kitchen!*] Auf geht's, Louie! Jetzt wird's heiß im Ofen! *Mind over matter*! Auf geht's, du kannst es schaffen, es ist in deinem Kopf, du wirst heiß!« Noch eine letzte Anstrengung, paff-paff, peng, bumm-bumm. »*Time out!*« Endlich ist es vorbei! Ich bin kurz vor dem Ersticken, verkrampft vor Erschöpfung, nach sechs Minuten vollkommen verausgabt. Ich habe das Gefühl dass mir die Lunge herauskommt und ich ohnmächtig werde.

Boxer werden oft mit Künstlern verglichen, aber eine zutreffendere Analogie würde den Blick eher auf die Welt der Fabriken oder Werkstätten lenken: die noble Kunst des Boxens gleicht in allen Belangen einer qualifizierten, aber dennoch repetitiven handwerklichen Tätigkeit [*craft*][25]. Die Berufsboxer selbst nehmen das Training als Arbeit wahr (»Ich muss meine Arbeit zu tun«, »Ich muss meine Aufgaben erledigen«, »Das ist wie ein zusätzlicher Job«), und ihren Körper betrachten sie als Werkzeug. Da sie wissen, dass ihre Leistung im Ring unmittelbar von der Vorbereitung in der Boxhalle abhängt, trainieren sie verbissen, um beim Betreten des Rings auf der Höhe ihrer physischen und technischen Leistungsfähigkeit zu sein und somit ihre Angst unter Kontrolle zu bringen. »Den Kampf gewinnst du im *gym*«, heißt ein unter den Aktiven weit verbreiteter Spruch. Die Vorbereitung kann so intensiv und fordernd sein, dass der eigentliche Kampf im Vergleich dazu leicht erscheint: viele Boxer sind übrigens der Meinung, das Training sei der mühsamste Teil ihres Berufs. George Plimptons Beschreibung der Kampfvorbereitungen des legendären Champions Joe Frazier gilt ebenso für die Masse der anonymen »Club-Boxer«[E 46]: »Im *gym* ist er ein fröhlicher Masochist, der sich pausenlos geißelt, um die Härte [toughness] zu erlangen, die ihn unempfindlich gegen die Angriffe seines Gegners macht. [...] ›Im Trainingslager arbeite ich so hart, ich strafe mich selbst, und wenn dann der eigentliche Kampf kommt, ist es für mich umso leichter. Wenn der Gong ertönt, bin ich bereit, dann bin ich *turned on*‹«.

Die vom Boxer geforderten Opfer beschränken sich nicht allein auf die Boxhalle. Die für die Vorbereitung eines Kampfes notwendige mönchische Hingabe erstreckt sich weit in das soziale Leben und betrifft alle Bereiche der Privatsphäre. Um das ideale Kampfgewicht zu erreichen, müssen alle Boxer eine strenge Diät einhalten (kein Zucker, keine stärkehaltigen Lebensmittel und fettgebratenen Gerichte, sondern Fisch, weißes Fleisch und gekochtes Gemüse, als Getränke lediglich Wasser oder Tee), einem geregelten Tagesablauf folgen und früh zu Bett gehen, damit der Körper sich erholen kann. Gleich bei der Aufnahme in die Boxhalle wird darauf hingewiesen, dass in den Wochen vor

25 Wie bereits Gerald Early vermerkt, »kommt einem sofort, und mehr als jedes andere, das Wort ›Proletariat‹ in den Sinn, wenn man Boxer im *gym* bei der Arbeit sieht. Diese Menschen geben sich einer ehrlichen und fürchterlichen Schinderei hin, und das Frappierende dabei ist, dass diese Arbeit noch grotesker wirkt als der Alptraum des Fließbands. Und das Wort Proletariat trifft voll und ganz auf diejenigen Boxer zu, die man als Tölpel und Nieten [*stiffs and bums*] bezeichnet«[E 45].

dem Kampf jegliche sexuelle Aktivität zu unterbleiben habe, da ansonsten die vitalen Säfte verloren gingen und die physische und mentale Energie untergraben würde[E 47]. Diese Abstinenzregeln tragen noch mehr als das Training dazu bei, das normale Dasein des Boxers zu erschweren und ihn es als Mühsal empfinden zu lassen. In den Worten Jakes, eines Leichtgewichts aus Gary, der für einen Mittag nach Woodlawn gekommen ist, um »die Handschuhe anzulegen«, besteht das penibelste »Opfer«, das die Vorbereitung auf einen Kampf erfordert, nicht in der täglichen Arbeit in der Boxhalle, sondern darin, »keinen *junk food* anzurühren, keine Hamburger, keine Fritten, *kein Sex*, du weißt schon. Ich trinke gern mal ein Bier, aber auch leichtes Bier gibt's nicht mehr, diese Opferbereitschaft, wenn du dich in deinem Innersten danach fragst, was du eigentlich willst und dir sagen musst: ›Gut, einen Monat lang keine Frau‹, verstehst du, und keinen Hamburger. [Schon beim Gedanken daran steigt sein Tonfall vor Empörung um eine Oktave.] Weißt du, was das heißt, einen ganzen Monat lang kein junk food, keine Cola, kein Eis, keine Schokokekse? *Das ist die Hölle, oder?*«

Die extreme Monotonie des Trainings bringt jedoch auch eine ganze Reihe kleiner Vergnügen mit sich, ohne die ein Durchhalten schwierig wäre[E 48]. Da ist zunächst die männliche Kameraderie im *gym*, die sich in Blicken und Lächeln ebenso manifestiert wie in den Gesprächsfetzen, Scherzen und Ermutigungen während der Trainingspausen, den freundschaftlichen Klapsen auf den Rücken oder die Hand (der rituelle Boxergruß besteht darin, die behandschuhte Faust abwechselnd von oben und unten gegeneinanderzuschlagen)[26]. Wie ich beim häufigen Boxen mit Ashante lernen konnte, sind Sparringspartner durch eine sehr spezielle körperliche Brüderschaft miteinander verbunden, die auf den Risiken beruht, denen jeder durch den Anderen ausgesetzt ist. Dann gibt es das Vergnügen der körperlichen Erschöpfung und der Erfahrung, dass der Körper sich entprechend der ihm auferlegten Disziplin entwickelt. Neben der Erfahrung des Rauschs und der körperlichen Entfaltung bietet das Training an sich eine Belohnung[27], wenn es

26 Es soll hier betont werden, dass die im *gym* vorkommenden Formen von Respekt ausschließlich maskuliner Art sind, und nicht nur die Solidarität und die interne Hierarchie der Boxer bestätigen, sondern auch und umso mehr, als es unbewusst geschieht, die Überlegenheit der Mannes (i.e. des »echten« Mannes) über die Frau, die zwar physisch absent, symbolisch jedoch als Negativ in der Boxhalle und im gesamten boxerischen Universum allgegenwärtig ist.

27 Die Boxer vergleichen die sensorische Erfahrung des Intensivtrainings (und des Kampfs) mit einer Kopulation oder einem Orgasmus. Ein aufschlussreicher Ver-

nämlich dazu führt, einen schwierigen Bewegungsablauf zu beherrschen und dadurch das Gefühl aufkommen lässt, dass man seine Kräfte verzehnfacht hat, oder wenn es zu einem Sieg über sich selbst führt (etwa die Überwindung der Angst vor dem Sparring mit einem zähen und harten Partner). Schließlich schätzen es die Boxer, »zu einer kleinen Bruderschaft« besonderer Art zu gehören, die für ihre körperliche Kühnheit und ihre Härte bekannt ist; sie genießen das Bewusstsein, »anders als die Anderen zu sein. Sie sind Kämpfer«[E 50]. Diese Befriedigung ist zwar unterschwellig, aber dennoch real vorhanden, und die festen Mitglieder des Clubs manifestieren sie durch das Tragen von Abzeichen, Trikots, Blousons oder Mützen, die mit den Insignien des Metiers geschmückt sind. Schließlich gibt es noch die emotionale Bindung an das *gym*, das die Boxer gern als »Zuhause« oder »Ersatzmutter« betrachten, woran sich gut die schützende und nährende Funktion ablesen lässt, die sie ihm zuschreiben.

Die Bewegungen des Boxers sind bei weitem nicht so einfach, wie es scheint: die korrekte Ausführung der Grundschläge (Jab, Haken, Gerade, Uppercut) ist sehr schwer und erfordert eine vollständige »physische Umerziehung«, d.h. eine veritable Neuformierung der Bewegungskoordination wie auch eine psychische Konversion. Es geht zum einen um ihre Visualisierung und darum, sie im Kopf zu verstehen, zum anderen um ihre Ausführung und, mehr noch, um ihre Anwendung und Aufeinanderfolge in der Praxis. »Die Menge der Bedingungen, die notwenig sind, damit ein Schlag tatsächlich Wirkung hat, ist unvorstellbar.[E 51]« Ein Jab, der den Gegener auf Distanz halten soll oder der, angesichts eines Angriffs, auf ihn gerichtet ist, erfordert unter anderem das gleichzeitige Positionieren der Füße, der Hüften, der Schultern und der Arme; der linke Arm wird im güstigen Augenblick in Richtung Gegner »gepumpt« (wobei das Gesicht oder der Körper anvisiert wird), dabei erfolgt ein Schritt nach vorne, die Knie sind leicht gebeugt, das Kinn liegt geschützt in der Schulterbeuge; die Hand und die vordere Schulter bilden eine Linie, die Faust wird – im Augenblick der Berührung, jedoch nicht vorher – um 45° im Uhrzeigersinn gedreht, das Handgelenk wird versteift; das Körpergewicht wird zuerst auf das vordere, dann auf das hintere Bein verlagert, die rechte Hand muss nahe der Wange bleiben, um den Konter des Gegners blockieren oder ablenken zu können. Die theoretische Beherrschung allein nutzt wenig, solange der Körper den

gleich zum Gefühl des »*flow*« bei den Alpinisten findet sich in der Untersuchung von R.G. Mitchell, *Mountain Experience*[E 49].

Bewegungsablauf nicht verinnerlicht hat; erst wenn der Schlag durch ständige, *ad nauseam* wiederholte physische Übung assimiliert wurde, kann der Intellekt ihn vollständig erfassen. Es gibt hier in der Tat ein *Verständnis des Körpers*, das Bedingung für das visuelle und mentale Verständnis ist und gleichzeitig darüber hinausgeht. Nur das dauernde körperliche Experimentieren, das dem Training als kohärentem Komplex der »Praktiken der Inkorporation«[E 52] zugrundeliegt, ermöglicht den Erwerb der praktischen Beherrschung der Regeln des Faustkampfs, der eben diese Regeln nicht als solche im Bewusstsein festschreibt.

Um den fast unmerklichen Prozess angemessen beschreiben zu können, der darin mündet, an der Sache Gefallen zu finden und sich ihr (manchmal mehr, als einem lieb ist) hinzugeben, und der von anfänglicher, mit Scham vor dem eigenen Körper und Verlegenheit vermischter Abscheu oder Indifferenz zur Neugier, dann zum Interesse am Faustkampf, d.h. am körperlichen Vergnügen des Boxens und schließlich zur Lust am Kampf im Ring führt, wäre es notwendig, *in extenso* alle Aufzeichnungen zu zitieren, die nach jeder Trainingseinheit im Lauf der Monate entstanden sind. Schon durch ihre Redundanz würde konkret begreiflich, wie sich Woche für Woche eine bessere Beherrschung der Bewegungen und des – meist retrospektiven und rein gestischen – Verständnisses der Boxtechnik sowie der Veränderungen im Verhältnis zum eigenen Körper und der Wahrnehmung der Boxhalle und der darin stattfindenden Aktivitäten einstellt. Die Assimilierung des Faustkampfs ist das Ergebnis einer Investition von Körper und Geist, die, durch endlose Wiederholung der gleichen Bewegungen, in kleinsten, vom Betroffenen kaum wahrnehmbaren Schritten vorangeht, deren Summierung jedoch auf Dauer spürbare Fortschritte zeitigt, ohne dass diese einzeln gesehen, datiert oder genau gemessen werden könnten.

Dem außenstehenden Beobachter entgeht mit aller Wahrscheinlichkeit die außergewöhnliche Sinnlichkeit der boxerischen Initiation[28]. Die allmähliche Konversion zur Welt des Boxens und ihrer Einsätze findet unter Einbeziehung aller Sinne statt; um diese Behauptung zu untermauern, müsste jedoch die Gesamtheit der Gerüche und Geräu-

28 Diese Sinnlichkeit entgeht in noch größerem Maße dem Leser, der nur über das geschriebene Wort Zugang zum boxerischen Universum findet. Denn allein durch den Übergang zur Schrift wird die zu vermittelnde Erfahrung unwiderruflich transformiert. Die Bemerkung Alfred Willeners zur Musik gilt hier auch für das Boxen: »Eine der Klippen jeglicher Form von Musiksoziologie bleibt der Umstand, dass *man nicht recht weiß, wie man darüber sprechen soll*. Es geht darum, einen musikalischen Sinn in einer nicht musikalischen Sprache wiederzugeben«[E 53].

sche wiedergegeben werden können – die Körperöle, die in die Nase steigen, die schweißdurchtränkte Luft, der Gestank der Gymnastikbank, der Ledergeruch der Handschuhe, der Rhythmus der Schläge, wobei jeder Sandsack sein eigenes Geräusch, jede Übung ihre eigene Kadenz und jeder Boxer seine eigen Art hat, die Punktbirne zum »Knallen« zu bringen; das Geräusch der Füße, die auf den Boden trommeln oder auf dem Ringbelag rutschen und quietschen; die Atemgeräusche und das Stöhnen, die Seufzer und charakteristischen Schreie der einzelnen Athleten und, vor allem, die Verteilung der Körper und ihre Synchronisation, deren bloßer Anblick schon dauerhafte pädagogische Effekte produziert; dazu kommen noch die Temperaturschwankungen als nicht unwesentlicher Bestandteil der Halleneigenschaften. All dies bildet eine Art *sensorisches Umfeld*, das integraler Bestandteil der Erziehung des Boxlehrlings ist.

### *Die Initiation*

15. Oktober 1988. Ich betrete die Halle durch den Hintereingang. Im Büro sitzt DeeDee mit dem großen Butch und drei Jugendlichen. Ich begrüße alle mit Händeschütteln (wie immer: es handelt sich dabei um einen täglichen Ritus und eine hochgeschätzte Respektsbezeugung). DeeDee fragt mich sofort: »Louie, hast du deinen Mundschutz dabei? – Ja, warum?« Der alte Coach reckt das Kinn vor und schaut schelmisch. Mir wird klar, dass heute meine Feuertaufe stattfindet: ich werde zum erstenmal in den Ring steigen! Ein plötzlicher Schreck durchfährt mich, gleichzeitig empfinde ich jedoch Stolz, mich endlich diesem Passageritus unterziehen zu können. Ich war darauf nicht vorbereitet und habe Bedenken, nicht sonderlich in Form zu sein; dazu kommt noch ein hartnäckiger Schmerz im rechten Handgelenk. Ein Rückzieher ist aber undenkbar. Außerdem will ich mich unbedingt messen; ich habe schließlich seit Wochen auf diesen Moment gewartet – trotzdem ist es komisch, ungeduldig darauf zu warten, dass einem die Seele aus dem Leib geprügelt wird ... Ich schaue in die Runde, um herauszufinden, wer mir meine erste Lektion im Ring erteilen wird. Sollte es Butch sein? In diesem Augenblick erscheint Olivier. DeeDee eröffnet auch ihm, dass ein Sparring auf ihn wartet und er sich dementsprechend vorbereiten soll: »Ich will deine Nase bluten sehen. Du bist Arzt, du kannst dich dann ja selbst verarzten. Ich will nur deine Nase ein bisschen bluten sehen, mhm.« Schwarzer Humor. Der Doc und ich versuchen, uns gegenseitig aufzurichten, indem wir uns unter viel Gelächter umziehen ...

Es ist dann doch Butch in seinem ärmellosen, blauen Trikot, der uns initiieren wird. Er wärmt sich schattenboxend mit gewaltigen Schlägen auf. Beim Gedanken, ihm zwischen den Seilen gegenüberzustehen, kommt er mir noch größer als sonst vor, um nicht zu sagen enorm: er ist fast einen Kopf größer als ich; sein Oberkörper und seine Arme glänzen wie Kugeln aus Ebenholz unter dem bleichen Licht der Deckenlampen. [...] Macht es überhaupt Sinn, einem solchen Athleten im Ring gegenüber zu treten? Er bittet mich, ihm seine Sparringhandschuhe zu binden. Ich nutze den Augenblick und erinnere ihn daran, dass ich zum ersten Mal richtig boxe, damit es da keine Missverständnisse gibt (mein Kumpel Butch, das ist ein netter Butch)... Er schimpft, dass sein letzter Kampf in Park West annuliert wurde, weil sein Gegner nicht das reguläre Gewicht hatte. Er selbst hat keinerlei Probleme mit dem Kampfgewicht: er muss nur auf seine Ernährung achten und laufen, was die Beine hergeben. Trotzdem wiegt er gut zwanzig Pfund mehr als ich (ein Zwerg von 40 Kilo wäre weniger einschüchternd).
Ich bitte DeeDee, mir die Hände zu bandagieren – besonders heute, wo es ernst wird, möchte ich ihn das tun lassen. Dann fange ich an mit einer Runde Schattenboxen vor dem Spiegel. Wir sind heute zu sechst, darunter Reese, Boyd und Tony, und jeder wärmt sich als Vorbereitung auf das Sparring in seiner Ecke auf. Ich gehe zur Punktbirne, um mein rechtes Handgelenk beweglich zu machen, aber als ich danach eine neue Runde vor dem Spiegel beginne (rechter Jab, Vorwärtsgehen, Drehung und linker Haken, Jab, rückwärtsgehen), schreit mir DeeDee zu: »Louie, was soll denn das? Verausgabe dich nicht so, sonst hast du keine Energie mehr für das Sparring. Dann landest du gleich auf dem Arsch.« Ich lande ja sowieso auf dem Arsch. Der alte Coach ruft mich ins Hinterzimmer, um mir meine *cup* anzulegen: es handelt sich dabei um eine dicke Lederhose zum Schutz des Beckens und des Unterleibs, die einer starren Rüstung ähnelt, in die man steigt und die dann hinter der Taille mit Schnüren zusammengebunden wird. Ich habe Probleme, meinen Hintern hineinzuzwängen. Dann reicht er mir einen kleinen Kopfschutz, der eher an ein großes Einkaufsnetz aus Ledermaschen erinnert als an einen richtigen Helm, wie ihn Butch trägt (ein massiver Halbzylinder mit zwei kreuzförmigen Schlitzen, der das ganze Gesicht mit Ausnahme der Augen, der Nase, des Munds und des Kinns bedeckt). Ich zwänge meinen Kopf hinein und schnalle ihn fest; zu eng ... und falsch herum! Ich drehe ihn um, schnalle wieder fest.

DeeDee rückt ihn zurecht. »Sitzt er fest genug? Wo ist dein *mouthpiece*?« Ich stecke meinen Mundschutz aus weißem Plastik auf den Oberkiefer und fühle mich wie ein Stück Vieh, das zur Schlachtbank geführt wird.

DeeDee weist mich an, mir das Gesicht einzufetten. Ich fasse mit zwei Fingern in den Topf und verteile nervös die Vaseline auf Schläfen, Wangen und Augenbrauenbögen. Es ist viel zu viel, und er lacht: »Nicht so viel, nur auf dein Nasenbein und über die Augen, mach das mal vor dem Spiegel.« Als ich im Spiegel mein Ebenbild in der Aufmachung eines perfekten Boxers sehe, glaube ich an eine Halluzination. Bin ich das wirklich, in dieser Aufmachung, mit dieser schwarzen Lederhose, die mir von den Hüften bis über den Bauch geht und der violetten Überhose, aus der meine Heuschreckenbeine herausschauen? Der Lederhelm schnürt mir den Kopf ein und verengt mein Gesichtsfeld; das *mouthpiece* gibt meinem Gesicht einen mongolischen Zug. Eine wahre Metamorphose! Ich bin gleichzeitig erstaunt, beeindruckt und fassungslos. Ich wische die überschüssige Vaseline ab und verteile sie sorgfältig auf Augenbrauen und Nasenbein – es wird mir doch im Training nicht gebrochen werden? Ich frage DeeDee, ob das vorkommen kann: aber sicher ...

Aus dem Schrank in der Ecke nimmt der alte Coach ein Paar große, rote Handschuhe, in die ich meine bandagierten Fäuste stecke, zwei enorme, gefütterte Fäustlinge, die doppelt so lang wie meine Hände sind – die Wettkampfhandschuhe sind viel kleiner und leichter. Er lässt mich die Fäuste darin ballen und schnürt sie sorgfältig um das Handgelenk zu, bevor er den Handschuh mit einem großen Stück silbergrauem Klebeband über der Lasche verschließt. Während er mir die Handschuhe anlegt, folgt DeeDee aus dem Augenwinkel den Fortschritten zweier Jugendlicher im Ring. Der Große, Rico, ist ein Bild von einem Athleten, kräftig gebaut und hoch gewachsen, mit wunderbaren Muskeln und einer Technik wie ein Berufsboxer. Ich kann es kaum glauben, dass er erst 14 Jahre alt sein soll. »Ja, der ist noch jung, aber er hat noch einen langen Weg vor sich. Er muss noch härter arbeiten. Aber er ist ein guter Kerl«. Zwischen zwei Durchgängen steigt ein Dreikäsehoch zum Schattenboxen in den Ring und lässt sich dann von DeeDee ein Paar Miniaturhandschuhe anlegen: mit seinen neun Jahren nimmt er schon an Wettkämpfen teil [...]

Für weitere Angstgefühle bleibt keine Zeit. Olivier klettert aus dem Ring, erschöpft bis zum Umfallen, nun bin ich dran. Ich steige schnell die Stufen der Trittleiter hinauf und schlüpfe zwischen den

Seilen durch – wie in einem Film. Dann stehe ich auf einmal allein im Ring, der mir gleichzeitig immens und winzig erscheint, und mir kommt brutal zu Bewusstsein, dass ich es bin, der Butch gegenübersteht, und dass er mir gleich eine aufs Maul haut. Ich bin angespannt und verspüre gleichzeitig eine Art wütender Neugierde auf das, was da kommen wird. Ich empfinde ein extremes Gefühl für meinen Körper, seine Zerbrechlichkeit, meine körperliche Integrität und das Risiko, dem ich sie aussetze. Gleichzeitig gibt mir der Lederharnisch, in den ich eingeschnürt bin, das Gefühl, dass mir mein Körper nicht mehr gehört – als ob er sich in eine Art menschlichen Kampfpanzer verwandelt hätte. Die *cup* schnürt mir die Eingeweide ein und behindert mich in meinen Bewegungen. Mein Kopf besteht nur noch aus Helm. Anstelle der Hände habe ich zwei große Anhängsel, zwei weiche Hämmer am Ende ferngesteuerter Arme, die mir nur zögerlich gehorchen. Ich schaue verstohlen zu Butch hinüber, der heftig atmend auf der Stelle hüpft und mir wie eine Festung erscheint. Olivier ist davongekommen, warum sollte das bei mir anders sein? Und wenn ich nun einen bösen Schlag einfange und mich verletze? Was ist, wenn er mich k.o. schlägt? Auf jetzt, das ist nur ein schlechtes Gefühl, das es zu überwinden gilt, wie beim Zahnarzt.
DeeDees heißere Stimme ertönt: »*Time!*« Es geht los, drei Minuten lang ins Ungewisse. Butch und ich bewegen uns geduckt aufeinander zu. In der Ringmitte berühren wir uns mit den Fäusten und tauschen ein paar freundschaftliche Jabs aus. Finte, vorwärts, rückwärts, Finte, wir beobachten uns. Ich versuche eine Kombination Jab-Rechte, und sofort landet Butchs großer, gelber Handschuh mitten in meinem Gesicht. Den ersten Schlag habe ich einkassiert, ohne allzugroße Schäden. Puff, Peng, wie schnell das geht! Ich rücke zögerlich vor, Jab, er weicht aus. Noch ein Jab, ausweichen. Ich bewege mich entschlossen auf Butch zu; er entfernt sich, weicht mir mit einer einfachen Körperbewegung aus, dreht ab und verschwindet aus meinem Gesichtsfeld. Nun beginnt eine Verfolgungsjagd, die eine halbe Runde andauert. Ich folge ihm Schritt für Schritt, Jab-Jab-Jab. Er vermeidet mit Leichtigkeit meine Schläge, lässt eine Gerade los, die ich mit dem rechten Handschuh kontere, dann eine weitere, die ich abblocke ... und zwar mit meiner Nase. Ich versuche, näher an ihn heranzukommen und, als gelehriger Schüler, die tausendfach vor dem Spiegel geübten Bewegungen auszuführen. Ich versuche eine linke Gerade und anschließend eine Rechte, wie beim Sandsacktraining, und fange mir drei saftige Jabs ein. Meine Nase brennt. Ich tre-

te den Rückzug an, verfolgt von einem Butch, der mir jetzt riesenhaft erscheint. Seine Reichweite ist zu groß und er bewegt sich zu schnell: mein Jab ist kaum auf dem Weg, da ist sein Kopf schon fort und ich habe seine Linke im Gesicht. Autsch, ich sehe seine große gelbe Faust immer zu spät kommen: Paff, nochmal voll in die Fresse! Ich antworte mit ein paar Jabs. Endlich lande ich einen Körpertreffer, hurrah! Aber neun von zehn meiner Schläge treffen ins Leere oder landen in seinen Handschuhen. Butch verpasst mir eine böse Rechte, die mir den Kopf nach hinten reißt; er befürchtet, mich angeschlagen zu haben und unterbricht: »Bist du okay?« Ich bedeute ihm weiterzumachen und rücke meinen Helm zurecht. Dann quäle ich mich auf ihn zu und versuche, meine Bewegungen korrekt auszuführen, zielen, schlagen, Körperdrehung, aber vergeblich: ich bin nicht in der Lage, meine Kombinationen auszuführen und gleichzeitig auf seine Bewegungen und Absichten zu achten. »*Time out!*« Uff, jetzt schnell zu Atem kommen.

Ich gehe in meine Ecke und schnappe nach Luft. Unfassbar, dass ich schon so fertig bin. Von außen betrachtet scheint es so leicht, aber wenn man einmal im Ring steht, ist es etwas anderes. Das Gesichtsfeld verengt sich extrem: Ich könnte nicht sagen, was sich außerhalb einer Entfernung von zwei Metern um mich abspielt. Es gilt, unablässig in Bewegung zu sein und die körperliche Anspannung ist auf dem Höhepunkt, so dass mir der Schweiß in Strömen herunterrinnt. Die Wahrnehmung des Gegners: Seine Handschuhe scheinen riesig und den gesamten Ring auszufüllen; zwischen seinem Gürtel und den großen gelben Pranken gibt es nirgendwo eine Stelle, die ich treffen könnte, wenn ich auf ihn zugehe. Auch mein eigener Körper scheint verändert und gehorcht mir nicht so direkt, wie ich es gern hätte. Die Schläge sind nicht wirklich schmerzhaft (es wird nicht hart zugeschlagen), aber zermürbend; wenn man mehrere Jabs hintereinander einfängt, ist das ärgerlich und man hat das Gefühl, dass einem das Gesicht anschwillt. Die Fäuste kommen blitzartig angeflogen, auch wenn, von außen gesehen, alles langsam und vorhersehbar abläuft. Zudem bewegt sich das Gegenüber dauernd und weicht aus, so dass man ständig vor eine neue Aufgabe gestellt ist. Ich frage mich, was Butch wohl gerade denkt. Aber das ist unmöglich zu erraten, denn ein vom Helm umrahmtes Boxergesicht, das zudem vom Mundschutz verunstaltet ist, enthüllt nicht viel – selbst der Ausdruck der Bösartigkeit wird künstlich vom *mouthpiece* erzeugt, das auch dem schönsten Athleten einen prognathischen Zug verleiht.

Kaum bin ich wieder zu Atem gekommen, ruft DeeDee aus dem Hinterzimmer »*Time!*« Schon die zweite Runde? Verdammt, die Ruheminute ist wie im Flug vergangen. Wir nehmen unseren Tanz in der Ringmitte wieder auf. Meine Angst ist verflogen und ich beschließe, Butch unter Druck zu setzen. Als er jedoch merkt, dass ich kühn werde, legt auch er einen Zahn zu – gerade genug, um mich ständig aus dem Konzept zu bringen. Ich versuche es mit einem weitausholenden linken Haken, was mir eine Rüge seitens DeeDee einbringt: »Was machst du denn, Louie, hör sofort damit auf, was stellst du mir denn da an.« Einen Augenblick später trifft mich eine betonharte Rechte mitten ins Gesicht und überzeugt mich von meinem Fehler. Die Geschwindigkeit steigert sich, trotzdem erscheinen die drei Minuten unendlich. Meine Handschuhe kommen mir zu schwer und zu groß vor, sie behindern mich. Es fällt mir schwer, hinter meiner Deckung hervorzusehen und den Bewegungen meines Gegners zu folgen. Ich bin immer einen oder zwei Takte zu langsam: kaum habe ich gemerkt, dass mein Gegner einen Jab loslässt, ist er auch schon in meinem Gesicht gelandet. Wie soll ich beschreiben, was ich empfinde, wenn Butchs Faust auf mich zuschießt? Ich sehe eine gelbe fliegende Untertasse, die mit schwindelerrengender Geschwindigkeit größer wird, mir vollständig die Sicht raubt, und *bumm!* Ein stechendes Gefühl, ein paar Sterne, und die Sicht wird wieder klar. Die gelbe Untertasse ist auf dem Rückzug, es wird wieder hell. Aber bevor ich auch nur an die geringste Reaktion denken kann, ist die fliegende Untertasse plötzlich wieder da und landet mir im Gesicht. Ich kassiere eine ordentliche Abreibung. Butch trifft mich mit jedem Schlag – zum Glück schlägt er nicht stark zu, sonst wäre ich wahrscheinlich längst k.o. Ich habe den Eindruck, dass ich blute und wische mir mit der Faust über die Nasenflügel: da sind wohl Blutspuren auf dem Handschuh, aber die sind eingetrocknet und können deshalb nicht von mir sein (uff!). Ich versuche, an Butch heranzukommen und einen Treffer zu landen, finde jedoch nirgends ein Ziel: seine großen, gelben Handschuhe und seine muskelbewehrten Arme sind überall. Er aber schüttelt mich durch, wie es ihm gerade gefällt. Ich löse mich und gehe tollkühn wieder vorwärts, ungeachtet der Jabs, die ich einkassiere: einmal wenigstens muss ich auch ihm eins verpassen. Es gelingt mir, ein paar Jabs anzubringen und, plötzlich, landet meine Rechte mitten in seinem Gesicht. Instinktiv will ich Butch ein lautes »sorry!« zurufen – aber mit dem Mundschutz ist das unmöglich. Also, ich habe wirklich keine Boxermentalität! Ich fühle mich irgendwie schuldig, dass ich ihm eins auf die Nase gegeben habe, denn ich habe nicht die geringste Absicht, ihm weh zu tun. Vor allem habe ich jedoch Angst vor seiner Vergeltung. Tatsächlich steigert er das Tempo, und es regnet Schläge von überall her. Butch umkreist mich wie ein Bussard, jeder seiner Schläge ist ein Treffer. Ich habe das Gefühl, dass meine Fäuste völlig ins Ungewisse zielen, während er mich mit stechenden Jabs traktiert. Plötzlich habe ich eine unwiderstehliche Lust davonzulaufen und vollführe tatsächlich eine halbe Drehung, so dass ich mit dem Rücken zu meinem Partner stehe, um mich vor dem Schlaghagel zu schützen. »*Time out!*« Die Stimme der Erlösung.

DeeDee hat kaum das Ende der Runde verkündet, da bin ich schon durch die Seile gestiegen, ohne mich um Weiteres zu kümmern. Bin ich fertig! Ich springe vom Ring und lasse mich in Eddies Arme fallen, der aus vollem Hals lacht. »Lebst du noch? Hast du es überlebt? Wieviele Runden? – Zwei, das war mein erstes Sparring. – Im Ernst? Das erste Mal? Jetzt bist du ein *big boxer*.« Er gluckst vor Vergnügen während er meine Handschuhe aufbindet und mir dabei hilft, sie von meinen heißen, feuchten Händen zu streifen. Das ist so entsetzlich anstrengend, und mir ist unbegreiflich, wie die Profiboxer das über zehn oder zwölf Runden durchhalten und sich dabei noch Wagenladungen von schweren Schlägen versetzen. Butch steigt aus dem Ring und ich schlage ihm auf die Handschuhe, eine Dankesgeste. Olivier meint, mein Gesicht sei ganz rot. Meine Augenbrauenbögen und meine Nase brennen, aber im Spiegel stelle ich zu meiner Genugtuung fest, dass mein Gesicht nicht so geschwollen ist, wie es sich anfühlt. Keuchend und schwitzend bewege ich mich in DeeDees Büro, der in sein Spitzbärtchen hineinlacht und sich freut. »Gut so, Louie, geh jetzt ein bisschen Seilspringen.« [...]

Ich beende die Trainingseinheit mit drei Runden Seilspringen und ausführlichem Bauchmuskeltraining. Olivier und ich sagen DeeDee, wie zufrieden wir sind. »Ihr habt euch gut geschlagen. Ihr werdet das wieder tun. – Hoffentlich!« Das macht wesentlich mehr Spaß als die ständige Arbeit am Sandsack oder vor dem Spiegel. Wir grüßen alle mit großer Förmlichkeit und bedanken uns nochmals bei Butch, der sich im kleinen Umkleideraum umzieht. Herzliches Händeschütteln. »Ich danke eher euch, Jungs, das war eine gute Premiere. Ihr werdet es lernen, ihr werdet lernen, zuzuschlagen und ihr werdet lernen, bissig zu werden: alles eine Frage des Übung.«

Auch wenn der typische Boxer die meiste Zeit außerhalb des Rings verbringt, indem er unermüdlich vor dem Spiegel oder am Sandsack seine Technik verbessert, seine Schlagkraft steigert, an seiner Koordination und Schnelligkeit feilt oder außerhalb der Halle im Ausdauertraining Kilometer um Kilometer sein *roadwork* herunterspult, bleibt das Sparring letztlich der Kernpunkt jeglichen Trainings. Beim Üben der Kampfsituation – man spricht auch davon, ›die Handschuhe anzulegen‹ oder ›eine Runde zu gehen‹ werden die Kampfbedingungen möglichst realistisch abgebildet, mit der Ausnahme, dass ein Schutzhelm getragen, mit gepolsterten Handschuhen gekämpft und die Brutalität der Auseinandersetzung stark zurückgenommen wird. Ohne regelmäßige Ringpraxis ergäbe die übrige Vorbereitung in der Tat wenig Sinn, denn die für den Kampf erforderliche Kombination verschiedenster Fähigkeiten kann nur im Ring perfektioniert werden. Viele Boxer, die »beim Einzeltraining in der Halle den Eindruck erwecken, sie seien Millionen wert«, erscheinen weit weniger brillant, wenn sie einem Gegner gegenüberstehen. DeeDee formuliert es so: »Auf Sandsäcke zu schlagen, ist eine Sache – laufen, den Sandsack schlagen, Schattenboxen, das ist eine Sache, aber das Sparring ist hundertprozentig eine andere. Da musst du deine Muskeln anders benutzen, *du brauchst also das Sparring, um dich für das Sparring fit zu machen.* Es sei denn, du bist ein Teufel von einem Boxer und sehr *relaxed* [...] Du musst entspannt sein, cool, die Atmung ist anders, alles ist anders. Da ist alles drin. Das kommt mit der Erfahrung. – Kann man einem Boxer vermitteln, wie er sich beim Training entspannen oder wie er atmen soll? – *Hell no*! Nein, das kann man ihm nicht vermitteln. Du kannst ihm sagen, was du willst, aber das klappt nicht.«

Das Sparring hat ein eigenes Timing (außer vor einem Kampf wird es nur eingeschränkt durchgeführt, um unnötigen Körperverschleiß zu vermeiden[29]) und ist gleichzeitig Belohnung und Prüfung. Belohnung

29 Auch hier muss wieder auf die Unterschiede zwischen den verschiedenen Boxhallen und Individuen hingewiesen werden: Einige Boxer bevorzugen, auch wenn sie keinen Kampf in Aussicht haben, das regelmäßige Sparring, entweder um auf der Höhe zu sein, falls sich eine unerwartete Gelegenheit zum Kampf bieten sollte, oder weil sie den Wettkampf besonders schätzen. Andere Chicagoer Clubs, die von weniger gewissenhaften (oder kompetenten) Trainern geleitet werden, lassen ihren Mitgliedern mehr Freiheiten. Das städtische *gym* in Fuller Park zu Beispiel ist bekannt für seine laxe Haltung in dieser Angelegenheit: nach den Aussagen meh-

für eine Woche harter Arbeit – die meisten Amateurboxer des Woodlawn Boys Club steigen am Samstag zwischen die Seile. Die Trainer achten dabei auf die Kondition ihrer Schützlinge und sind schnell dabei, diejenigen vom Sparring auszuschließen, die ihre Vorbereitung vernachlässigt haben: »Little Anthony zieht heut keine Handschuhe an, DeeDee« tönt Eddie eines nachmittags im August. »Er hat sein Laufpensum nicht absolviert, sein Tank ist leer [*he has got no gas*], er hat keine Energie, das wäre reine Verschwendung, den in den Ring zu schicken. Es ist eine Schande.«

Jedes Sparring ist eine neue Mutprobe, bei der auch Kraft und Taktik auf den Prüfstand kommen. Auch Gefährdungen müssen in Kauf genommen werden, denn die Verletzungsgefahr kann, trotz aller Vorsichtsmaßnahmen, nicht ausgeschlossen werden. In dem Jahr nach meinem Beitritt zum Club haben sich zwei Boxer beim Sparring die Nase gebrochen. Im Juli 1989 hat mich bei zwei besonders rauhen Sparringsdurchgängen innerhalb von drei Tagen – einer mit Smithie, einem Halbschwergewichtler, der mir das Gesicht blutig schlug (zum Entsetzen von DeeDee, der kurz die Halle verlassen hatte, um sich bei Daley's eine Suppe zu holen), der andere mit Anthony »Ice« Ivory, ein Mittelgewichtler mit einem trockenen und nervösen Jab, dem ich nicht ausweichen konnte – dasselbe Schicksal getroffen. Einige Boxer werden »punchy« (d.h. sie entwickeln das »Syndrom des angeschlagenen Boxers«) – nicht etwa wegen der Schläge, die sie bei offiziellen Kämpfen einstecken mussten, sondern aufgrund des kumulativen Effekts der beim Sparring absorbierten Hiebe. Offene Gesichtsverletzungen sind selten, vor allem Dank des Schutzhelms (der aus diesem Grund getragen wird und nicht, um die Kraft der Schläge abzufangen), aber blaue Augen, geschwollene Wangen und Lippen, Nasenbluten sowie ramponierte Hände und Rippen sind gemeinsames Los all derer, die regelmäßig die Handschuhe anlegen. Zudem bringt jeder Boxer, der in den Ring steigt – und sei es nur, um sich mit einem Anfänger ›aufzulockern‹ [*to shake out*] – einen Teil seines symbolischen Kapitals ein: schon die geringste Fehlleistung, etwa ein *knock-down* oder eine mittelmäßige Leistung, bringen nicht nur ihn in eine peinliche Situation, sondern auch seine Kameraden in der Halle, die sofort daran gehen, ihn bei der ›Wahrung des Gesichts‹ [*corrective face work*] zu unterstützen, das zur

rerer Boxer, die vor ihrem Beitritt zum Woodlawn Boys Club dort trainiert hatten, sowie meiner eigenen Beobachtungen, ist es dort durchaus üblich, dass sich beim Sparring Partner unterschiedlichsten Niveaus hemmungslos und ohne jegliche Beaufsichtigung verprügeln.

Curtis schlägt einen Jab gegen »Ashante«

Aufrechterhaltung der labilen Hierarchie im *gym* unerlässlich ist[E 54]). Zu diesem Zweck verfügen die Boxer über ein großes Spektrum sozial anerkannter Entschuldigungsgründe, die von allgemeinen Gesundheitsproblemen (ich schleppe eine Grippe mit mir herum, *man*, die wirft mich um) bis zu imaginären Verletzungen (ramponierte Knöchel, ausgerenkte Schulter) reichen und auch das insbesondere seitens der Trainer meistgebrauchte Alibi einschließen, nämlich den Verstoß gegen die sakrosankte Regel der sexuellen Enthaltsamkeit während der Vorbereitungsphase auf einen Kampf[E 55].

Obwohl das Sparring quantitativ nur einen äußerst geringen Teil der Zeit des Boxers ausmacht, verdient es eine eingehende Betrachtung, da es den *stark kodifizierten Charakter boxerischer Gewalt* aufzeigt. Auf halbem Weg zwischen den ›Trockenübungen‹ und dem tatsächlichen Kampf gelegen, bietet es zudem die Möglichkeit, die subtile, anscheinend widersprüchliche Mischung aus Instinkt und Rationalität, Emotion und Kalkül, Selbstaufgabe und kollektiver Kontrolle, die als Prüfstein boxerischer Entwicklung zu betrachten ist und jeglichem, auch als nebensächlich erscheinendem Training zugrunde liegt, wie durch ein Vergrößerungsglas zu betrachten.

## 1. Die Wahl des Sparringspartners

Das Sparring beginnt mit der Partnerwahl die, als wesentlichster Punkt, grundsätzlich der Zustimmung DeeDees bedarf. Die Kontrahenten sollten in etwa die gleiche Stärke aufweisen, damit beide gleichermaßen von der Übung profitieren können und das Verletzungsrisiko gering gehalten wird. Zu diesen technischen Bedingungen kommen noch bestimmte Ehrvorstellungen: idealerweise wird beim Sparring weder ein wesentlich stärkerer Partner gewählt, um die Gefahr zu vermeiden, »ordentlich den Arsch versohlt zu bekommen« [a good ass-whuppin'], noch ein schwächerer, der sich nicht verteidigen kann. Aufgrund der Fluktuation der Teilnehmer, der unterschiedlichen Zeitpläne und der Wettkampftermine ist es jedoch nicht immer leicht, einen Partner zu finden, dessen Technik, Stärke und Stil den eigenen Fähigkeiten entspricht. Deshalb ist es wichtig, im *gym* ein gutes Verhältnis zu seinem oder seinen Partnern zu pflegen, eigene Befürchtungen im Interesse eines ausgeglichenen Kampfs hintanzustellen (ein Boxer, der mehrmals vor seinesgleichen ›heruntergemacht‹ wird, verweigert schließlich die Auseinandersetzung mit demjenigen, der ihn auf diese Weise erniedrigt hat) und bereit zu sein, als Sparringspartner für diejenigen zur Verfügung zu stehen, die das für einen selbst auch schon getan haben. Der Sparringspartner ist also letztlich Teil des spezifischen symbolischen Kapitals des Boxers. Darum ist es auch immer eine heikle Angelegenheit, einen Boxer zum gemeinsamen Sparring zu bitten: man dringt in das Gefüge gegenseitiger Verpflichtungen ein, die ihn mit seinen gegenwärtigen und früheren Sparringspartnern verbinden; falls man eine ablehnende Antwort befürchtet, sollte man besser gar nicht erst fragen.

Steht kein gleichwertiger Partner zur Verfügung, sucht man, als Notlösung, nach schwächeren Boxern oder Anfängern. Doch auch dabei muss grundsätzlich ein relatives Gleichgewicht gewahrt sein, auch wenn einer der Protagonisten dabei benachteiligt wird. Im Fall eines sehr ungleichen Kräfteverhältnisses wird der stärkere Boxer die Kraft aus seinen Schlägen nehmen und eher auf Bein- und Körperarbeit achten, während der Schwächere sich auf Angriff und Punch konzentriert[30]. Falls es

30 Wenn ein bezüglich Gewicht und Technik weit überlegener Gegner seine Zurückhaltung aufgibt und seinen Sparringpartner verprügelt, kann er sicher sein, von DeeDee vehement zurechtgewiesen zu werden. Das Halbschwergewicht Smithie

sich bei einem Partner um einen Novizen handelt, ist es wichtig, dass ein ›Initiator‹ gewählt wird, der seine Schläge und seine Emotionen perfekt im Griff hat. DeeDee hat acht Wochen gewartet, bevor er mich zum Sparring in den Ring ließ, und zwar nicht nur, weil ich meine körperliche Form verbessern und mir die grundlegendsten Techniken aneignen musste, sondern vor allem, weil er einen passenden Partner für mich finden musste: »Das muss jemand sein, der sich im Griff hat. Ich will nicht, dass da einer mit dir ins Sparring geht und dich k.o. schlägt, Louie. Der muss sich im Griff haben«. Es gibt Boxer, deren Mentalität und Stil es sehr schwer machen, mit ihnen eine »Runde« zu boxen, weil sie sich nicht an den Partner anpassen können.

> Da ich mich mit Curtis über Taktikfragen unterhielt, dachte DeeDee, ich wollte mit ihm sparren. Er ruft mich mit Nachdruck aus dem Trainigsbereich und warnt: »Es kommt gar nicht in Frage, dass du mit Curtis ins Sparring gehst, hast du verstanden, Louie? Auch nicht, um im Ring herumzuspielen! [...] – Warum denn nicht? – [er ärgert sich über meine gespielte Ignoranz, denn er hat es mir schon hundertmal untersagt.] Weil der im Ring keinen Funken Verstand hat, deshalb. Der tickt nicht richtig, das weißt du genau, Louie. Der haut dich sofort k.o.« [*Notiz vom 6. März 1989.*]
> Aus dem Hinterzimmer schauen wir Mark bei der Sandsackarbeit zu. Er macht ausgezeichnete Fortschritte und zeigt eine gute Technik: sein Bewegungsablauf ist flüssig und er wirkt wie ein echter Professioneller. Ich frage, ob ich mit ihm sparren könnte. DeeDees Antwort ist negativ: »Er schlägt zu hart. Der hat zuviel Kraft. Schau dir seinen Körper und seine Beine an. Er wiegt 57 Kilo, aber er hat keine Beine, sieh dir mal die dünnen Beine an. Deshalb ist er so leicht, trotz seines kräftigen Oberkörpers. Der hat mehr Power als alle anderen Jungs hier im *gym*. Der hat wirklich Power.« [*Notiz vom 17. April 1989.*]

## 2. Kontrollierte Gewalt

Ebenso wie der Wahl des Sparringspartners kommt auch der Art und Weise des Sparrens eine große Bedeutung zu. Die Heftigkeit der Ausei-

musste dementsprechend einen herben Rüffel einstecken, als er weiterboxte, nachdem er mir bei einer ausnehmend harten Sparringseinheit die Nase so aufgeschlagen hatte, dass ich völlig blutverschmiert war (zudem hatte er in der Woche zuvor meinen Freund Olivier k.o. geschlagen).

nandersetzung zwischen den Seilen hängt zum einen vom Kräfteverhältnis zwischen den Partnern ab (je ungleicher dieses ist, desto geringer fällt sie aus), zum anderen von den Zielen, die bei der jeweiligen Sparringseinheit verfolgt werden, das heißt insbesondere von der jeweiligen Trainings- und Wettkampfphase. Vor Turnieren wird häufiger und länger gesparrt (täglich bis zu zehn Runden während der Woche vor einem Kampf, mit absteigender Frequenz während der letzten drei Tage, damit »der Kampf nicht im Training hängenbleibt«), der persönliche Einsatz wird intensiver, und die Neulinge werden während dieser Zeit vom Ring ferngehalten. Am Vortag eines wichtigen Kampfs kann das Sparring ebenso brutal ausfallen wie der eigentliche Kampf. Während seiner Vorbereitung auf die Spitzenbegegnung mit Gerry Cooney hatte der Schwergewichtsweltmeister Larry Holmes eine Prämie von zehntausend Dollar für denjenigen seiner Sparringspartner ausgesetzt, der es schaffen würde, ihn in die Knie zu zwingen, um diese zu ermuntern, ohne Skrupel zuzuschlagen[E 56]. Wie in jedem gut geführten Trainingslager wurden jedoch die Sparringspartner selbstverständlich so gewählt, dass Holmes immer einen deutlichen Vorteil hatte, um seine Kräfte zu schonen und sein Selbstbewusstsein zu stärken.

Im Verlauf einer Sparringseinheit gibt es ein Auf und Ab der Heftigkeit, die der Dialektik von Angriff und Gegenstoß entspricht und innerhalb der Grenzen stattfindet, die von dem Kräftegleichgewicht vorgegeben werden, das die eigentliche Grundlage für die Übereinkunft der beiden Boxer bildet. Diese ist weder als Norm noch als Vertrag zu sehen ist, sondern als »*working consensus*« im Sinne Goffmans[E 57]. Steigert einer der beiden das Tempo und schlägt stärker, antwortet sein Partner »instinktiv« mit einem ebenfalls härteren Vorgehen; es folgt ein plötzlicher Anstieg der Heftigkeit, der in einen mit aller Gewalt geführten Schlagabtausch münden kann und so lange anhält, bis die Partner sich in gegenseitigem Einverständnis voneinander lösen (was oft durch eine Kopfbewegung oder ein Berühren der Fäuste begleitet wird) und ihren boxerischen Dialog in einem kleineren Gang fortsetzen[31]. Die Aufgabe des Trainers besteht darin, dieser »Konversation mit den Fäusten« aufmerksam zu folgen und dafür zu sorgen, dass der weniger kampferprobte Boxer nicht brutal in die Enge getrieben wird, indem er

31 Hier wäre es angebracht, in einer Goffmann'schen Perspektive die dem Sparring eigenen »Interaktionsriten« zu untersuchen, die der periodischen Bestätigung des genau dosierten und spielerischen Charakters der dort inszenierten Gewalt, der Zelebrierung des gegenseitigen Respekts der Kämpfer voreinander und der Festlegung der fließenden Grenzen ihres Treibens dienen.

den Überlegenen anweist, den Druck zu mindern (»Beweg dich und setze deine Jabs, Ashante, ich habe dir doch schon gesagt, leg nicht soviel Kraft in deine Schläge! Und du, Louie, lass die linke Hand oben, verdammt!«); ebenso achtet er jedoch darauf, dass die beiden Sparringspartner die Intensität der Begegnung nicht allzuweit unter die Schwelle eines reellen Kampfs sinken lassen, denn sonst wäre der eigentliche Zweck der Übung verfehlt (»Was treibt ihr denn da oben, ihr zwei, *liebt ihr euch, oder was*? Auf jetzt, arbeitet an euren Geraden, ich will schöne Rechte sehen und Angriffe aus der Deckung«).

> Ich gehe zum Kommandostand und und frage DeeDee, der bequem in seinem Sessel sitzt und gerade eine Fertigsuppe mit Nudeln aus einem Plastikbecher gelöffelt hat: »DeeDee, wenn es geht, würde ich Samstag gern in den Ring steigen. Könnte ich vielleicht mit Ashante sparren? – Ich weiß nicht, Louie, ich weiß nicht, die Jungs bereiten sich auf das Turnier nächste Woche vor, die sollen sich jetzt nicht amüsieren, die müssen zuschlagen, und zwar hart.« Gleichzeitig schlägt er mit seiner rechten Faust auf den Becher in seiner linken Hand. [*Notiz vom 1. Dezember 1988*]
> DeeDee, Eddie und ich stehen im Büro und beobachten das Sparring zwischen »Wachturm« Hutchinson (über 2,10 m groß und 150 Kilo schwer, Kategorie Superschwergewicht) und Butch. Letzterer ist auch ein ziemlicher Brocken, aber angesichts der Gelassenheit des unangreifbaren Körpers des Riesen wirkt er wie eine nervöse Libelle. Hutchinson bewegt sich langsam und hält seine Deckung hoch, die Fäuste weit vom Körper. Außer mit Auslegern kann ihn Butch kaum erreichen. Man hat den Eindruck, er würde an ihm zerschellen. Angesichts des Größen- und Gewichtsunterschieds der beiden hat DeeDee Hutchinson gewarnt, er solle seine Schläge zurückhalten. »Ich habe ihm gesagt, er soll nicht fest zuschlagen. Wenn er es doch tut, dann gehe ich hier raus und ziehe ihm eins mit dem Baseballschläger über. Er ist zu groß. Der soll bloß aufpassen!« DeeDees Tonfall ist lebhaft und wachsam. Am Ende der drei Runden ist Butch ziemlich mitgenommen (obwohl ihn der andere nur flüchtig berührt zu haben scheint): seine Lippen sind geschwollen, sein Gesicht ist gerötet und er ringt nach Atem. Trotzdem beklagt er sich nicht. [*Notiz vom 11. November 1988*].

Das Prinzip der Reziprozität, das stillschweigend den Grad der Gewalt im Ring regelt, setzt voraus, dass weder der Stärkere von seiner Überlegenheit profitiert, noch der Schwächere einen ungebührlichen Vorteil aus der freiwilligen Zurückhaltung seines Partners zieht, wie ich anlässlich eines heftigen Sparrings mit Ashante erfahren musste. Am 29 Juni 1989 höre ich mit ungläubigem Staunen, dass letzterer sich bei DeeDee beschwert hat, ich würde zu hart schlagen und dass er mir deshalb ordentlich aufs Maul hauen müsste: »Er hat mir gesagt, dass es mit dir kein Spaß mehr sei, du schlägst zu hart. Du hast jetzt genügend Fortschritte gemacht, und er muss aufpassen, dass du ihn nicht triffst, sonst könntest du ihn niederschlagen. Wenn du voll triffst, kannst du ihn auf die Matte schicken. Er hat sich beklagt, dass du nicht zurückgehst, dass du nicht zu schlagen aufhörst, wenn er in den Seilen ist, sondern weiter hart draufhaust. Du hast ihn mit einer Rechten festgenagelt [*nailed him*], wenn du eine zweite hättest folgen lassen, hättest du ihn zu Boden geschickt. Sieh mal, als du angefangen hast, konnte er mit dir spielen, ohne groß auf der Hut zu sein, aber jetzt wirst du langsam zum zähen Brocken, und er muss aufpassen.« Ich bin so überrascht, dass ich nachfrage, ob Ashante wirklich von mir gesprochen hat. »Ja sicher, er möchte, dass ich dir sage, du sollst deine Schläge bremsen, weil du ihm jetzt weh tun kannst [*hurt him*]. [...] Du weißt jetzt, wie man zuschlägt. Deshalb muss er dir ab und zu eine verpassen. Er will dir keinen Schaden zufügen, aber er muss dir zeigen, dass er es ernst meint [*he mean business*] und er muss genauso zurückschlagen, damit du dich ein wenig besser im Griff hast.«

Der Trainer spielt natürlich die Hauptrolle bei der Regulierung der wechselseitig vereinbarten Intensität von Gewalt. Die Boxer von Woodlawn dosieren ihre Schläge deshalb so genau, weil DeeDee, aus Respekt vor der Kunst des Boxens, keinerlei Form von »Schlägerei« duldet. Zudem ist jeder Phase des Sparrings ein bestimmtes Niveau an Intensität zugeordnet, dessen Überschreitung sinnlos (und gefährlich) wäre, das es jedoch auch nicht zu unterschreiten gilt, wenn der Zweck der Übung erfüllt werden soll. Dieses optimale Niveau kann nicht im vorab außerhalb des Rings festgelegt werden; es hängt von den jeweiligen Partnern und Umständen ab (Müdigkeit, Motivation, anstehende Kämpfe, usw.) Es wird von den Boxern selbst ermittelt, indem sie sich – im wörtlichen wie im übertragenen Sinn – abtasten, wobei DeeDee Hilfestellung leistet, der immer ein Auge darauf hat, was sich im Ring abspielt und den einen Boxer ob seines übermäßigen Punchs oder einen anderen ob seiner mangelnden Aggressivität zurechtzuweist. Falls er es als notwendig erachtet, zögert er auch nicht, den Partner eines allzu lässigen Boxers dazu aufzufordern, eine härtere Gangart einzulegen. So ruft er etwa von seinem Sessel in Richtung Little John, der gerade mit Curtis kämpft: »John, um Himmelswillen, sorge doch dafür, dass er seine Linke beim ›Jabben‹ oben behält, setz ihm eine ordentliche Rechte drauf, der will ja nicht boxen, der hat seine Fäuste auf den Knien liegen. Herrjeh, wenn ich doch bloß selbst in den Ring steigen könnte ...«

Es handelt sich also nicht, wie der Novize wahrzunehmen glaubt, um einen unkontrollierten Ausbruch und Austausch von Gewalt, sondern um ein durchgängiges und stark kodifiziertes Schema von Interaktionen, die zwar von Gewalt bestimmt sind, aber, im selben Maß, ständiger Kontrolle unterliegen, und deren Zustandekommen eine konstante praktische Zusammenarbeit der beiden Opponenten bei der Schaffung und Wahrung eines dynamischen Gleichgewichts der Konfliktsituation erfordert. Für Boxer mit einer entsprechend guten Ausbildung ist die ständig wiederkehrende Duellsituation im Sparring ein Vergnügen, aber sie sind sich bewusst, dass diese Konfrontation grundsätzlich durch »außervertragliche Klauseln« eingeschränkt ist und sich insofern deutlich vom eigentlichen Wettkampf, dem sie sich anzunähern sucht, unterscheidet, als sie immer ein Element »antagonistischer Kooperation«[E 58] beinhaltet, die beim Wettkampf explizit als unerwünscht gilt. Curtis definiert diese Unterschied folgendermaßen:

> [Beim Sparring] gibt es nichts, was mir nicht gefällt. Ich mag alle Aspekte, weil du gleichzeitig etwas lernst. Im *gym* geht es nicht darum, einen Kampf gewinnen zu wollen, sondern darum, etwas zu *lernen*. Da dreht sich alles um die Ausbildung. Du übst, was du im nächsten Kampf machen willst. [...] Ich kann meinen Gegner ... [er korrigiert sich], will sagen, meine Sparrings*partner,* nicht »anschlagen«. Die sind da, um *mir* zu helfen, wie auch ich da bin, um *ihnen* zu helfen. Die steigen nicht mit der Absicht in den Ring, mir weh zu tun [...] Na gut, trotzdem zündet es manchmal, und einer schlägt hart zu und du kriegst ordentlich etwas ab, dann versuchst du eben, dich zu wehren und ihm mit gleicher Münze zurückzuzahlen ...

Viele Boxer benötigen eine lange Anpassungsphase, bevor sie sich diesen stillschweigenden Regeln der Zusammenarbeit fügen, die das in der öffentlichen Meinung verankerte Prinzip und Ethos des schrankenlosen Wettbewerbs zu verletzen scheinen. Wie etwa auch im Radsport[E 59] ist diese »informelle Order zur Kooperation« vor allem für die Novizen ein Problem, die, weil sie Fassade und Bauwerk verwechseln, nicht in der Lage sind, ihre Aggressivität zu »dosieren« und sich nicht davon abbringen lassen, mit aller Kraft zuzuschlagen, um so ihren Wert unter Beweis zu stellen. DeeDee formuliert das wie folgt [*Notiz vom 23. November 1989*]: »Der Neue da, der glaubt, er könne jeden verprügeln: Dem Typ da, dem verpass' ich eine Abreibung, dem versohl' ich den Arsch, lasst mich in den Ring!, und der will dauernd mit jedem kämpfen. Mit dem kriegen wir noch Probleme. Ich weiß auch nicht, was ich machen soll, aber mit einer solchen Einstellung kann man ihn nicht sparren lassen.« Man muss [diesen Boxern] *in actu* beibringen, wie die diskreten Hinweise zu »lesen« sind, mit denen ihr Partner ihnen bedeutet, sich ein wenig zurückzuhalten und einen Gang zurückzuschalten oder, im Gegenteil, den Druck zu erhöhen und ihn mehr zu fordern.

### 3. Emotionale, physische und perzeptive Arbeit

Das Sparring nimmt eine hybride Stellung zwischen dem Training (das es gleichzeitig verlängert und beschleunigt) und dem eigentlichen Wettkampf (dessen Vorstufe es darstellt) ein; es bewirkt eine vollständige Umerziehung von Körper und Geist, in deren Verlauf sich mit der Zeit das einstellt, was Michel Foucault als »pluri-sensorielle Struktur[E 60]« bezeichnet, eine vollkommen spezifische Struktur, die sich ausschließlich in der Aktion artikulieren und wahrnehmen lässt. Die Erfahrung im Ring verzehnfacht die Fähigkeit der Wahrnehmung und Konzentration, zwingt zur Beherrschung der eigenen Emotionen, formt den Körper im Hinblick auf den kommenden Wettkampf und härtet ihn ab. Das Sparring dient in erster Linie der Ausbildung der Sinne, insbesondere der visuellen Fähigkeiten; der permanente Ausnahmezustand, der es kennzeichnet, bewirkt eine progressive Neuorganisation der perzeptiven Gewohnheiten und Fähigkeiten.

Dies wird deutlich, wenn man etwa die Veränderungen in Struktur und Ausdehnung des Gesichtsfeldes betrachtet, die sich analog zum fortschreitenden *gradus* der Sparringsarbeit ergeben. Während der ersten Sitzungen ist meine Sicht teilweise von den eigenen Handschuhen verdeckt und von den Signalen übersättigt, die ungeordnet und ohne konkrete Bedeutung von überallher auf mich zukommen. Die Ratschläge, die mir DeeDee zuruft, und das Gefühl, in meinen Tiefschutz und den Helm eingeschnürt zu sein, ganz zu schweigen von der unausgesprochenen, aber omnipräsenten Angst vor Schlägen, tragen das ihre dazu bei, dieses Gefühl der Verwirrung noch zu steigern. Es fällt mir extrem schwer, meinen Blick auf den Gegner zu konzentrieren und seine Fäuste kommen zu sehen, und dies umso mehr, als ich die Anzeichen nicht kenne, die mir dabei helfen könnten, seine Aktionen vorauszusehen. Mit der wachsenden Zahl der Sparringseinheiten wird mein Gesichtsfeld klarer, erweitert sich und wird neu organisiert: es gelingt mir, Störungen von außen auszublenden und die Bewegungen meines Gegenübers besser zu erkennen, so als ob meine visuellen Fähigkeiten parallel zu meiner körperlichen Entwicklung beim Sparring gesteigert würden. Vor allem bekomme ich nach und nach das besondere »Auge« dafür, das es mir ermöglicht, die Angriffe meines Gegners zu erraten, indem ich die entsprechenden Anzeichen aus seinen Augen, seiner Schulterhaltung oder der Bewegung seiner Hände und Ellbogen lese.

*Schlagabtausch mit Ashante*

Es ist der 3. Juni 1989 und ich wärme mich mit ein paar Übungen vor dem Spiegel auf. Mein Körper hat sich mittlerweile an die Boxerstaffage gewöhnt und ich habe nicht mehr das Gefühl, man hätte mich in einen Harnisch gezwängt. Über den Trittschemel steige ich zwischen die Seile ... Das Sparren wird jetzt langsam Routine. Ich tänzle vor Ashante auf der Stelle. Er trägt enganliegende, schwarzgrüne Bermudas, ein schwarzes Boxershirt und seinen eigenen, gelben, extragefütterten Kopfschutz. Sein Körper glänzt vom Schweiß der Anstrengung aus den vier Runden, die er gerade mit Rodney absolviert hat. [...] Es bleiben uns noch ein paar Sekunden, um uns gegenseitig zu beobachten, und ich überrasche mich selbst mit der Frage, was ich in diesem Ring zu suchen habe, Auge in Auge mit einem stämmigen Giftzwerg, der Ende des Monats vielleicht den Titel eines Weltergewichtschampions von Illinois tragen wird!

»*Time!*« Es geht los. Unsere Handschuhe berühren sich. Ich gehe sofort auf ihn zu und lasse eine Serie von Jabs auf ihn los, denen er ausweicht. Er unterbricht und sagt mir: »Wenn du mich hier jagen willst, lass deine Hände oben, oder ich schick dich auf die Bretter [*deck you*]«. Danke für den guten Rat, den ich auch beherzige, indem ich meine Deckung hochnehme. Ich gehe wieder vorwärts. Ich bin entschlossen, härter als gewöhnlich zu schlagen und darauf gefasst, dass Ashante dies auch tun wird. Und so kommt es dann auch. Wir beobachten uns. Ich versuche, die richtige Distanz zu finden. Ein paar Jabs und ein paar Rechte, die abgeblockt werden. Ich lande einen Körpertreffer und schicke eine links-rechts – linker Haken – Kombination hinterher. *Bumm!* In die Visage! Er weicht zurückt und geht dann zum Gegenangriff über. Ich weiche nicht von der Stelle und versuche, seine Schläge zu parieren. Er schickt mir eine

linke Gerade direkt auf den Mund. Ich bleibe an ihm dran und überliste ihn mit meinem Lieblingsschlag: fingierter Jab und rechter Cross zum Gesicht, während er nach links geht, um mir auszuweichen. *Peng!* Meine Faust trifft ihn voll auf die Wange. Er signalisiert mir ›okay‹ mit einem Kopfnicken. Er scheint überrascht, dass ich so heftig zur Sache gehe und erhöht das Tempo. Er geht auf mich zu, das Gesicht durch den Mundschutz entstellt, die Augen starr vor Konzentration. Ich gehe zurück und versuche, mich mit Jabs zu schützen. Er fingiert eine linke Gerade und jagt mir eine harte Rechte in die Seite. Ich bestätige den Empfang und trete den Rückzug an. (Wir lächeln uns einen Augenblick an, weil wir beide daran denken, was er letzte Woche mit meinen Rippen angestellt hat). Dann dränge ich ihn in eine Ecke, Jab, Gerade, Jab und erwische ihn mit einem schönen rechten Uppercut, als er abtaucht, um meinem Jab auszuweichen. Aber die meisten meiner Schläge blockt er sehr effektiv ab: Ich kann die Lücke sehen, aber bis meine Faust ankommt, hat er zugemacht oder ist mit einer Körperdrehung ausgewichen. (Ashante kann die Wege meiner Fäuste so sicher vorausahnen, dass wir fast den Eindruck von Ballettänzern erwecken.) Dann steigert er plötzlich die Geschwindigkeit und traktiert meinen Kopf mit kurzen Geraden, die ich nicht einmal kommen sehe. Ich spüre stechende Schmerzen in meiner linken Kinnhälfte. Ich stecke den Schlag weg und beschließe, vorwärtszugehen (tatsächlich beschließe ich nichts, das ist nur so dahingesagt, ich tue es einfach! Alles geht zu schnell, und man reagiert instinktiv), aber er stoppt mich mit mehreren Jabs zum Körper. Dann ertönt DeeDees »*Time out*!«
Wir lösen uns voneinander und ich gehe in meine Ecke, um wieder zu Atem zu kommen. Ich bin nicht sehr ermüdet, aber das war ja nur die erste Runde. Big Earl gibt mir Ratschläge: »Halte ihn mit deinem Jab auf Distanz: du musst jabben, jabben – und pass auf, dass er nicht durch deine Deckung kommt. Genau wie [Sugar Ray] Leonard. Willst du Wasser?« Er steigt auf den Tisch, zielt mit der Pipette der Trinkflasche auf meinen Mund und ich schlucke den Spritzer lauwarmes Wasser (was ein richtiger Boxer niemals tut). Dann geht es weiter.
»*Time in!*« Zweite Runde; wir gehen beide sofort zum Angriff über, ohne freundschaftliche Berührung der Handschuhe. Ashante boxt jetzt schneller. Ich habe Mühe, seinem Rythmus zu folgen, aber ich reagiere jetzt besser und kann mich auch besser schützen als bei den vorausgegangenen Begegnungen. Er fängt jetzt an, ernsthaft zuzu-

schlagen: drei Haken in die Seite, die durch meine Deckung kommen wie durch Butter und mir den Atem nehmen. *Tschuff!* Das tut weh. Ich attakiere meinerseits mit ein paar Jabs, denen er aber ausweicht, indem er seinen Kopf gerade soviel wegdreht, dass meine Schläge ihn nicht erreichen. Er nagelt mich ein paarmal fest und lässt einen Hagel präziser und schwerer Haken auf mich los. Bei einer seiner Attacken verliere ich völlig die Orientierung und stehe völlig hilflos da. Glücklicherweise ist er gnädig und unterbricht seinen Schlaghagel, um mir zu zeigen, dass meine Deckung offen ist wie ein Scheunentor. Danach starte ich einen ungeschickten Angriff, denn ich kann meine Koordination nicht mehr richtig kontrollieren. Ashante empfängt mich mit einer rechts-links-rechts-Kombination mitten ins Gesicht, und meine Nase wird rot; ich fühle meine Unterlippe anschwellen. Mein Gegenangriff ist sehr durchsichtig, aber mit einer Rechten und einem linken Haken komme ich trotzdem durch und lande einen Volltreffer. Er versucht wieder, nach unten wegzutauchen, und ich erwische ihn mit zwei vollen Haken auf den Kopfschutz. *Hurrah!* Seine Reaktion lässt nicht auf sich warten. Er schneidet mir den Weg ab und kommt direkt auf mich zu, um mir zu bedeuten, dass er zuschlagen wird und meine Deckung nicht ernst nimmt. Er schlägt mit beiden Fäusten Finten, bis ich meine Deckung öffne, und *Bumm!* – ein weit ausgeholter linker Haken schlägt mir den Kopf nach hinten. Ich verdaue den Schlag und gebe ihm das Zeichen »okay, alles in Ordnung«. Wir stehen uns gegenüber und sind beide ein wenig überrascht von soviel Bissigkeit. Er blockt meine Jabs mit seinen Fäusten ab, ich die seinen mit meiner Nase. Ich kann seine Schläge zwar besser kommen sehen, aber bewege mich nicht schnell genug. Er landet noch einen Treffer in meinem Gesicht, dass mir der Kopfschutz verrutscht. DeeDee schimpft: »Beweg' deinen Kopf, Louie!« Jetz geht es richtig zur Sache. Ashante lässt einen Schlaghagel auf meinen Rumpf los, den er mit einem wüsten Uppercut in die Seite beendet (an den werde ich mich noch eine Weile erinneren). Ich gehe wieder in den Kampf. Er bearbeitet meine Rippen und selbst meinen Rücken mit kurzen Schlägen, als ob wir uns einen echten Kampf liefern würden (ich glaube, es ist das erste Mal, dass er so mit mir umgeht). *»Time out!«*

Wir schütteln uns kurz die Fäuste, um zu bestätigen, dass wir die Begegnung unter Kontrolle haben. »Alles klar, Louie, du hälst dich gut, du schlägst heute hart, mach weiter so. – Ja schon, das Problem ist nur, dass ich nicht weiß, ob ich noch eine Runde in diesem Tempo durchstehe.« Ich bin ziemlich mitgenommen von seinen Schlägen und das Tempo ist mir zu hoch. Ich lehne mich auf das Seil und versuche, irgendwie wieder zu Atem zu kommen.

»*Time in! Work!*« In der dritten Runde bleibt das Tempo unverändert, und ich kassiere eine Menge Schläge. [...] Die Heftigkeit steigt langsam, ist aber reziprok und entsprechend abgestuft: als ich am Schluss nicht mehr genug Kraft habe, um auch nur meine Deckung oben zu halten und auf seine Schläge zu reagieren, tut er zwar so, als würde er zuschlagen, trifft mich aber nur leicht. Würde er so boxen wie zu Beginn der Runde, ginge ich zu Boden. Ich gehe wieder auf ihn zu, habe jedoch nicht mehr die Kraft, seine Schläge zu erwidern. Meine Güte, jetzt müsste doch Schluss sein! Ich denke nur noch »*Time out! Time out!*« Mach schon, DeeDee! Ja verdammt, das kann doch nicht wahr sein, hat der uns vergessen, oder was? Wir boxen doch bestimmt schon fünf Minuten! »*Time out!*« Ufff!

Ashante lehnt sich gegen mich, schließt mich in die Arme und tätschelt meinen Nacken mit dem Handschuh. Wow! Das ist doch einfach schön, wenn man sich unter Freunden eins aufs Maul haut. Er lacht und scheint sich sehr zu freuen. »Wie geht's dir, wie fühlst du dich?« Ich komme ins Büro, um meine Schutzkleidung abzulegen. Zum ersten Mal bekomme ich Komplimente von DeeDee: »Du wirst besser, du scheinst heute auf der Höhe gewesen zu sein, Louie. Aber du musst darauf achten, dass du außer Reichweite kommst, wenn er seine Rechte abzieht. Blockiere sie oder beweg deinen Kopf mehr. Du steckst noch zuviel ein.« Er verbietet mir, mich auf den Tisch zu setzen. Mein Atem wird nach und nach ruhiger. [...] Als ich aus dem Umkleideraum komme, ruft mir der alte Coach, mit einem Seitenblick in Richtung Kitchen, quer durch den Raum zu: »Wir haben deine Nase gar nicht bluten sehen, Louie ! Hat sie denn nicht geblutet?« [...]

Ich bin von dieser Sparringseinheit so erschöpft, dass ich meine Notizen erst am nächsten Tag redigieren kann. Mein Kinn schmerzt und das ganze Gesicht ist empfindlich (als ob es von innen geschwollen sei), die Unterlippe ist geschwollen und unter dem linken Auge habe ich ein prächtiges rötliches Veilchen. Die größte Wirkung haben jedoch die Körpertreffer erzielt. Die Uppercuts in die Rippen haben eine Marke hinterlassen, die im Verlauf von zwölf Tagen unmerklich von rot über schwarz zu gelb übergeht. Ich tippe heute abend diese Zeilen hundemüde, mit steifen Händen, meine Stirn und mein Nasenrücken brennen wie Feuer, mein ganzes Gesicht pulsiert, der Muskelkater in der Bauchdecke foltert mich bei der geringsten Bewegung. Das bringt der Beruf so mit sich.

Das Sparring besteht aber nicht nur aus der rein körperlichen Übung; es geht dabei auch um eine besonders intensive Form »emotionaler Arbeit«[E 61]. Da ein »Versagen der Selbstkontrolle fast nirgends so unmittelbar bestraft wird wie bei einem Boxkampf«[E 62], ist es von vitaler Bedeutung, zu jedem Zeitpunkt die eigenen Affekte zu beherrschen. Sobald man zwischen den Seilen steht, muss man seine Emotionen zu steuern wissen und es verstehen, sie der jeweiligen Situation entsprechend zu unterdrücken oder, im Gegenteil, sie freizusetzen und zu verstärken; manche Gefühle (Ärger, Nervosität, Frustation) müssen ausgeschaltet werden, um gegnerischen Schlägen, Provokationen und Beleidigungen widerstehen zu können, andere (z.B Aggressivität und Wut) sind bei Bedarf »zu wecken«, ohne dass sie jedoch außer Kontrolle geraten dürfen[32]. Wenn Boxer im Training die Handschuhe anlegen, lernen sie, *businesslike* im Ring zu agieren und ihre affektive und mentale Energie so zu kanalisieren, dass sie ihre »Arbeit« möglichst effizient und unter weitgehender Vermeidung eigener Schäden tun können.

Der Boxer muss nicht nur zu jedem Augenblick seine inneren Gefühle beherrschen können, sondern auch eine dauernde »expressive Kontrolle« bezüglich ihrer »Signalisation« nach außen ausüben[E 63], um den Gegner nicht darüber ins Bild zu setzen, welche seiner Treffer Wirkung erzielen. Cus d'Amato, legendärer Trainer, Manager und Entdecker von Mike Tyson, beschreibt dieses Problem so: »Der Boxer hat seine Emotionen in dem Maß im Griff, wie er in der Lage ist, sie zu verbergen und zu kontrollieren. Die Angst ist ein Trumpf für einen Boxkämpfer. Sie sorgt dafür, dass er sich schneller bewegt, sie macht ihn flinker und aufmerksamer. Der Held und der Furchtsame empfinden beide exakt die gleiche Angst, nur dass die Helden anders darauf reagieren.[E 64]« Dieser Unterschied hat nichts mit Veranlagung zu tun: es handelt sich um eine erworbene Fähigkeit, die kollektiv durch die fortgesetzte Unterwerfung des Körpers unter die Sparringsdisziplin produziert wird. Dazu einige Anmerkungen von Butch:

BUTCH: Du musst dich ständig im Griff haben, sonst verbrauchen die

32 Man könnte aufzeigen, dass diese »emotionale Erziehung« sich nicht nur auf den einzelnen Boxer beschränkt: sie erstreckt sich auf die Gesamtheit der spezialisierten Akteure des Feldes (Trainer, Manager, Ringrichter, Kampfrichter, Promoter usw.) und bezieht in Teilen selbst das Publikum ein.

»Fat« Joe und Smithie bei der Arbeit im Ring

Emotionen deinen ganzen Sauerstoff, du musst [er atmet tief aus] ruhig und gelassen bleiben, auch wenn du weißt, dass der Typ gegenüber dir den Kopf abschlagen will. Du musst ruhig und gelassen bleiben. Du musst der Situation gegenübertreten.

LOUIE: Es ist aber schwer, deine Emotionen zu kontrollieren, wie willst du denn vermeiden, dass du wütend wirst oder den Frust bekommst, wenn sich der Typ nicht stellen lässt oder du keine richtigen Treffer bei ihm anbringen kannst?

BUTCH: Das war hart für mich. Es hat mich Jahre über Jahre gekostet, dahin zu kommen und genau in dem Moment, in dem ich mich wirklich gut im Griff hatte, hat es angefangen, dass die Dinge gut für mich liefen. Es klappt, denke ich, erst seit dem Augenblick, an dem sich das eingestellt hat.

LOUIE: Hat dir das DeeDee beigebracht?

BUTCH: Er hat mir dauernd gesagt, ich solle die Ruhe bewahren, gelassen bleiben. »Atme tief, geh ganz ruhig dran«. Für mich war das schwer, ruhig und gelassen zu bleiben, wenn [mit leicht amüsiertem Tonfall] der Typ da in der anderen Ecke versucht, dich umzubringen! Aber mit der Zeit ist das dann bei mir angekommen, und ich habe verstanden, was er damit gemeint hat.

Das Ineinander-Übergreifen von Geste, bewusster Erfahrung und physiologischem Prozess – nach Gerth und Mills die drei Bestandteile der Emotion[E 65] – ist tatsächlich so organisiert, dass eine Veränderung eines Bestandteils die sofortige Änderung der beiden anderen bewirkt. Hat man die sensorische Erfahrung der erhaltenen Schläge nicht unter Kontrolle, verliert man die Fähigkeit zu agieren und der körperliche Zustand verändert sich. Ist man dagegen physisch voll in Form, stimmt auch die mentale Einstellung und man kann die vom Schlaghagel des Gegners ausgelösten Emotionen besser meistern.

Schließlich darf der physische Aspekt des Sparrings nicht mit der Bemerkung abgetan werden, dass er sich von selbst ergebe: man darf nicht vergessen, dass »beim Boxen mehr Schläge eingesteckt als ausgeteilt werden. Boxen heißt leiden.[E 66]«

Der spezifische Jargon der Boxer ist dementsprechend reich gespickt mit Ausdrücken, die das Vermögen, Schläge einstecken und Schmerz ertragen zu können, bezeichnen und glorifizieren. Neben der vorhandenen körperlichen Ausstattung, etwa dem »Eisenkinn« oder der mit Ehrfurcht zitierten Qualität, die »*the heart*« (das Herz) genannt wird (und die auch eine zentrale Position innerhalb der maskulinen Kultur der Straße besetzt), besteht die einzige Möglichkeit, sich gegen den Schmerz abzuhärten und seinen Organismus daran zu gewöhnen, Schläge zu empfangen, darin, dass man sich ihnen regelmäßig aussetzt. Entgegen der landläufigen Meinung empfinden Boxer keinerlei Vergnügen am Schmerz und schätzen die Schlägerei nicht. Ein junger, italo-amerikanischer Weltergewichtler vom Windy City Gym, der gerade ins Profilager gewechselt ist, empört sich über meine Erwähnung des profanen Stereotyps vom »sado-masochistischen« Boxer[33]: »Nee, *wir*

33 Dieses Stereotyp findet sich in vielen wissenschaftlichen Untersuchungen, etwa in der geschichtswissenschaftlichen Arbeit von Allen Gutman, *From Ritual to Record: The Nature of Modern Sports*[E 67], sowie in pseudowissenschaftlichen Arbeiten wie der Enzyklopädie der abgedroschensten akademischen und journalistischen Klischees über das Boxen: *Boxe, violence du XX$^{e}$ siècle*, die André Rauch aus Zeitungsartikeln und Sportmagazinen zusammengetragen hat, und die, unter anderem, ein grobes Plagiat meines diesem Buch zugrundeliegenden Artikels von 1989 enthält[E 68].

*sind doch menschliche Wesen, Scheiße! Wir sind menschliche Wesen,* wir sind wie alle anderen, unsere Gefühle sind dieselben, wir haben dieselben Gefühle wie du, wir sind ... Ihr könnt uns doch nicht in eine Ecke stellen, also [heftig] *wir unterscheiden uns nicht von euch.* Wir leben in derselben Welt, wir sind aus dem gleichen Fleisch und Blut gemacht, wir sind genau gleich.« Dennoch verfügen Boxer über eine höhere Schmerzschwelle, weil sie sich dem Schmerz gezielt und regelmäßig aussetzen.

Dieses Erlernen der Indifferenz gegenüber Schmerzen ist untrennbar mit dem Erwerb der dem Boxen eigenen Kaltblütigkeit verbunden. Die adäquate Sozialisation des Boxers setzt eine Gewöhnung an Schläge voraus, deren Kehrseite die Fähigkeit ist, den ersten Reflex des Selbstschutzes zu unterdrücken, der die Bewegungskoordination durcheinander bringt und damit dem Gegner Vorteile verschafft. Dieses progressive Erlernen des, wie Mauss sagt, »Widerstands gegen die aufsteigenden Emotionen«[E 69], von dem man nur schwer sagen kann, ob er eine Sache des Willens oder eine physiologische Größe ist, erschöpft den Boxnovizen schon nach den ersten Sparringsrunden mehr als die Schläge des Gegners. Denn das Duell im Ring erfordert, außer einer ins höchste gesteigerten Aufmerksamkeit, den dauernden Kampf gegen den eigenen Fluchtreflex; man muss seinen Körper zum Gehorsam zwingen, damit er sich nicht vom Gegner abwendet und, rette sich wer kann, vor dessen Fäusten zu fliehen sucht.

> Am 23. März 1989 begegne ich vor dem Gymnastiktisch Ashante, der gerade seine Handschuhe anlegt. Lachend spricht er mich an: »Hey, Louie, wie fühlst du dich? Was machen deine Rippen?« [Er spielt damit auf die Rippen an, die er mir bei der letzten Sparringseinheit so demoliert hat, dass ich mehrere Tage lang nicht trainieren konnte.] – »Geht schon wieder, du hast sie mir ja nicht gebrochen, das waren ja nur Prellungen.« Er lächelt und drückt herzlich meine Hände zwischen seinen behandschuhten Fäusten. »Ich wusste, dass ich sie dir nicht gebrochen habe. Aber du musst endlich ernsthaft was für deine Bauchmuskeln tun und richtig zu Kondition kommen. Um deinen Körper zu schützen, musst du die Bauchmuskulatur trainieren. Weißt du, ich habe eher auf deinen Körper gehalten, weil ich dir nicht zuviel ins Gesicht schlagen wollte, *du bist noch nicht daran gewöhnt, zu viele Kopftreffer einzustecken.* Deshalb habe ich mehr zum Körper geschlagen. Und dann ist dein Körper eben müde geworden, weil du auch die Körpertreffer nicht gewohnt bist. Mir ist

schon klar, dass ich ziemlich hart zugeschlagen habe, aber man muss dazusagen, dass du dich auch nicht gerade zurückgehalten hast.«

Boxen lernen bedeutet, unmerklich sein Körperschema, die Beziehung zum Körper und den Gebrauch, den man gewöhnlich davon macht, so zu modifizieren, dass eine ganze Reihe voneinander nicht trennbarer mentaler und physischer Dispositionen verinnerlicht wird, die mit der Zeit den Organismus in eine Maschine zum Austeilen und Einstecken von Schlägen verwandeln, allerdings in eine intelligente, kreative und zur Selbststeuerung fähige Maschine, die, je nach Gegner und Augenblick, aus dem Fundus eines festgelegten und relativ eng begrenzten Registers von Bewegungen ständig Neuerungen schafft. Das Ineinander-Übergreifen der körperlichen und mentalen Dispositionen geht so weit, dass sich auch der Wille, die Moral, die Entschlusskraft, die Konzentration und die Kontrolle der Emotionen zu ebenso vielen körpereigenen Reflexen umformen. Bei einem ›kompletten‹ Boxer bilden Körper und Geist eine vollendete Symbiose. Dies wird aus dem keinen Widerspruch duldenden Kommentar DeeDees deutlich, der sich an Boxer richtet, die mit dem Argument kommen, »mental noch nicht bereit« für einen Kampf zu sein. Nach der Niederlage von Curtis bei seinem ersten landesweit im Fernsehen gezeigten Kampf in Atlantic City geht DeeDee in die Luft: »Er hat nicht verloren, weil er ›mental nicht bereit‹ war. Wenn du Kämpfer bist, bist du bereit. Eben habe ich zu Butch gesagt: ›mental bereit‹, das ist doch *bullshit*. Wenn du Kämpfer bist, dann steigst du in den Ring und kämpfst, da gibt es kein bereit oder nicht bereit. Das ist nicht mental. Das hat nichts mit mental zu tun. Wenn du kein Boxer bist, dann steigst du eben nicht in den Ring und kämpfst nicht, und Schluss. Alles andere ist Quatsch.«

Dieses Ineinander-Übergreifen der physischen und mentalen Ebenen versetzt erfahrene Boxer in die Lage, sich auch dann noch zu verteidigen und sich eventuell wieder zu fangen, wenn sie knapp am K.o. vorbeigegangen sind: in diesen Augenblicken einer quasi-Bewusstlosigkeit boxt ihr Körper allein weiter, bis sie wieder bei Sinnen sind, was bisweilen mehrere Minuten dauern kann. »Ich bin an meinen Partner herangegangen, der hat in dem Moment den Kopf gehoben und mir damit so einen Stoß über dem linken Auge versetzt, dass mir die Braue geplatzt ist und ich bös angeschlagen war. Dann ist er einen Schritt zurück und hat, mit voller Kraft, eine Rechte auf mein Kinn losgelassen, die mich so voll erwischt hat, dass mir buchstäblich Hören und Sehen vergangen ist. Ich habe komplett das Bewusstsein verloren, aber ich bin weder gefallen, nicht einmal gestrauchelt, sondern habe instinktiv weitergeboxt, bis ich ihn k.o. geschlagen hatte. Dann ist ein anderer Sparringspartner in den Ring gestiegen. Wir haben drei Runden geboxt. Ich habe nicht die geringste Erinnerung daran[E 70].« Während des berühmten »*Thrilla in Manilla*«, einem der brutalsten Kämpfe in der Geschichte des Boxsports, haben Joe Frazier und Mohammed Ali den größten Teil des Kampfes in einem Zustand absolviert, der nicht weit von der Bewusstlosigkeit entfernt war. Jahre nach dieser Begegnung zwischen den beiden großen Rivalen des Jahrzehnts hat »Smokin' Joe« davon erzählt: ab der sechsten Runde »war ich nicht mehr in der Lage, zu denken. Ich wusste nur: der Kampf ist hier, vor mir. Die Hitze (über 40°), die Luftfeuchtigkeit [des philippinischen Sommers] ... Bei diesem Kampf konnte ich nicht einmal denken, ich war einfach da, ich hatte eine Arbeit zu erledigen. Ich wollte nur meine Arbeit tun[E 71]«. Er geht immer wieder auf Ali zu, benommen von den Schlägen und halb blind von den Hämatomen um seine Augen, bis sein Trainer, der Angst hat, er würde sich im Ring umbringen lassen, beim Einläuten der fünfzehnten und letzten Runde das Handtuch wirft.

Boxer und Trainer scheinen, auf den ersten Blick, den »mentalen« Aspekt ihrer Tätigkeit widersprüchlich zu beurteilen. Einerseits betonen sie, das Boxen sei ein Strategiespiel, ein *»thinking man's game«*, das gern mit dem Schachspiel verglichen wird. Andererseits wird darauf bestanden, dass jegliche Form des Sinnierens zwischen den Seilen fehl am Platz ist. »Der Ring ist kein Platz zum Nachdenken: es geht hier nur um Reflexe! Wenn man anfängt nachzudenken, hängt man am besten die Handschuhe an den Nagel«, predigt DeeDee. Dennoch ist der alte Trainer einer Meinung mit dem Doyen der amerikanischen Trainer, Ray Arcel, der mit seinen 96 Jahren immer noch auf der Höhe ist und 18 Weltmeister zum Erfolg geführt hat, wenn er darauf beharrt, dass »beim Boxen das Hirn über die Muskeln herrscht. Mir ist egal, welche Kämpferqualitäten du hast. Wenn du nicht denken kannst, bist du bloß ein Penner mehr [*just another bum in the park*][E 72]«. Der Widerspruch löst sich von selbst, wenn man erkennt, dass das Vermögen des Boxers, im Ring zu überlegen und nachzudenken, zu einer Fähigkeit seines gesamten Organismus geworden ist – zu dem, was John Dewey als *»body-mind complex«*[E 73] bezeichnen würde.

Boxerische Vollkommenheit kann demnach über den Umstand definiert werden, dass der Körper des Boxers für ihn denkt und kalkuliert, und zwar unmittelbar und ohne den Umweg (und den damit verbundenen Verlust an kostbarer Zeit) über abstraktes Denken, Vorüberlegungen und strategisches Kalkül. Der ehemalige Champion Sugar Ray Robinson hat dafür eine prägnante Formulierung: »Du denkst nicht. Alles ist Instinkt. Wenn du innehältst, um nachzudenken, bist du geliefert.« Der Trainer Mickey Rosario teilt diese Meinung: Sobald du im Ring bist, »darfst du nicht denken. Du musst zum Tier werden«[E 74]. Man könnte hinzufügen: ein kultivierter Instinkt, ein sozialisiertes Tier. Der Körper wird zum *spontanen Strategen*: er weiß, versteht, beurteilt und reagiert in einem. Wäre dem nicht so, könnte man zwischen den Seilen nicht überleben. Bei Amateurkämpfen erkennt man die Novizen sofort an ihren mechanischen und gekünstelten Bewegungen, ihren »ferngesteuerten« und verlangsamten Kombinationen, deren Steifheit und lehrbuchhafte Ausführung den Einfluss der bewussten Reflektion auf die Bewegungskoordination verraten.

Die Strategie des Boxers, die aus der Begegnung des boxerischen Habitus und dem Feld entsteht, das diesen Habitus erzeugt hat, verwischt den scholastischen Unterschied zwischen intentional und habituell, rational und emotional, körperlich und mental[34]. Man könnte für die Strategie des Boxers durchaus die Definition des Anthropologen Hugh Brody anwenden, der über die Jäger der Athabascan-Eskimos im Nordwesten Kanadas schreibt: »Kluges und besonnenes Vorgehen bei der Jagd heißt, die Verknüpfung aller möglichen Faktoren zu berücksichtigen und den Fehler zu vermeiden, sich rational auf eine bestimmte, für maßgeblich gehaltene Betrachtungsweise festzulegen. Besser gesagt: die Entscheidung wird durch das Handeln selbst getroffen; es besteht keine Trennung zwischen Theorie und Praxis. Demzufolge kann die Entscheidung – ebenso wie die Aktion, von der sie nicht getrennt werden kann – jederzeit modifiziert (und somit auch nicht als Entscheidung bezeichnet) werden.[E 75]«

Die Auseinandersetzung im Ring verlangt in jedem Moment eine neue, von Reaktionsvermögen und Flexibilität geprägte synoptische Beurteilung der jeweiligen Situation. Die entsprechenden Entscheidungen werden auf der Grundlage der »verkörperten« boxerischen Sensibilität getroffen und bilden somit die Antithese zu den reiflich überlegten und abgewogenen Entscheidungen der »Logik der Logik«, wie bereits Joyce Carol Oates vermerkt hat: »Unsere typischen Bewusstseinsmodi wie ›freie Wahl‹, ›gesunder Menschenverstand‹ und ›Rationalität‹ sind

34 Hier wird ersichtlich, in welchem Maß jegliche von der Spieltheorie inspirierte Soziologie profitieren könnte, wenn sie sich, anstelle extrem intellektueller Wettkämpfe wie des Schachspiel oder militärischer Strategien, eines so »körperlichen« Spiels wie des Boxen als Paradigma bedienen würde.

in der Welt des Boxens unangebracht, ja verhängnisvoll«[E 76]. Steht man erst einmal im Ring, dann ist es der Körper, der versteht und lernt, der die Informationen einordnet und speichert, die angemessene Antwort aus dem Repertoire möglicher Aktionen und Reaktionen wählt und somit zum eigentlichen »Subjekt« (wenn es denn ein solches gibt) der boxerischen Praxis wird.

Das erfolgreiche Erlernen des Boxens setzt demnach die Kombination *eigentlich antinomischer Dispositionen* voraus: Pulsionen und Impulse aus dem Innersten des »biologischen Individuums« (George Herbert Mead[E 77]), die man als »barbarisch«, als an der Peripherie zum Kulturellen gelegen bezeichnen kann, und die mit der Fähigkeit ihrer jederzeitigen Kontrolle, Umsetzung und Anwendung gemäß einem objektiv zwar rationalen, aber dem expliziten Kalkül des individuellen Bewusstseins unzugänglichen Plan verbunden sind. Dieser dem boxerischen Habitus inhärente Widerspruch liefert die Erklärung dafür, dass der Glaube an die ›angeborenen‹ Qualitäten des Boxers sich widerspruchslos mit einer rigiden Arbeits- und Leistungsmoral vereinbaren lässt. Der indigene Mythos von der Gabe des Boxers ist eine in der Realität gründende Fiktion: was bei den Boxern als natürliche Eigenschaft gilt (»Das musst du einfach in dir haben«) ist in Wahrheit diese besondere Wesensart, die aus dem langen Prozess der Verinnerlichung des boxerischen Habitus resultiert, wobei dieser Prozess oft schon im Kleinkindesalter beginnt: entweder im *gym* selbst – man sieht dort ständig Kinder, die von Mitgliedern des Clubs mitgebracht werden und sich im Boxen üben – oder in seinem ›Vorzimmer‹, nämlich auf den Straßen des Ghettos.

Man könnte seitenweise Feldnotizen als Belege für die Theorie heranziehen, derzufolge man »als Boxer geboren« wird. Als exemplarisches Beispiel soll hier ein Auszug vom 1. Oktober 1988 wiedergegeben werden, wo DeeDee ausführlich auf den angeborenen Qualitäten des Kämpfers besteht, die durch das Training lediglich zur Entfaltung gebracht werden: »Wenn du es in dir hast, dann lässt es sich nicht aufhalten. Es kommt so oder so zum Vorschein. Wenn du es aber nicht in dir hast, dann ist es nicht der Mühe wert. Es gibt jede Menge Kerle, die können das ganze Leben lang trainieren, die trainieren und boxen hier, die treiben ihr Sparring, aber die werden nie ans Ziel kommen. Ich sage denen das dann. Ich behalte sie nicht hier. Es gibt jede Menge Kerle in Chicago, denen ich gesagt habe, dass es Zeit ist, zu gehen: ›Es lohnt sich nicht, dass du weiter ins *gym* kommst, denn du schaffst es nie‹.« Eddie wird noch deutlicher: »Mein Sohn kann gerne boxen, wenn er will.

Aber ich werde ihn nicht dazu drängen. Das muss von ihm selbst aus kommen. Denn du musst das in dir haben, da kann man nicht mogeln. Ich werde ihn auf jeden Fall nicht in diese Richtung zwingen.« Die im Sprachgebrauch der *gyms* oft verwendete Formulierung »ein Boxer von Natur aus« [*a natural*] bezeichnet eben diese – ständig weiterentwickelte – Eigenschaft, deren soziale Genese für diejenigen unsichtbar geworden ist, die sie in den daraus selbst entstandenen geistigen Kategorien wahrnehmen.

## Eine implizite und kollektive Pädagogik

Einer im Wesentlichen körperlichen und wenig kodifizierten Praxis, deren Logik nur in der Aktion selbst fassbar wird, entspricht ein impliziter, praktischer und kollektiver Modus der Verinnerlichung. Die Vermittlung des Boxens geschieht auf gestischem, visuellem und mimetischen Weg, mittels einer geregelten Manipulation des Körpers, wobei auf jeder der stillschweigenden hierarchischen Ebenen des Clubs das kollektive Wissen somatisiert wird, über das die Mitglieder verfügen und das sie vorweisen. Die noble Kunst des Boxens bietet hier das *Paradoxon einer ultra-individuellen Sportart, deren Erlernen grundsätzlich kollektiv erfolgt.* Man kann sogar soweit gehen, in Anlehnung an Emile Durkheim zu behaupten, das *gym* sei für das Boxen, was die Kirche für die Religion ist: die »moralische Gemeinschaft«, das »Solidarsystem der Glaubenslehren und -praktiken«, das sie erst ermöglicht und sie als solche konstituiert. Nebenbei gesagt heißt dies auch, dass die im Privaten praktizierten Formen des Boxens, die von den neuen, ständig nach exotischen Übungen zur Erneuerung des ziemlich überlaufenen Fitness-Marktes jagenden Unternehmern des Körpermanagements während einer gewissen Zeit propagiert wurden, mit dem eigentlichen Boxsport nur den Namen gemein haben[35].

35 Ich denke hier zum Beispiel an das Buch von Peter Pasquale, *The Boxer's Workout: Fitness for the Civilized Man*, das dynamische Bessergestellte dazu auffordert, die Freuden des Boxsports zu entdecken – indem sie in ihrer Garage allein auf einen Sandsack schlagen: »Dieses Buch ist der ständig steigenden, großen Zahl von *white-collars* gewidmet, seien sie Buchhalter oder Schauspieler, Börsenmakler, Doktoren oder Unternehmer, für die das Boxtraining ein wichtiger Bestandteil ihres beruflichen Erfolgs darstellt.« Keiner der Boxer von Woodlawn hat einen Sandsack bei sich zu Hause. Für DeeDee ist das Training zu Hause unsinnig, selbst wenn man die meisten Übungen tatsächlich »in einem Wandschrank« ausführen könnte[E 78].

Aus den angeführten Gründen wird leicht nachvollziehbar, dass es nicht möglich ist, das Boxen »vom Papier« zu lernen. Es überrascht deshalb auch nicht, wenn der Trainer des Woodlawn Boys Club eine offene Abneigung gegen theoretische Anleitungen und Lehrbücher hegt, wie folgende Notiz belegt:

Während ich mich mit dem Handtuch abtrockne, sage ich: »Wissen Sie, DeeDee, was ich neulich in der Universitätsbibliothek gefunden habe? Ein Buch mit dem Titel *Das komplette Trainingsprogramm für Boxer*, da werden alle Bewegungen und Grundübungen des Boxens gezeigt. Lohnt es sich, das zu lesen, um sich einzuarbeiten?«
DeeDee verzieht angewidert das Gesicht: »Boxen lernt man nicht aus Büchern. Boxen lernt man in der Halle.«
– »Aber das kann doch dabei helfen, die verschiedenen Schläge zu sehen und besser zu verstehen, oder?«
– »Nein, das ist nicht hilfreich. Du lernst das Boxen nicht, indem du Bücher liest. Ich kenn' diese Bücher, da sind Fotos und Zeichnungen drin, wie deine Fuß- und Armstellung aussehen soll, oder die richtige Abwinkelung der Arme, aber das steht alles still! Du hast keinerlei Eindruck von der Bewegung. Boxen heißt Bewegung, die Bewegung ist das, was zählt.«
Ich insistiere. »Man kann also aus Büchern nichts über das Boxen lernen?«
– »Nein, kann man nicht.«
– »Und warum nicht?«
Irritiert von meiner Hartnäckigkeit, drückt DeeDees Ton aus, dass dies alles selbstverständlich sei und es nichts nutzt, wenn er sich wiederholt: »Man kann eben nicht, ein für alle Mal. Man kann nicht. In einem Buch ist alles statisch. Man kann nicht zeigen, was im Ring geschieht. Das alles hat mit Boxen nichts zu tun, Louie. Man kann nicht, Schluss.«
– »Aber für einen Anfänger wie mich kann es doch nichts schaden, mental etwas zu verstehen, bevor man zum Training geht.«
– »Aber sicher schadet das, *vor allem dem Anfänger*. Diese Bücher bringen dich restlos durcheinander. Wenn du mit einem Buch lernst, wirst du nie ein Boxer.«
Diese Ansicht wird von DeeDees »Schüler« Eddie bestätigt. Auf meine Frage, wie man Boxtrainer wird, erklärt er, es gelte zwar eine kleine Prüfung beim Verband abzulegen, das Wesentliche sei jedoch, »dass du dich in guten *gyms* wie diesem hier umtust und nach und

nach verstehst du, worum es geht. Das kann man nicht aus Büchern lernen«.

Was den Trainer an der Schriftform stört, ist ihr totalisierender Effekt und die Außerachtlassung des Zeitfaktors. Die Heftigkeit seiner Reaktion verweist direkt auf die Antinomie zwischen der abstrakten Zeit der Theorie (d.h. der Betrachtung) und der Zeit der Handlung, die für diese konstitutiv ist. Betrachtet man das Boxen vom souveränen Standpunkt des unbeteiligten Beobachters und nimmt es somit aus der ihm eigenen Zeit heraus, unterzieht man es einem Wandel, der es zerstört. Wie auch bei der Musik handelt es sich beim Boxen um eine Praxis, die »vollständig in die Dauer eingebunden« ist, »nicht bloß, weil sie sich in der Zeit abspielt, sondern auch, weil sie strategisch mit der Zeit und vor allem mit dem Tempo spielt«[E 79]. Die Anweisungen der Handbücher und die Schulungsunterlagen sind für DeeDee unrealistisch, weil der schönste Uppercut nutzlos ist, wenn er zum falschen Zeitpunkt erfolgt; ein technisch perfekter Haken »ins Leere« ist null und nichtig, wenn er nicht dem Tempo der Begegnung und dem Stil des Boxers angepasst ist.

Im Unterschied zu anderen, stärker kodifizierten Kampfsportarten wie etwa Judo oder Aikido[E 80], bei denen der Meister nach Belieben die einzelnen Griffe mit einer Detailtreue und Analysegenauigkeit zerlegt und aufzeigt, die bis zum theoretischen Studium gehen kann, und wo Fortschritte sich über offizielle Zeichen und Titel (wie Gürtel oder Dans) manifestieren, ist die Initiation in das Boxen eine *Initiation ohne explizite Normen* und eindeutig festgelegte Etappen, die kollektiv mittels Imitation, Wettstreit und diffuser, wechselseitiger Ermutigung stattfindet, wobei die Rolle des Trainers in der Koordination und Stimulation routinemäßiger Aktivität besteht, die sich als »Quelle einer Sozialisation« erweist, »die weit wirkungsvoller ist als die Pädagogik der Instruktion[36]«.

Bei der Lehr»methode« DeeDees handelt es sich in der Tat nicht um eine reflektiertes pädagogisches Gesamtkonzept. Ich habe ihn niemals die Begründungen für die Grundbewegungen herunterbeten hören, ebensowenig gibt er synoptische Beschreibungen ihrer Ausführung oder zeigt die einzelnen Stadien der erwarteten Fortschritte auf. Seine spar-

36 Jean Lave zeigt auf, dass es selbst in der Arithmetik als höchst intellektuellem Wissensgebiet nicht möglich ist, den Körper, das Ich, die das Lernen unterstützenden Tätigkeiten und den sozialen und physischen Rahmen ihrer Anwendung voneinander zu trennen[E 81].

sam und unregelmäßig eingeworfenen Ratschläge sind ausnahmslos summarische Beschreibungen der gerade auszuführenden Bewegungen und bestehen meist aus knappen und negativen Bemerkungen: »Lass deine linke Hand nicht fallen, wenn du den Jab zurücknimmst« – »Schwing deine Faust nicht nach hinten« – »Behalt dein rechtes Bein immer unter dir«. Da die Bewegungen des Boxers für ihn augenscheinlich einfach und transparent sind, lässt er sich nicht davon abbringen, dass sie keiner näheren Erläuterung bedürfen: »Das ist einfacher, als bis drei zu zählen« – »Da gibt es nichts zu erklären, was soll ich dir denn da erklären?« – »Das kommt später, begnüge dich jetzt damit, zu boxen«. Versteht man seine Anweisungen nicht sofort, werden sie lediglich wiederholt, nötigenfalls von einer Geste begleitet, wobei er seine Unmut nicht verbirgt oder auch wütend wird und einen seiner Gefolgsmänner auffordert, seine Stelle einzunehmen. Wenn es einem Boxer nicht gelingt, eine Bewegung beim Training ohne Partner korrekt auszuführen, bleibt das Sparring als letzte pädagogische Maßnahme. Als DeeDee genug davon hat, geduldig Ratschläge zu erteilen, entschließt er sich, gegen die eigene Überzeugung, den Reflex der Selbstverteidigung einzusetzen, um eine widerspenstige falsche Haltung in den Griff zu bekommen.

– »Was hab' ich dir gesagt, Louie? Wo sollst du deine rechte Hand halten, na, wo? Genau, da oben, an deiner rechten Wange, um dich vor dem linken Haken zu schützen, und nicht da unten. Du kriegst nochmal den Kopf gespalten, Louie. Du hast sie nicht da, wo sie sein soll. Ich werd' Ashante sagen, dass er dir zeigen soll, wo sie hingehört, diese verdammte rechte Hand. Das nächste Mal [wenn du mit ihm sparrst] *werd' ich ihm sagen, er soll es dir mit seinem linken Haken beibringen*, wenn du nicht hören willst.«
– »Das ist doch der beste Weg, es zu lernen, oder?«
– »Nein, das ist nicht der beste Weg. Das ist der harte Weg. Ich hätte es lieber, dass du es für dich lernst, wenn ich es dir sage, und nicht dadurch, dass du dir die Visage zerschlagen lässt. « [*Notiz vom 17. Mai 1989*]

Wenn DeeDee einen Boxer zurechtweist, dann tut er es so öffentlich wie möglich: meist äußert er seine Kritik mit lauter Stimme aus dem Hinterzimmer, so dass alle Anwesenden es hören können. Angesichts der schlechten Akustik der Räumlichkeiten ist man sich nie völlig sicher, an wen er sich gerade wendet. Im Zweifelsfall hören alle darauf und verdoppeln ihre Aufmerksamkeit und ihre Anstrengungen. Wenn DeeDee hinter dem Sichtfenster des Büros in seinem Sessel sitzt, von dem er den gesamten Übungsraum überblicken kann, lässt sich zudem schwer sagen, wen genau er gerade beobachtet; auch deshalb ist es besser, davon auszugehen, dass er einen selbst im Visier hat und möglichst gut zu boxen, um seinen Unmut nicht auf sich zu lenken. Dazu kommt noch der Umstand, dass Tage und selbst Wochen vergehen können, ohne dass er einem die geringste – positive oder negative – Beurteilung zukommen lässt und somit eine beträchtliche Unsicherheit bezüglich der eigenen Fortschritte erzeugt. Diese Ungewissheit vermittelt dem Boxlehrling das Gefühl, sich blind vorwärtszutasten und zwingt ihn, bei jeder Trainingseinheit ernsthaft zu arbeiten und sich bei jeder Übung anzustrengen[37]. Zudem wirkt jede Intervention DeeDees und auch die Art und Weise ihrer Äußerung als Mechanismus *permanenter kollektiver Korrektion*. Man könnte spekulieren, dass seine Interventionen umso nachdrücklicher und weitreichender wirken, je seltener sie erfolgen.

Was als Mangel an Interesse des Trainers oder Unzulänglichkeit der Betreuung gesehen werden könnte, ist in Wahrheit der eigentliche Kern seiner Lehrmethode. Geleitet von seinem boxerischen Sinn, Ergebnis mehrerer Jahrzehnte in der Praxis gesammelter Erfahrungen, verwendet DeeDee seine ganze Kraft darauf, durch dauernde Korrekturen sowie einer Kombination von bärbeißigen Zurechtweisungen, stiller Aufmerksamkeit, offensichtlicher Indifferenz und Ermahnungen das Schema der Praxis in das Schema des Körpers des Boxlehrlings zu integrieren. Alles geht so vonstatten, als ob seine Instruktionen ausschließlich darauf gerichtet wären, den eigentlichen Effekt der Manipulation des Körpers dadurch zu erleichtern und zu verstärken, dass diese Manipulation stärker, konsequenter und intensiver erfolgt und dem Boxer der Glaube vermittelt wird, dass, trotz des Wiederholungscharakters und der Zusammenhanglosigkeit der ihm erteilten Anweisungen, ein Kausalzusammenhang zwischen den von ihm geforderten Bemühungen und den erwarteten Ergebnissen besteht.

37 Während dieser Phasen habe ich die Erfahrung gemacht, dass es, genau wie für einen Forscher im akademischen Feld, für einen Boxer im *gym* nichts Schlimmeres gibt als die Indifferenz. Die Zurechtweisungen, mit denen DeeDee dieser Indifferenz ein Ende setzt, empfinde ich als Erleichterung.

*Der Dirigent*
DeeDee (bzw. DD oder DeDe, der Spitzname wurde ihm von seinem Bruder gegeben, der sich über sein Stottern im Kindesalter lustig machte) wurde 1920 in Georgia geboren, wo seine Großeltern kleine Pachtbauern auf den Ländereien einer Familie der gehobenen weißen Gesellschaft Atlantas waren. 1922 schlossen sich seine Eltern den Millionen Schwarzen aus dem Süden an, die, auf der Suche nach besseren Lebensbedingungen und einem weniger rassistisch geprägten Klima, »Dixieland« in Richtung Chicago verließen[E 82]. Sein Vater findet Anstellung als Straßenkehrer bei der Stadtverwaltung, eine ordentlich bezahlte Arbeit, die bei der schwarzen Gemeinde der damaligen Zeit in gutem Ansehen stand; ihr Überleben sichert sich die Familie jedoch mit der illegalen Herstellung von Alkohol und dessen Verkauf an Weiße während der Prohibition. Der Vater verdient damit einiges, bis er von einer rivalisierenden Schmugglerbande erschossen wird – »weißt du, er hat weniger den Besen vor sich hergeschoben, sondern vielmehr seinen Karren voll *moonshine* [schwarzgebrannter Schnaps].« DeeDee ist zu diesem Zeitpunkt sieben Jahre alt.
Während der Wirtschaftskrise und bis zum Beginn des Zweiten Weltkriegs wohnt DeeDee mit seiner Mutter und seinen sechs Geschwistern in einem kleinen Haus neben einem Gemüsegarten und einem Hühnerstall mitten im Ghetto der South Side. »In diesen Jahren hatte niemand Arbeit, *niemand*. Weder Weiß noch Schwarz. Alle waren verzweifelt auf der Suche nach Arbeit und nach Möglichkeiten, an Geld zu kommen. Man musste sich durchwursteln, um überleben zu können. Der Krieg hat uns dann aus diesem Schlamassel erlöst. Den haben sie angefangen, um aus der Krise herauszukommen, da bin ich mir sicher. Auf einmal haben alle Fabriken Arbeiter gesucht. Überall gab es Arbeit! Die Leute haben jede Menge Geld verdient. Schrott wurde zu Irrsinnspreisen gehandelt: die Typen, die ein Schrottlager im Garten hatten, sind von heute auf morgen Millionäre geworden, als man alles verfügbare Metall zum Bau von Flugzeugen und Bomben sammelte. Schrottplätze haben sich in Goldminen verwandelt.«[E 83]
DeeDee, seit seinem sechsten Lebensjahr ein notorischer Schläger, fängt ab der Adoleszens in der Schule mit dem Boxen an, zu einer Zeit, als »alle nur einen Traum hatten, nämlich wie Joe Louis zu werden« – der erste große schwarze Champion der Moderne[38]. Nach ei-

38 Der »Black Bomber«, dessen Aufstieg mit dem zweiten »goldenen Zeitalter« des

Aus dem Hinterzimmer verfolgt DeeDee, mit der Stoppuhr in der Hand, die Fortschritte seiner Schützlinge

ner kurzen Karriere im Ring ohne besondere Höhepunkte (vierzig Amateurkämpfe und ein Profikampf gegen einen von ihm trainierten Boxer, der ihm aus Höflichkeit ein Remis schenkt) nimmt er endgültig seine Position außerhalb des Rings ein. Der junge Herman leidet zwar unter einer Arthrose in den Händen und Knien, besitzt jedoch zweifellos das Auge und Fingerspitzengefühl, das man zum Unterrichten der noblen Kunst benötigt, deren grenzenlos variierende Gesten er in den Boxhallen der South Side und durch das Anschauen unzähliger Filme studiert. »Es gab in den Bars diese Filmautomaten, da hast du für einen *nickel* [5 cent] einen kleinen Ausschnitt aus einem Boxfilm berachten können. Ich habe Stunden über Stunden davor verbracht, und so habe ich es gelernt.« Im Gefolge von Jack Blackburn, dem Trainer von Joe Louis, der ihn kurz vor seinem Tod unter seine Fittiche nahm, hat sich DeeDee schnell einen regionalen und später auch einen nationalen Namen gemacht. Zwischen 1978 und 1985 hat er ein Dutzend Boxer in die *top ten* der internationalen Klassements geführt, und zwei seiner Schützlinge haben einen Weltmeistertitel erlangt: Roberto Cruz im Weltergewicht und Alphonso Ratliff in der Kategorie Halbschwergewicht. Er hat sein Können immer in Chicago unter Beweis gestellt, mit der Ausnahme von sechs in Japan und auf den Philippinen verbrachten Jahren, wo er einige der besten Boxer Asiens trainierte, und, auf Anregung eines bedeutenden Promoters der Westküste, eines kurzen Aufenthalts in Los Angeles. DeeDee gilt unter seinesgleichen als einer der besten Coachs der amerikanischen Boxgeschichte und wird 1987 in die Boxing Hall of Fame im Museum von Louisville, Kentucky aufgenommen. Da er jedoch die Mittel für die Reise nicht aufbringen kann, versäumt er die feierliche Einsetzung, die den Höhepunkt seiner Karriere markieren sollte.

Heute fristet DeeDee sein Dasein auf der Basis von monatlich 364 Dollar, die er über das Programm des Supplemental Security Income bezieht, das für mittellose, invalide Personen im Rentenalter bestimmt ist. Er verfügt über keinerlei Güter und bezieht keine Rente, da er insgesamt nur zweieinhalb Jahre fest angestellt war. »Ich habe

Berufsboxens in Amerika zusammenfällt, galt damals als Nationalheld, weil er im Juni 1938 mit seinen Fäusten symbolisch den Nazismus in Person des deutschen Meisters Max Schmeling niedergestreckt hatte. Vor allem war er jedoch eine lebende Legende für die afro-amerikanische Gemeinschaft, der er ethnischen Stolz und Selbstvertrauen bescherte, indem er im Ring den Mythos von der angeborenen Unterlegenheit der Schwarzen zerstörte[E 84].

alle möglichen Jobs gehabt, in Restaurants, Hotels, als Koch, Kellner, Mädchen für alles, und ich habe auf der Straße gelebt. Man tut eben das, was zum Überleben auf der Straße notwendig ist, Louie, du verstehst schon.« Neben seiner Hauptbeschäftigung als Trainer hat er folgende Tätigkeiten ausgeübt: Hilfsarbeiter, Metallarbeiter, Fensterputzer, Müllmann, Taxifahrer, Schwarzhändler, ›Exterminator‹ bei der Ungezieferbekämpfung im Ghetto, Anstreicher und Leibwächter in einem Bordell[39]. Er beklagt sich nicht: »Ich kenne Typen, die haben zwanzig oder dreißig Jahre gebuckelt, die haben heute wie viel? – nicht mal 500 Dollar Rente? Ich habe genausoviel und ich habe nicht einmal gearbeitet.« Jede Woche spart DeeDee sich einen oder zwei Dollar für ein paar Lottoscheine im *liquor store* ab. Seine Einküfte bessert er von Zeit zu Zeit dadurch auf, dass er eine »Privatabgabe« von den wenigen Boxern des Clubs erhebt, die über die Mittel verfügen, ihm »eine Kleinigkeit, fünf oder zehn Dollar«, zu geben. Gelegentlich erhält er von der Leiterin des benachbarten Kinderhorts ein paar Lebensmittel, die von Kinderfesten übriggeblieben sind. Bei Kämpfen in der Stadt kann es vorkommen, dass der Manager von Curtis ihm Taschen voller Obst und Gemüse von seiner Ranch mitbringt.

Die kollektive Askese, die DeeDee im *gym* durchsetzt und überwacht, spiegelt sich in seinem spartanischen Privatleben: Früh aufstehen, bald zu Bett gehen, Ernährung auf der Basis von gekochtem Gemüse, frischem Fisch und magerem Fleisch (Hähnchen oder Truthahn), kein *pop* (kohlensäurehaltige Getränke), nichts Süßes, kaum Alkohol (mit Ausnahme des Armagnac, den ich ihm von jeder meiner Frankreichreisen mitbringe) und alle sechs Monate ein Arztbesuch (kostenlose medizinische Hilfe aufgrund von Zirkulationsbeschwerden und der Arthrose in den Handgelenken, die ihm das Autofahren unmöglich macht). DeeDee hat eine winzige Wohnung in der 67. Straße gemietet, die er mit einer Adoptivnichte teilt, einer unmündigen Mutter, die an einer privaten Kosmetikerinnenschule Kurse zur Erlangung eines Diploms als Friseurin/Maniküre besucht und als Gegenleistung für die Unterkunft bei der Haushaltsarbeit hilft. Sie sieht dieses Diplom als höchstes Gut und bezeichnet es als außerordentlichen Erfolg, den sie zu einem wesentlichen Teil der unerschütterlichen moralischen Unterstützung DeeDees zuschreibt;

39 Diese »Doppeltätigkeit« ist typisch: mit Ausnahme der von der Stadtverwaltung angestellten Boxlehrer üben alle Chicagoer Trainer außerhalb ihres *gym* noch eine berufliche Tätigkeit aus.

als sie daran dachte, den Kurs aufzugeben, drohte er ihr: »falls du jemals den Kurs abbrichst, dann beziehst du von mir die Tracht Prügel [*whuppin'*] deines Lebens, da denkst du bis zu deiner Beerdigung dran.«
Außer dem Boxen übt DeeDee keine Tätigkeit aus; er verbringt den Großteil seiner Tage im Club, auch wenn so gut wie niemand kommt. Seine Zeit teilt sich in die Beaufsichtigung des Trainings, nicht enden wollende Telefonate und Diskussionen mit den üblichen Besuchern des *gym*. Sein Tagesablauf ist immer gleich: kurz vor Mittag verlässt er seine Wohnung, steigt in den Bus, isst einen Teller Suppe bei Daley's (einem Familienrestaurant an der Ecke Cottage Grove und 63. Straße) und öffnet danach das *gym*. Kurz nach 19 Uhr ist das Training beendet, er schließt das schwere Gitter am Hintereingang des Boys Club und lässt sich von einem seiner Boxer nach Hause begleiten. Abends hütet er seinen kleinen Neffen Will und schaut sich die von den Sportkanälen gezeigten Boxkämpfe an, die er über den von einem seiner Neffen für 20 Dollar illegal installierten Kabelanschluss empfängt. Er geht nie ins Kino, nimmt keine Abendmahlzeiten auswärts ein, besucht keine Nachtlokale (wo er früher gern seine Talente als Tänzer unter Beweis stellte), und er verabscheut Spaziergänge. Wenn er einmal ausgeht, dann lediglich anlässlich von Boxveranstaltungen, an denen seine Schützlinge teilnehmen.
Um den Boxclub von Woodlawn kümmert sich DeeDee seit 1977, weigert sich jedoch, diese Tätigkeit als ›Arbeit‹ anzusehen, vor allem, weil er keine Bezahlung erhält: »Man bezahlt mir überhaupt nichts, das ist alles freiwillig. Jedes Jahr hängen sie mir eine Medaille um, um mir dafür zu danken, dass ich das am Laufen halte, aber eine Medaille kann man nicht essen«. Außerdem kann er sich nicht vorstellen, anderswo zu sein oder etwas anderes zu tun: »Also, Louie, ich arbeite hier nicht. Das ist keine Arbeit. Ich hänge im *gym* herum, das ist alles. Ich hing vorher auch schon in anderen Boxhallen rum, im Fuller Park, bei Johnny Coulon, auf der West Side. Wenn ich nicht hier wäre, dann wäre ich wahrscheinlich im Fuller Park. Du musst eine Boxhalle finden, wo du einfach so deine Zeit verbringen kannst ... Es muss ein *gym* sein, du musst die Jungs beim Boxen beobachten, du musst mittendrin sein, denn du hast es im Blut. Ich könnte ohne das nicht leben.« Seine übrige Zeit verbringt er bei den Kämpfen der von ihm trainierten Boxer, denen er seine Dienste als Betreuer in der Ringecke anbietet, wofür er, auf ausdrücklichen

Wunsch der Boxer, einen kleinen Anteil der jeweiligen, bescheidenen Gage erhält (ca. 10%, d.h. ein paar 20-Dollar-Scheine pro Abend). Sowohl aus Prinzip als auch aufgrund fehlender Mittel besucht DeeDee niemals lokale Boxveranstaltungen, wenn er nicht umsonst Zugang erhält: er findet die Vorstellung absurd, als Zuschauer für einen Kampf zu bezahlen. Allerdings hat er einen solchen Bekanntheitsgrad in der Region, dass er nur im Ausnahmefall keine Freikarten erhält.

Wie fast alle Coachs, vor allem der »alten Schule«, unterhält DeeDee komplexe und vielschichtige Beziehungen zu seinen Schützlingen, denen er gleichermaßen Trainer, Mentor, Zerberus, Lebensberater und Vertrauter ist, und die ihm, in seiner Vaterrolle, einen Respekt entgegenbringen, der die Bewunderung seines beruflichen Könnens bei weitem übersteigt[E 85]. Das war früher bei Alphonso der Fall, für den DeeDee sogar jeden Mittag im *gym* kochte, um sicherzustellen, dass er richtig aß, und das gilt heute für Curtis, den er mit einer Mischung aus vorgetäuschtem Desinteresse und ungehobelter Herzlichkeit behandelt, die bisweilen an Autoritarismus grenzt, und zu dem er im Lauf der Jahre eine quasi väterliche Beziehung entwickelt hat. Gegenüber dem Verhalten des Letzteren außerhalb des *gym* legt DeeDee eine von Indifferenz geprägte Haltung an den Tag, obwohl er sich in Wahrheit sehr darum sorgt: so telefoniert er täglich mit Curtis' Frau Sherry, um zu erfahren, ob dieser seinen Lebenswandel an den Anweisungen ausrichtet, die seine Leistung zwischen den Seilen betreffen, also die Ernährung, die familiären Beziehungen und das sexuelle Verhalten. Außerdem fungiert er als Puffer zwischen Curtis und dessen Manager; er hilft ihm bei der Regelung der bisweilen chaotischen Beziehung zu der Leiterin des benachbarten Kinderhorts, wo Curtis als Putzhilfe arbeitet; er verfolgt aufmerksam die Entwicklung seiner Finanz- und Wohnungsprobleme sowie seine Schwierigkeiten mit dem Sozialamt. Kurz gesagt hat sich der alte Coach tief in das Privatleben von Curtis eingemischt, der ihn wiederum als zweiten Vater betrachtet und seine Klugheit über den grünen Klee lobt: »DeeDee und ich, wir haben eine Beziehung zueinander, wir reden miteinander, wir sticheln uns dauernd, aber wir haben auch ernsthafte Gespräche – ich glaube alles, was er mir sagt, denn, immerhin, [er spricht leiser, um seinen Respekt zu zeigen] *er ist nicht umsonst 70 Jahre alt geworden*, oder? Weißt du, der ist ja nicht mit 70 auf die Welt gekommen, also weiß er *soviel mehr Dinge* als ich. Das könnte ich nicht mehr aufholen. Trotzdem müssen wir ab und zu ein wenig miteinander streiten, damit er einmal am Tag sein kleines Vergnügen hat. Wenn ich dann abends hier gehe, kann er mir hinterherlächeln und den Kopf schütteln ...«

Am Morgen vor dem Kampf, der Curtis den Titel des Champions von Illinois bringen wird, beklagt sich demgemäß DeeDee, halb im Ernst, halb ironisch und unbestreitbar stolz, dass Curtis ihn als Kind behandle und ihm das Rauchen und Trinken verbiete, obwohl er in seinem Alter doch wohl das Recht auf diese kleinen Vergügungen hätte: »Wenn er mich rauchen sieht, kommt er angelaufen und schreit mich an: ›Fort mit der Zigarette, DeeDee, machen Sie die sofort aus‹, und er schimpft mich aus wie man ein Kind ausschimpft. [Er grollt] Ja was denn! Ich habe 69 Jahre auf dem Buckel, also wenn man sich mit 69 nicht ein bisschen was gönnen kann, dann weiß ich nicht, wann sonst ... Wenn er mich mit einem Glas Wein oder sonst einem Alkohol sieht, wird er wütend, macht mich zur Schnecke und sagt mir, ich soll das wegstellen. Dasselbe mit den Zigaretten. Was soll das! Ich bin nicht sein Vater und er ist nicht mein Sohn, verdammt! Ich kümmere mich um ihn, stimmt schon, aber er ist nicht mein Sohn, der mir sagen kann, was ich zu tun und zu lassen habe.«

Wir lachen und sticheln ihn damit, dass er schließlich doch Glück hat, dass Curtis so gut auf ihn Acht gibt, weil er dann nur umso älter würde.

Die Pädagogik des Boxens zielt jedoch nicht nur auf die Vermittlung einer Technik ab; sie dient auch der praktischen Konstitutierung der objektiv rationalen Erwartungen, die den Aufstieg des Boxlehrlings in der Hierarchie des *gym* erleichtern sollen. Wenn man seinen Platz in der Welt des Boxens finden und behaupten will, ist es in der Tat notwendig, sich jederzeit seiner moralischen und physischen Grenzen bewusst zu sein, in seinen Bestrebungen die Realität im Auge zu behalten und nicht »abzuheben«, Schritt für Schritt vorzugehen und sich nicht zu schnell gegen die Vernunft auf ein höheres Niveau zu begeben; andernfalls verschwendet man seine Energien, riskiert die eigene Demontage durch überlegene Gegner und den damit einhergehenden Gesichtsverlust. Aus diesem Grund mahnt der Trainer immer wieder zur Bescheidenheit und fordert, die stets gleichen Bewegungsabläufe ohne Murren zu wiederholen, nicht über die eigenen Fähigkeiten hinausgehen zu wollen und die scheinbare Stagnation der Trainingsfortschritte hinzunehmen. Mit kritischen oder ermutigenden Kommentaren ebenso wie mit Schweigen oder aufmerksamer Präsenz vermittelt DeeDee denjenigen Selbstvertrauen, die sich aus Mangel an demselben oder aus Schüchternheit unter Wert verkaufen (»Du kannst jetzt genauso gut boxen wie die anderen, Louie: wenn ich dich gegen Jeff kämpfen lasse, versetzt du ihm eine ordentliche Tracht Prügel«) und verteilt Dämpfer an solche, denen ihre Trainingsfortschritte oder Kampferfolge zu Kopf gestiegen sind und die nun glauben, sie hätten es »geschafft« und dementsprechend versuchen, über ihre eigenen Mittel hinaus zu boxen. Die Pädagogik des Boxens ist somit, gleichermaßen und voneinander untrennbar, eine Pädagogik der Bescheidenheit und eine Pädagogik der Ehre, deren Ziel es ist, dem Einzelnen einen *Sinn für Grenzen* zu vermitteln, (der gleichzeitig auch den Sinn für die Gruppe und den eigenen Platz in der Gruppe darstellt), wie folgende zwei Fragmente aus meinem Tagebuch zeigen.

> Am 22. Oktober 1988 findet der jährliche »Galaabend« zur Aufbesserung der Clubkasse statt und Little John (24 Jahre alt, Laufbursche und Sicherheitsbediensteter bei einer Gesellschaft des sozialen Wohnungsbaus) bestreitet dabei seinen ersten Kampf. Er ist nervös und fahrig, schlägt sehr hart und wenig zielgerichtet. [...] Ich sehe, wie DeeDee in seinem Büro schäumt. Plötzlich steht er mit wütendem Blick in der Halle und bellt in Richtung Ring: »Was versuchst du denn da, John, was denn? Hör mit dem *bullshit* auf und begnüge dich damit, zu boxen. Du versuchst, wie ein Boxer auszusehen, aber du siehst nach nichts aus!« Dann dreht er, angewidert, auf dem Absatz um und geht zurück ins Hinterzimmer, um Ricos Hände zu bandagieren.
> Am 22. März 1989 ist Curtis Richtung Süden gefahren, um sich auf der Farm seines Managers im Grünen auf seinen ersten großen Kampf kommenden Monat in Atlantic City vorzubereiten – seine Chance, binnen kurzem in die internationalen Ränge aufzusteigen. Ich frage DeeDee, ob er mit dem Flugzeug oder dem Bus unterwegs ist. »Ja um Himmels Willen, Louie, er hat natürlich den Bus genommen! Wer ist er denn, dass er fliegen würde, also wirklich!« Killer Keith wundert sich: »Ist das nicht zu anstrengend für ihn, so lange im Bus zu sitzen, wie lange ist er denn da unterwegs? Fünfzehn, achtzehn Stunden im Bus? – Mit dem *Greyhound* [preisgünstige Busgesellschaft] braucht man 19 Stunden nach South Carolina. Mich stört das nicht. Für wen hält sich Curtis denn? *Er ist ein Niemand, ein Nichts.* Ich habe ihm das gesagt. Die Zeit im Bus gibt ihm die Gelegenheit, mal nachzudenken und sich die Flausen aus dem Kopf zu vertreiben.«

Diese Propädeutik der Bescheidenheit richtet sich vor allem an die Novizen, die, aus mit Ignoranz vermischtem Ehrgeiz oder aus Bewunderung für die fortgeschritteneren Kollegen, immer versucht sind, einzelne Trainingsphasen abzukürzen, indem sie sich mit Übungen abgeben, denen sie technisch noch nicht gewachsen sind. Dazu die Reaktion DeeDees, als ich am 10. Januar 1989 der Versuchung unterliege, bei der Arbeit am *double-end bag* Toni zu imitieren, einen Berufsboxer mit sechsjähriger Erfahrung.

> Während ich mich ankleide, kommt DeeDee heraus und fährt mich an: »Das war wirklich eine Schande, was du da abgeliefert hast, Louie, schrecklich, furchtbar anzuschauen.« Ich habe schlecht verstanden und bitte ihn zu meinem Unglück, seine Bemerkung zu wiederholen. Er hat keinerlei Hemmungen: »Das war wirklich eine Schande, wie du um den *double-end bag* rumgehüpft bist und deine Arme geschwungen hast. Was denkst du eigentlich, was du da tust, der *double-end bag* ist dazu da, dass du deinen Jab trainierst, und alles, was du fertigbringst, ist deinen Körper in alle Richtungen zu schlenkern, ohne dass du deine Hände oben behälst, furchtbar! Was soll denn das? Ich habe nicht mehr zuschauen können, so entsetzlich war das.« Ich bin ziemlich sauer: mir war zwar klar, dass ich am *jab bag* nicht so arbeiten kann, wie es sein sollte, aber so geht es ja auch nicht! »Nächstes Mal komme ich früher, und Sie können mir zeigen, wie man an diesem *bag* arbeitet.«
>
> – »Da gibt es nichts, Louie, *da habe ich dir nichts zu zeigen, was soll ich dir denn da zeigen*? Es reicht, wenn du an deinem Jab arbeitest, an deinem *timing*, das ist alles.«
>
> Dann verlässt er mit uns das Büro, positioniert sich vor dem Doppelendball, beginnt zu schlagen und erklärt: »Bleib immer dran am *bag*, Jab, Jab, dann lass ihn sausen, eins-zwei, Jab, eins-zwei, Jab, genau wie am *speed bag*. Wenn er auf dein Gesicht zukommt, blockierst du ihn mit der rechten Hand.« Er bearbeitet den Punching-Ball mit kurzen Linken im Rhytmus seiner Bewegungen, mit leicht gebeugten Knien und vorwärtsgeneigtem Oberkörper – das Ganze wirkt äußerst graziös. Ich mache mich daran, nach seinem Beispiel ein paar langsame, rhytmische Jabs zu schlagen; das geht natürlich viel einfacher, als das, was ich vorher versucht hatte. »Na also, genau so, das ist alles, was du tun sollst. *Keiner verlangt etwas anderes von dir*. Wenn der *bag* bis zu dir zurückkommt, blockierst du ihn so [mit dem Ballen der offenen rechten Hand, die nahe am Gesicht gehalten wird].«

– »Okay, beim nächsten Mal werde ich versuchen, es besser zu machen, DeeDee.« Aber da ist er schon in der Küche verschwunden.

DeeDee kann sich diesen sparsamen Umgang mit Worten und Gesten erlauben, *weil das Wesentliche des Boxerwissens außerhalb seiner expliziten Intervention vermittelt wird*, nämlich über den Umweg einer »stillschweigenden, praktischen Kommunikation von Körper zu Körper[E 86]«, die sich nicht auf den Dialog zwischen dem Meister und seinem Schüler beschränkt, sondern eine offene Konversation zwischen allen regelmäßigen Trainingsteilnehmern darstellt. Der Boxunterricht im Woodlawn Boys Club ist ein in dreifacher Hinsicht kollektiver Unterricht: er wird koordiniert in der Gruppe durchgeführt, die sich durch die Synchronisation der Übungen bildet; dadurch wird jeder Teilnehmer zum – positiven oder negativen – Anschauungsmodell aller anderen; und schließlich fungieren die erfahrensten Boxer als verlängerter Arm des Trainers, indem sie dessen Rolle übernehmen und seine aktiven und passiven Bemühungen verstärken und ergänzen, so dass jeder Boxer, wissentlich oder nicht, zur Ausbildung aller anderen beiträgt.

Das Herzstück des Instrumentariums der Boxlehre bildet der gemeinsame Rhythmus, dem alle Aktivitäten in der Halle unterliegen und der sie durch seinen speziellen Takt prägt. DeeDee, als Chronometer aus Fleisch und Blut, gibt den ganzen Tag lang das dem *gym* eigene Tempo vor, indem er abwechselnd die Kommandos »*Time in!*« und »*Time out!*« skandiert, um den Anfang bzw. das Ende einer Übungsrunde anzuzeigen. Ertönt das »*Time in!*«, machen sich alle Boxer gleichzeitig ans Werk. Jede Einheit dauert drei Minuten und wird von einer Pause von 30 Sekunden unterbrochen (falls gleichzeitig ein Sparring im Gang ist, verlängert sich die Pause auf eine Minute), während der unsicheres Schweigen herrscht, bevor ein neues »*Time in!*« die Manege wieder in Bewegung bringt. Es gibt keinerlei tote oder freie Zeit. Zu welchem Zeitpunkt auch immer die Boxer ihr Training aufnehmen und unabhängig von der Übung, die sie absolvieren: sie arbeiten immer im gleichen Rhythmus, denn die Beachtung dieses Tempos ist ein Imperativ, der keinerlei Ausnahme duldet und sich allen von selbst auferlegt. Es ist undenkbar, sich diesem Takt nicht zu fügen, und der Boxer, der aus Unachtsamkeit den Beginn der Runde versäumt oder ihn mit dem Signal zum Rundenende verwechselt, wird unmittelbar von DeeDee oder einem seiner Helfer zur Ordnung gerufen (»DeeDee hat ›*Time in!*‹ gesagt, also los, an die Arbeit«).

Die Zeit im *gym* ist von einer unnatürlichen Intensität; sie prägt den Körper und zwingt ihm ihren Rhythmus auf. Diese Übungskadenz gewöhnt den Organismus progressiv daran, je nach dem spezifischen Tempo des Spiels zwischen intensiver Anstrengung und schnellen Erholungsphasen zu wechseln, bis diese Notwendigkeit ihm *innewohnt*[40]. Auf lange Sicht wird dadurch die »biologische Uhr« des Boxers so gestellt, dass sein Körper selbständig die Abfolge der Runden ankündigen kann (ich selbst habe festgestellt, dass mein Körper in Abschnitten von drei Minuten zählen kann, als ich an einem Wintertag, an dem DeeDee die Halle schon früh verlassen hatte, allein mit der Uhr trainierte).

Wenn man weiß, dass die Temporalisierung der boxerischen Praxis die eigentliche Grundlage für ihre Vermittlung darstellt, wird deutlich, dass der Kontrolle des kollektiven Trainingstempos eine besondere Bedeutung zukommt: Abgesehen von seltenen Ausnahmen sind nur DeeDee, Charles Martin und der Trainerassistent Eddie befugt, das *»Time!«*-Kommando zu geben, und ohne ausdrückliche Genehmigung DeeDees darf niemand seine Stoppuhr verwenden. Diese Stoppuhr hat für den alten Coach dieselbe Funktion wie, nach Emile Benveniste[E 87], das *skeptron* für die Könige der mittelalterlichen Höfe, nämlich Symbol und Instrument der Herrschaft, die er über das Kollektiv ausübt. Sie ihm abzunehmen würde bedeuten, DeeDees Autorität in Frage zu stellen und ihn des (neben dem marineblauen Polohemd mit der Aufschrift »Staff, Chicago Boys and Girls Club«, das er immer trägt) einzigen Emblems seiner Funktion im *gym* zu berauben. Dies ist ohne Zweifel auch der Grund, warum es, im Gegensatz zu anderen Boxhallen, in Woodlawn keinen elektrische Zeitmessung gibt, die automatisch die Runden ankündigt[41]. Dazu kommt noch, dass nach einem langen, in Boxhallen verbrachten Leben die Stoppuhr bei DeeDee zu einer Art zusätzlichem Organ geworden ist. Sogar seine Telefongespräche sind vom rhythmischen Refrain des »Time in!«, »Time out!« geprägt, und es kann vorkommen, dass er, am Ende eines langen Tages, weiterhin mechanisch die Runden ausruft, auch wenn der letzte anwesende Boxer sein Training schon eingestellt hat.

40 Ein Amateurkampf geht über drei Runden, bei den Berufsboxern gilt eine niveauabhängige Staffelung: vier, sechs, acht oder zehn Runden und zwölf für einen Titelkampf um die Weltmeisterschaft. Jede Runde dauert drei Minuten, mit einer Pause von einer Minute zwischen den einzelnen Runden.

41 Die von Hauser (op. cit.) und Plummer (op. cit.) beschriebenen Boxhallen sind mit automatischen Zeitgebern ausgerüstet, die den Beginn und das Ende der Runden mit zwei unterschiedlichen Signaltönen anzeigen. Alle anderen *gyms* in Chicago haben elektrische Zeitgeber.

DeeDee überwacht die »time« beim Sparring

Die Synchronisation der Bewegungen in der Zeit und die physische Nähe der Boxer im Raum bewirken, dass man ununterbrochen Körper in *Aktion* sieht, einschließlich des eigenen, wenn man vor dem Spiegel boxt. Die permanente visuelle und akustische Verstärkung erzeugt einen Zustand »Kollektiver Efferveszenz«, der an die frenetische Aufgeregtheit der großen totemistischen Feiern der Aborigines[E 88] erinnert und der dadurch, dass er zum Abbau von Hemmungen, zum »Loslassen« des Körpers und zur Freisetzung seiner Energien beiträgt, die Assimilation der Bewegungen vereinfacht. Der Umstand, dass man jederzeit von allen *gesehen wird*, zwingt einen zur Anstrengung – schon allein aus der Angst, sich lächerlich zu machen, wie folgende Beschreibung vom 26. September 1988 zeigt:

> Heute ist es wahnsinnig voll, ich habe noch nie so viele Boxer im *gym* gesehen: zuerst waren wir fünfzehn, am Schluss dann fünfunddreißig, ein richtiger Zoo! Es ist schon beeindruckend, mit welchem Eifer alle bei der Sache sind. DeeDee ruft sein »*Time! Work!*« mit lauter

Stimme, wobei er die Betonung vor allem auf das »*Work!*« legt, beim »*Time out!*« dagegen wird er leiser, bis zur Unhörbarkeit. Ich begrüße den einen oder anderen. Im Ring werden unaufhörlich energische Sparringsrunden absolviert. Das Hinterzimmer wimmelt von Boxern, die ihre Schutzkleidung anlegen, Vaseline auf ihr Gesicht auftragen, ihre Handschuhe anlegen, mit Klebeband befestigen und nervös auf der Stelle hüpfen, oder aber Kopf- und Tiefschutz ablegen, bevor sie ihr Training vor dem Spiegel fortsetzen. [...]
Ich bin erschöpft, aber es tut unglaublich gut, miteinander in diesem Mahlstrom aus Schlägen, Atemgeräuschen, Gleitbewegungen, Sprüngen und Anstrengungen aller Art, in dieser Stimmung fröhlicher physischer Ausgelassenheit zu arbeiten. Ab einem bestimmten Zeitpunkt fühlt man sich *wie in einem anderen Zustand, mitgetragen von der kollektiven Kadenz der Übungen und des Lärms*, der mitunter ohrenbetäubend ist (vor allem, wenn Smithie am Sandsack und Ratliff an der Punktbirne trainieren: das hört sich dann an wie eine Mischung aus Bazooka- und Maschinengewehrfeuer). Der Umstand, sich gleichzeitig mit allen anderen zu bewegen, hat eine benebelnde Wirkung und man wird mitgezogen. »*Time in! Work*« Drei Minuten Volldampf. »*Time out!*« Alle kommen gleichzeitig zum Stillstand. Die Jungs nutzen die Pause zum Austausch von ein paar Worten, meist kurze Sticheleien, denn es gilt vor allem, zu Atem zu kommen und die 30 Sekunden Ruhe lassen keinen Raum für eine Konversation. Manche trinken schweigend aus der Spritzflasche auf dem Tisch neben dem Ring und spucken das Wasser dann in den Eimer. »*Time, work-work-work!*«, und es geht von neuem zur Sache.

Die zeitliche Koordination der Übungen bewirkt, dass jeder Boxer permanent eine ganze Reihe von Modellen vor Augen hat, an denen er sich orientieren kann. Die Vermittlung des boxerischen Wissens geschieht hier mittels Mimetismus oder Anti-Mimetismus, indem man darauf achtet, was die anderen tun, ihre Bewegungen und Reaktionen auf DeeDees Anweisungen beobachtet, ihre Gewohnheiten kopiert und sie mehr oder weniger bewusst imitiert, falls der Trainer nicht explizit interveniert. Im Lauf der Trainingssitzungen lernt man so, entsprechend dem von Michael Polanyi[E 89] dokumentierten impliziten Modus, potentielle Vorbilder ausfindig zu machen, indem man seinen Platz in der komplizierten, nur schwer fassbaren und dennoch präzisen, für Außenstehende nicht greifbaren Hierarchie einnimmt, die den Raum des *gym* strukturiert. Die tatsächliche Praxis in der Situation stellt hier den obligaten Weg (methodos) zum Verständnis der »sozialen Kunst« des Boxens dar, da nur sie die Möglichkeit bietet, die Wechselbeziehung zwischen einem Körper und einem Feld in Gang zu bringen, die sich gegenseitig abfragen und herausfordern. Der Prozess des Lernens kommt erst dann richtig zum Tragen, wenn der Habitus des Boxlehrlings die Stimuli und Appelle des *gym* »erkennen« kann. Jede Geste und jede Körperhaltung des Boxers weist in der Tat unendlich viele spezifische Eigenschaften auf, die nur von dem wahrgenommen und unterschieden werden können, der über die geeigneten Kategorien der Wahrnehmung und Beurteilung verfügt, und die sich mittels der Ratschläge DeeDees nur mit Schwierigkeiten transportieren lassen[42]. Es gibt ein »Auge des Boxers«, das ohne ein Minimum an tatsächlicher Praxiserfahrung in diesem Sport nicht erworben werden kann und das, seinerseits, diese Praxis signifikant und verständlich gestaltet.

Im Trainig werden natürlich in erster Linie die Bewegungsabläufe vermittelt; es trägt jedoch auch zur praktischen Internalisierung von Schemata bei, die es ermöglichen, diese Bewegungsabläufe besser differenzieren, evaluieren und somit letzlich reproduzieren zu können. Somit setzt das Training eine *Dialektik der Körperbeherrschung und der Beherrschung der Visualität* in Gang: um zu verstehen, was man tun muss, beobachtet man die anderen Boxer, aber man sieht nur dann wirklich, was sie tun, wenn man schon etwas davon mit den Augen, d.h. mit seinem Körper, verstanden hat. Jede auf diese Weise neu gelernte und verstandene Geste dient ihrerseits als grundlegendes Material und Werkzeug, das es ermöglicht, eine Weitere zu entdecken und zu assimilieren.

### *Visuelles und mimetisches Lernen*

Ich lege die roten Trainingshandschuhe an und klettere in den Ring. Zunächst bin ich alleine, und es ist ein wenig einschüchternd, vor all den alten Hasen und dem *matchmaker* Jack Cowen zu boxen, die mich von unten beobachten. Ich strenge mich an, meinen Jab gut zu schlagen, ihn zu verdoppeln, meine linken Haken anzubringen, dabei meinen Stand zu behalten und auf die korrekte Drehung des Oberkörpers zu achten. In der zweiten Runde kommt Smithie (im

42 Die Bemerkungen Howard Beckers zur Fotografie treffen hier vollständig zu: ebenso wie man einen Abzug nach einem bestimmten Code dechiffrieren muss, um alle darauf enthaltenen soziologischen Informationen zu erfassen[E 90], kann der Boxanfänger nur dann in vollem Maß von den »visuellen Ratschlägen« der anderen Boxer profitieren, wenn er alle um ihn herum vermittelten Botschaften dechiffrieren kann.

Eddie (mit dem Rücken zur Kamera) beaufsichtigt Lorenzo und Little Keith (die sich vor dem Sparring mit »shadow« vor dem Spiegel aufwärmen), und »Boxhead« John am speedbag

*tank top* und blauen Shorts, die Hände rot bandagiert und mit einem weißen Stirnband) in den Ring und ich kann ihn aus der Nähe beobachten und seine Bewegungen imitieren. Er wirkt wie eine Boxmaschine: den Oberkörper leicht nach vorn geneigt, die Hände wie ein Fächer vor dem Gesicht, seine Bewegungen sind kurz, präzise, verhalten und so gut koordiniert, dass sie beinahe mechanisch wirken. Der Schweiß läuft ihm in Strömen herab, und sein Gesichtsausdruck ist ernst, um nicht zu sagen mürrisch; jede Bewegung entlockt ihm eine homerische Grimasse. Ich benütze ihn als lebendige Vorlage: wenn er seinen Jab verdoppelt, verdopple ich meinen; wenn er seine Knie beugt, um eine Serie kurzer Uppercuts unter der Deckung seines imaginären Gegner hindurch zu schlagen, tue ich es ihm gleich. Das ist großartig und zwingt mich, mir Mühe zu geben. Nun steigt auch Cliff zwischen den Seilen durch und gesellt sich zu uns. Ich bewundere seinen kurzen und tiefen Jab und versuche, ihn nachzuahmen. Ich beobachte ihn genau und boxe wie er (auf jeden Fall mache ich den Versuch). »*Time out!*« Wir atmen tief durch. Jetzt steigt auch Rodney in den Ring. Ich beschließe spontan, weiter voll dabeizubleiben. DeeDee bellt ein energisches »Time work!« Ich genieße es, im Ring zu sein, stimuliert von der Anwesenheit von Smithie, Cliff und Rodney. Drei Minuten lang führen unsere vier Körper ein stürmisches, spontanes Ballet auf: zischend, schnaubend, schwitzend, knirschend und stöhnend bearbeiten wir die Luft mit unseren Schlägen und plagen uns ohne Unterbrechung. Meine Energie verzehnfacht sich, und ich bleibe zwei Runden länger als beabsichtigt dabei. Ich merke, dass meine Schläge besser kommen und strenge mich an, mit jedem einzelnen mein fiktives Ziel zu erreichen. Rodney beginnt ein Distanzsparring mit Smithie; sie mimen lebhafte Attacken, Ausfälle und Gegenattacken. Ich übertreffe mich selbst, gehe mit Kombinationen aus Jabs, Rechten und Uppercuts vorwärts und dann zurück, wobei ich Serien von Haken und Geraden loslasse und die Schläge meines »mentalen Gegners« blockiere. Uff! Ich kann nicht mehr. Ich verlasse schweißgetränkt den Ring, aber die Anwesenheit meiner Komparsen hat mir Flügel verliehen. *[Notiz vom 30. Mai 1989.]*

Ich bandagiere meine Hände und stelle mich für drei Runden zwischen Mark und Curtis vor den kleinen Spiegel. Das ist schon etwas, neben dem Champion von Illinois schattenzuboxen! Ich lasse ihn nicht aus den Augen und versuche, all seine Gesten nachzuahmen: Haken und kurze Jabs, kraftvolle, schnelle, kurze Bewegungen mit einem »Aushängen« der Schulter, schnelle, weiche und präzise Schritte. Ich imitiere ihn, so gut es geht und habe in der Begeisterung des Augenblicks wirklich das Gefühl, ein richtiger Boxer zu sein. Zu meiner Linken zeigt Smithie Ashante ein Ausweichmanöver, das dieser offensichtlich noch nicht im Repertoire hatte – es gibt also immer etwas zu lernen. *[Notiz vom 24. Juni 1989.]*

Der Boxunterricht ist insofern ein kollektives Unterfangen, als der Trainer von allen Mitgliedern des Clubs in seinen Funktionen unterstützt wird. Das gilt in erster Linie für die professionellen Boxer, die über die größte Erfahrung verfügen und, wenn auch informell, aktiv an der Ausbildung der Novizen teilnehmen, und für andere Trainer oder auch Ehemalige, die ab und zu einen Nachmittag im *gym* verbringen. (Ihre Intervention wird allerdings nur akzeptiert, wenn sie sich an Amateurboxer richtet; bei den Berufsboxern ist, außer DeeDee, lediglich der mit dem Boxer vetraglich verbundene *trainer* zur Trainingsüberwachung berechtigt.) Zeigt ein »Neuer« durch Beharrlichkeit, Opferbereitschaft und Mut zwischen den Seilen seinen ernsthaften Willen zur Sache, nimmt sich die Gruppe seiner an; seine Fortschritte unterliegen dann einer diffusen, kollektiven Verantwortung. Im Verlauf meiner Initiation bekomme ich Ratschläge von den wichtigsten festen Mitgliedern des Clubs, die es abwechselnd in die Hand nehmen, mich zu verbessern, zu ermutigen, meine Beinhaltung oder den Winkel meines Uppercuts zu korrigieren, und einer zeigt mir mit den Ellenbogen, wie ich die Schläge meines Gegners blockieren muss und weiht mich in die Geheimnisse des Ausweichens ein. Ashante, Smithie, Big Earl, Anthony und Eddie vermitteln mir jeweils eine andere Facette des Metiers, entweder aus eigenem Antrieb oder in Zusammenarbeit mit DeeDee, indem sie ihn ablösen oder seine Anweisungen ergänzen. Nachdem ich ein Jahr regelmäßig am Training teilgenommen habe, bittet mich DeeDee, einem Neuzugang, der wie ich von der Universität von Chicago gekommen ist, die Grundlagen der Beinarbeit und den Umgang mit der Punktbirne zu zeigen.

Jedes Clubmitglied gibt denen, die in der objektiven und subjektiven Hierarchie des *gym* unter ihm stehen, das Wissen weiter, das ihm von den über ihm stehenden vermittelt wurde. Gleich starke Boxer tauschen ebenfalls ihre Erfahrungen aus und bringen sich gegenseitig Techniken und Tricks bei. Auch schlechte Boxer haben hier ihren Stellenwert als negatives Beispiel für die anderen: indem sie gegen das »kollektive boxerische Bewusstsein« verstoßen, wirken sie als lebendige Aufforderung, die Normen der Praxis anzustreben und zu respektieren. Dieses Orga-

Reggie demonstriert einem aufmerksamen Neuling den Bewegungsablauf des Uppercut.

nisationsmuster findet man nicht nur in Woodlawn, sondern auch in der Boxhalle von Mickey Rosario in East Harlem, wo nach demselben kollektiven und abgestuften Schema verfahren wird, das Plummer mittels folgender Analogie charakterisiert: »Das *gym* funktioniert wie eine Familie, in der die größeren oder über mehr Erfahrung verfügenden Kinder ihre kleineren, weniger erfahrenen und fähigen Geschwister beaufsichtigen. Die Vermittlung des technischen Wissens erfolgt nach demselben Muster, wie in vielköpfigen Familien Kleidungsstücke an die jeweils Jüngeren weitergegeben werden. Jedes Kind ist Hüter des vom Älteren übernommenen Wissens, das es an das Nächstjüngere weiterzugeben hat[E 91].« In diesem Zusammenhang ist auch das folgende Beispiel vom Mai 1989 zu sehen, als DeeDee und Anthony mir gemeinsam beibringen, wie man den Jab eines Gegners blockiert.

> Ich absolviere zunächst fünf Runden vor dem Spiegel, wobei ich mich bemühe, meinen Kopf zwischen den Schlägen gut nach rechts

und links zu bewegen. Aus dem Hinterzimmer bedeutet mir DeeDee, gleichzeitig meine rechte Faust nach innen zu nehmen, um die Faust meines Gegners abzufangen. »Forme eine Tasse *[make a cup]*, forme mit deiner Hand eine Tasse, um den Handschuh zu fangen, Louie ... behalt deinen Ellenbogen an deiner Seite, dein Ellenbogen darf sich nicht bewegen, nur die Hand bewegt sich ... Halt deine rechte Hand oben und mach eine Tasse daraus, den Kopf bewegst du nach rechts.« Ich verstehe nicht recht, was er mir zuruft und gehe ins Hinterzimmer. DeeDee zeigt mir, wie ich mein Handgelenk drehen, die Hand öffnen und die Finger krümmen muss, um eine Wölbung zu formen, in der ich den Jab meines Gegners auffangen kann. »Das ist ganz einfach, wie das ABC. Du drehst nur dein Handgelenk nach außen, krümmst die Finger und fängst den Handschuh, aber dein Ellenbogen bewegt sich nicht. Das ist leicht, Louie, da ist nichts dabei, schau her.« Natürlich ist das einfach, wenn man es kann.

Ich bemühe mich, die Bewegung nachzuahmen, die DeeDee mir zeigt, aber es gelingt mir nicht wirklich. Mein Ellenbogen geht gegen meinen Willen nach oben. »Beweg deinen Ellenbogen nicht, Louie, was habe ich dir gesagt? Du siehst den Typ dir gegenüber, und du sagst ihm: ›Du willst einen Jab schlagen, Junge? Okay, mach schon!‹ Du blockierst ihn mit deiner rechten Hand und dann, *wham!* ein Haken zum Körper, genau so. [Er demonstriert mir das, wobei er in seinem Sessel sitzenbleibt] – Das ist aber nicht einfach, DeeDee. – Natürlich ist das einfach, verdammt, das ist wie das ABC, glaub mir.«

Es ist immer dasselbe: sobald man glaubt, eine Geste zu beherrschen, stellt man fest, dass es doch nichts war und alles viel komplizierter ist. Ich war der Meinung, zu wissen, wie man mit dem Kopf ausweicht und die Jabs blockiert, aber dem war wohl nicht so. Es geht weniger um die Kopfbewegung, sondern vielmehr um die Bewegung der Hand, welche die kommende Faust des Gegners greift, um ihren Weg zu unterbrechen; der Kopf zieht sich lediglich auf die Achse hinter der schützenden Wölbung der Faust zurück. Als ich die Übung wieder aufnehme, unterbricht mich Anthony, um mir zu zeigen, wie ich seine Faust fangen kann. Es ist ärgerlich, nochmals die Erklärung dieser offensichtlich so einfachen Bewegung über mich ergehen zu lassen, die aber letztlich doch nicht so einfach ist: das Handgelenk wird gedreht, die Hand formt eine Wölbung, der Ellenbogen bewegt sich nicht, und das Körpergewicht wird nach links verlegt, um mit einem Jab oder einem linken Haken den Angriff zu er-

> widern. Anthony führt einen gespielten Jab aus, den er mich mit der rechten Hand fangen lässt, dann nimmt er meinen anderen Arm und führt mit ihm den linken Konter aus. Meine linke Faust kommt zu niedrig und stößt an die andere Hand. Er wiederholt die Demonstration, einmal, zweimal. DeeDee gibt von seinem Sessel aus weiterhin seine Ratschläge dazu. Ich glaube, dass ich die Mechanik langsam besser zu begreifen beginne; aber es ist schwer, das mentale Verstehen in die physische Ausführung umzusetzen.
> Ich nehme mein Training wieder auf, nachdem Anthony gegangen ist. Anstatt sofort zu versuchen, die Bewegungen zu wiederholen, die er mir gezeigt hat, schlage ich abwechselnd Jabs und Gerade, um über meine Nervosität hinwegzukommen. DeeDee geht durch die Halle, von Einem zum Anderen, wenn er nicht gerade telefoniert. Als er an mir vorbeikommt, kritisiert er meine Beinarbeit. »Deine Knie müssen immer 10% gebeugt sein. Und du sollst deinen verdammten rechten Fuß nicht drehen, sondern ihn nur anheben.« Soviel Aufmerksamkeit ehrt mich und schüchtert mich gleichzeitig ein. Trotzdem finde ich es toll und genieße es. *[Notizen vom 17 Mai 1989.]*

Diese besondere Form des kollektiven *learning by doing* setzt einige Bedingungen voraus. Zunächst geht es um die Zahl der Teilnehmer: nach meiner Erfahrung dürfen es weder zu wenige noch zu viele sein. Wenn mehr als zwanzig Boxer anwesend sind, besteht die Tendenz, in der Menge unterzugehen, und es wird schwer, die Aufmerksamkeit DeeDees auf sich zu lenken oder Ratschläge von seinesgleichen zu erhalten. Sind dagegen weniger als vier oder fünf Boxer da, stellt sich der Effekt der »kollektiven Efferveszenz« nicht ein, und es stehen nur wenige Modelle in Aktion zur Verfügung, die dann vielleicht auch noch zu weit voneinander entfernt sind, um sich gegenseitig genau beobachten zu können; in solchen Fällen kommt es bisweilen sogar vor, insbesondere gegen Tagesende und unter Einfluss von Müdigkeit, dass DeeDee vorübergehend das Interesse am Training verliert und vergisst, sein »*Time!*« anzusagen. Die zweite Bedingung ist, dass die Menge des von den Clubmitgliedern kollektiv gehaltenen boxerischen Kapitals (einschließlich seiner objektivierten Form, denn man muss auch die komplette Ausrüstung, Kleidung, Möbel, Poster und Plakate, Titel, Pokale, Fotografien etc. zu den pädagogischen Werkzeugen des *gym* zählen) ein bestimmtes Minimum überschreiten und die Verteilung der Kompetenzen ausreichend homogen sein muss, damit innerhalb der spezifischen Hierarchie die Distanz des Einzelnen zu seinen unmittelbaren Nachbarn nicht zu groß wird (dies gilt genauso für das Sparring: findet ein Boxer keine adäquaten Partner unter den Mitgliedern, kann es notwendig sein, diese von außerhalb zu holen, wofür bisweilen bezahlt werden muss). Dritte notwendige Bedingung ist ein fester Stamm professioneller Boxer (die meisten *gyms* haben hier Probleme), der dem Training die notwendige Kontinuität in der Zeit dadurch verschafft, dass die ständige Fluktuation von Novizen weniger ins Gewicht fällt.

Man darf also nicht den Fehler begehen, sich allein auf den Trainer zu konzentrieren, denn, vergleichbar mit der höfischen Gesellschaft in der Analyse von Norbert Elias[E 92], kann DeeDee die ihm eignende Effizienz nur mittels und dank des umfassenden Netzes von Beziehungen umsetzen, die den von (physischem, sonorem und visuellem) Austausch geprägten Raum der Boxhalle des Woodlawn Boys Club bilden. Innerhalb dieses räumlich-zeitlichen Dispositivs verhält sich der Trainer wie der *implizite Dirigent eines Orchesters*, indem er von Schüler zu Schüler geht und ihre Bewegungen mit kleinen Gesten, durch laut geäußerte Reflexionen allgemeiner Art (die, da sie sich nicht an einen bestimmten Adressaten richten, generelle Aufmerksamkeit finden), oder auch durch gezielte Bemerkungen korrigiert (»Nimm deine Deckung höher« – »Dreh dein Handgelenk beim Schlag nach innen« – »schlag eine Rechte zum Kopf, anstatt mit den Armen zu schlenkern«), die jeder Boxer auf sich bezieht, auch wenn sie an andere gerichtet sind; letztlich genügen allein seine Präsenz und Aufmerksamkeit, um den Boxer, der sich von ihm beobachtet weiß, zur spontanen Selbstkorrektur seiner Bewegungen zu veranlassen. Diese negative und stille Pädagogik, die wenig Raum für Worte oder sichtbare Aktionen lässt, zielt in erster Linie darauf ab, sicherzustellen, dass jeder das allgemeine Tempo und den Platz einhält, der ihm im kollektiven Dispositiv zukommt. Zu jedem Zeitpunkt findet eine *wechselseitige Korrektur durch die Gruppe* statt, durch die der Effekt auch der geringfügigsten Aktion des Trainers weitergetragen und vervielfacht wird.

Die doxische Bindung an diesen traditionellen Transmissionsmodus ist gleichzeitig Ausdruck und Perpetuierung eines boxerischen »Ehrgefühls«, das auf Respekt vor dem überkommenen Erbe und der von allen als stillschweigende Bedingung für den Zugang in dieses spezifische Universum akzeptierten Vorstellung beruht, dass jeder persönlich den vollen Einsatz zu bringen und ohne Abkürzung den ganzen Weg zu gehen hat, und dass niemand unredlich an seinem Körper oder seinem Sport handelt, indem er heterodoxe Methoden einbringt. Die Ablehnung der Rationalisierung des Trainings und der Erklärung der Lernvorgänge ist in *ethischen Dispositionen* verankert, deren Verinnerlichung die andere Seite des Erlernens der Technik der Bewegungen darstellt: eine individuelle Arbeitsmoral, gegenseitiger Respekt, physischer Mut und eine vom »Glauben an den heiligen Charakter seit jeher bestehender Regeln« (Max Weber[E 93]) genährte Bescheidenheit. Diese Ablehnung ist nicht nur durch die offensichtliche Knappheit der materiellen Mittel des Clubs bedingt, was durch die unbenutzten Gerätschaften wie das Rudergerät, die Hanteln und den Gymnastiktisch bewiesen wird, die in einem verstaubten Winkel des Hinterzimmers ihr Dasein fristen. Symptomatisch für die bewusste Ablehnung fortschrittlicher Technologie und ihres »wissenschaftlichen« Bezugs zum Boxen ist auch der Gebrauch, der im *gym* von der Videotechnik gemacht wird: wenn DeeDee den Videorecorder vom benachbarten Kinderhort ausleiht, um Aufzeichnungen von Kämpfen der Clubmitglieder vorzuführen, dann lediglich zum Zweck der Zerstreuung und Auflockerung der Trainingsroutine und *niemals aus pädagogischer Absicht.* Natürlich kommt es vor, dass derselbe Kampf mehrmals gezeigt wird, und niemand hält sich zurück, wenn es darum geht, die entscheidenden Momente zu kommentieren; aber es käme keinem in den Sinn, die Kassette zurückzuspulen, um denselben Ausschnitt mehrmals hintereinander oder in Zeitlupe zu betrachten, oder aber die Aktionsphasen zu Analysezwecken in einzelne, distinktive Segmente zu zerlegen.

Ein weiteres Symptom für diese Ablehnung der Rationalisierung, wozu auch gehört, dass weder die Übungen, noch die spezielle Ernährungsweise der Boxer einer Berechnung oder methodischen Planung unterliegen[43], ist das vollständige Desinteresse der Mitglieder des Boys Club gegenüber ihren kommenden Gegnern nach Abschluss eines Kampfvertrags. Diese Indifferenz sowohl seitens der Berufsboxer (»Das ist nicht von Bedeutung, wer das ist, das ist mir egal, ich muss meinen Kampf kämpfen«), als auch seitens der Trainer (die, ist der Vertrag erst unterzeichnet, kaum Anstalten machen, sich über den Gegner ihres Schützlings zu informieren, um vorab über seinen Stil, seine bevorzugte Strategie, seine Stärken und Schwächen Bescheid zu wissen[44]) scheint

43 In Woodlawn gibt es keinen Boxer oder Trainer, der über seine Trainingseinheiten, seine Ernährung, Länge und Dauer seiner Trainigsläufe oder auch sein Gewicht Buch führt, wie es zum Beispiel in der Boxlehrmethode von Jean-Claude Bouttier und Jean Letessier empfohlen wird[E 94].

44 Wie dies in rationalisierteren und bürokratischeren Sportarten, etwa dem Basketball oder dem American Football der Fall ist, wo die Trainer von unzähligen,

zunächst im Widerspruch zum Ethos der optimalen und minutiösen Vorbereitung zu stehen, der die Atmosphäre des *gym* durchdringt und ständig von neuem bekräftigt wird. Diese Ablehung moderner Beobachtungs- und Trainingstechniken hängt zweifelsohne mit der relativen Untrennbarkeit der Funktionen von Betreuung und Vermittlung im Boxsport zusammen: in anderen Sportarten gibt es mittlerweile komplexe Bürokratien, die sich aus einer Vielzahl hochspezialisierter Funktionen zusammensetzen, wohingegen beim Boxen weiterhin mit der handwerklichen Triade Trainer – Betreuer – Manager gearbeitet wird. Dabei kommt es vor, dass alle drei Funktionen von derselben Person wahrgenommen werden. Genauer gesagt geht es hier um ein ethisches Prinzip, um die Manifestierung einer anderen Beziehung zum Körper und zum Sport und eventuell sogar um ein anderes Zeitalter des Boxens, das hier überlebt[45].

Die Nutzlosigkeit des Versuchs, im erworbenen Wissen des Boxschülers die Anteile der bewussten Interventionen DeeDees, der Beeinflussung durch die anderen Boxer oder der eigenen Bemühungen und des persönlichen »Talents«[46] unterscheiden zu wollen, liegt auf der Hand. Die Triebkraft des *gym* als *selbstregulierter pädagogischer Maschine* resultiert weder aus der mechanischen Wiederholung bestimmter Bewegungen, noch aus der Summe der ständig von allen wiederholten Übungen, und noch weniger aus dem »Wissen-Können« eines bestimmten Agenten (in diesem Fall der Trainer), der an einem neuralgi-

spezialisierten Assistenten unterstützt werden, die sich Filmaufzeichnungen der gegnerischen Mannschaften ansehen, stapelweise detaillierte Statistiken über deren Spieler und ihre Gewohnheiten sammeln, bei deren Vorbereitungen »spionieren« usw.[E 95]

45 Wenn es den Anschein hat, dass der Gegner einer seiner Boxer ein besonderes Problem darstellen könnte (weil er beispielsweise Linkshänder ist und mit »umgekehrter Deckung« boxt), benutzt Eddie bisweilen Videoaufzeichnungen, wenn solche vorhanden sind, um dessen Kämpfe im vorab anzusehen, oder (aber nur in Ausnahmefällen) begibt sich gar vor Ort, um ihn im Ring zu beobachten. Dies scheint die These zu bestätigen, dass im Woodlawn Boys Club eine neue, »modernere« Art der Vorbereitung im Entstehen begriffen ist. Die Informationen aus Autobiographien und der Fachpresse über die Vorbereitungsmethoden der Champions lassen keine Beantwortung der Frage zu, ob eine Rationalisierung des Boxtrainings stattfindet: Boxer, die sich mit fortschrittlichen wissenschaftlichen, diätetischen und medizinischen Techniken vorbereiten, greifen im Fall einer Niederlage prompt wieder auf die traditionellen, ehrwürdigen Methoden zurück (jedoch nicht *vice versa*).

46 Wenn man, nach der diesbezüglichen Kritik von Daniel Chambliss, der indigenen Bedeutung von »Talent« überhaupt einen Sinn beimessen kann [E 96].

schen Punkt des Gesamtgebäudes positioniert ist, sondern aus dem gemeinschaftlichen System materieller und symbolischer Beziehungen, die sich zwischen den einzelnen Teilnehmern etablieren, vor allem hinsichtlich der Verteilung ihrer Körper im physischen Raum der Boxhalle und der ihr eigenen, spezifischen Zeit. Kürzer gesagt ist es das »kleine Milieu« des gesamten *gym*, das »als Bündel der physischen und moralischen Kräfte«[E 97] den Boxer hervorbringt.

## Die Verwaltung des Körperkapitals

Es gibt wenig Praktiken, auf die der Ausdruck »sich mit seiner ganzen Person einsetzen« mehr zutrifft als auf das Boxen. Mehr als in jedem anderen Sport bedingt der gelungene Verlauf einer Karriere, vor allem im professionellen Bereich, einen rigoros geregelten Umgang mit dem Körper, eine äußerst sorgfältige Pflege seiner einzelnen Teile (insbesondere der Hände, aber auch des Gesichts[47]), sowie, im Ring und auch außerhalb, beständige Achtsamkeit hinsichtlich seiner Funktionsfähigkeit und seines Schutzes. Es handelt sich also, mit anderen Worten, um eine äußerst effiziente Beziehung zum spezifischen Kapital der eigenen physischen Ressourcen, die an rationelles Management grenzt. Der Grund dafür liegt darin, dass der Körper des Boxers gleichermaßen das *Werkzeug* für seine Arbeit – Angriffswaffe und Schutzschild – und die *Zielscheibe* seines Gegners darstellt. Diese Beziehung ist jedoch weder das Produkt einer bewusst auf Maximierung angelegten, in voller Kenntnis der Sache von individuellen Entscheidungen geleiteten Einstellung, noch der mechanische Effekt äußerer, direkt auf den Organismus wirkender Einflüsse (im Sinn der Foucault'schen »Dressur«[E 99]), sondern Ausdruck eines *boxerischen »sens pratique«*, eines Sinns für körperliches Haushalten, das während des Trainings und der Kämpfe unmerklich über den dauerhaften Kontakt mit den anderen Sportlern und den Trainern erworben wird und das, trotz der vereinten Bemühungen der einer Rationalisierung ihres Metiers am ehesten zugeneigten Boxern, Trainern und Managern, insgesamt einer bewussten und willentlichen

47 Dies sind beim Boxen die Körperteile, die dem Risiko schwerster Verletzungen ausgesetzt sind: Frakturen der Hand (Mittelhandknochen, Daumen, Gelenke), der Nase und des Kinns, Platzwunden, Netzhautablösung, chronische Gehirnschäden, die zur *dementia pugilistica* führen können, wiederholte Hämatome an den Ohren, die eine Ablösung der Ohrmuschel bewirken[E 98].

Beherrschung unzugänglich ist[48]. Das Wissen, das die Boxer über die Arbeitsweise des eigenen Körpers erwerben, die praktische Wahrnehmung der Grenzen, die es nicht zu überschreiten gilt, sowie der eigenen anatomischen Stärken und Schwächen (ein tiefer Schwerpunkt oder schnelle Arme, ein zu dünner Hals oder fragile Hände), das taktische Verhalten im Ring, das Programm für das Konditionstraining und die Lebensführung weisen in der Tat nicht auf ein bewusstes Planen und systematisches Verfolgen des optimalen Weges hin, sondern auf eine Art »konkreter Wissenschaft[E 101]« des eigenen Körpers und seiner Möglichkeiten und Unzulänglichkeiten, die aus dem täglichen Training und der »furchtbaren Erfahrung« resultieren, »ad repetitionem geschlagen zu werden und zu schlagen«[E 102].

Es gibt zahlreiche Techniken, das eigene *Körperkapital* zu wahren und Früchte tragen zu lassen. Von der Art, sich die Hände zu bandagieren (und der Beschaffenheit der verwendeten Bandage) bis hin zur richtigen Atmung und mit der Summe aller Ausweichtechniken, der Verwendung von Pomaden, Salben und speziell zusammengebrauter Elixiere sowie der Befolgung besonderer Diäten verfügen die Boxer von Woodlawn über eine große Zahl von Dispositiven zur Wahrung und Reproduktion ihres Energiehaushalts und zum Schutz ihrer strategisch wichtigen Körperteile. Einige imitieren den ehemaligen Champion Jack Dempsey, von dem man weiß, dass er seine Hände regelmäßig in Salzlake tauchte, um die Haut über den Knöcheln abzuhärten. Andere reiben vor dem Training Arme und Oberkörper mit Albolen ein, einem Öl, das (laut Gebrauchsanweisung) »den Körper erwärmt und die Muskeln entspannt«, oder besprühen nach dem Training den Handrücken mit einer Lösung auf Vitamin E-Basis[49]. Einer plaziert einen trockenen Schwamm unter seine Handbandagen, um den Effekt der Schläge auf den Sandsack abzuschwächen, und schließlich gibt es den Boxer, der regelmäßig einen Handtherapeuten aufsucht, weil seine Knochen zu empfindlich für seine Schlagkraft sind. Diejenigen unter den Berufsboxern, die sich einen bezahlten Trainer und Betreuer leisten können, wie zum Beispiel Ed »Smithie« Smith oder der ehemalige Weltmeister Alphonso Ratliff, beenden jede Trainingssitzung mit einer langen Massage [*rub-down*] von Expertenhand. Die folgende Beschreibung aus den Boxhallen von

48 Erinnern wir uns, dass »der praktische Sinn Entscheidungen [leitet], die zwar nicht überlegt, doch durchaus systematisch, und zwar nicht zweckgerichtet sind, aber rückblickend durchaus zweckmässig erscheinen«[E 100].

49 William Plummer berichtet von ähnlichen Praktiken in einer Boxhalle im New Yorker Stadtteil East Harlem (op. cit. S. 62).

Ashante, der seinen »sweat suit« trägt, wickelt nach Trainingsende die Bandagen von den Händen

Chicago, die Weinberg und Arond in den 1950er Jahren lieferten, deckt sich exakt mit meinen Beobachtungen im Woodlawn Boys Club:

> Der Boxer kommt zu der Einsicht, dass sein Körper und, insbesondere, seine Hände, sein Berufskapital [*stock-in-trade*] bilden. Boxer verfügen über unterschiedliche Rezepte, um zu vermeiden, dass ihre Hände anschwellen, übermäßig schmerzen oder Brüche erleiden. Dies soll nicht heißen, dass es sich dabei um ein hypochondrisches Interesse handelt, da sie der Virilität hohen Wert beimessen und lernen, sich abzuhärten und gleichzeitig darauf zu achten, nicht zuviel einzustecken. Dennoch experimentieren die Boxer unaufhörlich mit Mitteln und Methoden zur Verbesserung ihrer körperlichen Voraussetzungen. Der eine praktiziert Yoga, der zweite schließt sich der Körperkulturbewegung an, ein dritter fastet regelmäßig; andere verwenden Lotionen, Vitamine und andere Mittel zur Stärkung von Leistung, Schnelligkeit und Schlagkraft.[E 103]

Es handelt sich hier um eines der grundlegenden Paradoxa des Boxens: man muss *seinen Körper gebrauchen, ohne ihn zu verbrauchen*, aber die diesem Zweck angemessene Vorgehensweise entspricht keinem methodischen und durchdachten Plan, und sei es nur aufgrund der prekären Lebensbedingungen derjenigen, die diesen Sport praktizieren. Der Boxer navigiert somit, nur »auf Sicht«, zwischen zwei gleichermaßen gefährlichen, noch dazu unsichtbaren, zeitlich variablen und größtenteils subjektiven Klippen: einerseits einem Übermaß an Vorbereitung, wodurch nutzlos Ressourcen verbraucht werden und die Laufbahn sich unnötig verkürzt; andererseits einem Mangel an Disziplin und dem entsprechenden Trainingsrückstand, der die Verletzungsgefahr erhöht und die Erfolgsaussichten im Ring schmälert, da ein Teil der Fähigkeiten des Boxers ungenutzt bleibt.

Das von Butch und Curtis gebildete Paar bietet ein idealtypisches Beispiel für diesen Gegensatz. Auf der einen Seite die Verkörperung boxerischer Frugalität: Butch trainiert und boxt nüchtern und ökonomisch; er kann lange Perioden ohne Diätfehler, sexuelle Eskapaden, emotionale Schwankungen und Verstöße gegen die Berufsregeln bestehen. Seine gesamte, minutiöse Vorbereitungsarbeit zeigt ein erhöhtes Bewusstsein für Ausgeglichenheit und Langzeitwirkung. Seine asketische Lebensweise, die in ihrer Konsequenz einer Abstinenz von allem nahekommt, was seiner Vorbereitung schaden könnte, schlägt bisweilen in Ängstlichkeit um und treibt ihn zu exzessivem Training, wodurch seine Kräfte fast vollständig verbraucht werden können. Curtis dagegen verkörpert den Mangel an Rationalität, der sich in seinem bisweilen unregelmäßigen Training und einer unbeständigen physischen und moralischen Hygiene äußert. Das gilt zunächst für den Bereich außerhalb der Boxhalle, wo er den kleinen Vergnügungen des Lebens (kohlensäurehaltige Getränke, Süßigkeiten, fettes Essen) nicht immer widerstehen kann und wo es mit seiner sexuellen Mäßigung nicht immer weit her ist. Was den Bereich des *gym* angeht, kann es vorkommen, dass er (insbesondere nach einem Kampf) über längere Zeiträume hinweg nicht trainiert – im Gegensatz zu Butch, der den Club mit der Regelmäßigkeit eines Metronoms aufsucht. Anders als Butch macht Curtis von seinem Körper einen heftigen, hemmungslosen, sozusagen »törichten« – d.h. von den Regeln des rationalen Boxens abweichenden – Gebrauch, indem er beispielsweise mit offener Deckung auf seinen Gegner oder Sparringspartner zugeht und ihm sein ungedecktes Gesicht als Provokation bietet, um ihn so zu einem Angriff zu verleiten. Dadurch nutzt er umsonst seinen Körper ab und setzt sich unnötig einer Verletzung und dem mühsam gezügelten Zorn DeeDees aus.

Diese Unterschiede in den Dispositionen der beiden Boxer werden zusätzlich noch durch ihre jeweilige Konstitution und ihren Charakter verstärkt: Butch ist gutmütig, sanft und seine Gemütsverfassung ist beständig und ausgeglichen. Curtis dagegen ist launisch, unberechenbar und äußerst emotional, sein Energiepegel unterliegt ständigen Schwankungen. Butch hat nur selten gesundheitliche Probleme, die sich störend auf sein Trainingsprogramm auswirken könnten, Curtis ist dagegen so häufig krank (DeeDee sagt oft: »Curtis hat jeden zweiten Tag Schnupfen«), dass sein Manager darauf besteht, ihn während des Hochwinters auf seine Farm in South Carolina zu schicken, um zu verhindern, dass er Wochen wertvoller Vorbereitungszeit aufgrund einer hartnäckigen Grippe verliert. Diese Gegensätzlichkeit der Persönlichkeiten korreliert eng mit den unterschiedlichen sozialen Positionen der beiden Clubkameraden und wird gleichzeitig dadurch verstärkt: der eine ist Proletarier, Angehöriger der Arbeiteraristokratie und verfügt über eine feste Arbeit und solide Einkünfte; der andere, Subproletarier ohne soziale und ökonomische Sicherheiten, ist den Arbeitsbedingungen auf dem Sektor der unqualifizierten Dienstleistung ausgesetzt[50]. Diese Gegensätzlichkeit äußert sich auch in den finanziellen Erwartungen, die beide an das Metier knüpfen: Butch ist sich darüber im klaren, dass seine Chancen auf Gewinne sehr gering sind; Curtis gibt sich Tagträumen von einem kometenhaften Aufstieg hin, der ihn, auf wunderbare Weise, auf die obersten Stufen der sozialen Leiter katapultieren soll.

### *»In einer Nacht kann ich eine Million Dollar kassieren«*

Mit seinen 56 Kilogramm und einer Größe von 1,70 Metern gehört Curtis in die Kategorie der Superleichtgewichtler. Er zählt 27 Jahre und boxt seit drei Jahren als Professioneller. Zur ›noblen Kunst‹ des Boxens kam er relativ spät, nachdem er sich in seinem Viertel einen Namen als »Rowdy« gemacht hatte. »Weil ich klein war, gab es immer jede Menge Typen, die mich dumm angemacht haben, also blieb mir nichts anderes übrig, als zu lernen, mich zu schlagen. Als kleiner Junge hab' ich mich *vor* der Schule, *in* der Schule und *nach* der Schule geprügelt. Ich musste mich ja verteidigen.« Mit einer stolzen Bilanz als Amateur, 37 Siege und sechs Niederlagen, wechselt er

50 Hier besteht ein klassischer, von Bourdieu am Fall der algerischen Arbeiterklasse aufgezeigter Gegensatz zwischen zwei Typen sozialer Position und zwei entsprechenden Warte- und Dispositionssystemen [E 104].

Curtis posiert nach seinem Sieg mit seinen Brüdern, die seinen gerade eroberten Gürtel des Champions von Illinois schwenken

1986, nach dem Titelgewinn bei den Chicago Golden Gloves, dem anspruchsvollsten Amateurturnier der Stadt, ins Lager der Berufsboxer. Seitdem hat er alle Erwartungen des Clubs erfüllt und acht Kämpfe in Folge gewonnen, bevor er bei einem Turnier, dessen Hauptkampf vom legendären Roberto »Manos de Piedra« Duran bestritten wurde, der dabei mit 37 Jahren seinen vierten Weltmeistertitel und seinen 97. Sieg bei den Berufsboxern einfuhr, in einem harten Kampf gegen einen erfahrenen, für seinen Punch gefürchteten Mexikaner den Titel des Champions von Illinois erlangte.

Sein Manager Jeb Garney, ein reicher weißer Hundezüchter, der mehrere Farmen und Reitställe in Illinois und South Carolina besitzt und dem Verwaltungsrat des Clubs angehört, setzt große Hoffnungen in ihn: »Curtis weiß gar nicht, wie gut er ist. Wenn Sie sich Filme großer Boxer wie Johnny Bratton, Sugar Ray Robinson, Sandy Sattler oder Henry Armstrong anschauen, werden Sie sehen, dass er einiges von den Bewegungen und Schlägen der Großen hat. Das steckt in ihm drin. [*He's got it in him.*] Er ist jung und unerfahren, er muss noch viel lernen, aber ich spüre, dass er ein großer Boxer werden kann.« Curtis mangelt es jedoch beträchtlich an Selbstdisziplin und er fügt sich im Alltag nicht immer den Regeln der Hygiene, die für seine Karriere erforderlich sind. Um ihm die Möglichkeit zu geben, unter guten Bedingungen zu trainieren, hat der Club ihm eine Teilzeitstelle als »Hausmeister« [*janitor*] eingeräumt: nach Beendigung seines täglichern Trainings wartet er, bis das *gym* geschlossen wird, um dann die Halle sauberzumachen, die Umkleideräume aufzuwischen, den Teppich im Eingangsbereich zu saugen, die Abfalleimer zu leeren und die Tische im Kinderhort aufzuräumen.

Sein außergewöhnlich aggressives Verhalten hat dem katzenhaften und impulsiven Boxer, der über schnelle Arme, blitzartige Reaktionen und einen hochentwickelten Sinn für Gegenangriffe verfügt, zu Recht den Ruf der »Giftigkeit« im Ring eingebracht. Die sportliche Charakterisierung als Giftzwerg passt perfekt zu seinem Stil, der darin besteht, den Gegner dauerndem Druck auszusetzen, indem er unaufhörlich auf ihn zugeht und ihn von allen Seiten mit Schlägen traktiert. Dennoch schöpft Curtis im Ring seine Inspiration aus dem christlichen Glauben: er trägt ständig einen Kruzifixanhänger bei sich, den er während des Kampfes in seinen Schuh steckt und den er grundsätzlich vor und nach jeder Begegnung zeremoniell küsst. Er steigt nie in den Ring, ohne sich zuvor im Kreis seiner fünf Brüder und seines Cousins, der Pfarrer ist, innerlich gesammelt zu haben.

Als ich ihn frage, ob er nach seinem überraschenden Sieg im International Amphitheater gegen den Staatschampion »gefeiert« hätte, antwortet der Starboxer von Woodlawn zurückhaltend: »Ich feiere nicht, ich danke Gott. Ich habe meinen Kampf Gott gewidmet. Ich tue nur, was er mir sagt. Ich führe nur die Pläne aus, die er für mich hat, im Ring und außerhalb des Rings, ich danke ihm, und das ist alles.« Curtis hat denselben Ehrgeiz wie viele im Aufstieg begriffene junge Boxer, die »nur den Himmel als Grenze« sehen: den Gewinn des Weltmeistertitels oder, noch besser, die Vereinigung aller drei Titel in der eigenen Kategorie und die damit verbundenen Börsen in Millionenhöhe.

Curtis stammt aus einer Familie des Subproletariats an der Grenze zur Obdachlosigkeit (neun Kinder, der Vater ist abwesend, die Mutter arbeitet unregelmäßig als *barmaid*, der Lebensunterhalt erfolgt hauptsächlich über die Sozialhilfe), deren Ruf in der Nachbarschaft notorisch ist. DeeDee berichtet: »alle seine Brüder sind *street-fighters*. Die wissen alle, wie man sich schlägt. Aber von denen kommt keiner in die Halle, er ist der einzige. Er hat einen älteren Bruder, der ist kleiner als er, aber noch giftiger, der ist *wirklich* giftig. [Mit dem Ausdruck des Bedauerns in der Stimme.] Schade, dass der nicht in die Halle kommt, verdammt. Das ist ein ganz Harter, ein Boxer von Natur aus [*a natural*]. Aber der hat nicht viel im Kopf [*he ain't got too much upstairs*], der hält sich nicht mit Nachdenken auf: also ähnlich wie Curtis«.

Als ehemaliger Schürzenjäger mit langjähriger Erfahrung und Vater eines zweijährigen Sohnes und einer einjährigen Tochter musste sich Curtis zu dem Entschluss durchringen, die Mutter seiner Kinder zu heiraten, nachdem sie gedroht hatte, ihn nach vier Jahren eines schwierigen gemeinsamen Lebens zu verlassen. Als ein anderer Boxer ihn daran erinnert, dass »DeeDee sagt, es gäbe nur eines, was [für den Boxer] schlimmer sei als *junk food*, nämlich Frauen«, stimmt Curtis zu: »Genau, deshalb hab' ich ja geheiratet. Ich habe nur dann Kämpfe verloren, wenn ich mit Weibern rumgemacht habe. Und dann hat meine Frau gesagt, dass sie mich verlässt, wenn wir nicht heiraten, fertig. Das hat mich zum Nachdenken gebracht, weil ich sie liebe und alles, also hab ich mir gesagt, ich will sie nicht verlieren, das nicht, und schließlich versaut mir diese ganze Herumtreiberei noch das Boxen [*all this messin' around messes up my boxin'*]. Also hab' ich sie geheiratet.

Aufgrund der Geringfügigkeit und Unregelmäßigkeit seiner Einkünfte (die Beschäftigung im Boys Club bringt ihm nach Abzügen weniger als 100 Dollar pro Woche und beinhaltet weder Sozial- noch Krankenversicherung) sind die Monatsenden oft schwierig zu überbrücken, und die von der Regierung an die Familie ausgegebenen Lebensmittelmarken stellen eine lebenswichtige Hilfe dar – es kann vorkommen, dass Curtis mir einige davon verkauft, um flüssig zu sein, wenn er finanziell völlig auf dem Trockenen sitzt. Seine Frau hat, ebenso wie er, das Gymnasium auf halbem Weg abgebrochen und nimmt an einem Abendkurs für Maschinenschreiben teil, in der wenig realistischen Hoffnung, irgendwann eine Anstellung als Gerichtsschreiberin in den unteren Instanzen zu erhalten. Währenddessen arbeitet sie seit drei Jahren als Bedienung der Imbissbude einer thailändischen Familie, die in einem schwarzen Viertel des South Shore mit schlechtem Ruf im Süden Woodlawns liegt.

»Weißt du, Louie, das Gute daran ist, dass wir beide unsere eigene Karriere haben, das ist nicht so, dass einer den anderen mittragen muss. Meine Frau hat ihre Karriere, dafür arbeitet sie hart, und ich hab' meine Karriere hier, ich kann mich auf meine Karriere konzentrieren, für meine Karriere verdienen. Ich muss nur hart kämpfen, und Gott wird mir helfen, an den großen Kampf zu kommen, mit dem ich groß verdienen kann, den Weltmeistertitel und jede Menge Kohle. Ich werde noch ein *big man* und alles.« Er lacht und tut so, als wolle er mich in den Bauch boxen. Ich stimme in sein Lachen ein, aber die Szene ist eher pathetisch: Er, der mit seiner Kehrschaufel und seinem Besen in der Hand ein ebenso attraktives wie unwahrscheinliches Bild entwirft und sich an bis dato nichtexistenten »Karrieren« begeistert, und ich, junger *graduate* von Eliteuniversitäten, der sich in diesem Boxclub vergnügt, weil ihn die akademische Routine und ihre Privilegien abschrecken und er ihrer überdrüssig ist.

### *»Ich kann jetzt nicht aufgeben«*

Wayne Hankins, 78 Kilogramm Muskeln verteilt auf 1,87 Meter Größe und 29 Jahre alt, hat sieben Jahre als Amateur geboxt, bevor er 1987 ins Berufslager wechselte. Im Club ist er eher unter seinem Spitznamen »Butch« bekannt und gehört zu den wenigen Mitgliedern, die sich rühmen können, einen sicheren und begehrten Beruf auszuüben: als Feuerwehrmann der Stadt Chicago ist er Angestellter des öffentlichen Dienstes, mit einem guten Gehalt (ungefähr 3.000 Dollar monatlich) und unter dem Schutz einer mächtigen Gewerk-

schaft, die dafür sorgt, dass er sozial- und krankenversichert ist und bezahlten Urlaub erhält. Bei Boxveranstaltungen präsentiert sich »The Fighting Fireman« – so sein Kampfname – in einem prächtigen, flammend roten Bademantel, auf dem das Wappen der städtischen Feuerwehrgewerkschaft prangt, und eine treue Schar von Arbeitskollegen bejubelt ihn bei jedem seiner Auftritte lautstark von den Rängen. Der verheiratete, mehrfache Vater hat eine vielköpfige Familie zu versorgen (»ich habe vier Kinder und meinen Vater zu Hause, außerdem einen Hund, eine Katze, sieben Vögel und ein riesiges Aquarium«) und bessert sein Gehalt bei der Feuerwehr durch eine zusätzliche, weit weniger prestigeträchtige und, vor allem, weniger lukrative Tätigkeit als *bagger* (für das Einpacken der Ware und Trägerdienste zuständige Hilfskraft, die hauptsächlich über Trinkgelder entlohnt wird, A.d.Ü.) in einem Supermarkt der Nahrungsmittelkette Jewel auf. Bei Bedarf steht er an Wochenenden auch am Frisörstuhl, den er in seiner Garage aufgestellt hat, und schneidet Haare und Bärte.
Butch wird für die unerschütterliche Disziplin, die er gleichermaßen im wie außerhalb des *gym* beweist, ebenso gerühmt und bewundert wie für seinen kompromisslosen Willen zum Erfolg, seine Gelassenheit, seine Kaltblütigkeit und die hundertprozentige Selbstbeherrschung, die seiner Strategie als »*boxer-puncher*« perfekt angepasst ist. Im Ring stellt er den Archetyp des ökonomischen Kämpfers dar: jeder Schlag ist gezählt, jedes Ausweichmanöver geplant und jede Bewegung auf den Millimeter berechnet, um den eigenen Energieverbrauch so gering wie möglich zu halten und den des Gegners zu erhöhen. Die Frage, ob sein Boxstil von der objektiven Rationalisierung geprägt ist, die seine Existenz als Feuerwehrmann bedingt (die keinerlei Verspätungen und Verzögerungen erlaubt und eine minutiöse Vorbereitung erfordert), oder ob eine generelle Veranlagung für Ökonomie und Effizienz mit geringsten Mitteln ihm sowohl den Weg zu dieser soliden Tätigkeit wie auch in den Ring gewiesen haben, ist schwer zu beantworten. Auf jeden Fall besteht eine frappierende Affinität zwischen der Regelmäßigkeit und Vorhersagbarkeit der Alltagspraxis seines Berufs (er steht hier in der Tradition seines Vaters, der Bauarbeiter war) und der Art und Weise, wie Butch seinen Körper im *gym* und im Ring einsetzt.
1983 hatte Butch ebenfalls den Titel bei den Chicago Golden Gloves erkämpft und sich Hoffnungen auf den nationalen Amateurtitel im Mittelgewicht gemacht, was ihm die Teilnahme an den

Butch, der allzeit Gelassene, bearbeitet den »speed bag«

olympischen Spielen im Kreis der amerikanischen Mannschaft ermöglicht hätte. Im Endkampf wurde er jedoch knapp geschlagen, nachdem er sich, ernsthaft geschwächt durch eine Trainingsverletzung (aufgeplatze Lippen und ein Zungenriss durch einen Uppercut nach Rundenende, der mit 15 Stichen genäht werden musste), heroisch durch vier Ausscheidungsrunden gekämpft hatte. DeeDee erzählt, mit einem bewundernden Tremolo in der Stimme, Butch habe es abgelehnt, aufzugeben, obwohl er so gut wie nichts mehr essen konnte und sichtbar an Gewicht verlor, während die nationalen Wettkämpfe immer näher rückten. »Ich hab' ihm gesagt: ›Du kannst so nicht kämpfen, das bringt nichts, das hat keinen Sinn, du musst aufgeben.‹« Er hat geantwortet: »Kommt nicht in Frage, DeeDee, ich habe mich so geschunden, ich habe zu viel gelitten, um soweit zu kommen, ich kann jetzt nicht aufgeben«. »Und dann ist er hingegangen.« Nach dieser bitteren Enttäuschung hat Butch für drei Jahre mit dem Boxen aufgehört und die Sicherheit der Anstellung als Feuerwehrmann, die man ihm damals anbot, den stark zufallsabhängigen Perspektiven einer Karriere als Berufsboxer vorgezogen. In dieser Zeit hat er auch geheiratet und seinen Haushalt gegründet. Der Dämon des Rings hat dann jedoch bald wieder die Oberhand gewonnen und Butch hat, mit verzehnfachtem Siegeswillen, den Weg zurück ins *gym* gefunden. Trotz seiner Leidenschaft für das Boxen bleibt er aber klar und realistisch: er betrachtet seine sportliche Zukunft kritisch und hat nicht die Absicht, seine Arbeit aufzugeben, um alles auf den Ring zu setzen. Sein Erfolg zwischen den Seilen soll darüber entscheiden, wie weit er gehen will. Im Augenblick besteht sein Ziel darin, »der Beste von Chicago« zu werden, und seine mögliche Börse beziffert er auf bestenfalls einige zehntausend Dollar. Bei dieser »zweiten Karriere« als Boxer, die fulminant begonnen hat (fünf Siege in Folge, vier davon durch K. o., und ein Unentschieden) wird er von seiner gesamten Familie unterstützt: seine Frau und sein Vater, die anfänglich beide dem neuen Anlauf eher ablehnend gegenüberstanden, begleiten ihn zu allen Kämpfen und ermutigen ihn unaufhörlich, sowohl zu Hause wie auch bei den Boxveranstaltungen, wo sie zu seinen eifrigsten Unterstützern gehören.

Wer die *Manly art* des Boxens praktiziert, lebt mit der ständigen Sorge, sein optimales Gewicht, oder zumindestens annähernd das reguläre Wettkampfgewicht zu halten[51]. Die alte Balkenwaage aus Metall, die

51 Es besteht immer die Möglichkeit, im Fall einer Gewichtszunahme in der nächst-

im Hinterzimmer thront, gemahnt jeden an diese Erfordernis. In der Welt des Boxens gibt es unzählige Geschichten darüber, wie Athleten in letzter Minute gezwungen waren, zu den abenteuerlichsten – und aus medizinischer Sicht oft gefährlichen – Mitteln zu greifen, um vor dem schicksalhaften Gang zur Waage die überflüssigen Pfunde zu verlieren[52]. Die Mitglieder des Woodlawn Boys Club unterziehen sich drakonischen Diäten oder endlosen Dauerläufen, um vor einem Kampf ihr Übergewicht abzubauen; andere ziehen zum Training mehrere Kleidungsstücke oder Plastiksäcke übereinander an, oder sie tragen ein Latexkorsett, das ihnen beim Abnehmen helfen soll. Cliff hat im Sommer einmal mehr als vier Kilogramm verloren, indem er, am Tag vor dem Kampf, den ganzen Nachmittag in der prallen Sonne lief, wobei er mehrere Pullover, eine dicke Wollmütze und zwei Hosen übereinander trug. Als ich an einem schönen Juniabend in den Umkleideraum komme, ist die Tür geschlossen, und dichte Dampfwolken vermitteln den Eindruck eines türkischen Bades; Tony, bekleidet mit einem dicken Trainingsanzug, den Oberkörper und den Kopf in eine Kapuzenjacke aus durchsichtigem Plastik eingewickelt, springt neben der voll aufgedrehten, brühend heißen Dusche auf der Stelle und exerziert Schattenboxen: »Neun Pfund müssen runter, Louie, *pfff-pfff*, deshalb bin ich hier, *pfff-pfff*. Morgen früh ist das Wiegen, *pfff-pfff*. Ich schaff' das, es fehlen nur noch zwei.«

höheren Klasse zu kämpfen. Dies stellt jedoch ein beträchtliches Handicap dar, da mit den rein physischen Gewichts- und Größenunterschieden in den einzelnen Klassen auch unterschiedliche Taktiken verbunden sind. Es gibt nur wenige Boxer, die in die nächsthöhere Kategorie aufsteigen und dabei auch, wie es so schön heißt, »ihren Punch mitnehmen können«.

52 Auf lokaler und regionaler Ebene sind die Gewichtsunterschiede weder bei den Amateuren noch bei den Berufsboxern von entscheidender Bedeutung, und es kommt nur sehr selten vor, dass sich ein Manager laut Vertragsregelung entschließt, seinen Schützling im letzten Moment vom Kampf zurückzuziehen, weil der Gegner knapp übergewichtig ist. Dennoch wird der Umgang mit dem Gewicht gewissenhafter, je höher man in der boxerischen Hierarchie steigt, insbesondere bei den Kategorien zwischen Leicht- und Mittelgewicht. Hier kann ein halbes Kilo schon entscheidend für den Ausgang eines knappen Kampfes sein, wie das Beispiel der ersten Begegnung zwischen Thomas »The Motor City Hitman« Hearns und Sugar Ray Leonard im Jahr 1981 zeigt: die Fachleute erklären Hearns' Niederlage durch technischen K.o. in der vierzehnten Runde gern mit dem Umstand, dass dieser, weil er nicht mit dem in seiner Kategorie zugelassenen Höchstgewicht angetreten war, seinem Gegner unnötig ein Kilo mehr zugestanden hat.

DeeDee wacht permanent und pedantisch über den physischen Zustand seiner Schützlinge, um sicherzugehen, dass diese sich nicht allzuweit von ihrem Kampfgewicht entfernen, und zwar weder nach unten, was auf ein gefährliches Trainingsübermaß hindeutet (oder auch auf eine bösartige Krankheit[53]), noch nach oben, was weitaus häufiger der Fall ist. Um sie auf den rechten Weg der Enthaltsamkeit zurückzuführen, greift er im Wechsel auf Humor, Zuneigung, schiere Autorität und Sarkasmus zurück, wie aus der folgenden Feldnotiz vom 25. August 1990 deutlich wird:

> Ashante war mit Mark und dann mit Reese im Ring, jeweils für drei Runden. Er hat diesmal ein wenig mehr »Brennstoff«, scheint aber immer noch zu schwer und schleppt sich durch den Ring. DeeDee ist besorgt: »So geht das nicht mit Ashante. Er schafft es nicht, die überflüssigen Pfunde loszuwerden und hat seine Schnelligkeit verloren. Reese hat mit jedem seiner Schläge ins Schwarze getroffen, und er bleibt einfach vor ihm stehen.« Ashante, der sonst im Sparring den Schlägen der jungen Amateure mit Leichtigkeit ausweicht, mangelt es tatsächlich an Lebhaftigkeit und Beweglichkeit. Als er kurz zuvor hereingekommen war, hatte ihm DeeDee die höchst beleidigende Frage gestellt: »*Was ist denn das da für eine Wampe?*« (Wenn Ashante Jeans und T-Shirt trägt, sieht man deutlich, dass er zugenommen hat). Ashante hat mit einem verlegenen Lächeln geantwortet, wobei er so tat, als wisse er nicht, dass die Frage an ihn gerichtet war: »Welche Wampe, wo denn? – Na da, genau vor dir, *unter deinen Augen.*« Ashante hat darauf kein Wort mehr gesagt und sich mit einem entsprechenden Gesichtsausdruck verdrückt.

Ein guter Trainer muss seine Boxer nicht auf die Waage stellen, um festzustellen, dass sie zu schwer sind: er kann ihr Gewicht an ihrer physischen Erscheinung, ihrem Auftreten und ihrem Gang »ablesen«. An ei-

53 Dies war der – tragische – Fall bei Big Earl, einem urwüchsigen Schwergewichtler, dem es Spaß machte, mit leichteren Amateuren zu sparren, um mit ihnen an ihrer Angriffstechnik zu arbeiten. DeeDee hatte wiederholt und laut seine Beunruhigung über dessen plötzlichen Gewichtsverlust geäußert, der ihm wegen seines Ausmaßes und seiner Schnelligkeit in keinem Verhältnis zu der im *gym* geleisteten Anstrengung zu stehen schien. Big Earl ist dann tatsächlich einige Wochen später im Krankenhaus einer galoppierenden Leukämie erlegen, die durch den Umgang mit toxischen Produkten bei seiner Tätigkeit als Techniker in einem Atelier für Reprographie verursacht worden war. Der alte Coach hatte unglücklicherweise recht mit seiner Vermutung, dass Big Earl ernstlich krank sei.

nem Augusttag des Jahres 1990 taucht Lorenzo wieder auf, der nach einer heftigen Auseinandersetzung mit seinem Trainer Eddie mehrere Tagen abwesend war. Letzterer mustert ihn abschätzend und stellt ihm dann, in einem negativen Tonfall, die vorgebliche Frage: »Wie viel wiegst du denn gerade, 150?« Lorenzo gibt nicht klein bei; er betrachtet sich von Kopf bis Fuß im Spiegel und schätzt: »Ich bin ein bisschen über meinem Gewicht [139 Pfund], ich denke mal 145. – So wie du gehst, hast du mindestens 150. – Nein, ich bin mir sicher, dass ich so um die 145 liege.« Damit endet der Disput, aber das Problem bleibt bestehen.

Zu den grundlegenden Funktionen des von Trainer und Manager gebildeten Gespanns gehört es, die Laufbahn ihres Schützlings über die Zeit hinweg so zu modulieren und zu justieren, dass eine Optimierung des boxerischen »return of investment« des Trios möglich wird, also der Beziehung zwischen dem eingesetzten Körperkapital und der aus den Kämpfen resultierenden Dividenden, die in Form von Geld, boxerischer Erfahrung, Ruhm und Kontakten zu einflussreichen Agenten des Feldes, wie etwa Promotern, ausgeschüttet werden können. Diese Aufgabe verlangt die Zusammenführung von drei voneinander jeweils relativ unabhängigen Determinanten: die zeitliche Begrenzung der individuellen Karriere des Boxers, die Laufbahn seiner potentiellen Gegner und die »ökonomische Zeit« der Promoter. Das Ideal besteht darin, seinen Boxer (auch auf der lokalen Ebene) dann zum Leistungshöhepunkt zu führen, wenn sich die Gelegenheit bietet, für eine entsprechende Börse gegen einen renommierten Boxer zu kämpfen, der selbst am Beginn einer absteigenden Phase steht und dessen akkumuliertes symbolisches Kapital (Siege, Titel, Bekanntheitsgrad) somit sein boxerisches Vermögen deutlich übersteigt[54]. Je weiter man jedoch in der Hierarchie des boxerischen Feldes steigt, desto mehr entgleitet den Kämpfern die

54 Der Kampf um den WBC-Weltmeistertitel der Superweltergewichtler zwischen René Jacquot und Donald »The Cobra« Curry im Februar 1989 ist ein gutes Beispiel für die erfolgreiche Verwaltungsarbeit des Franzosen und seines Stabes. Durch das Ereignis transzendiert, »pflückt« Jacquot Curry zu einem Zeitpunkt, wo Letzterer noch von einem großen Prestige zehrt, das jedoch in Wirklichkeit bereits stark gesunken ist (er hatte zwei heftige Niederlagen einstecken müssen, bevor er sich den Weltmeistergürtel wieder erkämpfte). Was eigentlich als einfache Aufwärmübung hinsichtlich einer »zweiten Thronbesteigung« für The Cobra gedacht war, nämlich das »Umlegen« eines unbedeutenden und minderbemittelten Gegners, geriet zum Desaster und bot dem Franzosen die unverhoffte Gelegenheit, »in die Reihe der Legenden« des Boxsports aufgenommen zu werden [E 105].

Kontrolle über die Zeit, die dann von den spezialisierten ökonomischen Agenten übernommen wird, vor allem von den Promotern und den Programmdirektoren der Sportsender, die für die Übertragung der großen, medienwirksamen Kämpfe verantwortlich sind. Wie Thomas Hauser treffend bemerkt, ist »die Zeit der Feind« der Boxer, und das nicht nur aus Gründen des Älterwerdens und der Abnutzung[E 106].

Diese Verwaltung der Zeit beginnt schon bei den Amateuren, von denen einige, sich selbst überlassen und schlecht beraten, sich bei der Bemühung um einen flüchtigen regionalen oder nationalen Ruhm mit ungewissen ökonomischen Erträgen so verschleißen, dass ihr Körperkapital zum Zeitpunkt des Wechsels ins Lager der Berufsboxer bereits stark angegriffen ist und sie kaum noch eine lange und fruchtbare Karriere erwarten können. Dies trifft laut DeeDee auf Kenneth »The Candy Man« Gould zu, der bei den olympischen Spielen in Seoul für Amerika erfolgreich war und sich bei seinen mehr als 300 Amateurkämpfen zu sehr verausgabt hat: »Er hat zu viele Kämpfe geliefert, und jetzt hat er nicht mehr genug Mumm [*not enough peps left in him*]. Man muss mal abwarten. Ich hab' ihm schon vor Jahren gesagt, dass er Profi werden soll.« Warum hat er den Rat nicht befolgt? Gould, dessen Manager unerfahren und im Netzwerk der einflussreichen Agenten schlecht positioniert war, bestand um jeden Preis auf einer Teilnahme in Seoul (wo er im Halbfinale von dem Franzosen Laurent Boudouani besiegt wurde). Die Zukunft von Kelcie Banks, ehemaliges Mitglied des Woodlawn Boys Club, Amateurweltmeister und mit 22 Jahren ein weiteres junges Talent aus Chicago, der ebenfalls bei den olympischen Ausscheidungskämpfen geschlagen wurde, erscheint noch ungewisser: er hat bereits 600 Amateurkämpfe hinter sich, bis zu drei pro Woche, und die meisten im Rahmen kleiner, bedeutungsloser Turniere. »Das ist eine Menge Verschleiß [*wear and tear*] für einen jungen Körper ... zu viel Verschleiß«, brummelt DeeDee, als wir auf diesen Fall zu sprechen kommen. Einige Monate später scheint sich seine Behauptung zu bewahrheiten: »Kelcie macht nichts, und er wird auch nichts mehr machen: der ist ausgelaugt [*washed out*], erledigt. Du glaubst doch nicht, dass jemand unter Vertrag genommen wird, der schon kaputt ist. Er war in einem Trainingslager in Texas [wo Boxer, die frisch ins Berufslager gewechselt sind, von den bedeutenden nationalen Promotern ausgewählt werden], aber das hat nicht hingehauen. Keiner hat ihn unter Vertrag genommen. Wenn er bei den olympischen Spielen gewonnen hätte, wäre ihm ein Bonus von dreißig- oder vierzigtausend Dollar sicher gewesen. Er hat sich aber schlagen lassen und nichts ergattert. Er hat zuviel Dresche abbekommen [*beat up*], und kein Mensch investiert sein Geld in jemand, der schon kaputt ist.«

Von einem Boxer am Ende seiner Karriere wird gesagt, dass er »seine Zeit abgedient« hat und »seine Stunde gekommen« ist. Er gilt als »ausgelaugt« [*washed up*], »erledigt« [*shot*] oder, noch schlimmer, als »totes Fleisch« [*dead meat*]. Sein Körperkapital hat soviel an Wert verloren, dass er nicht mehr hoffen kann, jüngere, stärkere und weniger verbrauchte Boxer zu schlagen. Im besten Fall kann er seine Ambitionen darauf richten, von den Organisatoren der Boxturniere als »Steigbügelhalter« für die im Aufstieg begriffenen jungen Boxer engagiert zu werden, da der übermäßige Verbrauch seines Körperkapitals letzteren die Möglichkeit bietet, die Liste ihrer Siege unter Schonung des eigenen Körperkapitals zu erweitern, wie auch aus den folgenden Feldnotizen hervorgeht:

> Während DeeDee mir die Handschuhe anlegt, stelle ich ihm Fragen nach Hightower – wobei ich mein *mouthpiece* im Mund habe und die Worte so hervornuschle, dass man meint, ich spräche schwarzamerikanisch, was DeeDee in punkto Verständlichkeit jedoch nicht weiter zu stören scheint. Es handelt sich um einen ehemaligen Berufsboxer des Clubs, der sich im Alter von 38 Jahren entschlossen hat, wieder in den Ring zu steigen und absolut darauf besteht, mit Butch zu sparren. DeeDee schätzt ihn nicht besonders, weil er ziemlich brutal und hemmungslos boxt, zweifellos um seinen Wert an der Boxerbörse zu steigern. »Der glaubt, er könne wieder kämpfen, aber er ist fertig. Er ist fertig, aber der Typ träumt immer noch, er hat immer noch diesen Traum [vom Ruhm]. Er glaubt, er könne die Schläge noch aushalten und wieder Kämpfe bestreiten, aber er ist zu verbraucht. Es ist zu spät. Früher war er ein guter Boxer, aber mittlerweile hat er zu viel Dresche bezogen [*beat up*]« [*Notiz vom 17. Dezember 1988.*]
>
> Der Imperativ des Haushaltens mit der körperlichen Energie gilt auch für die kurze Spanne der Trainingseinheiten; als Beweis kann hier die Beharrlichkeit angeführt werden, mit der DeeDee Übungen am Sandsack untersagt, bevor wir zum Sparring in den Ring klettern: »Langsam, Louie, lass es ruhig angehen, spar' dir deine Kräfte für das Sparring auf. Ich hab dir doch gesagt, du sollst diesen Sandsack in Ruhe lassen, verdammt!« Diese Notwendigkeit der Ruhepausen für den Körper rechtfertigt auch die periodischen »Urlaube«, vor allem direkt nach einem schweren Kampf. DeeDee gewährt seinen

Boxern in der Regel eine ganze Woche Erholung nach einem Kampf – eventuell auch zwei, wenn dieser physisch außergewöhnlich anstrengend war. Als ich mein Training wegen der Weihnachtstage mit Bedauern für zwei Wochen unterbrechen muss, tröstet mich der alte Coach: »Du musst von Zeit zu Zeit auch mal aus der Halle raus, das lüftet dich durch und tut dir gut. Wenn du danach wieder anfängst, hast du mehr Saft. Aber du darfst auch nicht zu lange unterbrechen, sonst verlierst du an Form und Schnelligkeit, und dein *timing* kommt durcheinander.« [*Notiz vom 5. Januar 1989.*]

Die Steuerung des Maßes der Gewalt im Ring ist integraler Bestandteil des allgemeinen Instrumentariums zum Schutz des Körpers des Boxers. Die folgende Tagebuchnotiz zeigt, wie DeeDee, nach einem Zwischenfall beim Sparring, Eddie an diese Regelung erinnert:

In der zweiten Runde wurde Rodney von Ashante angeschlagen, der danach erklärt: »Ich hab' sofort gesehen, dass ich ihm weh getan habe, und stand bereit, um ihn aufzufangen, falls er fällt. Ich weiß schon, dass wir besser aufgehört hätten.« Aber die beiden Clubkameraden haben trotzdem weitergeboxt, auch wenn Rodney sich nur mühsam auf den Beinen halten konnte. DeeDee wendet sich mit ernster Miene und heftigem, vorwurfsvollem Ton an Eddie: »Wenn dein Boxer beim Sparring so getroffen wird, nimmst du ihn aus dem Ring. Du lässt es nicht zu, dass er vermöbelt wird oder versucht, das alleine durchzustehen. *Du nimmst ihn aus dem Ring*. Es ist *deine Aufgabe*, ihn in diesem Moment herauszunehmen, verstanden?« Eddie, zerknirscht und mit leiser Stimme: »Okay, DeeDee, okay. Ich hab' das nicht gewusst. Beim nächsten Mal nehme ich ihn sofort raus.«

*Die praktische Beherrschung der Zeit ist eine zentrale Dimension des erfolgreichen Erlernens des Metiers des Boxers.* »Das braucht seine Zeit«, »Nimm dir Zeit«, »Mach weiter, das kommt mit der Zeit«, »Nur keine Überstürzung« sind Wendungen, die im *gym* unablässig an die Boxer jeden Niveaus gerichtet werden und dazu beitragen, dass jeder einzelne lernt, seine physischen und moralischen Investitionen entsprechend der spezifischen Kontinuität des Feldes einzuteilen. Diese körperliche Investition über die Zeit hinweg, der langsame Prozess der Inkorporation der Technik des Boxens und die Somatisierung ihrer Grundprinzipien kennzeichnet auch die Grenze zwischen Gelegenheitsboxern und regulären Boxern und ist der Grund dafür, dass ein schneller Wechsel von der ersten in die zweite Kategorie unmöglich ist. Einen Besucher, der den ungeschickten Versuch startete, die Punktbirne zu bearbeiten, macht der stellvertretende Trainer Eddie mit bewusst übertriebenem Sarkasmus auf diesen Unterschied aufmerksam: »He, Hallo! Vielleicht hörst du besser damit auf; das braucht *jahrelange Arbeit*, bis man damit richtig umgehen kann.« Ein physisch gut erhaltener ehemaliger Boxer braucht mindestens drei Monate intensiven Trainings, um wieder die Form für einen Kampf zu erlangen. Boxen ist »eine Schule der Geduld, Disziplin und Ausdauer«, in der eine »sofortige Belohnung« nicht vorgesehen ist[E 107], wie die folgenden drei Feldnotizen zeigen, die stellvertretend für hundert andere stehen, die in diesem Zusammenhang zu zitieren wären.

> Am 19. November 1988 ermutigt mich Eddie, während ich mit dem Sprungseil trainiere: »Ich hab' dich am Sandsack arbeiten sehen, Louie, du hast ja enorme Fortschritte gemacht, deine Kondition ist viel besser geworden. – Danke, aber ich muss jetzt endlich mehr sparren. – Nur nichts überstürzen, das braucht seine Zeit, arbeite so weiter und dann wird das schon werden. Das ist eine Frage der Zeit.« Am 17. Dezember desselben Jahres sagt mir Butch, der auf dem Gymnastiktisch zwischen zwei Serien von Bauchmuskelübungen neuen Atem holt, dass ich wohl Fortschritte mache, aber noch zu viele Schläge einstecke: »Du musst dich besser schützen. Du wirst es schon noch lernen. Das geht nicht von einem Tag auf den nächsten. Das braucht seine Zeit.« Am 4. März 1989 wieder eine Bemerkung von Butch: »Wenn du deinen Jab fühlen kannst, wenn du spürst, dass du deinen Gegner mit deinem Jab auf Distanz halten kannst, dann kommt alles andere von alleine. Man muss dran arbeiten, das kommt ganz allmählich. Seit wann trainierst du jetzt schon? – Ungefähr seit sechs Monaten. – Tsss, das ist überhaupt nichts. Du brauchst noch Zeit, du musst weitermachen.«

Geduldige Beharrlichkeit, Warten auf den richtigen Zeitpunkt, ohne in seinen Bemühungen nachzulassen, die richtige Dosierung der Anstrengungen in der Kontinuität, die Einteilung der Erwartungen und die entsprechende Kontrolle der Emotionen: dies sind die Grundvoraussetzungen für das Erlernen des Boxens. Bringt ein Boxer diese nicht von sich aus mit, kann der Trainer sie ihm von außen aufzwingen, indem er etwa, im Fall zu großer Ungeduld, für einen bestimmten Zeitraum ein Sparringsverbot ausspricht oder, bei unzureichendem Trainingseifer, einen Kampf in absehbarer Zeit ansetzt. Letztendlich ist es jedoch der Körper selbst, der, neben den Ratschlägen der anderen Boxer und den Anweisungen des Trainers, die Geschwindigkeit und den Grad des Fortschritts steuert. Ein plötzliches oder wiederholtes Trainingsübermaß führt zu Verletzungen, die sich, selbst wenn sie leichter Natur sind, schnell als so hinderlich erweisen können, dass die Kadenz verlangsamt werden muss: kleine, hartnäckige Wunden auf dem Handrücken oder zu viele geplatzte Gefäße zwischen den Fingern beschränken die Übungen am Sandsack; ein empfindliches Knie hindert am Seilspringen; eine schmerzende Rippe infolge einer harten Sparringsrunde macht ein Trainieren der Bauchmuskulatur unmöglich. Die Anhäufung kleiner Blessuren und physischer Unannehmlichkeiten trägt mehr zur natürlichen Steuerung der Arbeitsbelastung bei als die wirklich ernsthaften Verletzungen, wie der folgende Tagebucheintrag vom 6. Oktober 1988 zeigt:

> Am gestrigen Mittwoch bin ich mit einem geschwollenen und schmerzenden rechten Handgelenk aufgewacht: am Dienstag habe ich es mit dem Sandsack übertrieben und wie verrückt zugeschlagen, dafür muss ich jetzt bezahlen. Das Handgelenk ist jetzt noch empfindlich und ich kann es weder drehen noch schwere Gegenstände mit dieser Hand greifen. Zu meinem großen Bedauern werde ich nicht am Sandsack arbeiten können. Trotzdem gehe ich ins *gym.* [...] DeeDee, der mich vergeblich vorgewarnt hatte, empfiehlt mir Schattenboxen, um mein Handgelenk zu schonen. Das Training ist äußerst unangenehm: meine rechte Hand schmerzt fürchterlich, und ich kann nicht Seilspringen. Die Serie am *speed bag* absolviere ich einhändig. Zudem versagt auch mein linker Arm schnell den Dienst; er ist steif, wie tot, und ich habe das Verlangen, schon nach zwei Runden vor dem Spiegel das Training abzubrechen.

Die physische Erschöpfung, die aus einem exzessiven Training resultiert, vermindert die Lebhaftigkeit und den Tonus im Ring und erhöht die Wahrscheinlichkeit von verletzungsbedingten Zwangspausen, die wiederum zu einem Trainingsmangel führen. Nach einer solchen Zwangspause wird das Training meist sehr schnell wieder voll aufgenommen, was einen neuerlichen Exzess zur Folge haben kann, und so weiter. Um über einen langen Zeitraum hinweg boxen zu können, muss man lernen, seinen Kraftaufwand progressiv so zu dosieren, dass ein Kreislauf geschaffen wird, in dem sich das Training in der Halle und die

Kämpfe im Ring gegenseitig ergänzen, in ihren Effekten verstärken und die ihnen jeweils eignende Zeitlichkeit in Synergie zueinander treten. Die folgenden vier Feldnotizen illustrieren, wie unterschiedlich sich die Probleme der Verwaltung des Körpers, der Wahrung seiner Unversehrtheit und des Erhalts seiner Energie sich den Boxern im *gym*, im Ring und im sonstigen Alltag darstellen.

*Nach Butchs Unentschieden beim Kampf in Park West*
8. Mai 1989. Der erste Schatten in Butchs Karriere als Berufsboxer: nach fünf Siegen (vier durch K.o. vor der dritten Runde, einer über die Distanz) wurde er gestern beim Turnier in Park West in Schach gehalten. War sein Gegener zu stark? DeeDee ironisiert: »Das kannst du laut sagen, Butch hat noch Glück gehabt, dass er mit einem Unentschieden davongekommen ist. Ab der zweite Runde hat er nichts mehr draufgehabt. Der Sprit war alle [*no gas*]. Der andere Typ konnte nicht boxen, aber Butch hat ihn nicht auf die Bretter schicken können. Er hat es zwar versucht, aber ihm hat die Kraft gefehlt. Zu viel Sparring. Ich hab' ihm gesagt, er soll nicht soviel sparren, verdammt, und er bringt es fertig und geht am Samstag vorher noch durch acht Runden! Ergebnis: Er hat für den Kampf keinen Saft mehr und muss dem Typ die ganze Zeit umsonst hinterherrennen. [...]
Das ist nicht die Abnutzung [*it ain't no wear and tear*] durch die Kämpfe: er hat zuviel trainiert. Butch ist ein Angsthase, er ist nervös, und er trainiert zu hart, er trainiert zuviel. Er hat ständig Angst, nicht auf der Höhe zu sein. Ich habe mich deswegen oft mit ihm gestritten, richtiggehend gestritten. [Heftiger Tonfall.] Ich habe ihm gesagt, er soll nicht soviel sparren. Ich habe ihm gesagt, nach einer Sparringseinheit nicht an den Sandsack zu gehen. Alles, was er zu tun braucht, ist sich zu entspannen und an seinem Jab zu arbeiten, das ist alles. Aber er will ja auf meinen Rat nicht hören. Also gut! Dann muss er eben auf dem harten Weg lernen, wer Recht hat. Und er hat noch Glück gehabt, dass er mit einem Unentschieden davongekommen ist, er hätte auch leicht verlieren können, so kaputt, wie er ab der zweiten Runde war. Aber schließlich geht mich das nichts an [*that's none of my business*]. Es gibt welche, die wollen nicht hören, na, dann eben nicht! Er wollte sparren, also gut. Ich habe gewusst, dass er müde sein wird, ausgebrannt [*worn out, burned out*]. Es gibt welche, die glauben, sie seien schlauer, die glauben, sie wüssten schon alles« Der alte Coach blickt verdrossen zur Decke hinauf.

*Nach Curtis' schwierigem Kampf in Harvey*

7. Dezember 1988. DeeDee kommt ebenfalls aus der transportablen Umkleidekabine aus Holz, in seinem Schlepptau Curtis, der wieder seine Jeans und einen Strickweste trägt. Sie verziehen sich in den Hintergrund der Halle, um die Lehren aus dem Kampf zu ziehen. DeeDee wendet sich mit hartem Blick an Curtis und nimmt ihn streng ins Gebet. Er ist wütend, weil dieser sich von seinem Gegener so oft hat treffen lassen, ohne geschickter auszuweichen und sich besser zu schützen. Der Umstand, dass letzterer offensichtlich übergewichtig war (137 Pfund anstelle der regulären 130, gegen die 132 von Curtis, der ständig wiederholt: »dieser Typ war ein Pitbull, *man*, jedesmal setzt man mir einen Pitbull vor«) ist keine Entschuldigung dafür, dass Curtis sich so hat zurichten lassen. Er hat viel zu viele Schläge eingesteckt und kommt sehr mitgenommen aus dem Kampf, mit geschwollenem Gesicht, einem Schnitt auf dem rechten Backenknochen und einer tiefen Wunde am linken Auge, die mit Sicherheit genäht werden muss. Alle sind sich einig, dass Curtis seinen Gegner in der zweiten Runde hätte ›erledigen‹ müssen, nachdem er ihn mit einer fulminanten Kombination niedergeschlagen hatte. Auf jeden Fall hätte er intelligenter kämpfen und auf Distanz bleiben müssen, anstatt seinen Provokationen nachzugeben und sich in brutale Nahkämpfe zu verwickeln. O'Bannon sagt mir später im Vertrauen: »Curtis wird nicht weit kommen, wenn er sich von solchen Typen so zurichten lässt und es nicht versteht, besser mit sich *hauszuhalten*. Der Weg ist lang, und solche Typen muss er einfach schnell abservieren.«

Die Boxer selbst sind schnell bereit, den plötzlichen Niedergang eines Kollegen einem Mangel an Disziplin und körperlicher Hygiene zuzuschreiben, die jeder Boxer sich außerhalb des Rings auferlegen muss. Jeder Verstoß gegen die weltliche Askese, die der spartanischen Lebensform des idealen Boxers zugrunde liegt, wird umgehend als direkte Ursache seiner Schwächen im Ring interpretiert.

*Der physische und boxerische Abstieg des Alphonso*

19. November 1988. Curtis imitiert Schläge, seine Fäuste fliegen durch die Luft, von einem sonoren »Bang! Bang!« begleitet. Butch folgt ihm aufmerksam. Ich verstehe erst nach einigen Minuten, dass sie über den Kampf vom letzten Donnerstag sprechen, bei dem Alphonso Ratliff seinen nationalen Meistertitel verloren und, ihrer

Meinung nach, ordentlich Prügel bezogen hat (er wurde in der vierte Runde zweimal niedergeschlagen und ging dann in der fünften k.o.). Curtis: »Der Typ hat ihn mit jedem Schlag erwischt, jeder Schlag kam am Kopf oder am Körper an, keiner landete in den Handschuhen. Alphonso hat bloß seine Arme so hingehalten [er stellt sich in Positur und verbirgt seinen Kopf in seinen Vorderarmen] und nichts getan.« Curtis und Butch verhehlen nicht ihre Missbilligung der Prahlerei Alphonsos vor der Begegnung. »Der hat getönt: ›Den mach' ich nass, den Typ, der hält keine fünf Runden gegen mich durch‹ und lauter so Zeug, sowas sagt man nicht vor dem Kampf, mein Junge! Und dann ist er selbst nassgemacht worden.« Der Kampf wurde später von einem Chicagoer Fernsehsender per Kabel übertragen, was Alphonsos Ruf noch zusätzlich schädigte. Curtis und Butch sind sich einig, dass Letzterer am Ende seines Weges angelangt ist. »Er ist auf dem Weg nach unten [*goin' downhill*], das steht fest. Er würde besser aufhören. Der ist fertig, mein Junge, der ist fertig. Der bekommt nie mehr einen Titelkampf, mein Junge.« Ich frage nach, warum Alphonso sich so klar hat schlagen lassen: war sein Gegner so eindeutig überlegen, oder war Phonzo schlecht vorbereitet? Butch: »Schau mal, Louie, der Typ ist jetzt 33 Jahre alt. Wenn du so alt bist, musst du in Form bleiben. Lass die Finger vom Alkohol, von den Drogen und von den Frauen.« Er sitzt auf seinem Hocker und mimt mit unnachahmlichen Hüftbewegungen eine Kopulation. »Dafür musst du bezahlen. [*Takes a toll on you.*] Wenn du davon nicht wegbleiben kannst, bist du mit 33 fertig, am Ende. Sieh mal, ich lass' die Finger von all diesen Dingen und achte auf meine Form. Aber Alphonso spielt mit allen dreien herum, vor allem mit den Frauen.« Er bewegt wieder suggestiv die Hüften. »Er ist jetzt zu alt für solche Sachen, mein Junge. Seine Zeit ist überschritten. Er sollte aufhören und es endgültig an den Nagel hängen.«

### *Der Skandal um den rauchenden Boxer*

28. Juli 1989. Ashante hält ein Schwätzchen mit Luke, der gerade sein Training beendet hat, während Smithie gleichzeitig am *speed bag* einen ohrenbetäubenden Lärm veranstaltet. Er erzählt von einem Boxer namens Ray, einst »der beste Schwergewichtler der Stadt. Mein Junge, das war vielleicht ein Kasten, und er hatte einen unglaublichen Punch. Aber dann hat er nicht auf sich geachtet, er hat das nicht ernst genommen. Er hat sich alles erlaubt und nicht konsequent trainiert – das war bekannt. Aber an dem Tag, an dem ich

mit meinen eigenen Augen gesehen habe, wie er direkt nach dem Kampf eine Zigarette geraucht hat, *man*, da war mir klar, dass er nie mehr gut sein würde«.
Luke schweigt fassungslos für zehn Sekunden. Dann schaut er plötzich ungläubig zu Butch, als ob er sich der Ungeheuerlichkeit der Sache erst mit Verpätung klargeworden wäre. Mit aufgerissenen Augen und im Ton eines Pfarrers, in dessen Sakristei gerade jemand geflucht hat, bricht es aus ihm heraus: »Er hat nach einem Kampf *geraucht*?!! Er hat nach dem Kampf *in der Kabine* geraucht?« [*als ob es sich dabei um eine Ungeheuerlichkeit handelte.*] – »Nein, nicht in der Kabine, in der Öffentlichkeit. Ich habe ihn nach dem Kampf in der Öffentlichkeit sitzen sehen, und er hat zusammen mit einem Freund an einer Zigarette gezogen. *Da war mir sofort klar, dass es aus mit ihm war*, mein Junge.«

Das eigentliche Können des Trainers besteht darin, die Bemühungen seiner Schützlinge sowohl hinsichtlich ihres Körpers, als auch der vielfältigen, der Institution eigenen Zeitlichkeiten stimulieren und steuern zu können und den reibungslosen Ablauf der komplexen, kollektiven Maschinerie sicherzustellen, die das Wissen transportiert und die Grundlage für die Investitionen (in doppelter, ökonomischer wie psychoanalytischer Hinsicht) der Boxer schafft. Indem er die vielfältigen, ineinander übergreifenden Aktionen orchestriert, die das *gym* als mobile Konfiguration voneinander abhängiger Akteure definieren, trägt DeeDee zur Produktion und Stärkung des boxerischen Glaubens bei. Im Gegensatz zu der Ansicht von Weinberg und Arond[E 108] kommt diese moralische Funktion nicht nur in Krisenmomenten zum tragen, in denen die Desillusionierung zu einer plötzlichen Bedrohung wird, sondern wirkt sich konstant auf die tägliche Routine in der Boxhalle aus. Die kritischen Situationen, etwa der Tag nach einer Niederlage, die oft Auslöser einer praktischen Infragestellung der boxerischen *illusio* sind, wobei der Trainer gleichzeitig als Vertrauensperson, Beistand und Proselyt fungiert, verbergen den Blick auf die wenig spektakuläre Arbeit der Produktion und Wahrung des Glaubens, die, unsichtbar und unbewusst, täglich in Gestalt der Organisation und der Aktivitäten in der Boxhalle stattfindet.

Am Ende dieses Initiationsweges – der zeitweise durch die notwendige Arbeit der Objektivierung unterbrochen war – erweist sich das Boxen sozusagen als »wilde Wissenschaft«, als quasi-wissenschaftliche und eminent soziale Praxis, obwohl es dabei zunächst lediglich um Individuen zu gehen scheint, die im Rahmen einer einzigartigen, offensichtlich groben und ungezügelten Konfrontation im Ring ihren Körper aufs Spiel setzen. Der Boxer selbst erscheint als Produkt einer kollektiven Organisation, die, auch wenn von niemandem als solche gedacht oder gewollt, dennoch objektiv von der reziproken Abstimmung der Erwartungen und Forderungen der Inhaber der verschiedenen Positionen innerhalb des Raums des *gym* koordiniert wird. Diese Elemente einer Anthropologie des Boxens als »biologisch-soziologisches Phänomen[E 109]« heben den zentralen Stellenwert der praktischen Vernunft für diesen Grenzfall der Praxis, den das Boxen darstellt, hervor und laden uns ein, die traditionellen Unterscheidungen von Körper und Geist, Instinkt und Idee, Individuum und Institution zu überwinden[E 110], indem sie aufzeigen, wie die einzelnen Termini dieser ständig wiederkehrenden Antinomien sich gemeinsam konstituieren, wechselseitig unterstützen und sich gleichzeitig definieren, verstärken und abschwächen.

# RISING STAR Production

Present

## Live Professional Boxing
## Outdoors

At

# STUDIO 104

Rest. & Lounge

2814 E. 104th St.
2 Blk. E. of Torrence

## MONDAY JULY 30, 1990

• All Tickets $20.00 • Doors Open At 7:00

* CURTIS STRONG
* DANNY NIEVES
* PAT COLEMAN
* PAT DOLJANIN
* JAMES FLOWERS
* KEITH RUSH
* WILLIE McDONALD

O
U
N
D
T
W
O

# Eine Abendveranstaltung im Studio 104

Montag, 30. Juli 1990. Banges Erwachen um acht Uhr dreißig, das Wetter ist bedeckt. Hoffentlich regnet es nicht. Ein Monat intensiver Vorbereitung für nichts, das hätte noch gefehlt. Der Gang zur Waage ist auf elf Uhr angesetzt, im Illinois State Building, das mitten im Stadtzentrum und zwei Schritte vom River Chicago entfernt liegt. Wie ausgemacht, hole ich DeeDee mit dem Auto um neun Uhr zwanzig bei sich zu Hause ab, um dann gemeinsam zum *gym* zu fahren. Er ist bester Laune: sein *catfish*-Ragout hatte hervorragend geschmeckt und laut Wetterbericht soll es aufklaren.

Als wir in den Boys Club kommen, finden wir Curtis hinter der geschlossenen Tür des Nebenraums mit angestrengter Miene über den Schreibtisch gebeugt. Er trägt eine blaue Latzhose, sein Oberkörper ist unbekleidet. Vor ihm liegen aufgestapelte Dollarnoten – ein Fünfziger, einige Zwanziger und Zehner und eine gute Handvoll Einer, säuberlich aufgereiht neben einem Stapel bunter Tickets. Es handelt sich um den Erlös der ihm vom *matchmaker* Jack Cowen[1] zugestandenen Eintrittskarten, von denen er 61 für das Turnier am heutigen Abend verkauft hat – neun bleiben noch übrig. (Bei den kleinen, lokalen Turnieren kommt es oft vor, dass die Boxer, neben einer sehr bescheidenen »festen« Börse – 150 Dollar für einen Kampf über vier Runden, zwischen 400 und 1.000 Dollar für acht bis zehn Runden – einen bestimmten Prozentsatz aus dem Erlös der Eintrittskarten erhalten, die sie an Eltern, Freunde und Clubkameraden verkaufen; der Eintrittspreis liegt in der Regel zwischen 15 und 20 Dollar).

DeeDee fragt ihn ohne Umschweife: »Stimmt die Rechnung?« – »Ja«, flüstert Curtis, und fügt dann bedauernd hinzu: »Ich würde sie ganz gerne behalten, die Scheinchen.« Der Blick des alten Trainers geht zu der antiken Metallwaage, die neben dem Schreibtisch thront: »Stimmt das, was die Einstellung zeigt? – Ja, 132 und ein halbes Pfund.« Das ist das richtige Gewicht für Curtis, der für den Kampf 133 Pfund auf die Waa-

1 Der *matchmaker* ist der Mittelsmann zwischen Veranstaltern und Managern. Seine Aufgabe besteht in der Rekrutierung der Boxer und der Zusammenstellung geeigneter Kämpferpaarungen, mit denen eine Boxveranstaltung bestritten wird [E 1].

ge bringen soll. Ausnahmsweise muss er diesmal nicht am Morgen vor dem Kampf überflüssige Pfunde loswerden ... Er verschwindet in der Kabine. Die Wasserspülung rauscht. DeeDee brummelt: »Es ist immer das gleiche. Am Kampftag spielt sein Gedärm nicht mehr mit.«

Curtis zählt ein letztes Mal seinen Kassenbestand und ordnet geduldig den Stapel Geldscheine. »Eigentlich macht man das andersherum, die kleinen Scheine kommen nach oben, und die großen nach unten«, bemerkt DeeDee. Anstelle einer Antwort übergibt ihm Curtis feierlich den Betrag und die verbleibenden Tickets. Der Trainer steckt das Bündel schnell in seine Brusttasche (er trägt das weiße Baumwollhemd, das für wichtige Tage reserviert ist, und eine dazu passende weiße Schirmmütze). Curtis rät ihm, das Geld besser in die Gesäßtasche zu stecken, das sei weniger auffällig und somit weniger riskant: man weiß nie, wem man auf der Straße begegnet. »Nein, ich stecke das hier vorne ein: *Mir* kommt keiner krumm.« Dann brummelt auch er: »Sakrament, ich könnte das Geld eigentlich auch selbst behalten und ausgeben, ganz bestimmt.« Curtis entgegnet mit einem breiten Lächeln: »Ich schlag' Sie einfach nieder, DeeDee und nehme die Kohle, und dann sagen wir Jack, dass man Sie auf der Straße angegriffen und ausgeraubt hat, einverstanden? – Genau, und dann wird Jack dir sagen, du sollst deine Abrechnung direkt mit dem Gangster machen.«

## »Sie haben nur Angst, dass ich es vermassle, weil Sie es selber vermasselt haben«

DeeDee schimpft über den alten Page, ehemaliges Clubmitglied und von der Stadtverwaltung angestellter Boxlehrer, der kurz vor der Pensionierung steht und ihn heute morgen zum wiederholten Mal in aller Herrgottsfrühe angerufen hat, um einen seiner üblichen Monologe über das Thema »*What shoulda been*« (wenn es so gelaufen wäre, wie es hätte laufen sollen) loszulassen. Seiner Ansicht nach hat DeeDee den richtigen Zug verpasst: angesichts der Erfolge der von ihm im Laufe der Jahre betreuten Boxer müsste DeeDee heute ein reicher Mann sein. Zumindest hätte die staatliche Boxing Commission ihm einen kleinen, geruhsamen Job überlassen können. »Der sagt mir immer [er imitiert den wehleidigen Tonfall von Page]: ›Das dürfte eigentlich nicht sein, dass du in dieser Situation bist, es gibt doch Möglichkeiten, etwas zu arrangieren, DeeDee. Die Commission könnte dir einen Job für neuntausend Dollar im Jahr vermitteln.‹« Curtis ist überrascht: »Neuntausend

Dollar, das ist doch gar nichts! – Ja schon, aber ich hätte wenigstens mein kleines Ding [die Krankenversicherung] ... Der wirft mir immer vor, dass ich doch hätte Geld machen müssen, und dann: ›Wir sind jetzt fertig, DeeDee, wir kommen da nicht mehr raus.‹ Und ich sage ihm: ›Du bist fertig, *ich nicht*. Ich bin behindert, ich kann nicht arbeiten, Schluss, das ist alles. Das liegt eben an meinem Gesundheitsproblem.‹ Na gut, *wenn ich gesund und munter gewesen wäre*, wäre ich schon längst auf und davon. Ich wäre niemals in Chicago geblieben. Ich wäre aus Chicago weg und nach Philly gegangen, und *heute wäre ich in Philly*.«[2] Aus DeeDees Tonfall ist keinerlei Nostalgie zu herauszuhören.

Curtis macht sich Sorgen um die sieben Eintrittskarten, die er Lorenzo anvertraut hat, der ihm den entsprechenden Erlös schon hätte vorbeibringen sollen. Er versucht dreimal, ihn telefonisch zu erreichen, und unternimmt später, von *downtown* aus, zwei weitere Versuche. DeeDee bemerkt mit Verärgerung, dass Anthony schon wieder zum Training in den Fuller Park gegangen ist, der anderen Boxhalle mitten im schwarzen Ghetto der South Side von Chicago, was er missbilligt, da ihm die dortige Arbeitsweise nicht gefällt: »Anthony ist nicht mehr der Boxer, der er mal war.« Warum denn? »Weil er auf diesen verdammten Ford hört [seinen Manager, Besitzer einer kleinen Reingungsfirma, der vom Boxen nicht die leiseste Ahnung hat]. Ford will, dass er stehen bleibt und in den Nahkampf geht. Aber das ist nicht Anthonys Stil: er ist kein Schläger, er hat dafür nicht die richtige Statur. Früher ist er herumgetänzelt und den Schlägen ausgewichen, du hast ihn nicht treffen können, Ausweichmanöver und Konter, Ausweichmanöver und Konter, und dann, *wham*! hat er dir ordentlich einen verpasst. Heute wartet er ab, statisch, die Füße fest auf dem Boden und lässt sich von Typen auseinandernehmen, die stärker sind als er.« (Der Grund für Fords Druck auf Anthony, trotz seines schmächtigen Körperbaus und seiner Vorliebe für Konter den Stil zu ändern, um aggressiver zu werden und seinem Gegner »den Kampf aufzuzwingen«, liegt darin, dass die Orga-

2 Philadelphia hat eine lange Tradition als Schmelztiegel der amerikanischen Boxsports und verfügt über zahlreiche Clubs, die über das Ghetto im Norden der Stadt verstreut sind. Die Boxer aus dieser Stadt werden landesweit wegen ihrer Zähigkeit und Brutalität geachtet und gefürchtet – so zum Beispiel »Smokin« Joe Frazier, der große Rivale Mohammed Alis in den 1970er Jahren. Bei dem Gebrechen, auf das DeeDee anspielt, handelt es sich um eine fortgeschrittene Arthrose der Knie und Handgelenke, an der er seit seiner Jugend leidet und die ihn zum Bezug einer kleinen Invalidenrente und kostenloser medizinischer Versorgung berechtigt (ohne die er – angesichts der astronomischen Gesundheitskosten – schnell verarmen würde).

nisatoren lieber mit einem offensiven Boxer werben, auch wenn dieser nur Mittelmaß ist, als mit einem Defensivboxer, wie talentiert er auch sein mag. Dies gilt vor allem für Kämpfe, die im Fernsehen übertragen werden und für ein Publikum bestimmt sind, das vom Boxen nichts versteht und die technische und taktische Virtuosität der Kämpfer nicht zu würdigen weiß.)

Der andere Nachteil des Trainings in unterschiedlichen Boxhallen besteht darin, dass man das Reservoir möglicher Gegner für Kämpfe auf lokaler Ebene schnell ausschöpft: »Wenn du in andere *gyms* zum Sparring gehst und den Jungs deiner Größenordnung eine Abreibung verpasst, dann weigern die sich, bei einem Turnier gegen dich anzutreten. Unser guter Monsieur Ford wird ja vielleicht seine Lektion noch lernen ... Das kann man mit *opponents*[3] nicht tun. Warum sollten die einen Kampf gegen dich antreten, wenn du sie schon in ihren *gym* vermöbelt hast, na, sag schon? Das ist schon Butch passiert [ironisch]: Monsieur Hankins hat Bama gefragt, – du kennst doch »Alabama«, Louie – ob er nicht hier im *gym* mit ihm sparren wollte, weil er wusste, dass er früher oder später gegen ihn kämpfen muss. Und, verdammter Mist, ich hätte Butch sagen sollen, dass er sich verstellen soll, damit es so aussieht, als hätte Bama ihn verdroschen. Statt dessen hat Butch sich vorgenommen, ihn zu verprügeln, und er hat ihn ordentlich verprügelt. Das Ergebnis ist, dass du noch lange warten kannst: Bama wird nie einen Kampf gegen Butch akzeptieren, wozu auch?«

Zehn Uhr zwanzig, es ist Zeit für den Aufbruch. Wir klettern in Curtis' Jeep Comanche, dessen elektronischer Türöffner immer noch defekt ist (er beklagt sich lauthals darüber, aber nur der Form halber, da er kein Geld für die Reparatur hat). Curtis rückt sich in seinem Sitz zurecht und verkündet stolz, dass er seit vielen Tagen »keine *pussy* mehr angerührt« hat. Selbst wenn man ihm jetzt, in diesem Augenblick, fünf Mädchen für ihn ganz allein in seinem Bett anböte, würde er ablehnen, denn sein Kampf ginge vor. Dann stellt er im Radio einen Sender mit triefendem *soul* ein – DeeDee graust es vor rap – und wir sind unterwegs auf dem Lake Shore Drive. Das Gespräch dreht sich wieder um die Nörgeleien des alten Page und seinen Enttäuschungen bezüglich DeeDees Karriere.

DEEDEE: Der sagt immer: »*Man*, du wirst alt, du hättest im Geld

3 In der Boxersprache bezeichnet der Begriff »*opponent*« einen Gegner unter dem eigenen Niveau, gegen den man antritt, weil er alle Möglichkeiten eines leichten Sieges verheißt.

schwimmen müssen [you shoulda been in d'money]«, ich sage ihm: »*Man*, kümmere dich nicht um mein Leben«. Verdammt, immer dieses »ich hätte dies tun sollen, ich hätte das tun sollen«. Und dann: »mit all deinen Beziehungen und den wichtigen Leuten, die du gekannt hast, Deedee, *man*, die waren doch alle so begeistert von dir ...«

CURTIS: Das stimmt, eigentlich müssten Sie jetzt reich sein, DeeDee, das wissen Sie doch, oder? Das wissen Sie genau, aber Sie hassen es, *auch nur daran zu denken*, stimmts?

DEEDEE [herablassend]: Aber nein, ich müsste nicht *reich* sein, nein. Wenn ich hätte reich werden sollen, dann *wäre* ich reich.

CURTIS [sehr schnell, als wolle er ausdrücken »ich weiß schon, wie Sie darüber denken«]: Sie müssten reich sein, aber Sie haben es vermasselt, und deshalb hacken Sie immer auf mir herum, *ich solle meine Chance nicht vertun.* [heftig] *Sie haben nur Angst, dass ich es vermassle*, weil Sie wissen, dass *Sie* es selber vermasselt haben [*You scared I might mess up 'cause you know you messed up.*]

DEEDEE [verteidigend]: Ach was, hör mal, wenn ich eine Familie gehabt hätte, wäre das was ganz anderes gewesen.

CURTIS: [blickt mit einem Lächeln auf meinen eingeschalteten Kassettenrecorder] Er hat sein Tonband laufen, DeeDee ...

DEEDEE: Ist mir doch schnurzegal [*I wouldn't give a damn.*]

CURTIS [heiter, ich lache mit ihm]: Der will unser Gespräch abhören, auf dem Weg zur Waage ...

DEEDEE: Ich weiß, ich weiß. Wenn der eines Tages geschnappt und ordentlich verprügelt wird [*when they get a whuppin' on his ass one day*], dann werd' ich das Schauspiel genießen. [Wir lachen alle drei.] Ich hab' dich schon einmal gewarnt, Louie, wenn du nicht aufpasst – aber er hat eben einen Dickkopf. [...]

Jaja, der alte Page, Sakrament, der sagt mir dauernd, was ich *haben müsste*, was ich *hätte tun sollen*, was ich *sein müsste*, und ich sag' ihm: »Ich bin genau da, wo ich sein soll – genau da, [unverständlich].« Und dann macht er weiter: »Man hat dich nicht so behandelt, wie es sich gehört hätte, und dann, wie du Ratliff von den Drogen weggebracht hast, gut, aber du hast nicht so auf ihn aufgepasst, wie es sich gehört hätte«.

CURTIS: Und wenn Ratliff selbst auf sich aufgepasst hätte? Wie wollen Sie sich gegen einen Typ durchsetzten, der erwachsen und geimpft ist?

DEEDEE: *Man*, weißt du eigentlich, was ich zu dem sage? [wütend] »Du weißt nicht, worum es geht. Du bist ein richtiger *Blödmann*.«[...]

Ein knallroter Alfa Romeo überholt uns dröhnend. Curtis setzt sich aufrecht und nimmt, lauthals seine Bewunderung äußernd, die Verfolgung auf.

DEEDEE [wendet sich nach hinten zu mir]: Wer baut denn sowas, Louie?

LOUIE: Das ist ein Italiener.

DEEDEE: Italiener, hm. Das muss doch ganz schön was kosten, oder?

LOUIE: Ja, vor allem in den Staaten.

DEEDEE [lauter]: Ich frag' mich, was im Vergleich dazu ein Mercedes Benz kostet – ich meine, ich hatte einen Freund, der hatte fünf Mercedes Benz [als er für einen bedeutenden japanischen Promoter auf den Phillipinen tätig war] ...

Dann verwickeln sich Curtis und er in ihre üblichen und unendlichen rituellen Auseinandersetzungen über die Vorzüge verschiedener Autotypen ... An der nächsten Ampel fährt Curtis dicht an den Alfa Romeo heran und hupt wie wild. DeeDee dreht die Scheibe herunter und wendet sich an der Fahrer.

DEEDEE [schreit über den Motorenlärm hinweg]: Wieviel kostet der? Wie teuer ist der? [Der Fahrer antwortet.] Wow, okay ...

Wir fahren weiter und kommen vor dem städtischen Stadion von Soldier's Field am Seeufer vorbei.

CURTIS: Fünfunddreißig? Ich würde doch sagen, ein bisschen mehr. Die Kiste hier [sein Jeep Comanche] kostet zweiunddreißig, ha-ha. Und das ist ein Cadillac.

LOUIE: Meine Kiste hat 300 Dollar gekostet, wer bietet mehr?

Wir sprechen mit Bedauern über die Karriere von Alphonso Ratliff, die sich nicht so entwickelt hat, wie man ursprünglich hoffen konnte. Der ehemalige Halbschwergewichtler von Woodlawn hatte 1983 den Weltmeistertitel der WBC gewonnen, kam aber nie an die großen Börsen heran, und nach einer kurzen Periode des Ruhms gab es für ihn nur noch Misserfolge und Talfahrten. Vom Drogenkonsum geschwächt, wurde er 1985 in Las Vegas von einem kometenhaft aufsteigenden jungen Schwergewichtler names Mike Tyson in zwei Runden auseinandergenommen. DeeDee denkt mit einer Spur Nostalgie in der Stimme und den Augen zurück: »Auf dem Höhepunkt seiner Form, da hat Phonso schon was dargestellt«. Wegen eines Raubüberfalls hatte Alphonso sechs Jahre in einem Arbeitslager im Süden abgebüsst, wo er seine vorher schon gewaltige Muskulatur weiterentwickelte und seine Entscheidung festigte. Als er nach der Entlassung wieder nach Chicago kam, wurde er

Mitglied im Boys Club. Fünf Monate später musste DeeDee ihn des *gyms* verweisen, nachdem er in einem Wutanfall den Umkleideraum zertrümmert hatte, weil er zwischen den Seilen regelmäßig Dresche bezog. Der Riese von Woodlawn hat dann aber tätige Reue gezeigt, und DeeDee hat ihn unter seine Fittiche genommen. Von diesem Zeitpunkt an war Alphonso im Ring unzerstörbar. Er kämpfte wie ein Besessener: »Er war noch nicht richtig aus seiner Ecke heraus, da hat er schon drauflos geschlagen, obwohl er noch gar nicht an seinem Gegner dran war.«

Was hält DeeDee von Riddick Bowe, dem neuen Idol der New Yorker, den viele als den kommenden Weltmeister aller Kategorien sehen? »Es ist lange her, dass ich den zum letzten Mal gesehen habe. Er ist von den Drogen losgekommen. Das ist ein Kerl aus den Problemvierteln [*project boy*]. Der ist zäh. Vielleicht hat er sich entschlossen und zieht es diesmal durch. Der ist robust, wie die meisten Kerle aus diesen Vierteln. Aber das sind alles Wilde [*heathens*], alle miteinander[4]. Weißt du, es gibt Typen, die finden einen Weg, um aus ihrer Umgebung rauszukommen, aber andere schaffen das nicht: da sind zu viele Wilde auf einem Haufen, so viele, dass du bloß Wilde um dich herum hast. Und die kommen da nie raus, weil sie nichts anderes kennen und sich nicht anders verhalten können.« Das Gespräch geht dann auf den Kampf zwischen Michael Carbajal und dem thailändischen IBF-Champion Kittikasen über, der gestern im Fernsehen gezeigt wurde. Curtis will wissen, wie hoch wohl Kittikasens Börse war, 15.000 oder 20.000 Dollar? DeeDee: »Du machst wohl Witze?« Dreißigtausend? »*Shit*, du kommst auf einem nationalen Fernsehsender, was glaubst du eigentlich? Der hat mindestens eine sechsstellige Summe eingestrichen, hundert- oder hundertfünfzigtausend.« Eine andere Welt, die aber dennoch so nahe zu liegen scheint, sozusagen in Reichweite der Fäuste ...

Während der gesamten zwölf Kilometer, die uns vom Stadtzentrum trennen, hat Curtis unablässig in eine Papiertüte gespuckt, die er in der linken Hand hält, um auf diese Weise ein Maximum an Flüssigkeit loszuwerden und sein Gewicht noch weiter zu senken: eine feste Gewohnheit und Vorsichtsmaßnahme, die mit dem ewigen Dilemma der Beherrschung des eigenen Körpers zusammenhängt[E 2]. Auf der ganzen

4 Im lokalen Sprachgebrauch wird der Begriff »*heathen*« (Heide, Wilder) zur Bezeichnung eines ungehobelten Menschen ohne Erziehung und Manieren verwendet, dessen Verhalten gegen die allgemeinen Umgangsnormen verstößt. In Woodlawn wurde er häufig gebraucht, und zwar sowohl als Beschimpfung, als auch in einer eher liebevollen Bedeutung – wie man später bei der Unterhaltung zwischen Curtis und DeeDee sehen kann.

Fahrt begutachten DeeDee und er die Frauen auf der Straße und geben anzügliche Kommentare ab. Anscheinend ist es am Morgen vor einem Kampf unerläßlich, den bis dato unterdrückten sexuellen Bedürfnissen öffentlichen – und damit harmlosen – Ausdruck zu verleihen. Die beiden lassen sich im Wechsel über ihre Bewunderung der Formen und die möglichen Liebeskünste und Talente mehrerer Passantinnen aus. Das gleiche Spiel wiederholt sich, als wir, nach dem Gang zur Waage, das Illinois State Building wieder verlassen. Curtis sieht zwei junge Frauen, die sich mit einem Kuss auf den Mund voneinander verabschieden, und macht sofort seinen Trainer darauf aufmerksam. »Ach du Armer, da ist doch nichts dabei! Ich kenne viele Frauen, die sich so küssen.« Curtis verzieht aufgeregt den Mund: »Dann sollte ich sie mal auffordern, *mich* so zu küssen, dann werden wir mal sehen.« Einer schwarzen Matrone am Steuer eines Lieferwagens mit der Aufschrift »*Fish*« ruft DeeDee vom Auto aus zu: »Ich bin auch Fisch [*pisces*]!«, und er besteht hartnäckig auf dieser Aussage, als ihn eine andere, ebenso rundlich, mit einem Blick des Einverständnisses vom Trottoir aus mustert. Die beiden Komplizen platzen fast vor Lachen und werfen sich herausfordernde Blicke zu, als wir hinter einer großen Schwarzen mit einem gigantischen Hinterteil herlaufen. »Mit der geht nichts, DeeDee, die zerquetscht Sie vorher. – Natürlich geht da was, bei mir geht immer was ...«

## Das Wiegen im Illinois State Building

Wir sind weit vor der Zeit angekommen, stellen den Wagen auf dem gebührenpflichtigen Parkplatz in der Randolph Street ab und gehen von dort aus zum Illinois State Building. Der gläserne Aufzug an der Außenseite des Handelszentrums bringt uns zur neunten Etage. Im Gegensatz zu den vorangegangenen Kämpfen ist Curtis heute sehr entspannt (sonst wirkt er vor einem Kampf eher düster, um nicht zu sagen aggressiv, und man lässt ihn dann besser in seinem Winkel allein). Im Wartezimmer vor dem Office of Professional Regulation (der staatlichen Aufsichtsbehörde für die freien Berufe, zu denen auch das Boxen zählt[5]), treffen wir den alten Herman Mill und den *cutman* Laury Myers.

5 In den Vereinigten Staaten gibt es keine eigene, für das Berufsboxen zuständige nationale Organisation. Es steht jedem Bundesstaat frei, ob er für diesen Berufszweig, gemäß den eigenen Prinzipien und Modalitäten, Regelungen erlassen will (oder nicht). In 44 der fünfzig Mitgliedsstaaten der Union gibt es eine »*commission*« für Boxangelegenheiten. Die überwiegende Mehrheit dieser *commissions*

Mill ist ein schmächtiger, ergrauter *old timer*, der über 200 Amateurkämpfe und 150 Profikämpfe (bei nur vierzehn Niederlagen) bestanden und sich in den 1940er Jahren Duelle mit dem legendären Federgewichtschampion Willy Peps geliefert hat. Zu dieser Zeit führte er ein Doppelleben als Steptänzer und als Boxer: Ein Abend ein Auftritt in Stepschuhen, am nächsten Abend im Ring. Er tingelte mit der Eisenbahn von Stadt zu Stadt und kämpfte mehrmals pro Woche, manchmal drei oder vier Abende hintereinander, in Cabarets, Kinos und Sporthallen. Für das Training blieb dabei keine Zeit: der Steptanz hielt ihn für das Boxen in Form, und umgekehrt. Mit drei Jahren hatte er zu tanzen und mit sechs zu boxen begonnen, wobei er von seinem Vater unterwiesen wurde, einem Musiker, der mit seinem Bruder zusammen ein Duo für Violine und Banjo bildete. »Ich habe eigentlich nie aufgehört, nur das Feuer ist mit der Zeit eben erloschen ...« Er faselt vor sich hin und erzählt mir mehrmals hintereinander dieselbe Geschichte – als er einmal einem zwanzig Kilo schwereren Boxer gegenüberstand, in einer Bar in Minnesota, und zwar bei zehn Grad minus, weil die Heizung der Kneipe defekt war –, um dann seine Ausführungen mit einigen munteren Steppschritten zu beenden. DeeDee und die anderen tun nicht einmal mehr so, als würden sie ihm zuhören: sie haben seine Geschichten schon Dutzende Male vernommen.

Laury hängt verdrossen in seinem Sessel. Wie bei jedem Wiegen ist er gekommen, um möglichen Interessenten seine Dienste als Betreuer anzubieten und ist jederzeit bereit, sich mit Eifer ans Werk zu machen. Ich überreiche ihm ein Foto, das ich letzten Monat bei Smithies Kampf in Atlantic City von ihm geschossen habe, und seine Laune bessert sich schlagartig. Verstohlen winkt er Curtis zu sich heran und zeigt ihm stolz sein scheußliches, mit falschen Diamanten besetztes Panzercollier, auf dessen goldenem Anhänger in großen Buchstaben »CUTMAN« prangt. Er hat noch ein anderes gleicher Machart bei sich, auf dessen Anhänger ein glitzerndes »MACHO« zu lesen ist, und das er dem Boxer aus Woodlawn zu einem Freudschaftspreis offeriert: »Ich weiß schon,

verfügt weder über Autorität noch über Mittel: sie unterstehen entweder der Veterinärbehörde oder der Verbraucherschutzbehörde und waren zu Beginn der 1990er Jahre weder mit einem Telefon noch mit einem Faxgerät ausgestattet, um die Identität und die Siegesbilanz der von ihnen lizensierten Boxer überprüfen zu können. Daraus erklärt sich, warum die Boxer die am wenigsten geschützten Berufssportler des Landes sind. Ein vom Senat eingesetzter Untersuchungsausschuss hat belegt, dass Unregelmäßigkeiten, Betrug und Veruntreuung in diesem Bereich an der Tagesordnung sind[E 3].

dass du auf Gold stehst, Curtis, und ich will es verkaufen, also hab' ich mir gedacht, dass ich es erstmal dir zeige. (Vertraulich.] Also gut, du kannst es für nur 75 Dollar haben, aber das bleibt unter uns.« Curtis begutachtet das barocke Objekt mit Interesse und gibt es dann mit bedauernder Miene seinem Besitzer zurück: »Ist echt gut, aber im Augenblick fehlt mir das Kleingeld.«

### *»Boxen ist mein Leben, meine Frau, meine Liebe«*

Seit dreißig langen Jahren schuftet Laury als Verkäufer für das gleiche Möbelgeschäft in einem Arbeiterviertel und bezieht dafür ein Gehalt, das es ihm eben erlaubt, seine kümmerlichen Bedürfnisse zu decken. Er ist 56 Jahre alt, geschieden und lebt allein, ohne Kontakt zu seinen drei Töchtern und dreizehn Söhnen, die er von fünf verschiedenen Frauen hat. Er stammt aus einer jüdischen Familie italienischer Herkunft; sein Großvater war Schneider, sein Vater zunächst Berufsboxer und dann, bis zu deren Schließung im Jahr 1951, Arbeiter in den Schlachthöfen von Chicago (die Upton Sinclair in *The Jungle* verewigt hat). Von Kindesbeinen an hat ihn sein Vater zu Boxveranstaltungen überall in der Stadt mitgenommen. Als pflichtbewusster Sohn folgt Laury seinem Vater in den Ring nach und wird mit siebzehn Jahren Berufsboxer, wobei er eine an Dummheit grenzende Entschlossenheit an den Tag legt: plump und unkoordiniert wie er ist, muss er in 37 Kämpfen 35 Niederlagen einstecken, 17 davon vorzeitig. »Immer wenn ich mit dem Umhang und den Shorts heimkam, die sie mir genäht hatte, hat meine Mutter gefragt, ›Hast du heute abend einen Kampf gehabt?‹, und ich habe gesagt ›Na klar, warum denn, Mama?‹, und sie hat dann gemeint ›Weil deine Klamotten so sauber sind ...‹ [Leise und traurig.] Und, das ist schon interessant, man hat nie drüber gesprochen, *wie ich mich geschämt habe*. Mein Vater konnte sehr schlecht damit umgehen, dass ich es einfach nicht geschafft habe ... Ich wünschte, er würde heute noch leben, damit er meinen Erfolg und meine Arbeit als professioneller *cutman* sehen kann. Das würde ihm viel Kraft geben.«

Aufgrund dieser schmerzhaften Erfahrung zwischen den Seilen begegnet Laury noch heute den Boxern, denen er beisteht, mit Faszination und Bewunderung, auch wenn es sich nur um solche handelt, die im Vorprogramm kämpfen. »Die meisten Leute wissen nicht viel über Boxer. Aber das sind auch menschliche Wesen. Ich denke, dass jeder, der in den Ring steigt, um zu kämpfen, *etwas Besonderes* ist. Und entsprechend sollte er auch behandelt werden. Und wenn er et-

»Cutman« Laury Myers in seinem Hotelzimmer in Atlantic City

was fertig bringt, wenn er Erfolg hat, dann wird er entsprechend belohnt.« Gegen Ende der 1970er Jahre versucht er sich für kurze Zeit als Manager, bleibt jedoch auch dabei ohne Erfolg (»Nach fünf oder sechs Monaten habe ich aufgehört, ich habe Geld verloren und die beiden Boxer, die ich hatte, haben mich wahnsinnig gemacht«). Über seine dauernde Präsenz beim Wiegen und die häufigen Kontakte zu Betreuern eignet er sich dann die Grundlagen des Metiers eines *cutman* an und findet auch Betätigungsmöglichkeiten. Die neue Rolle gestattet ihm, endlich in den magischen Zirkel vorzudringen: Ich liebe das Boxen über alles. *Es ist mein Leben. Es ist meine Frau. Es ist meine Liebe.* Es bedeutet mir alles. Meine Bewunderung ist riesengroß, und dann trifft man tolle Leute. Und ich bin stolz darauf, ein echter Profi zu sein: du wirst nie irgendwen sagen hören, dass ich kein Profi sei.«

Ein *cutman* hat die Aufgabe, dafür zu sorgen, dass sein Boxer während des Kampfes nicht von einer eventuellen Gesichtsverletzung behindert wird. Von der einminütigen Rundenpause stehen ihm jeweils ca. 40 Sekunden zur Verfügung, um einen Schnitt zu verarzten, ein Nasenbluten zu stillen oder einen Bluterguss unter Kontrolle zu bringen, der die Sicht des Kämpfers behindert, wenn er weiter anschwillt. Sein Instrumentarium ist rudimentär: Wattestäbchen, Eisbeutel, einen Eisenwürfel, ein paar Ampullen mit blutstillenden Substanzen (Avotine, Adrenalinlösung 1:1000), Vaseline und das Wissen um den präzisen Druck, der auf die Wunden auszuüben ist. Um angestellt zu werden, nimmt Laury an allen Wiegeterminen in der Umgebung teil, informiert sich über anstehende Veranstaltungen und bietet seine Dienst in den *gyms* an. »Mit meiner Liebe zum Boxen und meinem Wissen kann ich für jeden tätig sein: ich würde auch mit King Kong arbeiten, wenn der einen Betreuer bräuchte.« Oft genug praktiziert er für eine mehr oder minder symbolische Entlohnung, zehn Dollar unter der Hand, nur um der Anerkennung und des Bekanntheitsgrades willen (»Damit die Leute sehen, dass du professionell arbeitest«). Das wichtigste ist es, aktiv zu bleiben. Seit der rühmlichen Veröffentlichung seines Portraits in *Ringside,* einer bedeutenden, monatlich erscheinenden Fachzeitschrift für den Boxsport (er selbst hat 40 Exemplare am Kiosk seines Viertels erstanden), hegt Laury die Hoffnung, demnächst ein Engagement bei einem der großen, medienwirksamen Kämpfe zu erhalten, bei denen die Betreuer bis zu 2% der Börse des Boxers erhalten.

Der schnauzbärtige Betreuer liest mit religiöser Inbrunst die monatlich erscheinenden Boxzeitschriften (»sobald eine erscheint, habe ich sie«). Er sieht sich ein Maximum an Kämpfen im Fernsehen und auf Videoaufzeichnungen an, außerdem ist er bei allen Turnieren im Großraum Chicago anwesend. »Im Fernsehen habe ich an vielen »Ecken« etwas auszusetzen. Du musst Ruhe bewahren, einen kühlen Kopf behalten. Du musst wissen, was du tust. Wenn du nervös wirst oder dich aufregst, dann überträgst du das auf den Boxer, und auf einmal ist dein guter Boxer auch nervös und aufgeregt. Wenn du aber ruhig auf ihn einredest und ihm gute Ratschläge erteilst, dann folgt er der Strategie, die du ihm vorgibst. Lieber Herr Jesus! Da muss man schon *pro-fes-sio-nell* arbeiten.« Seiner Erfahrung nach gibt es bei einem guten Drittel aller Kämpfe Gesichtsverletzungen,

die eine Intervention des *cutman* erfordern, und bei einem von zwanzig Kämpfen kommen schwerere Verletzungen vor. Sein Stolz: in den dreizehn Jahren seiner Tätigkeit hat noch nie ein von ihm betreuter Boxer einen Kampf wegen einer Verletzung verloren.
»Was mir am meisten gefällt? Es hört sich vielleicht albern an: Ich mache am liebsten meine Arbeit. Für mich ist jeder Kampf aufregend, egal ob er unbedeutend, bedeutend oder eine Anfängerbegegnung ist. Immer wenn ich die Möglichkeit habe, in der Ecke oder im Ring dabeizusein, freue ich mich, das ist meine Arbeit. Alle Kämpfe sind aufregend für mich, ob ich nun für eine Berühmtheit da bin oder für einen Unbekannten. Ich könnte jeden Tag arbeiten, so gut gefällt mir das. Das ist mein Leben. Ich denke an nichts anderes außer an's Boxen und die hübschen *card girls*.«

Am anderen Ende der Bank sitzt, in einigen Metern Abstand, still ein kleiner, vierschrötiger Weißer mit kurzgeschorenen blonden Haaren und einem finsteren Blick im wie aus Stein gemeißelten Gesicht, der ein graues T-Shirt und einen grünen, ausgebleichten Trainingsanzug trägt. Ich nehme an, dass es sich um Curtis' Gegner Hannah handelt. Er ist ohne Begleitung zum Wiegen gekommen – seine im Kampfprogramm aufgeführte Eckenmannschaft besteht nur aus seinem Vater, was mich innerlich frösteln lässt. DeeDee wird ungeduldig und beschließt, die Zeit in einem Café totzuschlagen. »Wo wollen Sie hin? jammert Curtis. Warten Sie doch, bis ich gewogen bin, *man*, dann gehen wir Kaffee trinken und essen zusammen zu Mittag.« Aber der alte Coach ist zu hungrig. Unmittelbar darauf verschwindet Curtis ein weiters Mal auf der Toilette.

Um Punkt elf Uhr treffen die Offiziellen ein und der Wiegesaal, ein großer, rechteckiger Raum mit Klimaanlage und einem grauen Teppichboden, füllt sich nach und nach: der *matchmaker* Jack Cowen, der die heutige Veranstaltung organisiert hat; Doc Bynum, der von der Kommission zur Feststellung des Gesundheitszustands der Boxer berufene Arzt; die drei Sekretärinnen, zwei ausgebleichte Blonde und eine hübsche Rothaarige, die für den Papierkram zuständig sind (Lizenzen der Boxer und des Eckenpersonals, ärztliche Atteste, Entlastungsbescheinigungen, Kautionsunterlagen für die Kampfbörsen, etc.); der Ringrichter Sean Curtin; der *Commissioner* mit seinem ergrauenden Schnauzbart; die alten Trainer aus der Gegend, die miteinander schnattern; und schließlich all diejenigen, die sich am Morgen vor einem Turnier versammeln. Ich unterhalte mich kurz mit Sean Curtin, der an dem

Abend bei den Golden Gloves Ringrichter war, an dem ich meinen Kampf hatte. Auf meine Verwunderung, dass James »Jazzy« Flowers nach nur vier Siegen und zwei Niederlagen Champion des Staates im Halbschwergewicht geworden ist, antwortet er seufzend: »Was willst du tun, die Kerle machen sich rar ... Er hatte keine Gegner, deshalb.« Der Mangel an Kandidaten ist so groß, dass es wohl bald reicht, ins Berufslager zu wechseln, um Staatschampion zu werden! Curtis nickt mit seinem irischen Schädel und bestätigt traurig: »Es gibt nur noch wenige Jungs, die zum Boxen finden, sehr wenige. [Er seufzt enttäuscht.] Es ist unglaublich, wie das nachgelassen hat! Die Eltern wollen nicht, dass ihr Sohn das macht. Hmmm, puh ... [er seufzt wieder, um seine Entmutigung auszudrücken] Es gibt weniger Veranstaltungen, weniger Kämpfe, es gibt weniger Werbung. Zu meiner Zeit als Boxer gab es, egal gegen wen ich gekämpft habe, jedesmal eine Anzeige in der *Chicago Tribune* [der größten Tageszeitung der Metropole]. Die *Tribune* war Sponsor der Golden Gloves. Wenn du bei den Golden Gloves gekämpft hast, stand dein Name in der Zeitung. Die haben dein Foto veröffentlicht. Ich habe um den Meistertitel der Golden Gloves gekämpft, und mein Foto war auf der *ersten Seite* der Sonntagsausgabe. Du hattest unglaublich viel Publicity, und wenn du jung bist und dein Name steht in der Zeitung, dann stimuliert dich das, das gefällt dir. Heute wird das nicht mehr gemacht – heute wissen die Leute auf der Straße nicht mehr, wer Champion bei den Golden Gloves geworden ist, keiner weiß es mehr.«

Währenddessen ist Jack mit der Kommissionssekretärin zugange, um sicherzustellen, dass sie die offiziellen Ergebnisse der Kämpfe an alle Interessierten, Organisatoren, Trainer und die Kommissionen der benachbarten Staaten verschickt – »Ich weiß nicht warum, aber Leon Sushay hat keine Kopie von der letzten Begegnung in Park West erhalten. Können Sie ihm nicht nochmal eine schicken?« Dann teilt er DeeDee mit, dass Jim Strickland, Apotheker und, wenn er dazu aufgelegt ist, Trainer-Manager, heute abend als Betreuer in Curtis' Ecke antreten will, da dessen regulärer *cutman* Ed Woods nicht anwesend sein wird – seine Arbeit hatte ihm nicht erlaubt, mit dem Auto von Indianapolis herzufahren, wohin er vor kurzem umgezogen war. Jack hat darum Strickland auf die Liste der Personen setzen lassen, die am heutigen Abend freien Eintritt ins Studio 104 haben.

Curtis geht zu Cowen und gesteht ihm kleinlaut, dass Lorenzo noch die sieben Eintrittskarten hat, die er für ihn verkaufen sollte, und er deshalb nicht alles Geld dabeihabe, dass er ihm heute morgen übergeben müsste. Jack antwortet mit einem düsteren Grinsen: »*Call the police*«.

Halb erleichtert kehrt Curtis wieder zu seinem Platz im hinteren Teil des Raums zurück, während DeeDee den Erlös aus dem Verkauf der seinem Schützling zugestandenen Tickets an Cowen übergibt. Der *matchmaker* zählt die Scheine sorgfältig, indem er sie auf einem Tisch abseits des Wiegevorgangs ausbreitet, der ohne besonderes Zeremoniell vonstatten geht. Er stellt seine Rechnung auf, indem er auf einem Blatt Papier die Anzahl der Karten mit ihrem Wert multipliziert. Ergebnis? ... Überraschung! Es fehlen 300 Dollar, der Gegenwert von 15 Karten. Panik kommt auf. DeeDee verzieht das Gesicht, Jack zählt schnell noch einmal nach: es fehlen wirklich 300 Dollar. Aber Curtis war sich doch sicher, dass der Betrag gestimmt hat. Plötzlich erhellt sich DeeDees Miene, das Rätsel ist gelöst: es handelt sich um die Tickets, die Curtis Manager Jeb Garney übernommen hat. Jack schnauft erleichtert: »Ach so, okay, dann sind wir quitt.« Er zählt 500 Dollar ab und überreicht sie an DeeDee: »Hier sind 500 für Curtis, dann ist das schonmal erledigt. Das mit der Komission sehen wir später, wenn alles beisammen ist[6].« Was geschieht mit den neun Tickets, die Curtis übriggeblieben sind? Jack weist DeeDee an, sie zu behalten, man weiß ja nie, vielleicht kann er sie bis heute abend doch noch loswerden ... Man teilt uns mit, dass Jeb Garney nicht zum Wiegen kommen wird; er bestellt DeeDee und Curtis für Punkt 14 Uhr zu Daley's, dem Restaurant neben dem *gym*, um dort die traditionelle Mahlzeit vor dem Kampf einzunehmen. Alles deutet darauf hin, dass wohl nicht mit hohem Einsatz gespielt und der Kampf eher eine Routineangelegenheit für den Star des Woodlawn Boys Club sein wird.

DeeDee und Curtis haben für insgesamt 1.220 Dollar Karten verkauft, eine schöne Summe. Jack hat auf einem Blatt die Anzahl der Tickets notiert, die jeder Boxer bekommt, damit er sie »in Kommission« verkaufen kann: Curtis Strong 70, Keith Rush 20, Windy City 150 (eine konkurrierende Boxhalle der West Side, von der zwei Mitglieder

6 Der Umstand, die Gage des Boxers im voraus und vor aller Augen dessen Trainer zu übergeben, ist in dreifacher Hinsicht ungewöhnlich: in der Regel erfolgt die Bezahlung in der Welt des Boxens erst nach erbrachter Leistung und die Transaktion findet hinter verschlossenen Türen und zwischen dem Organisator der Veranstaltung und dem Manager des Boxers statt, falls dieser über einen solchen verfügt. Man kann hier ein Indiz dafür sehen, dass die heutige Veranstaltung im Schnellverfahren und in enger Zusammenarbeit zwischen Jack Cohen und dem Woodlawn Boys Club organisiert worden war, um Curtis im Hinblick auf einen eventuellen, einträglicheren Kampf in Atlantic City in Form zu halten – im Vormonat stand letzterer zweimal kurz davor, als Gegener eines Weltranglistenboxers für einen vom Fernsehen übertragenen Kampf berufen zu werden.

heute abend ebenfalls Kämpfe bestreiten), sowie zwei andere Namen, die ich nicht kenne, mit 20 und 50 Karten. Insgesamt sind es 310 Tickets, die von den Boxern und ihrem Umfeld verkauft werden können, also 6.200 Dollar – das reicht etwa, um die Hälfte der Organisationskosten für die Veranstaltung zu decken, falls denn die teilnehmenden Boxer alle Karten verkauft haben, was eher ungeöhnlich ist[7].

Man teilt Cowen mit, dass derjenige, der die zwei per Bus anreisenden Boxer aus Milwaukee in zehn Minuten an der Greyhound Station abholen sollte, dies nicht tun kann: sein Wagen hat eine Panne[8]. Jack entschließt sich widerwillig, Kitchen dafür einzuspannen, einen chronischen Säufer, der in den *gyms* und auf Veranstaltungen zu finden ist, wo er seine Dienste als Amateurfotograf anbietet. Mit einem gespielt förmlichen und offen paternalistischen Tonfall wendet er sich an letzteren, der wie gewöhnlich auf eine Gelegenheit lauert, einige Dollar zu verdienen.

JACK: Na gut, dann schick' ich eben Kitchen – ich sehe keine andere Möglichkeit. Ich geb' ihm ein bisschen Geld und setz' ihn in ein Taxi, nüchtern! ... [er wendet sich an Kitchen, der mit verdutzter Miene herumspaziert, und packt ihn mit Autorität bei der Schulter.] *Môôôssieur* Kitchen, hätten Sie die Güte, mal hierher zu kommen! Sie sind gerade dabei, *ihr tägliches Brot zu verdienen*, jaja ...

KITCHEN: [bescheiden] Verlangt jemand nach mir?

JACK [gönnerhaft]: Ich. Haben Sie heute schon getrunken?

KITCHEN [schüttelt heftig den Kopf]: Aber nein.

JACK: Sind Sie fit?

KITCHEN [ehrerbietig]: Jawohl der Herr. [Yessir.]

JACK: Okay, hier sind zehn Dollar. Sie nehmen jetzt unverzüglich ein Taxi und fahren zum Greyhound-Busbahnhof, wo sie jemanden mit dem Namen Sherman Dixon abholen werden, der in ungefähr fünf Minuten ankommen müsste.

KITCHEN: Okay. Wie war nochmal der Name?

7 Nachträglich habe ich erfahren, dass die Gesamtmenge der bezahlten Eintrittskarten lediglich 178 betrug (104 davon hatten allein Curtis und seine Gefolgschaft verkauft), und dass Curtis' Manager die Börse seines Gegners aus eigener Tasche bezahlt hatte, um seinem Boxer den Hauptkampf zu sichern und ihm somit »Arbeit zu geben«.

8 Die Greyhound-Busse verbinden alle größeren Städte des Landes und dienen zur Langstreckenbeförderung der armen Bevölkerungsschicht Amerikas. Sie werden vor allem von den Familien des schwarzen und Latino-(Sub-)Proletariats genutzt, die über kein eigenes Auto oder die Mittel für den Flugverkehr verfügen.

JACK: Sherman Dixon, ein kleiner, kräftiger Bursche. Ein kleiner, kräftiger Schwarzer mit einem runden Geicht. Der andere Junge heißt Zeb Dingsbums, also ... Beide sind Leichtschwergewichtler, sie müssten zusammen ankommen.

Kitchen weiß nicht, wo die neue Greyhound Station ist, nachdem sie aus dem Stadtzentrum verlagert wurde, und Cowen muss ihm die Adresse mit seiner Linkshänderklaue auf einen Zettel kritzeln – auf die Taxifahrer kann man kaum zählen, da es sich sehr oft um kürzlich angekommene Einwanderer handelt, die sich in der Stadt nicht auskennen. Dann beschreibt er ihm ausführlich das Aussehen der beiden Boxer aus Milwaukee (er versucht einen Augenblick lang, mich davon zu überzeugen, an Kitchens Stelle zu fahren, aber das kommt nicht in Frage: ich will das Wiegen nicht verpassen.)

Ein junger Puertoricaner mit einem Schnauzbart [später erfahre ich, dass es sich um Ishmaël handelt, einen Mittelgewichtler aus Aurora, der gerade ins Lager der Berufsboxer gewechselt ist] bettelt Jack an, dass dieser ihn aufstellen soll. Er ist von weit außerhalb hergekommen, in der Hoffnung, dass Anthony ebenfalls hier sei und Jack beide ins heutige Abendprogramm aufnehmen würde. Aber Anthony war selbst nur als Lückenbüßer in letzter Minute vorgesehen gewesen. Ishmaël ist außer sich: »*Man*, ich hab' hart trainiert, ich habe so auf diesen Kampf gewartet. Ich kenne Anthony, wir sparren zusammen: das ist *eine Herausforderung, man*! Ich will eine Herausforderung. Das ist für mich die größte Herausforderung. (Mein Güte, wie gerne hätte ich gekämpft!).« Es geht ihm wohl weniger um die Herausforderung als um das Geld, das er anscheinend dringend braucht, sonst wäre er nicht in der vagen Hoffnung, hier auf Abruf boxen zu können, sechzig Kilometer gefahren. Jack packt die Gelegenheit beim Schopf: er schlägt ihm für Ende nächsten Monats einen Kampf in Cleveland vor und versichert Ismaëels Trainer Avandano, der ganz Ohr ist, daß dieser Kampf nur Vorteile bringt: der Gegner sei ein Novize, der schon drei Niederlagen und ein Unentschieden bei nur zwei Siegen zu verzeichnen habe (»den Kerl kann man problemlos schlagen«.) Avandano gibt die Information mit bestätigendem Kopfnicken an Ishmaël weiter. Der junge Puertoricaner schaut sehr unglücklich drein, akzeptiert aber schließlich diesen Kampf »außerhalb« mangels besserer Alternativen – auf diese Weise verschiebt Cowen seine Ware von einem Markt zum anderen, um die Veranstaltungen besetzten zu können, deren Organisation ihm überall im Mittleren Westen übertragen ist.

Ein zierlicher Junge mit cremefarbener Haut, das kantige Gesicht von Locken umrahmt, bittet Jack ebenfalls, ihn für einen Kampf aufzustellen. Der *matchmaker* weist ihn schonungslos mit einer sarkastischen Bemerkung zurück: »Du weißt doch nicht mal mehr, wo der Trainingsraum ist, lass es sein, vergiss es.« Das hartnäckige Gejammere des Bittstellers (»Ich flehe Sie an, geben sie mir doch eine kleine Chance, nur eine, und ich werde Ihnen zeigen, dass ich kämpfen kann«) führt schließlich dazu, dass Jack ihn für Hilfstätigkeiten, etwa das Austeilen der Handschuhe, einteilt. Ich frage mich, für welchen Elendslohn ... Sicher wird er genauso miserabel bezahlt wie die ganze Mannschaft, die hier zum Wiegen versammelt ist: zwei Dutzend Menschen, einschließlich der Angestellten der Kommission. DeeDee erzählt gern von den Jahrzehnten nach dem Krieg, als die Räumlichkeiten beinahe aus den Nähten platzten, weil so viele Boxer in der Hoffnung gekommen waren, in letzter Minute noch einen Kampf zu ergattern: »Da haben immer fünfzig oder sechzig Burschen gewartet, die sich gesagt haben, dass der eine oder andere vielleicht absagt, oder sich den Knöchel verstaucht, oder vom Arzt wegen einer schlecht verheilten Verletzung keine Kampfgenehmigung bekommt, und dass dafür dann Ersatz nötig wäre. Ja, es war gestopft voll hier, noch bis in die 1960er Jahre hinein.« Außerdem hatten die Boxer früher mehr Mumm: »*Shit*, damals wussten alle, wie man kämpft, ich meine, die wussten, wie man richtig kämpft. Die Burschen von heute hätten keine Chance gegen sie.«

Währenddessen nimmt das Wiegen seinen Lauf. Little Keith, James Flowers und Danny Nieves waren schon auf der Waage und haben sich wieder gesetzt, schweigsam und mit verschlossenen Mienen. Die Kommissionssekretärin verkündet mit schriller Stimme: »Sind hier noch Boxer, die noch nicht bei mir waren?« Es wird ausgerufen: »Curtis Strong!« Letzterer bahnt sich einen Weg durch die kleine Ansammlung, zieht seine Latzhose aus und steigt ohne weitere Umstände in seinem weißen Slip auf die Waage. Ausatmen. Exakt 133 Pfund. Einatmen. Keine spektakulären Posen, keine erregten Äußerungen in Richtung seines Gegners, der still in einer Ecke sitzt, nachdem die Waage 129,7 Pfund für ihn angezeigt hat. Alles liegt in dem Bereich, den die gegnerischen Parteien im Vorfeld vereinbart hatten. Es läuft also. Die Boxer kommen zur Vertragsunterzeichnung, einzeln und in der Reihenfolge, in der Cowen sie aufruft – die Verträge werden erst am Morgen vor dem Kampf unterzeichnet, weil dann die Möglichkeit besteht, das vorgesehene Personal bei Bedarf in letzter Minute auszutauschen, oder auch die vereinbarten Gewichtsgrenzen zu ändern, falls einer der Kämpfer den Grenzbereich überschritten hat[9].

Curtis Börse beträgt 500 Dollar, wohingegen Little Keith einen Vertrag über nur 200 Dollar unterzeichnet – eine Gage, die er mir gegenüber kürzlich als »gerechtfertigt« bezeichnet hat: 50 Dollar pro Runde, der Tarif ist seit Jahren unverändert. Ein Blick über die Schulter von Jeff Hannah verrät mir, dass dieser 600 Dollar bekommen wird. Man hat ihm mehr bieten müssen als seinem Gegner, um ihn zu überreden, nach Chicago zu kommen und sich verprügeln zu lassen. Seit Curtis Kämpfe über zehn Runden bestreitet (und damit in der Kategorie der Hauptkämpfe angekündigt wird), wird es schwierig, Gegner für ihn zu finden: es gibt nicht viele Boxer auf diesem Niveau, und diese sind sämtlich darauf aus, möglichst ›zu Hause‹ zu boxen und ›ernstzunehmende Kunden‹ zu vermeiden, um ihre Siegesbilanz nicht zu trüben.

Curtis und DeeDee lassen sich im hinteren Teil des Raums nieder, Eddie setzt sich in die nächste Stuhlreihe. Curtis geht dann, um sich Jeff Hannah vorzustellen, der allein in der gegenüberliegenden Ecke mit der Schulter an der Wand lehnt. Er drückt seinem Gegner des heutigen Abends die Hand und plaudert einen Moment freundschaftlich mit ihm – von Weitem sieht es so aus, als hätten sich zwei Freunde getroffen: sie sind entspannt, Curtis klopft Hannah lachend auf die Brust. (Nebenbei sei hier der von den Medien verbreitete Mythos erwähnt, dass Boxer ihren Gegner ›hassen‹ müssen, um gut kämpfen zu können, und über den DeeDee sich furchtbar aufregen kann, da er von der Ignoranz zeugt, die eine breite Öffentlichkeit der *Sweet Science* gegenüber an den Tag legt.)

Ich nutze diese Begebenheit und überreiche Jack das Schreiben, das Ashante von seinem Zahnarzt bezüglich der unverzüglichen Begleichung der Behandlungskosten für seinen bei einem Kampf in Cleveland im letzten Februar gebrochenen Kiefer erhalten hat, die vom dortigen Promoter immer noch nicht angewiesen wurde. Jack tut so, als sei er er-

9 Falls sich in letzter Minute kein Ersatzgegner findet, kann ein Boxer, dessen vorgesehener Gegner erhebliches Übergewicht aufweist, vom Organisator der Veranstaltung eine geringfügige Erhöhung seiner Gage fordern – der entsprechende Betrag wird dann von der Gage des übergewichtigen Gegners abgezogen. Dem Organisator steht es frei, das Programm bis zum letzten Augenblick ohne Konsequenzen und Verpflichtungen zur Kostenerstattung zu ändern. Dementsprechend kommt es häufig vor, dass einer oder mehrere Boxer, die (oft mit entstellter Ortographie) auf den Werbeplakaten für den Abend angekündigt waren, dann gar nicht anwesend sind.

Curtis und DeeDee warten mit Cliff und Eddie auf das Wiegen

Jack Cowen und sein Assistent sortieren die Handschuhe für die Kämpfe am Abend

staunt, dass sein guter Freund Larry diese Schuld noch nicht beglichen hat. Als DeeDee davon erfährt, reagiert er ungehalten: »*Man*, da kannst du doch drauf pfeifen, das ist doch gar nichts. Solche Rechnungen kannst du vergessen, die bezahlst du einfach nicht, und damit fertig.« Eddie trägt eine entspannte Miene zur Schau, aber ich weiß, dass er unter Hochdruck steht, weil Keith heute abend kämpfen wird.

*»Du darfst nie einen Boxer unterschätzen«*
*Eddie nach einer Veranstaltung im International Amphitheater*

LOUIE: Bist du nervös, wenn deine Boxer in den Ring steigen, zum Beispiel wenn Lorenzo oder Keith in den Ring steigen?

EDDIE: Bei allen. Bei allen, egal wer es ist. Das macht keinen Unterschied. Bei allen. Ich hab' da so ein Gefühl im Magen, bei all meinen Jungs, *man*. Also, du hast immer ein bisschen Bammel, egal bei wem. Das kann der zäheste Boxer der Welt sein.

LOUIE: Wann setzt die Nervosität denn ein, in den Tagen davor, beim Training, oder erst am Kampftag?

EDDIE: Kurz vor dem Kampf. Ansonsten bin ich davor ruhig. Ich will nur, dass alles gut läuft, sonst nichts.

LOUIE: Und wann verkrampfst du dich?

EDDIE: Manchmal schon beim Wiegen. Das ist unterschiedlich. Manchmal am Kampfabend. Denn einen leichten Kampf, das gibt's nicht. Auf jeden Fall nicht für mich. Ich hab' Jungs gesehen, denen hat man Aufbaugegener hingestellt, und die sind dann von denen geschlagen worden. Ich habe *journeymen* [»Tagelöhner«] gesehen, die Titelanwärter [*top contenders*] k.o. geschlagen haben. Genau, als Larry Holmes [der Schwergewichtsweltmeister] gegen Mike Weaver gekämpft hat, da hatte Mike Weaver neun Niederlagen hinter sich, aber er hat Larry Holmes dreimal zu Boden geschickt, und als Larry Holmes dann ihn niedergeschlagen hat, ist er sofort wieder aufgestanden. Holmes hatte Mühe, seine Kombinationen zu schlagen [er ahmt Kombinationen in Zeitlupe nach, um die Erschöpfung darzustellen], und der Schiedsrichter hat dann den Kampf abgebrochen, weil er Angst hatte, dass Weaver Holmes nochmal trifft und dann ernsthafte Schäden anrichtet. Du siehst also, dass *du nie einen Boxer unterschätzen darfst, egal wann und wo.* Und das sag' ich auch den Jungs, ich hab' ihnen gesagt »auch wenn dein Gegner dir leicht vorkommen mag, musst du trotzdem immer bereit und auf der Hut sein«, denn das gehört zum Boxen.

LOUIE: Weil du nie weißt, was passieren kann, wenn du in den Ring steigst ...

EDDIE: Ja, genau, deshalb sage ich ihnen immer und immer wieder: Vorbereitung, Vor-be-rei-tung.

LOUIE: Wenn der Gegner während des Kampfes Lorenzo oder Keith in Schwierigkeiten bringt, wächst dann deine Anspannung?

EDDIE: Nein, also wenn sie erst einmal im Ring stehen, dann weiß ich, dass sie darauf vorbereitet sind. So, wie sie ihr Sparring absolviert haben, wissen sie auch, wie man mit solchen Situationen fertig wird. Wenn du mit Curtis sparrst, wenn der mit Lorenzo oder Keith in den Ring steigt, dann fängst du dir einiges ein, das ist die Arbeitsweise. Weißt du, das ist auch der Grund, warum nicht viele Typen aus anderen Boxhallen zu uns zum Sparring kommen. Die wissen alle, wenn du bei uns in Woodlawn antrittst, dann ist das echt *hartes Sparring, bis zum Äußersten*. So arbeiten wir hier eben.

Wir fahren zurück nach Woodlawn, DeeDee, Curtis, Eddie, Little Keith und ich. Im vorigen Jahr hat Curtis die »Flasche« [*bum*] aus Milwaukee geschlagen, der Keith heute abend gegenüberstehen wird. Im Aufzug beruhigt Curtis seinen Clubkameraden: »Der ist nicht zäh. Du musst ihn unter Druck setzen, dann bricht er ein, und du hast keine Probleme. Ich hab' ihn in der dritten Runde k. o. geschlagen, also kann ich dir nicht sagen, ob er über die Distanz gehen kann.« Aber der Kampf geht ja sowieso nur über vier Runden ...

Als wir das Illinois Center verlassen, lenke ich DeeDees Aufmerksamkeit auf die Kunstaustellung im Eingangsbereich. Ob er wohl dieses abstrakte, grobkörnige, bläuliche Relief neben dem Eingang gerne in seinem Wohnzimmer hängen hätte? »*Man*, ich kann dir nicht mal sagen, was dieses *Dingsbums* da sein soll, Louie«. Mit den Frauen dagegen kennt er sich aus, genau wie Curtis. Sobald wir auf der Straße sind, wetteifern beide in zweideutigen Scherzen und eindeutigen Blicken. Während der Parkplatzwärter den Wagen bringt, knabbert Curtis an einem Erdnuss-Schokoriegel und legt ein paar kleine Boxschritte auf der kleinen Betonrampe hin. Ein junger Mann kommt auf uns zu und erkennt ihn: »Ich habe Sie im Fernsehen gesehen, Sie sind doch Boxer, oder?« Er schüttelt Curtis die Hand und grüßt begeistert DeeDee, sichtlich beeindruckt von der Präsenz der Vertreter der noblen Kunst. Auf der Rückfahrt dreht sich das Gespräch wieder um das Boxen, die gestern im Fernsehen gezeigten Kämpfe und die jeweiligen Gegner von Keith und Curtis am heutigen Abend.

Als wir wieder in die 63. Straße kommen, sehen wir uns plötzlich einem verlebten Alten in einem unmöglichen Faschingskostüm gegenüber: weiße Gamaschen, rotes Halstuch, roter Schwalbenschwanz und ein extravaganter Hut, der von einem Dutzend amerikanischer Fähnchen gekrönt ist. Ein wandelnder Ein-Mann-Jahrmarkt! DeeDee und Curtis sind überrascht, dass ich ihn nicht kenne – es handelt sich um ein bekanntes Original des Viertels – und schlagen mir vor, ihn zu fotografieren, da er dies schätze. Ich frage DeeDee, ob es sich um einen Verrückten handle: »Wenn ich mit so einem Hut auf der Straße herumlaufe, Louie, was wirst du dann denken?« Curtis unternimmt einen neuen Versuch, mit Lorenzo zu telefonieren, um herauszubekommen, was mit seinen Tickets geschehen ist. »Wenn du meine Meinung hören willst«, grummelt Eddie, »dann kann ich dir sagen, dass du nicht auf Lorenzo zählen kannst. Der ist unzuverlässig. Jetzt weißt du es.«

Curtis und DeeDee müssen noch gut zwei Stunden warten, bis sie sich mit Jeb Garney bei Daleys zum Essen treffen. Der Zeitpunkt des Mittagessens ist absichtlich fünf Stunden vor den Kampf gelegt, damit der Boxer dann zwar schon verdaut, die Kalorien der letzten Mahlzeit aber noch nicht verbraucht hat. DeeDee hat keine Lust, sich so lange die Beine in den Bauch zu stehen – je näher ein Kampf rückt, desto schlechter wird seine Laune. Wir verabreden, dass wir uns um fünf Uhr dreißig wieder beim *gym* treffen, um von dort aus gemeinsam aufzubrechen. Curtis' Frau Cherry wird uns wegen ihrer Schwangerschaft nicht begleiten, und auf ausdrückliche Anweisung DeeDees hat er auch die Mitglieder seiner Familie nicht beordert. Wir werden also zu dritt in seinem Jeep fahren.

Ich bringe Eddie zu ihm nach Hause in die 55. Straße zurück. Während wir die Cottage Grove Avenue entlangfahren, bemerkt er: »Die Jugendlichen hier im Viertel haben nicht viel Möglichkeiten: denen bleiben nur die Drogen oder der Knast. [...] Hast du den ›blackout‹ in der West Side mitbekommen?» Seit drei Tagen gibt es in einem Sektor des westlichen Ghettos aufgrund einer Panne in einer Umspannstation keine Elektrizität mehr.

LOUIE: Ja, ich habe davon gehört.

EDDIE: Gut, die meisten Geschäfte sind geplündert worden. Die meisten waren arabische Händler[10]. Und die hatten ein so schlechtes Ver-

10 Der weitaus größte Teil des Einzelhandels im schwarzen Ghetto ist in der Hand von Kleinunternehmern mittelöstlicher (Libanesen, Syrer, Palästinenser) und asiati-

»Was würdest du denken, Louie, wenn ich so einen Hut aufhätte?«

hältnis zu den Leuten im Viertel, dass die sie ausgeplündert haben.

LOUIE: Warum ist das Verhältnis so schlecht?

EDDIE: Also, die Araber respektieren die Schwarzen nicht, weil die meisten – du weißt schon, ich hab' es schon mal gesagt, das ist ein urbanes Viertel hier, und die meisten Kerle sind Säufer und benehmen sich idiotisch, und deshalb werden sie nicht respektiert. Man findet da nicht allzuviel Intelligenz bei denen.

scher Herkunft (Koreaner, Chinesen), die als Familienbetriebe arbeiten und deren kulturelle Normen beim direkten Kontakt Distanz und Zurückhaltung vermitteln. Daraus ergeben sich starke Spannungen mit den übrigen Bewohnern, die diese Händler als Eindringlinge wahrnehmen, die das Geld der afro-amerikanischen Gemeinde »absaugen«, ohne es zu reinvestieren und ihren Angehörigen auch noch mit Kälte und Misstrauen begegnen[E 4].

LOUIE: Ach so, und du meinst, das liegt eher an den Schwarzen im Viertel als an den ...
EDDIE: Das liegt – also, *die Schuld liegt bei beiden zu gleichen Teilen ...*
LOUIE: ... Arabern oder Koreanern?
EDDIE: Die Schuld liegt bei beiden zu gleichen Teilen. Es fängt doch schon damit an, dass es an jeder Ecke einen Schnapsladen gibt, also hör' mal, es liegt ja auch daran. Das hat viele Ursachen.
LOUIE: Warum gibt es denn soviele Schnapsläden in diesen Vierteln?
EDDIE: Weil die genau wissen [düster], dass die Menschen, wenn sie *unterdrückt* sind und ohne Arbeit, herumhängen und sich einen ansaufen. Der einzige Unterschied zwischen einem Schnapsladen und einem *crackhouse*[11] ist der, dass der Schnapsladen legal ist. Der ist *staatlich genehmigt*, das ist alles, und sonst gibt es keinen großen Unterschied. Die gleiche Art von Kerlen, die im *crackhouse* rumhängen, oder vor dem *crackhouse*, die triffst du auch vor jedem Schnapsladen – da gibt es kaum einen Unterschied. [...]
LOUIE: Du warst doch sicher schon oft beim Wiegen dabei?
EDDIE: Doch, ja, man gewöhnt sich daran, das gehört zur Routine ...
LOUIE: Stört dich das nicht, dass du dahin musst?
EDDIE: Eigentlich nicht, nein. Das sind *die einzigen Gelegenheiten, bei denen ich ins Stadtzentrum komme.* Ich bin nicht der Typ, der in die Stadt geht. Da haben es alle immer eilig und sind am Herumrennen.

Zurück in meiner Wohnung, will ich die Pause nutzen und an meinen Notizen arbeiten, aber ich bin vom gestrigen Tag noch so ermüdet und gleichzeitig unruhig wegen der bevorstehenden Kämpfe, dass ich kaum etwas zustande bringe. Um fünf Uhr kommt Ashante vorbei. Er hat heute sein Training vorgezogen, weil er wusste, das *gym* würde wegen der Kämpfe früher geschlossen. Er hat das Gefühl, gut gearbeitet zu haben und sich langsam wieder einzuleben – seit seiner bösen Kieferfraktur, die ihm eine dreimonatige Trainingspause eingebracht hat, findet er nur mühsam zu seiner alten Form zurück. Gestern hat er sich das von der Budweiser-Brauerei gesponserte Basketballturnier »3 gegen 3« im Grant Park am Ufer des Michigan-Sees angesehen. Er begleitet mich auf der Fahrt zum Yancee Boys Club an der Wabash Avenue, wo ich der Soft Sheen Foundation ein Schreiben überbringe (es handelt sich um

11 Ein »crackhouse« ist ein Ort (meist ein verfallenes, leerstehendes Gebäude), wo man, in zu diesem Zweck eingerichteten »galleries«, vor Ort das Kokainderivat Crack erwerben und konsumieren kann [E 5].

ein Subventionsgesuch für einen Austauschbesuch, den ich mit dem Boxclub von Vitry-sur-Seine zu organisieren versuche[E 6]). Als wir in dieses Viertel kommen, das noch heruntergekommener ist als Woodlawn, ruft Ashante aus: »*Oh, boy*! Meine ehemalige Schule, gute, alte highschool!« Wir passieren das Etablissement, wo er bis zu seinem Abgang nach der zehnten Klasse zur Schule gegangen war, und die Erinnerung an diese Zeit bewegt ihn ziemlich, da er seit seiner Adoleszenz nicht mehr in diesem Teil der South Side war. Die Schule ist ein massiver, von Ödland umgebener kasernenähnlicher Bau aus roten Ziegeln im Schatten von zwei Sozialwohnblöcken mit graffitybedeckten Wänden und zugemauerten Erdgeschossfenstern.

ASHANTE: Hier hat sich nichts verändert, außer, dass es noch mehr heruntergekommen ist, soviel ist sicher ... Es sind andere Leute da, das sind nicht mehr dieselben. Die *gangs* haben sich auch verändert. Vor zehn Jahren wurde hier noch niemand umgebracht, so wie heute, aber gut, weißt du, früher, wenn zwei Burschen aus der *gang* sich schlagen wollten, dann hat man sie sich schlagen lassen, *einer gegen einen*. Aber heute ist das nicht mehr so: wenn du dich mit mir schlagen willst, dann hol' ich meine Knarre und knall' dich ab, kapiert? Und wenn du eine Knarre hast, dann fällt dir dazu erstmal nur das ein – und nicht etwa, Friedensverträge zu schließen und die zwei Typen ihr Problem wie echte Männer austragen zu lassen. *Heute bekommst du es mit der Angst zu tun*, weil die Typen, die haben keinen – [er wird plötzlich laut] ich meine, *die legen keinerlei Wert mehr auf das Leben*, das bedeutet ihnen nichts. Egal ob Frauen, Babies, Kinder ...

LOUIE: Und das war nicht so, als du noch in der *gang* warst?

ASHANTE: Nein, zu meiner Zeit sind vor allem die Fäuste geflogen. Heute legen sich Burschen wegen nichts und wieder nichts mit der Knarre um, es gibt welche, die knallen drei oder vier Gören bei einem *drive-by-shooting* ab, verdammt, nein, das war nicht so.

LOUIE: *Früher gab es keine drive-by-shootings*?

ASHANTE: [überlegt einen Augenblick]: Naja, das gab es schon, aber nicht so wie heute. Nicht so oft wie heute.

LOUIE: Und stimmt es, dass der Drogenhandel vollständig außer Kontrolle geraten ist?

ASHANTE: Drogen, Drogen ... das ist ein einziges Schlamassel [*it's a mess*]. *Schlimmer*! Verdammt, die Drogen, verglichen mit heute war das früher überhaupt nichts. Weißt du, früher gab es nur *ganz be-*

*stimmte Typen*, die da mitgemischt haben, aber heute, *shit*! Mein Filius [sein fünfjähriger Sohn] könnte sich mit sämtlichen Drogen versorgen, wenn er wollte. Das ist schlimmer, dank der Regierung und der CIA ist das viel schlimmer als es jemals war[12].

Was ist aus den Jugendlichen des Viertels geworden, mit denen er damals herumzog? »Die meisten sind *drogenabhängig, tot oder im Knast* ...« Offensichtlich gibt es keinen Ausweg aus diesem makabren Tryptichon, denn eine entsprechende Antwort habe ich von allen schwarzen Boxern erhalten, die ich zu diesem Thema befragt habe (im Gegensatz zu ihren weißen Kollegen, für die eine Festanstellung als Arbeiter kennzeichnend ist). Dann kommen wir an einem Coop vorbei, wo ich Obst und Negativfilme kaufe, um die Kämpfe fotografieren zu können.

*Das makabre Schicksal der Freunde aus der Kindheit*

LORENZO: Die meisten sind im *Knast*, oder *tot und begraben*, ein paar andere schlagen sich noch auf der Straße durch, aber die meisten, mit denen ich eng zusammen war, sind im Moment im Knast – es gibt welche, die haben Erfolg, andere haben keinen, und der Rest liegt dazwischen.

LOUIE: Hättest du einer von denen im Knast sein können?

LORENZO: Das *hätte* schon sein können, ja, das könnte wohl sein.

LOUIE: Was hat dich daran gehindert?

LORENZO: Ich weiß nicht, *ich bin nicht der Typ dafür*, ich bin eben einen anderen Weg gegangen.

TONY: Also, es gibt eben welche, die arbeiten, es gibt *Drogenabhängige*, es gibt *Drogendealer*, und es gibt solche, die haben geheiratet und schuften und versuchen zu überleben, das ist wie bei mir: du schuftest und versuchst, zu überleben.

ANTHONY: Die machen nichts – ein paar sind flüchtig, mit der Polizei auf den Fersen, die meisten machen gute Geschäfte, *aber mit Drogen*. Und ein paar andere stellen sich nicht dumm an, die haben einen Job, aber nebenher *dealen* sie trotzdem.

LOUIE: Warum sind denn heute so viele Typen im Drogengeschäft?

12 Anspielung auf die Theorie einer »Regierungsverschwörung«, die in weiten Teilen der afro-amerikanischen Gemeinschaft unter der Bezeichnung »The Plan« in Umlauf ist, derzufolge der Staat die Schwarzenviertel unter der Hand mit Drogen beliefern soll, um so die Mobilisierung der Bewohner zu verhindern und ihre Forderung nach Rassengleichheit zu unterbinden[E 7].

ANTHONY: Die wollen alle – nein, nicht das schnelle Geld [*the quick money*], das ist es nicht, die wollen *einen Traum* leben, weißt du. [Sehr ruhig.] *Die drehen sich ihren eigenen Film*, das ist alles, was sie wollen: in diesem Film leben.

CURTIS: Als ich anfing, erwachsen zu werden und so, ich glaube, das war mit vierzehn oder fünfzehn, da hat mir meine Mutter gesagt, es wird die Zeit kommen, wo du eine Menge deiner Freunde sterben oder im Knast landen siehst. Und, *wie vorausgesagt*, hab' ich sie gesehen, einen ganzen Haufen, ungefähr die Hälfte – also gut, vielleicht nicht gerade die Hälfte, das wäre dann doch ein bisschen übertrieben, aber trotzdem ist ein ganzer Haufen meiner Freunde umgebracht worden, weil sie sich *mit den Gangs herumgetrieben* haben [*gang banging*], oder weil sie Stoff verkauft haben, ich habe eine Menge Freunde, die machen nur das, die verkaufen nur Stoff [betont indigniert], *Drogenabhängige, die Kokain verkaufen*, um sich dann anderes Zeug zu kaufen, ähm – die nennen das Karachi oder so, einen *downer*. [Er wird leiser, mit düsterem Ton.] Und ein ganzer Haufen meiner Freunde sind im Knast. Ein paar von meinen besten Freunden, die haben ihre *highschool* abgeschlossen, ich kann sie an fünf Fingern abzählen, die haben Karriere gemacht und einen Job, die versuchen, dass was aus ihnen wird. Ich kann sie an den Fingern einer Hand abzählen. Aber trotzdem treffe ich sie und unterhalte mich mit ihnen.

Ashante möchte offensichtlich bei der heutigen Veranstaltung dabeisein, vor allem wegen der Anwesenheit Calhouns, Geschäftsmann und Gangster von der South Side, den er seit Wochen in der Hoffnung zu kontaktieren versucht, damit er sein Manager wird. Linkisch streckt er seine Fühler aus: »Was machst du denn heute abend, Louie? Wer geht denn zu den Kämpfen? DeeDee hat dich auf die Liste gesetzt, stimmt's?« (Es geht um die Liste der Personen, die umsonst Eintritt erhalten). Ich frage ihn, ob er mit uns ins Studio 104 kommen will. »Aber sicher doch, nur habe ich im Moment nicht die Kohle.« Ich biete ihm an, den Eintritt für ihn zu lösen, da ich eigentlich damit gerechnet hatte, selbst zu bezahlen und nun doch umsonst hineinkäme. »Das ist toll, Louie, das muss man sagen.« Bevor er frühzeitig einem Herzinfarkt erlegen war, hatte Ashantes Manager Charles immer Freikarten für ihn und sorgte dafür, dass Ashante bei Boxveranstaltung nichts zu bezahlen brauchte. Falls nötig, bekam er einen Wutanfall und tobte so lange vor dem Kassenschalter herum, bis der Veranstalter nachgab.

Ashante will jedoch nicht schon am späten Nachmittag mit Curtis, DeeDee und mir zum Studio 104 kommen, das ist ihm zu früh. Er wartet lieber, bis es sieben ist, um dann mit meiner Begleiterin Liz, ihrer Freundin Fanette und Olivier (alias *the Doc*) zu erscheinen. Wir verabreden, dass er die Eintrittskarte des Letzteren übernehmen soll. Liz und Fanette haben bereits welche. Wenn der Doc zum Studio 104 kommt, soll er mich holen lassen, damit ich seine Karte statt am Schalter aus dem Kontingent von Curtis kaufen kann, was sich dann positiv auf Curtis' Einnahmen auswirkt. »Was? Jetzt machst du aber Witze, Louie«, spottet Ashante. »Auf den Kartenverkauf gibt's keine Kommission. Butch hat mal zweihundert Karten für seinen Kampf verkauft, an seine Kumpels von der Feuerwehr, zweihundert, du hast richtig gehört. Und er hat *gar nichts* davon bekommen.«

Ich schlage vor, dass Ashante in meinem Apartment auf Liz wartet, aber nach kurzer Überlegung lehnt er das Angebot ab: er hat zuviel Angst, mit meinem fünfzig Kilo schweren Husky Titus in einer Wohnung zu sein, selbst wenn ich diesen in der Küche anleine. (Später hat er mir einmal anvertraut: »Ich ertrage es nicht, mit einem Tier in einem Raum zu sein, das noch tückischer ist als ich selbst.«) Ich solle ihm nur meinen Wagen aufschließen, der vor dem Gebäude geparkt ist, und er werde darin warten. Wenn er schon draußen wartet, warum dann nicht im Schatten auf dem Rasen vor dem Hause, sondern in meinem alten Plymouth Valiant ohne Radio und Klimaanlage, der in der prallen Sonne steht? »Mach keine Witze, Louie. Es kommt nicht in Frage, dass ich da vor deiner Tür warte, du weißt doch, dass die Polizei mich dann sofort einkassiert. – Weswegen? – Weswegen? [Genervt] *Wegen nichts, pardon*. Die lassen mich einfach nicht ruhig da sitzen. *Man*, die wollen keine Schwarzen im Viertel, Louie, das weißt du doch. Ich hab' dir doch schon gesagt, ich bin oft nach Hyde Park gegangen, und jedesmal, wirklich jedesmal haben mich die Bullen aufgelesen, nur weil ich die Straße überquert hatte«[13]. Ich insistiere, aber es ist nichts zu wollen: »Die nehmen mich wegen ›*trespassing*‹ fest, Louie, verdammt noch mal,

13 Da mein Wohnblock an der Grenze zwischen dem schwarzen Ghetto von Woodlawn und dem weißen, wohlhabenden Viertel Hyde Park liegt, das als wohlgeschützter Hafen der Universität von Chicago gilt, fahren die Stadtpolizei von Chicago und die Privatpolizei der Universität (die drittgrößte im Mittleren Westen) ständig auf der daran vorbeiführenden Straße Streife. Beide standen in dem berechtigten Ruf, Gesichtskontrollen durchzuführen und die schwarzen Jugendlichen der Gegend zu misshandeln.

du weißt doch, wie das ist«, regt sich Ashante auf. Letztendlich mach' ich mich auf den Weg und lasse ihn mitten in der Hitze im Wagen zurück, wo er auf die Ankunft der jungen Frauen wartet.

Ich gehe zu Fuß die Ingleside Street hinab bis zum Boys Club, um mich mit DeeDee und den anderen zu treffen. Die Eingangstür wird von einem Stück Holz offengehalten. Im Türrahmen steht Eddie und unterhält sich mit Anthony und Maurice, seinem dicken, schüchternen Cousin, der sich dem Kickboxen verschrieben hat. Keith liegt mit zurückgelegtem Kopf auf dem Gymnastiktisch neben dem Ring und versucht zu schlafen, wie es den Boxern (zur Entspannung und Konservierung der Energien) vor dem Kampf empfohlen wird, aber seine innere Unruhe steht ihm auch im Schlaf ins Gesicht geschrieben. DeeDee kommt aus dem Laden nebenan zurück, setzt sich auf den anderen Tisch vor dem Wandspiegel und wartet geduldig auf Curtis. Hat er bei Curtis angerufen, um herauszufinden, ob dieser schon unterwegs sei? »Warum, zum Teufel, musst du denn dauernd Fragen stellen, Louie? Es gibt keinerlei Probleme, ich mach' mir da keinerlei Gedanken«.

Wir sprechen nochmals über den *black-out* an der West Side und in einem Teil des gutsituierten Vororts Oak Park seit Samstag abend. In ein halbes Dutzend Lebensmittelgeschäfte wurde eingebrochen, aber das ist nicht sonderlich spektakulär: »Da ist doch nichts dabei. Es gab keine übermäßigen Plünderungen. Nicht so wie beim letzten Mal. Wenn es so gewesen wäre, dann wären jetzt hier im Viertel überall Burschen unterwegs, die dir für fünfzig Dollar Farbfernseher und alles mögliche verkaufen würden. Die wären jetzt sogar hier im *gym*, um ihre Ware loszuwerden«. (Später sind Eddie und Ashante sich einig, dass sie sich, lebten sie an der West Side, aus den dortigen Geschäften bedienen würden, sobald die Nacht hereinbricht: »Wenn ich unter solchen Bedingungen leben müsste wie die Menschen an der West Side, die leben wie die Tiere, wirklich im Elend, *man*, also ich sage mal, dann wär' ich jede Nacht draußen und würde Einkaufswagen voll Ware zusammensammeln.«)

Ich biete meine Dienste als Fahrer an, falls DeeDee es für angebracht hält, dass Curtis sich bis zum letzten Moment ausruht: »Ist nicht nötig, diesmal kann Curtis fahren. Es ist ja nicht weit, nur eine Viertelstunde.« Ein weiteres Zeichen dafür, dass Curtis heute einen angeblich problemlosen Kampf vor sich hat; als er seinen Titel als Champion von Illinois in Aurora (eine Autostunde von Chicago entfernt) verteidigen musste, hatte DeeDee darauf bestanden, dass ich das Steuer übernehme. Trotzdem ist es äußerst wichtig, dass er den heutigen Kampf überzeugend gewinnt. Im warmen Halbdunkel der Halle unterhalten wir uns entspannt über Boxen und Straßenkriminalität.

DeeDee richtet es grundsätzlich so ein, dass er sehr zeitig vor einer Veranstaltung aufbricht. »Ich bin gerne früh da. Wenn ich irgendwo hinfahre, dann will ich früh da sein, mich hinsetzen, meine Sachen auspacken, entspannen, gemütlich, und dann meine Arbeit tun. Ich komm' nicht gerne im letzten Moment und muss mich dann abhetzen, das will ich nicht. Ich muss früh da sein, damit ich Keith die Hände richtig bandagieren kann. Strickland kommt erst später und Eddie kann Keith die Hände nicht richtig bandagieren. Also muss ich das erledigen.« Er erträgt es nicht, wenn jemand zuviel redet: »Das habe ich auf den Philippinen geschätzt [wo er anfangs der 1970er Jahre fünf Jahre lebte]: Wenn da einer zuviel geredet hat und seinen verdammten Schnabel nicht halten konnte, hat er eine reingehauen bekommen und wurde ausgeknockt, *wham*! Ich hab' da seltsame Sitten und Gebräuche gesehen, ja, wo ich nur noch sagen konnte: ›*damn*‹«.

Schließlich trifft auch Curtis ein. Er stellt ein T-Shirt mit der Aufschrift »Salem« zur Schau, dass er von einem Vertreter dieser Zigarettenmarke bekommen hat, damit er es heute abend trägt. Zusammengefaltet über dem Arm liegt sein Boxerumhang, der frisch aus der Werkstatt des philippinischen Schneiders seiner Freunde kommt: meerblau, der Schriftzug »Curtis Strong« ist mit goldenen Lettern auf den Rücken gestickt. DeeDee mault: »Da fehlen die goldenen Revers an den Ärmeln.« Kurz nach sechs Uhr starten DeeDee, Anthony, Maurice und ich in Curtis' Jeep.

Curtis sucht den Weg durch kleine Nebenstraßen und tut mehrmals so, als hätte er sich verfahren. Es scheint, als wolle er absichtlich den Weg verlängern, und tatsächlich benötigen wir über eine halbe Stunde für die Strecke, die normalerweise in weniger als der Hälfte der Zeit zurückzulegen ist. Er fährt absichtlich an zwei Kirchen vorbei und verlangsamt das Tempo, um sich still zu bekreuzigen. Im Süden von South Shore zeigt er mit dem Finger auf einen großen Block mitten in einem begrünten Wohnviertel, in dem er gewohnt hatte, bevor er in die Bennet Avenue/ 72. Straße gezogen war. Er wohnte dort wesentlich besser als heute, neben der Bahnlinie, wo die Nachbarschaft von *dealers* wimmelt, aber er konnte sich die Miete von monatlich 600 Dollar nicht mehr leisten.

## Willkommen im Studio 104

Wir fahren in Richtung Süden auf dem Dan Ryan Expressway bis zur 104th Street, dann auf der Torrence Avenue nach Westen und halten zwei Blocks weiter, am Ende der Straße, vor einem langgestreckten, roten Ziegelbau, der zwischen dem Schrottplatz »Bill's Used Auto Parts«, einer Großbrauerei und einem Brachgelände neben einer stillgelegten Eisenbahnstrecke versteckt liegt. Hier ist das Studio 104 (sprich *›one-o-four‹*), ein Restaurant mit Barbetrieb und Diskothek, das seit dreißig Jahren in diesem immer mehr verfallenden, von der Stadt isolierten Arbeiterviertel am Ende der South Side besteht.

Ich habe diesen Ort im letzten Monat anlässlich einer der Freiluft-Boxveranstaltungen kennengelernt, die der Besitzer Lowhouse, ein bekannter, notorischer Gangster, regelmäßig auf dem Parkplatz seines Etablissements organisiert und die wahrscheinlich zum Waschen der Gelder aus seinen diversen illegalen Geschäften dienen[14]. DeeDee hatte mich übrigens gewarnt, mit meinem Tonband diskret umzugehen, da die hier anwesenden Angehörigen der Unterwelt auf den Gedanken kommen könnten, ich sei von der Polizei oder dem FBI und *undercover* unterwegs. Der Trainer von Woodlawn hatte dies nicht als Scherz gemeint, was mir erst einige Tage nach der Veranstaltung klar wurde, als Jack Cowen das Thema bei einem Gespräch im *gym* wieder aufgriff: »Louie sollte mit seinem Tonband wirklich vorsichtig sein, bei all den Dealern, die sich da herumtreiben. Wenn er damit einfach so herumspaziert, dann kann es sein, dass eines morgens eine Leiche auf der anderen Seite der Bahngleise liegt.« Es folgt die Beschreibung der Örtlichkeiten, die ich bei meinem ersten Besuch in meinem Notizblock festgehalten habe:

Das Studio 104 dient als Ort des Handels, der Zerstreuung und der gesellschaftlichen Aktivitäten, die typisch für die afro-amerikanische Unterklasse sind. Die Atmosphäre ist etwas Besonderes: jovial, sozusagen familiär und durch und durch *»black«*. In dieses Lokal kommt man

14 Ein mit guten Beziehungen ausgestatteter Informant, den ich gefragt hatte, ob es von Interesse sein könnte, Lowhouse zu treffen, hat mir kurz und bündig geantwortet: »Dieser Typ ist ein Krimineller, ein Ignorant, da hast du gar nichts davon. Ich rate dir davon ab, ihn zu interviewen, das ist verlorene Zeit. Er ist ungehobelt und misstrauisch ... Und die Typen, die in seiner Kneipe herumhängen, sind gefährlich. Für den sind die Boxkämpfe nur *business*: er gibt jemandem Geld für die Organisation, und damit hat es sich, der Rest ist ihm schnuppe und er versteht auch nichts davon. Und außerdem würde er sich gar nicht interviewen lassen.«

nicht nur zum Trinken, Schlemmen und Tanzen, sondern auch und vor allem, um Freunde zu treffen und sich stundenlang mit seinesgleichen zu unterhalten[E 8]. Man verfolgt gemeinsam Sportveranstaltungen, feiert Geburtstage oder den Abschied vom Junggesellendasein, man ertränkt seinen Kummer und teilt seine Freude mit, alles im Rhythmus der Musik, der Tanzdarbietungen und erotisch geprägten Zurschaustellungen wie die »wet tee-shirt«-Wettbewerbe, die Wahl der »most sexy legs« oder andere Darbietungen mit Striptease-Charakter. Das Etablissement steht mit dem Viertel und seinen Bewohnern in einem osmotischen Verhältnis, was man an der nicht enden wollenden Schlange von *pick-up trucks* sehen kann, die zum Feierabend hier umherfahren. Am Ausgang verteilen schüchterne Kinder farbige Handzettel für von Lokalpolitikern veranstaltete Picknickausflüge am Nationalfeiertag oder gedruckte Einladungskarten für einen Vortrag des schwarzen Wahlkreisabgeordneten (der kürzlich von einer seiner Assistentinnen wegen einer angeblichen sexueller Belästigung verklagt wurde).

Trauben von männlichen Jugendlichen und stämmige Kerle bestimmen das Bild um den am Ende des Parkplatzes aufgebauten Ring. Ihre aufrechte und stolze Haltung, die farbenprächtige Kleidung, die Kappen mit Schirmen aus Schlangenleder und die mit vergoldeten Ketten und Medaillons reichlich behängten Oberkörper strahlen eine Spur von Bedrohung aus. Ihre Begleiterinnen – junge Frauen ohne Begleitung gibt es kaum – sind betont weiblich aufgemacht, geschminkt, provokant und häufig verführerisch gekleidet und gut beieinander; kurze Kleider, tiefe Dekolletés und Abendfrisuren sind Pflicht – Jeb Garney wird deshalb ganz nervös und äußert laut sein Bedauern, nicht zwanzig Jahre jünger zu sein. Alle haben Spaß daran, sich hier treffen und zeigen zu können, man redet miteinander und lacht sich an. In der Menge findet man alle, die üblicherweise bei Boxveranstaltungen zugegen sind: Trainer, Ehemalige, Fans und viele Berufsboxer der Stadt, die sich mögliche Gegner ansehen oder sich einfach bewundern lassen wollen, so wie »Jazzy« James Flowers, der sich unter den Betreuerstab gemischt hat und seinen Gürtel eines Halbschwergewichtschampions von Illinois (sowie die vernähte Wunde, die er sich dabei eingehandelt hat) zur Schau stellt.

Zwischen dem Parkplatz und der Bar herrscht ein ständiges Kommen und Gehen, es wird ordentlich getrunken. Trotz der beachtlichen Preise fließt das Bier in Strömen: 1,50 Dollar für einen Becher Old Style oder einen Hot Dog, ein Dollar die Dose Mineralwasser, 50 Cents die Tüte Chips und 25 Cents für ein Glas Wasser. Allein die Bar für sich

Ein Zuschauer und seine Begleiterin in der einem großen Boxabend angemessenen Garderobe: Ringe und Anhänger aus Golddublee für ihn, Imitat einer Fendi-Handtasche für sie

ist einen Besuch wert: 15 Meter Theke vor einem goldgefassten Spiegel, ein enormer Fernsehbildschirm am Ende, Toiletten an beiden Seiten und acht runde Tische mit Sesseln aus rotem Skai in der Mitte des Raums. In einer Ecke hängt ein Basketballkorb, wo man für 25 Cent werfen kann. Draußen werden die Kämpfe mit einem Auge verfolgt, es sei denn, man kennt den Boxer persönlich, was dann zu fanatischer Ausgelassenheit führt: frenetischer Applaus, lautstarkes Gebrüll, gellende Pfiffe, Gelächter. Die lokalen Boxer werden lautstark unterstützt, egal ob es sich um Anfänger oder erfahrene Profis handelt – Lokalpatriotismus (und Rassenstolz) verpflichtet. K.os. sind hoch geschätzt, ebenso wie mutiger Einsatz – eine Qualität, die von den Vertretern der noblen Kunst als »the heart« (das Herz) bezeichnet wird. Das ist aber schon alles: das Publikum ist keinesfalls sachverständig. Die meisten Zuschauer verstehen nichts von der Materie und wissen mit den technischen und taktischen Aspekten der Kämpfe nichts anzufangen. Von den Boxern und, vor allem, den Trainern werden sie allgemein als »Deppen« [*squares*] bezeichnet, denen man alles vorsetzen kann – so wie auch Jazzmusiker sich über das Publikum der Clubs äußern, in denen sie spielen[E 9].

*»Das sind Deppen«*

GENE [69 Jahre alt, Trainer der Boxhalle in Fuller Park]: Die Leute, die zu den Veranstaltungen kommen, das sind Deppen [*squares*], die gehen dahin [spöttisch], *weil sie es lustig finden, dabei zuzuschauen, wenn ein Typ einen anderen zusammenschlägt*, du verstehst doch, was ich meine? Die kommen nicht wegen – die verstehen nichts, die wissen nicht mal, was sie sich da anschauen.

LOUIE: Ist das nicht entmutigend, wenn man so viel Zeit aufwendet, um seine Kunst für Leute zu vervollkommnen, die das dann nicht einmal zu schätzen wissen?

GENE: Wenn die ihren Eintritt bezahlt haben ... die können nicht unterscheiden, die sehen nur, dass da einer vermöbelt wird, die bezahlen Eintritt [seine Stimme wird zu einen leisen Zischeln wegen dieser Unglaublichkeit], *es gibt Leute, denen gefällt das*, das ist unglaublich, aber es gibt solche Menschen. [...] Die meisten *kapieren nichts*, die haben noch nie was kapiert [vom Boxkampf], die reden über das Boxen, aber das ist auch schon alles, die reden bloß, und nur Blabla.

Der Umstand, dass die Kämpfe sich im Freien abspielen, trägt zur Attraktivität der Szene bei. Die *card girls*, die zwischen den Runden zum

Vergügen der Menge durch den Ring stolzieren, zwei hoch gewachsene, kesse Schwarze in Minikleidern, die der Vorstellungskraft kaum noch Raum lassen, sind aufreizend bis zur Nuttigkeit. Ein privater Ordnungsdienst aus drei gutmütigen schwarzen Polizisten beugt Zwischenfällen vor und verhindert, dass sich allzuviele Zuschauer einschmuggeln. Sie können jedoch nichts gegen die zwei Dutzend Mexikaner unternehmen, die an der gelbgestrichenen Holzwand ihres direkt an den Parkplatz grenzenden Hauses sitzen und von dort aus die Kämpfe beobachten.

Wir setzen DeeDee vor dem Eingang des Clubs ab, wo ein ungeduldig wartender Jeb Garney sich schon gefragt hat, ob wir uns vielleicht verfahren hätten. (Er ist, wie üblich, wie ein Clochard gekleidet, obwohl er mit seiner Rennhundezucht und seinen Ranchs Millionen verdient.) Curtis spricht ihn mit einer fast schon peinlichen Unterwürfigkeit an – »*Mister Garney*, wären Sie so nett, die Tür zu schließen, bitte, danke schön, *sir*« – und übergibt ihm die drei blauen Umhänge mit der »Curtis Strong«-Aufschrift. Auch Garney ist der Meinung, dass etwas daran fehlt: »Man hätte für jeden Sieg eine goldene Tresse anbringen sollen.«

Das Restaurantpersonal ist dabei, eine große, blaue Plane zwischen der Straße und dem Parkplatz aufzuspannen, die den Passanten die Sicht auf den Ring versperren soll. Es erweist sich als äußerst mühsam, sie bis zum Pfostenende hinaufzuziehen, da ein starker Wind sie wie ein Segel bläht. Wir treffen Kitchen, der seinen ewigen Fotoapparat umhängen hat und Curtis bedrängt, ihm die Bilder von seinem Kampf in Auftrag zu geben. Curtis verweist ihn an Jeb Garney, der für die Börse zuständig ist. Kitchen hätte jedoch gern Curtis' Zustimmung, um dann moralischen Druck auf den Manager ausüben zu können, ihm möglichst viele Bilder abzukaufen, aber der Boxer aus Woodlawn entwischt ihm. Vor dem Eingang des Clubs ist eine riesige, schwarze, mit allem möglichen Luxus augestattete Limousine geparkt, deren drei über zehn Meter verteilte Sitzreihen hinter getönten Scheiben zu sehen sind. Curtis raunt mir mit einem breiten Lächeln zu: »*Bald bin ich dran, in so einer Kiste rumzufahren*, Louie, du wirst schon sehen.« Hoffentlich nimmt er mich als Anhalter mit, wenn es soweit ist ...

Ich werfe einen Blick auf das offizielle Programm des Abends und stelle fest, dass es sich bei dem Gegner von Little Keith, der seinerseits vier Siege in fünf Kämpfen zu verzeichnen hat, keinesfalls um einen Helden des Rings handelt, da er in bisher dreizehn Kämpfen noch nie gewinnen konnte. Jeff Hannah dagegen bringt es auf 18 Siege bei 21

Niederlagen und einem Unentschieden. Es handelt sich demnach um einen soliden, erprobten »Routinier«, der jedoch seit einiger Zeit auf dem absteigenden Ast ist und nun als »Sprungbrett« für Boxer wie Curtis dient, die im Aufstieg begriffen sind. (Diese im ersten Augenblick schockierende Disparität hat nichts Ungewöhnliches: ein Organisator verschafft vor allem lokalen Boxern, mit denen er möglicherweise noch über einen Promotervertrag verbunden ist – wie im Fall Jack Cowen und Curtis –, einen entscheidenden Vorteil, indem er sie mit deutlich schwächeren Gegnern zusammenbringt, auch wenn er dadurch nicht unbedingt den Sieg garantieren kann – wie man sehen wird, ist zwischen den Seilen eine Überraschung nie ausgeschlossen.[15])

Im Gegensatz zu der Veranstaltung im letzten Monat, wo die Boxer sich in einem neben dem Ring geparkten Kleinbus umziehen mussten, können sie diesmal über einen Umkleideraum im Club verfügen. Wenn man das denn einen Umkleideraum nennen kann: da Curtis als Hauptnummer angekündigt ist, dürfen die Boxer aus Woodlawn über eine Abstellkammer hinter dem Kassenschalter am Eingang des Nachtclubs verfügen. Es handelt sich um einen Raum von drei auf vier Meter, der vom Schalter durch einen blauen Wandbehang getrennt und mit metallenen Klappstühlen und Klapptischen, Bacardikartons, Stapeln von Putzlumpen, Kisten voll diversem Krimskrams (Aschenbecher, Nippes, Kaffeefilter, Schürzen, Küchenzubehör), einem Gartenschlauchaufwickler, zwei zerlegten Minibars aus rotlackiertem Holz, zwei defekten Popcornmaschinen und vier großen Stapeln mit Plakaten vollgestopft ist, auf denen die wöchentlich organisierten Festivitäten des Studio 104 angepriesen werden: »*Sexy Leg Contest*«, »*Happy Hour*«, »*Ladies Night*«. Da wir Mühe haben, für jeden Platz zu finden, fordert DeeDee alle zum Gehen auf, die heute abend nicht kämpfen. Wir stellen schlecht und recht drei Klappstühle für Keith, Curtis und Jeb Garney auf. DeeDee setzt sich auf einen Barhocker (das ist gut für seine Knie, die sich ungern beugen lassen) und macht sich unverzüglich an das Bandagieren der Hände von Keith, der als Erster boxen wird. Mullbinden, Heftpflaster, Schere. Keith schaut beifällig zu. Währenddessen ziehen sich die anderen Boxer auf der Tanzfläche neben der großen Bar um, in Sichtweite der Gäste, die trinkend und redend an einem der drei Tresen stehen.

15 Ein Boxer wird vom Manager oder Promoter »aufgebaut«, indem man so lange unterlegene Gegner an ihn »verfüttert«, bis er über eine Siegesbilanz verfügt, die ihm den Zugang zu Kämpfen ermöglicht, die die Aufmerksamkeit der Medien finden und lohnenswerte Gagen bringen [E 10].

Curtis raunt mir geheimnisvoll zu: »Komm mal, Louie, komm mal mit.« Es geht lediglich darum, ihn auf die Toiletten am Ende des Gangs zu begleiten, die angesichts der stinkenden, von Urinpfützen umgebenen Becken alles andere als sauber sind. Er verschwindet in einer der Kabinen, aus der er weiter mit mir spricht, während er sich geräuschvoll erleichtert. »Ich musste dringend zum Scheißen. Aaaah! [anhaltendes Furzen] Diese Blähungen! ... Na, *Louie, findest du das etwa nicht aufregend hier? Hättest du nicht auch Lust, Berufsboxer zu werden*?« Ja, das ist schon aufregend, aber um Berusboxer zu werden fehlen mir noch die notwendigen Voraussetzungen. Es stimmt schon, wenn Curtis auf dem Programm steht, liegt Spannung in der Luft. Letzterer zeigt eine heitere Gelassenheit, von der Ängstlichkeit und dem Ausweichen, das er in den letzten Tagen im *gym* gezeigt hat, sowie von seinen angeblichen Armverletzungen ist nicht mehr die Rede[16]. Die Tage vor einem Kampf sind immer die schwersten; wenn dann der Kampf unmittelbar bevorsteht, gewinnt Curtis sein Selbstvertrauen wieder. Er weiß, dass er in den Ring steigen wird, wo er sein Talent als »Entertainer« einsetzen kann: wenn er zwischen den Seilen steht, ist er in seinem Element, »am Schreibtisch« oder »*at home*«, wie die Boxer zu sagen pflegen[17].

*»Ich wollte immer Performer sein«*

CURTIS: Es ist sehr wichtig, dass man ein *performer* ist. Früher, als ich so um die dreizehn war, wollte ich *Sänger* werden. Zusammen mit meinen Brüdern und meinen Freunden, aber die wollten nicht singen. Dann hab ich sie mir geschnappt, in der Küche, ich hab sie vom Kühlschrank weggezogen [sehr erregt]: »Kommt schon, auf! Schaut euch mal die Schritte an, die ich euch zeige.« Wir sind dann ins Zimmer und haben die Schritte gemeinsam geübt, wir haben die Jackson Five nachgemacht, aber sie waren immer *müde*, die sind schnell müde geworden, die waren nicht – ich denke, die wollten nicht bei dem Schauspiel mitmachen, das ich mir vorgestellt hatte: ich wollte

16 In den Wochen vor dem Kampf hatte Curtis wiederholt über eine mysteriöse Funktionsstörung seiner Schulter geklagt, wodurch sein Arm plötzlich blockiert werde. Er wollte damit die Aufmerksamkeit seines Trainers (und, indirekt, seines Managers) auf seine verzweifelte finanzielle Situation lenken, aus der auch die Veranstaltung im Studio 104 keinen Ausweg bot.

17 Dieser Hang zur Bühne ist nicht nur den Boxern eigen: berufliche Tätigkeiten, die Körpereinsatz erfordern, und der Sinn für *performance* haben in der schwarzen urbanen Gesellschaft einen zentralen Stellenwert; dies gilt für die Musik wie für die Religion, den Sport, das Schauspiel und die Politik [E 11].

immer Entertainer sein, weißt du, das hat seit jeher eine große Rolle in meinem Leben gespielt.

Wenn du *Michael Jackson* im Fernsehen siehst: also, wenn du den siehst, wie er – *wie er aufblüht wie eine Blume* und so, mitten in der Menge, im Publikum. Ich will ein Entertainer im Ring sein, ich spüre, dass ich topfit sein und meine beste Vorstellung liefern muss. Ich weiß, dass ich topfit bin und dass er [mein Gegner] auch topfit ist, *einer muss ja schließlich gewinnen, oder?* Und die Leute werden auf den schauen, der gewinnt, nicht wahr? Also, wenn ich topfit bin, dann kann ich mehr Aufmerksamkeit auf mich ziehen, als wenn ich sage [gedämpft]: »Nehmen Sie Platz und hören Sie zu! Schauen Sie mir zu!« Du siehst also, ich muss nur in den Ring steigen und mein Ding machen, und alle werden sie Fans von [noch leiser, um einen besseren Effekt zu erzielen] *Curtis Strong*.

Wir kehren in die Abstellkammer zurück, die uns für diesen Abend als Refugium dient. Belanglose Konversation. Eddie gibt Little Keith taktische Ratschläge: »In der ersten Runde wird sich zeigen, was er drauf hat, da werden wir mal das Untergeschoss [*downstairs*] in Angriff nehmen. Du gehst also gleich an ihn dran und hältst auf seinen Körper«. Dann beraten sich die beiden Boxer aus Woodlawn untereinander, während DeeDee und Eddie kurz verschwinden.

KEITH: Mich beunruhigt nur, dass er hart zuschlagen könnte, denn beim Wiegen heute morgen ist er mir ziemlich schwer vorgekommen.

CURTIS: Da kann ich nichts dazu sagen, weil er mich nie richtig getroffen hat, als ich gegen ihn gekämpft habe.

(Er erklärt dann weiter, dass ihn Gegner aus dem Lager der herumreisenden, kampferprobten Routiniers [*journeyman*] am meisten beunruhigen, die, auch wenn auf dem absteigenden Ast, mit allen Wassern gewaschen sind und hart schlagen können.)

CURTIS: Erinnerst du dich an den Kampf, den du verloren hast – du hast doch nur einen verloren, oder? [Keith bedeutet seine Zustimmung.] Du hast deine Lektion aus diesem Match gelernt. Jetzt denk mal an all die Kämpfe, die der andere Bursche verloren hat, und an all die Lektionen, die er aus diesen Niederlagen gelernt hat, weißt du, worauf ich hinaus will? Das sind alles *Erfahrungen*, diese Burschen haben Erfahrung. Mir machen solche Typen mittlerweile keine Sorgen mehr, um ehrlich zu sein. Wenn er eine Siegesbilanz zu verzeichnen hätte – stell dir mal vor, der Typ wäre unbesiegt, dann deshalb, weil er bisher nur gegen Nieten gekämpft hat, du verstehst schon, nur deshalb ist er unbesiegt geblieben: auf diese Weise baut sein Manager ihn auf, er hat noch nie gegen einen Weltklassemann gekämpft. Mir machen diejenigen Sorgen, die all ihre Kämpfe *verlieren* ... Deshalb nehme ich Hannah ernst.

Auf dem Programm für heute abend ist das Debut eines Berufsboxers aus Tinley Park angekündigt, der Heimstatt von Craig »Gator« Bodznianowski (einem sehr populären lokalen Boxer, der trotz einer Fußamputation infolge eines Motorradunfalls weiterboxt und sich mit seinen Gagen ein Fitnesstudio in dieser kleinen, weißen Arbeitersiedlung gekauft hat). Er hat eine ganze Busladung von Unterstützern aus seinem *gym* mitgebracht. Curtis ist perplex: »*Wie machen die das, DeeDee, dass die ganzen Weißen von so weit her zur South Side kommen?*« Letzterer räumt ein, dass die schwarze Gemeinschaft ihre eigenen Boxer kaum unterstützt, zweifellos aus Gründen der fehlenden finanziellen Mittel. Daraufhin argumentiert OB [Spitzname für O'Bannon], dass doch wohl Curtis die Hauptattraktion des Abends sei: »Du bist die Attraktion, du hast *einen Namen* in Chicago.« Ohne weitere Vorwarnung liefern sich die drei ein Wortgefecht über den Unterschied von Schwarzen und Weißen. Der Postbote beginnt: »Aber ich, ich bin doch kein Farbiger [*I ain't colored*], ich hab' nie Baumwolle gepflückt, ich hab' nie einen Maulesel gehabt«, und die anderen fallen wechselseitig ein[E 12]. Es werden alle Stereotypen des Schwarzen erwähnt, von der Sklaverei bis zum Ghetto. »Sowas müsstet du aufnehmen, Louie«, kichert OB. Zu meinem Unglück habe ich dieses rhetorische Meisterstück nicht aufgezeichnet und will es nicht wagen, den Wortwechsel aus dem Gedächtnis zu transkribieren!

Curtis' Brüder kommen nacheinander herein, um ihn zu begrüßen: Derrick mit seiner betonten Männlichkeit, Lamont mit seiner aufgesetzten Schüchternheit und Bernard, kahlgeschoren und mit abwesendem Blick, gefolgt von einem halben Dutzend Freunden, die Glück für den Kampf wünschen. Curtis fragt OB, ob er nicht Angst hätte, Steve Cokeley zu verlieren (einen jungen Hoffnungsträger des Clubs, den der Briefträger betreut), so wie er einst Cliff verloren hat, seinen Lieblingsboxer.

OB: Darüber mache ich mir keine Gedanken. Sobald er in der Halle ist, passt jemand auf ihn auf [er schaut DeeDee an].

CURTIS: Aber genau deshalb frage ich ja, weil Steve ist zur Zeit nicht so oft da ... Um Cliff haben Sie sich wirklich gut gekümmert, und ihn auch noch dauernd gefragt, ob er Geld oder sonstwas bräuchte.

OB: Ja schon, aber Cliff war wie ein Sohn für mich. Was ich für den alles getan habe, *mein Gott* [er rollt mit den Augen]! Ich hab' ihn abgeholt und in die Halle gebracht und hab' ihn jeden Abend wieder nach Hause gebracht. Ich hab' ihm Arbeit besorgt, und seiner Frau auch ...

Der schnauzbärtige Briefträger besteht dann darauf, dass ein eventueller Erfolg von Curtis im Ring nur dem Umstand zu verdanken ist, »dass du eine *starke Frau hinter dir* hast, das macht es aus«. Sie werden von Eddie unterbrochen, der Curtis mitteilt: »Dein Vater ist hier, am Eingang, willst du ihn sehen?« Eisiges Schweigen – Curtis' Vater hat ihn verlassen, als er noch sehr klein war, ihn und seine sieben Brüder und Schwestern, und er hat bis zu dem Augenblick, da seine Karriere im Ring Formen anzunehmen begann, nie das geringste Interesse für ihn gezeigt. Curtis' Miene verdüstert sich augenblicklich: »Nein, sag' ihm nein, *ich will bis nach dem Kampf niemanden sehen*«. OB meint, dass Curtis mit ihm sprechen solle, denn man schiebe seinen Vater nicht auf diese Weise ab. »Und warum sollte ich? Wenn Sie meinen, dann gehen doch *Sie* zu ihm.« DeeDee greift zugunsten seines Schützlings ein: »Wozu sollte er ihn sehen? Was sollen sie denn miteinander anfangen? Sich gegenseitig anglotzen? Das können wir jetzt gerade noch brauchen.« Curtis verschanzt sich schnell hinter der Autorität seines Trainers: »Sag ihm, dass DeeDee im Augenblick niemand hier haben will.« DeeDee besteht dann auch darauf, dass alle Neuankömmlinge den Raum verlassen, denn Garney, Curtis, Keith, Eddie, Strickland (der als dritter Betreuer den Umhang mit der Aufschrift »Curtis Strong« übergezogen hat), Anthony und Maurice treten sich buchstäblich gegenseitig auf die Füße. Letzterer versteckt sich hier, damit der Ordnungsdienst des Clubs ihn nicht findet: er hat sich hineingemogelt und kein Geld, den Eintritt zu bezahlen; wenn man ihn hinauswirft, verpasst er die Kämpfe und muss sich bis zum Ende der Veranstaltung draußen die Beine in den Bauch stehen.

Ashante und Liz sind eingetroffen. Ich bitte DeeDee um eine Eintrittskarte aus Curtis' Kontingent, es gibt noch eine letzte, die ich dem Doc bringe, der mit Fanette ungeduldig vor vor dem Eingang wartet. Sie haben noch nichts versäumt, denn die für sieben Uhr angekündigten Kämpfe werden erst um acht beginnen. Als ich in den Umkleideraum zurückkomme, ist Ashante gerade dabei, Curtis und Keith auf den Kampf einzustimmen. Curtis ertappt mich dabei, wie ich Notizen auf meinem Block festhalte – ich hatte mich diesmal für schriftliche Notizen statt der Tonbandaufzeichnungen entschieden (um nicht den Verdacht des Clubpersonals auf mich zu ziehen). »Was schreibst du denn da, Louie?« Wir schauen uns gespannt an, ich bleibe stumm. Nach ein paar Sekunden erstaunten Schweigens brechen wir gleichzeitig in ein langes Gelächter aus. Dann sagt Curtis: »Weißt du was, Louie? Eines Tages wirst du dich noch *umbringen*, weil *du zuviel schreibst*. Stimmt's, DeeDee? Und die Leute werden sich fragen [mit beunruhigtem Tonfall]: ›Was ist denn mit Louie passiert?‹ Aber wir wissen dann Bescheid, jaja, wir wissen warum.«

Welch seltsame Prophezeihung! Nach zwei gemeinsam verbrachten Jahren sind meine Freunde noch immer überrascht, wenn sie mich in meiner Tätigkeit als Soziologe wahrnehmen. Das wird wohl nie zur Selbstverständlichkeit, auch wenn sie sich mittlerweile daran gewöhnt haben, dass ich mit meinem Tonbandgerät herumlaufe und sich nur noch der Form halber über meine Fragerei aufregen. Eddie beugt sich zu mir herüber und murmelt heimlich: »Wenn du in zehn Jahren dein Buch schreibst, Louie, dann werde ich dein technischer Berater, einverstanden?«

Der junge, hellhäutige Bursche, den Jack heute morgen nicht für einen Kampf aufstellen wollte, verteilt die Handschuhe – es handelt sich um gebrauchte Paare, was im Widerspruch zu den Vorschriften des Staates steht, die vorsehen, dass für jeden offiziellen Kampf grundsätzlich unbenutzte Handschuhe zu verwenden sind. Tastend wird ein Paar in Curtis' Größe aus dem großen Sack aus Armeebeständen herausgefischt. Langsam aber sicher steigt die Spannung in dem engen Umkleideraum. Es wird immer leiser gesprochen. Die Bewegungen werden sparsamer. Man achtet darauf, dass die Vorbereitungen der beiden Boxer durch nichts gestört werden.

O'Bannon will mehr über die Ankunft der französischen Boxer in Woodlawn wissen, die letzten Sonntag in der *Chicago Sun Times* angekündigt wurde. Ich gebe Auskunft über das Wesentliche, die Organisation des Austauschs mit der Stadtverwaltung von Vitry, die Reise, die vorgesehenen Wettkämpfe und öffentlichen Diskussionen. »Und wer fährt dann da rüber?« Curtis unterbricht ihn: »Das entscheidet DeeDee.« In erster Linie hängt das jedoch von dem Betrag ab, der für die Flugtickets gesammelt werden kann. Wo sollen die sechs Boxer aus Vitry untergebracht werden, die nächsten Monat kommen? Dafür ist der Boys Club von Yancee an der 63. Straße und Wabash Avenue vorgesehen. Anthony ist fassungslos: »Whaaat? In Yancee, direkt neben den

Blocks? *Man*, das ist ein hartes Viertel, da müssen sie aber aufpassen.« Curtis pflichtet ihm bei: »Ja, das ist riskant, das ist direkt bei den Blocks. Und noch dazu sind das keine *brothers* [i.e. Schwarze]: Die können nicht so einfach auf der Straße rumlaufen wie du und ich, *in diesem Viertel sieht man nie einen Weißen auf der Straße.*« Die französischen Boxer haben keine Vorstellung von der Welt, in die sie eintauchen werden. Auf jeden Fall werden sie auf der South Side keinen Schritt ohne Eskorte machen, ansonsten kann man sicher sein, das der eine oder andere vor Ort beerdigt werden muss[18]...

Während dieser Stunde des Wartens verdrängt Curtis seine Angst dadurch, dass er seinen Spott mit mir treibt. Als ich mein Tonbandgerät auspacke, bemerkt er mit einem Tonfall falscher Vertraulichkeit: »Psst! Los jetzt, *jeder sagt etwas Unanständiges*, Louie hat sein Tonband laufen, hahaha!« DeeDee nutzt die Gelegenheit, um sich nochmals darüber lustig zu machen, dass die Gangster [hoodlums] aus der Gegend mir die Haut abziehen werden, wenn sie mich dabei erwischen, dass ich im Club Aufnahmen mache. Ich antworte: »Aber vorher bekommen sie meinen fürchterlichen linken Haken zu kosten«. DeeDee wird ernst: »Und dann schlagen sie dich tot«. Ich erwidere mit einer seiner Lieblingstiraden: »Dann sage ich ihnen: ›Vorsicht, ich bin der *main man* von DeeDee Armour, lasst bloß die Finger von mir: *der hat die Kontrolle über die Killer*‹«. Der alte Coach wiegt den Kopf und sagt keinen Ton. Mit solchen und ähnlichen Späßen verscheuchen wir die Ängste und halten die unmerklich steigende Spannung im Zaum.

### *»Denen geht die Flatter«*

*Ein Kommentar von LeRoy Murphy, Boxer aus Fuller Park und ehemaliger Weltmeister im Halbschwergewicht*: »Ich weiß, was das heißt, in den Ring zu steigen, und jedesmal wenn ich zwischen den Seilen durchgeklettert bin, habe ich Angst gehabt, jedesmal, wenn ich in den Ring gestiegen bin, habe ich Angst gehabt. Das hat außer mir niemand gewusst, das behältst du schön für dich, ganz tief in dir versteckt, ich war eben so. [...] Nach dem Morgenlauf gehe ich nach Hause, ich sehe mir irgendwas im Fernsehen an, ich verlasse das Zimmer nicht. Ich esse ein paar Kleinigkeiten, weil ich nervös bin,

18 Die sechs jungen Franzosen und ihre drei Begleiter haben dann tatsächlich auf Feldbetten im Umkleideraum des Boys Club von Yancee übernachtet, wobei die Tür des Clubs *von außen* mit einer Kette und einem Vorhängeschloss gesichert war, falls etwa einer von ihnen auf die Idee kommen könnte, sich nachts ins Viertel zu wagen.

mein Magen verkrampft sich und ich versuche ... Nach dem Wiegen fühle ich mich normalerweise besser. [...] Am Mittag vor dem Kampf hab' ich noch nie geschlafen, oh nein, oh nein. Vor einem Kampf schläft keiner von den Burschen, die legen sich zwar hin, um auszuruhen, aber denen geht die Flatter [full of butterflies], das ist bei allen Boxern so, selbst [Mohammed] Ali hat das zugegeben, er hatte auch Angst, wenn er gekämpft hat, und das gefällt mir: wenn du keine Angst hast, dann stimmt irgendetwas nicht. Ich habe jedesmal Angst gehabt, wenn ich in den Ring geklettert bin.«

## Erbärmliche Vorkämpfe

Die Gegner der Boxer aus Chicago beenden ihre Vorbereitungen in der Bar neben der Tanzfläche. Sie ziehen sich schweigend, mit langsamen und bedachten Bewegungen um, ihre Kleidung und Ausrüstung (Bandagen, Handschuhe, Tiefschutz, Shorts und Umhang) hängen über einer Stuhllehne. Auf einem der Tische sitzt Jeff Hannah, mit baumelnden Beinen und abwesender Miene. Während er seine Stiefel zuschnürt, redet er leise mit seinem Vater, wobei er den Kopf gesenkt hält, als wolle er sich so vor einer Umgebung abschirmen, die ihm feindlich erscheint. Er weiß um seine Rolle als rituelles Opfer für den lokalen Hoffnungsträger, vor einem Publikum, das hinter seinem Gegner steht und angesichts von Schiedsrichtern, die ihm keinerlei Geschenk machen werden – alle Zeichen deuten darauf hin, dass er den Kampf verlieren wird. Es ist dies das gemeinsame Los der *opponents*, die von Kampf zu Kampf touren: die einzige Möglichkeit, ihren Gegner in dessen eigenem Revier zu besiegen, besteht in einem K.o. In seinem Kopf muss sich einiges abspielen, ebenso wie in seinem Körper (in dem ich weder heute abend noch morgen stecken möchte).

Als wir die Bar verlassen, treffe ich Liz, die mich stürmisch küsst. Eddie packt mich lachend an der Schulter, ähnlich wie ein Polizist, der einen Übeltäter verhaftet: »Jetzt aber, Louie, das reicht, *die macht dich noch ganz schwach mit ihren Küssen*, ich hab' dich schon einmal gewarnt! So kommst du nie in Form für deinen nächsten Kampf«[19]. Die vier an

19 Die Trainer lassen keine Gelegenheit aus, ihre Schützlinge, – und sei es in scherzhafter Form – an die Regel des »Opfers« aus dem beruflichen Katechismus zu erinnern, die besagt, dass der Boxer jeglichen erotischen Kontakt streng begrenzt, um nicht Gefahr zu laufen, seinen Körper zu schwächen, der ihm als Instrument virilen Kampfes dient [E 13].

den Ringecken auf Metallständern montierten behelfsmäßigen Scheinwerfer leuchten auf. Die Vorstellung kann beginnen. Jeder setzt sich, wo er Platz findet – für eine Veranstaltung dieser Rangordnung gibt es am Ring weder reservierte Sitzplätze noch eine »*VIP section*«. Das Abspielen der Nationalhymne entfällt – einmal ist keinmal –, und ein dicker, bärtiger Ansager in einem schwarzen Gehrock beginnt sofort mit der üblichen Vorstellung der Offiziellen, Kampfrichter, Ringrichter und Zeitnehmer:

> *Ladies and Gentlemen, welcome to Studio one-o-four, here on Chicago's beautiful Southeast Side*! Die Kämpfe auf ihrem Programm finden mit Genehmigung und unter Aufsicht des Professional Boxing and Wrestling Board of Illinois und des Department of Professional Regulation, seines Präsidenten Herrn Gordon Bookman, seines Sekretärs Herrn Nick Kerasiotis und dem Sportbevollmächtigten Herrn Frank Lira statt. Der heutige Abend wird von Rising Star Promotions[20] veranstaltet. Die Kampfrichter sind Bill Lerch, Gino Rodriguez und Stanley Berg, der Zeitnehmer ist Joe Mauriello, und als Ringrichter haben wir Tim Adams und Pete Podgorski.

O'Bannon und Michonne haben sich in der ersten Reihe niedergelassen, hinter der roten Ecke. Liz, Fanette und der Doc sitzen in der benachbarten Reihe, zusammen mit Curtis' Familie, Anthony und Ashante. Jack steht in der Allee und behält den Überblick. Keine Spur von Laury, anscheinend ist es ihm nicht gelungen, ein Engagement für diesen Abend zu finden. Little Keith wird den Eröffnungskampf bestreiten, das flach einfallende Licht kündigt das Ende des Tages an. Sein Manager, der elegante Elijah (Besitzer mehrerer Büglereien im Ghetto) sekundiert mit DeeDee und Eddie in der Ecke. Keith's Gegner, ein kleiner, schmerbäuchiger Schwarzer aus Milwaukee mit rudimentären technischen Fertigkeiten, hat offensichtlich nur ein Interesse: sich möglichst schnell »flachzulegen« und mit seinem »*paycheck*« wieder nach Hause zu fahren. Kaum hat Keith ihn mit ein paar Geraden am Körper erwischt, wirft er sich zu Boden, und gleich darauf noch ein zweites Mal, unter den frustrierten Blicken von Keith und dem Ringrichter, der ihn auffordert, zu kämpfen. Vergeblich: nach einer Serie harmloser Schläge von Keith geht der Dickwanst aus Milwaukee wie ein Erdrutsch

20 Rising Star Promotions dient, (über den Mittelsmann Jack Cowen), lediglich als lokaler Deckmantel für Cédric Kushner, einen der vier großen Organisatoren, der sich mit Don King Promotions, Top Rank Inc. (das Unternehmen von Bob Aurum) und Main Events (unter der Leitung des Rockkonzert-Promoters Shelly Finkel und des Trainer-Managers Lou Duval) den nationalen Markt teilt.

zu Boden und simuliert den K.o. Der Ringrichter kniet neben seinem Kopf, schnauzt ihn an und nimmt ihm dann, als seine Ermahnungen fruchtlos bleiben, den Mundschutz heraus und schickt ihn in seine Ecke. Dieser Bursche ist nicht nur eine Niete [*bum*], sondern ein wahrhaftiger »Taucher« [*diver*], und ich frage mich, ob er überhaupt sein Geld erhalten wird – die Kampfrichter haben die Möglichkeit, die Börse eines Boxers zu sperren, der den Kampf verweigert, und die Bruderschaft der Boxer verurteilt es auf das Schärfste, wenn es einer der ihren öffentlich an kämpferischer Moral fehlen lässt. Elijah und Eddie nehmen Keith zwischen mich und heben seine Arme als Zeichen des Sieges, während aus dem Publikum eine Mischung aus Pfiffen und Applaus ertönt. Das Ganze ist nicht sehr überzeugend, aber wir sind dennoch froh für ihn.

*»Tagelöhner, Nieten und Taucher«*

JACK COWEN: Bei den »Tagelöhnern« [*journeymen*] handelt es sich um Boxer, die es mit aller Wahrscheinlichkeit nie zum Champion bringen werden, aber dennoch in der Lage sind, gegen fast jeden Gegner zu kämpfen und, obwohl sie die meisten dieser Kämpfe verlieren, ab und an auch zu Siegen kommen. Sie verdienen auf diese Weise ihr Geld und schlagen sich bisweilen sehr ordentlich.
Ich meine damit nicht solche, die man als »Taucher« [*diver*] bezeichnet, und die in den Ring klettern, um sich in der ersten Runde k.o. schlagen zu lassen und dann drei Tage später für einen anderen Kampf angekündigt sind, bei dem sie sich wieder in der ersten Runde k.o. schlagen lassen. Die meine ich nicht – das sind Nieten [*bums*], die haben beim Boxen wirklich nichts zu suchen, auch wenn es so aussieht, als hätten sie damit Erfolg.

LOUIE: Die haben da nichts zu suchen, aber trotzdem gibt es mehr als einen ...

JACK: Na gut, ich sollte vielleicht nicht sagen, dass sie da nichts zu suchen haben, denn man sieht ja, dass sie da sind. Bei den Anfängern gibt es Burschen, die brauchen erstmal mittelmäßige Gegner, damit sie vorwärtskommen und sehen, wozu sie überhaupt fähig sind, die müssen das nötige Sebstvertrauen entwickeln und sich selber testen: wenn die das erste Mal zwischen den Seilen stehen, stellt sich manchmal heraus, dass sie auch nicht besser sind als diese Nieten – man kann es nie wissen!

29
26
23
KODAK 5009

Ich überschlage kurz die Zahl der Anwesenden, die zu 80% männlich und ethnisch gemischt sind, wobei eine leichte Mehrheit an Weißen und Latinos auszumachen ist: zu Beginn der Veranstaltung sind es etwa 300, am Ende ungefähr 450 Personen, dazu kommen noch die mittlerweile drei Dutzend Mexikaner an der Wand ihres an den Parkplatz grenzenden Hauses (nach einem vergeblichen Versuch hat der Manager des Studio 104 davon Abstand genommen, einen entsprechenden Sichtschutz aufzustellen, sehr zum Ärger von Ashante, der darauf besteht, dass sie Eintritt bezahlen sollen, auch wenn sie in ihrem Garten sitzen). Mit dem Erlös aus dieser Menge von Eintrittskarten können Organisatoren ungefähr die Hälfte der ihnen entstandenen Kosten decken[21]. Es sind weniger Farbige anwesend als beim letzten Mal: Die harten Jungs, die das Drogengeschäft in diesem Abschnitt der South Side kontrollieren, sind an diesem Wochentag weniger zahlreich erschienen, zudem sorgt ein böig auffrischender Wind für Abkühlung.

Der Eröffnungskampf war nicht schön anzusehen. Die zweite Begegnung ist so erbärmlich, dass es schon wieder komisch ist. Gezeigt wird die Konfrontation zweier »Nieten« ersten Ranges: ein fetter, schlaffer Weißer aus Tinley Park (so wie sein Bauch seine Shorts wölbt, könnte man glauben, er sei schwanger) gegen einen älteren Schwarzen aus Milwaukee, dessen roter Haarschopf ihm ein extrem weibliches Aussehen verleiht. Letzterer hat allem Anschein nach vor dem heutigen Abend noch nie »einen Handschuh gefühlt«: unfähig, eine korrekte Deckungshaltung einzunehmen, schleudert er seine Fäuste vorwärts, wobei er den Handrücken nach vorn richtet, als wolle er Blumen überreichen. Dann flüchtet er auf Zehenspitzen und dreht dem Gegener dabei den Rücken zu! Seine einzige Verteidigung besteht darin, die Schläge eines Gegners abzublocken, indem er seine langen Arme mit ruckartigen Pendelbewegungen vor sich hin und herbewegt, was ihm den Anschein eines menschlichen Scheibenwischers verleiht. Man könnte meinen, es handle sich um zwei zurückgebliebene große Buben, die Boxer spielen. Der Umstand, dass sie tatsächlich im Ring stehen, versetzt beide in Angst und Schrecken. Bei jedem vom Ringrichter verordneten *break* strecken

21 Das Defizit wird von den Managern aufgefangen, die die Mittel zur Durchführung der Veranstaltung mit dem Ziel aufgebracht haben, ihre Boxer in Bewegung zu halten und ihnen die Gelegenheit zu bieten, ihre Siegesbilanz auszubauen. Auf dieser Ebene des boxerischen Markts kommt nur der *matchmaker* auf seine Kosten, da er nichts aus der eigenen Tasche finanzieren muss und eine Vermittlungsgebühr in Höhe von 10% der Börse der Boxer sowie ein Fixum für den Organisationsaufwand erhält [E 14].

sie, wie zur Beschwörung, unisono die Fäuste in die Höhe, und bei der Einstellung der Feindlichkeiten zeigen sie ihre Erleichterung so offensichtlich, dass es schon peinlich wirkt ... Das Publikum gluckst vor Lachen und stachelt die beiden Kontrahenden aus Spottlust mit übertriebenen Ermutigungen an: »Lass deine Bombe los!«, »Auf geht's, Champion!«. Es wird angenommen, dass der Weiße aus Tinley Park gewinnen wird, da er kräftiger ist und ab und an ein paar einigermaßen korrekte Schläge anbringen kann – zudem hat er seine ersten beiden Kämpfe gewonnen, während sein Gegener als Berufsboxer debütiert. Aber der Alte mit dem Haarschopf wird mutiger, und seine Schläge kommen immer genauer, während der andere langsam ermüdet. In der dritten Runde ergreift die Menge eindeutig Partie für den schwarzen *bum*, der offensichtlich, wie man so sagt, seinem Gegner »zum Fraß« vorgeworfen worden ist. Die Zuschauer sympathisieren nicht allein aus Gründen der Rassenzugehörigkeit: der Bursche aus Milwaukee gehört einfach nicht in den Ring. Dennoch gelingt es ihm, seinen Gegner mit einer trockenen Geraden am Kinn zu erwischen, und das Unerwartete geschieht: der dicke, schlaffe Weiße fällt auf den Rücken, versucht wieder aufzustehen, taumelt, verzieht das Gesicht abwechselnd vor Überraschung und vor Schmerz und fällt zurück auf die Knie, als ihm die Beine den Dienst versagen. Ein überraschendes K.o.! In der Ecke der Weißen, die zur Unterstützung ihres Kumpanen aus Tinley Park gekommen sind, herrscht konsterniertes Schweigen, der Rest des Publikums zeigt fröhliche Ausgelassenheit. Ashante und Eddie werfen sich vor Lachen fast auf den Boden, und Kitchen freut sich, denn er hatte dem Sieger als Sekundant gedient und kann nun mit ein paar Dollar rechnen.

Ich sehe Jack Cowen am Ende der Allee und platze lachend heraus: »Hoffentlich haben sie den Kampf eben auf Video aufgenommen, das wäre etwas für eine Anthologie mit den Titel ›Kampf der *superbums*‹!« Da habe ich aber etwas angerichtet! Mit zuckersüßer Miene und ungläubigem Kopfschütteln versucht Jack Cowen gerade, den sich bedrohlich um in drängenden Jungs aus Tinley Park beschwichtigend zu erklären, warum die Niete aus Milwaukee ihren Helden hat schlagen können, wo man ihnen doch einen Sieg auf dem Silbertablett avisiert hatte[22]. (Als

22 Dies ist ein konkretes Beispiel für das Dilemma, dem jeder *matchmaker* aufgrund der Natur seiner Tätigkeit ausgesetzt ist: wenn die Kämpfe gut verlaufen, wird dies als Verdienst der Boxer und ihrer Betreuer angesehen, und er selbst tritt in den Hintergrund; im gegenteiligen Fall wird er zum Ziel jeglicher Unzufriedenheit und Schuldzuweisung, so dass er plötzlich überall als »der unpopulärste Mann der Stadt« gilt, wie Teddy Brenner, der berühmte *matchmaker* des Madison Square Garden, in seiner Autobiographie *Only the Ring was Square* vermerkt [E 15].

ich mich später für meine Dummheit entschuldige, schnauzt Jack mich an: »Mich stört das nicht, Louie, es geht mir um dich: du solltest dich davor hüten, dich mit diesen Burschen in einer Seitenstraße einzulassen, weil du dann wahrscheinlich Probleme bekommst.«) In diesem Augenblick stößt Wylie zu uns, eine Journalistin der *Chicago Sun Time*, der ich vorgeschlagen hatte, sich Curtis' Kampf anzusehen. Sie bittet mich, Jack Cowen vorgestellt zu werden, denn sie möchte, dass ihr Freund gratis Eintritt erhält, denn die Zerberusse am Kassenschalter halten ihn am Eingang fest. (Ein typisches Beispiel für journalistische Arroganz: kann sie denn bei ihrem ersten Kampf nicht einmal *eine* Karte kaufen?) Cowen will sich die Aussicht auf einen eventuellen Pressebericht nicht zunichte machen und sorgt direkt dafür, dass er Einlass erhält.

### *»Ich bin wie einer, der an der Börse Aktien kauft und verkauft«*

Jack, einziger Sohn einer jüdischen Familie, die in den 1920er Jahren aus Russland eingewandert ist, bewegt sich seit mehr als einem halben Jahrhundert im boxerischen Milieu. Schon als Kind wurde er von seinem Vater, dem Besitzer einer Wäschereikette, zu den damals glanzvollen Boxveranstaltungen in Chicago mitgenommen, wo die legendären jüdischen Kämpfer ein letztes Mal ihr ganzes Können zeigten und das Chicago Stadium mit dem Madison Square Garden in New York um den Ruf des Mekka der noblen Kunst wetteiferte. Auf diese Art hat er in jungen Jahren die Bekanntschaft DeeDees und der Hauptakteure der Boxszene gemacht. »Mein Vater hat mich zu einem Kampf mitgenommen, da muss ich ungefähr elf gewesen sein. Ich war vom ersten Augenblick an *fasziniert* und habe darum gebettelt, dass er mich wieder mitnimmt, und das ist dann zur Gewohnheit geworden. Als ich dann alt genug war, um alleine hinzugehen, habe ich mir soviele Kämpfe angesehen, wie ich konnte, und in dieser Zeit gab es jede Menge«. Jack boxt kurzzeitig selbst beim YMCA seines Viertels und bestreitet einige Amateurkämpfe, beendet diese Aktivität jedoch mangels Erfolgen. Sein früher und intensiver Kontakt mit der noblen Kunst trägt jedoch wesentlich zur Entwicklung seines sicheren boxerischen Urteilsvermögens bei.

Nach Abschluss seiner Ausbildung übernimmt Jack die Leitung der väterlichen Wäscherei und beginnt mit der Herstellung von Kosmetika. In seiner Freizeit stellt er mit einem Freud eine Produktionsfirma für Music-Hall-Shows auf die Beine: »Das war so eine Art Hobby. Wir haben acht bis zehn Shows im Jahr organisiert und insgesamt nicht schlecht dabei verdient. Aber es war nicht einfach, die

Musikrichtungen haben sich geändert, und es ist *immer schwieriger* geworden. [Er verzieht das Gesicht.] Es war kein Geld mehr damit zu machen. Also haben wir das aufgegeben und uns nach etwas anderem umgesehen. Mein Freund war ein begeisterter Boxfan, und da habe ich gesagt: ›Also gut, hey! Wie wäre es, *wenn wir uns einen Boxer zulegen würden*?‹ Das haben wir dann getan. Seit damals bin ich als Boxmanager tätig, das war 1957.«

Zwei Jahrzehnte lang betreibt er nebeneinander seine Reinigungskette und einen kleinen »Boxstall«. Als dann der Wandel der ökonomischen Rahmenbedingungen des Boxens – Versiegen des Zulaufs, Sterben der Vereine in den Stadtvierteln, schwindende Qualifikation der Manager, Schrumpfung der lokalen Märkte und Nationalisierung der Vermarktungsmechanismen – die dringende Notwendigkeit von Vermittlern offenbaren, die das Verkümmern der traditionellen Netzwerke auffangen können, hat Jack eine gute Ausgangsposition, um als *matchmaker* tätig zu werden: »Viele Manager begnügen sich damit, einfach da zu sein, die sitzen auf ihrem Hintern und und beten, dass jemand kommt und ihnen einen Kampf für ihren Boxer anbietet. Ich war da aggressiver, ich habe Telefonnummern und Kontakte zusammengetragen und war ständig mit meinen Boxern auf Achse.« Nach einer zweijährigen Probephase entschließt sich Jack, sein Reinigungsunternehmen zu verkaufen und nur noch als *matchmaker* tätig zu sein. Er hat damit so viel Erfolg, dass er heute eine Monopolstellung bei der Vermittlung von Boxern im Großraum Chicago innehat.

Die Hauptarbeit Jack Cowens besteht darin, die Programme der regionalen Boxturniere zu »füllen«, indem er Gegner für die im Aufstieg begriffenen Stars sucht und die Boxer für die Vorkämpfe (die sogenannten »*undercards*«) rekrutiert. Bisweilen nimmt er auch die materielle Organisation der Veranstaltung in die Hand: Ring, Regie, Getränkeausschank, Hot-Dog-Verkauf, Kassenschalter und Werbung. Jack stellt so im mittleren Westen jährlich über 300 Kämpfe auf die Beine, dazu kommen noch die Begegnungen, die er als Agent für Boxer organisiert, deren Dienste er auf dem nationalen und internationalen Markt vermietet (zusammen mit seinem Kollegen Johnny Boz aus Florida »exportiert« er jährlich mehrere Dutzend mittelmäßiger Kämpfer nach Frankreich oder Italien, die dort als »Sprungbrett« für die Stars des alten Kontinents dienen). Er vertritt zudem die Cedric Kushner Promotions, die zu den weltweit größten Promotern im Boxgeschäft zählen und für die er Verträge mit Hoffnungsträgern aus Illinois abschließt. Zudem ist er Miteigner der »Franchise« der Chicago Golden Gloves, und seine Frau, eine Afroamerikanerin, managt zwei Boxer nach seinen Ratschlägen.

Jacks Arbeitstag teilt sich in endlose Telefongespräche mit Managern, Promotern und deren Agenten (mehrere Dutzend Anrufe zwischen sechs und elf Uhr vormittags), die nachmittägliche Tour durch die *gyms* der Stadt, wo er sich über Form und Verfügbarkeit der Boxer aus der Gegend informiert, und eine weitere Runde von Telefonaten und Faxkorrespondenzen am Abend. Sechs Wochen pro Jahr ist er »auf Achse«, um bei den Kämpfen dabeizusein, die er in den Nachbarstaaten und im Ausland organisiert: diese Mobilität ist notwendig, um die Qualität der Boxer, die Örtlichkeiten, das Publikum und die Verlässlichkeit der Organisatoren und anderer Beteiligter *de visu* beurteilen zu können.

Die Suche nach Boxern und Kampfpaarungen ist eine sich ständig wiederholende Kette von Prozessen des Handelns und Feilschens, deren jeweilige Abfolge von den Wünschen und Anliegen der Beteiligten abhängt: »*Das ist wie bei einer Einkaufsliste*: ich suche dies, ein anderer sucht das; dann ruft jemand an, und entweder suche ich nach etwas anderem, oder unsere Interessen decken sich, und dann [er hebt leicht die Augenbrauen] geht der Kampf von der ökonomischen Seite her klar. Es versteht sich, dass man keinen Boxer aus Tonga für einen Kampf über vier Runden nach Gary/Indiana kommen lässt. [...] Ich rufe die Leute an, die Leute rufen mich an. Das ist ein *Netzwerk*. Es gibt eine bestimmte Anzahl von Leuten wie mich, die sind neben ihrer Tätigkeit als *matchmaker* oder Promoter auch noch als Agenten für Boxer aktiv. Das nimmt dann kein Ende, du bist dauernd dabei, irgend etwas mit irgend jemandem zu verhandeln. Manchmal klappt den ganzen Vormittag lang überhaupt nichts. Und dann kommen plötzlich zwei oder drei Telefonate, und du hast irgendwo für drei Kämpfe abgeschlossen und tausend Dollar kassiert. [...] Das ist meine Tätigkeit: ich sitze zu Hause, ich bin sozusagen wie einer, der an der Börse Aktien kauft und verkauft, oder vielleicht auch wie ein *bookie*, der Wetten auf Pferderennen annimmt. Ich habe Leute, die etwas brauchen, und du hast Leute, die etwas brauchen, also versuchen wir, das so zusammenzubringen, dass wir damit zurechtkommen.

Ein *matchmaker* muss auf drei Dinge achten, wenn er sein »Blatt« zusammenstellt: zunächst muss den von der Kommission des jeweiligen Staates aufgestellten bürokratischen Regeln Genüge getan werden (was angesichts der diesbezüglichen Laxheit keinen großen Aufwand erfordert). Dann muss, unter Berückichtigung des Budgets, das der die Dienste des *matchmakers* in Anspruch nehmende Promoter zur Verfügung stellt, sichergestellt sein, dass die Begegnungen ökonomisch machbar, sprich rentabel sind. Schließlich muss er möglichst darauf bedacht sein, die Boxer so zu »paaren«, dass die jeweiligen Kämpfe zwar interessant und ausgeglichen sind, aber den ihm verbundenen Boxern einen Vorteil verschaffen. Die Bewältigung dieser Aufgaben setzt gesundes Organisationsvermögen, solide Kenntnisse der Buchführung, die Fähigkeit zur problemlosen Überschreitung sozialer und rassischer Grenzen und ein gutes »Auge für das Boxen« voraus, um den Wert, den Stil und die Professionalität der engagierten Boxer präzise beurteilen zu können. Jack verfügt über diese Qualitäten aufgrund seiner Erfahrungen im Wäschereigeschäft, seiner ethnischen Herkunft und seines frühen und langjährigen Kontakts mit der noblen Kunst. »Ich bin so nebenbei mit dem Boxen in Berührung gekommen, und das hat sich dann verselbständigt: *beim Boxen bist du schnell dabei, aber du kommst nie mehr davon los.* Wenn du einmal dabei bist, dann für immer. [Er lächelt versonnen.] Ich habe kein Problem damit, ich bin glücklich. Was ich mache, mache ich gern. Ich habe meinen Spaß, nach all den Jahren ist es immer noch reizvoll: ich könnte ewig so weitermachen.«

Nach den ersten beiden Kämpfen kehre ich in den Umkleideraum zurück. Mit einem lapidaren »Socken und Stiefel« wird Curtis von DeeDee aufgefordert, sich für den Kampf zu kleiden. Während er seine Socken anzieht, bedeutet er seinem Manager, dass er neue Sportschuhe für das Training braucht. »Keine Boxerstiefel, sondern Sportschuhe, zum Laufen und so. Die hier [er zeigt auf seine halb zerfledderten Sportschuhe] tun mir an den Füßen weh, ich bekomme Blasen davon.« Jeb Ganey schlägt ihm vor, er solle doch die Fußsohlen mit Klebeband umwickeln. Ohne weiteren Kommentar steckt Curtis seinen Kruzifixanhänger (als Glücksbringer) in seinen Stiefel.

DeeDee macht sich daran, die Hände seines Schützlings zu bandagieren. Zum ersten Mal während der zwei Jahre, in denen ich ihn begleite, erlaubt mir Curtis, ihn unmittelbar vor dem Kampf in seiner »Loge« zu fotografieren – ein weiterer Beweis dafür, dass er heute relativ entspannt ist. Eddie nähert sich dem alten Coach und steckt ihm, mit einer diskreten Kopfbewegung in Richtung Keith, einen Zwanzig-Dollarschein als Entlohnung für seine Dienste am heutigen Abend zu.

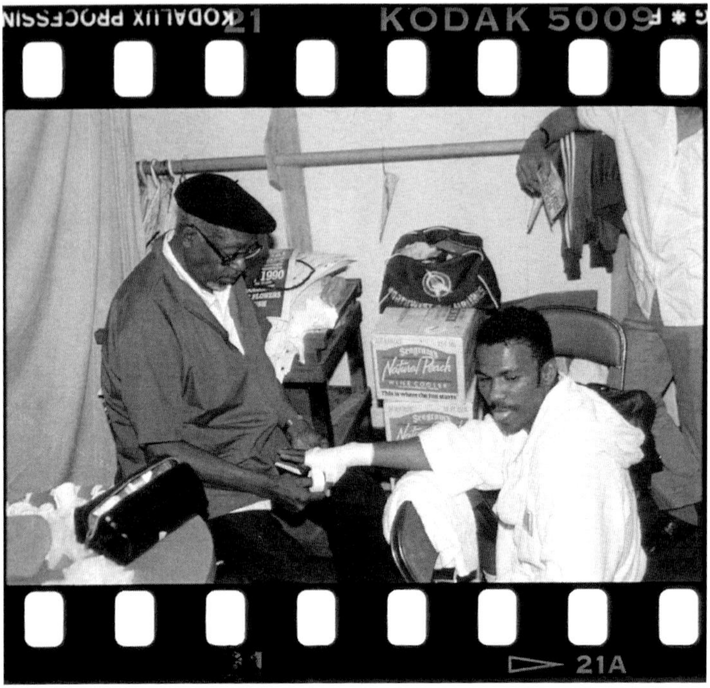


DeeDee bandagiert Curtis' Hände in der Cagibi-Loge.

»Nehmen Sie das, DeeDee – *Awright.*« Während er Curtis' Hände bandagiert, fachsimpelt DeeDee mit Strickland (den man leicht für einen Weißen halten könnte, so hellhäutig ist er) über das Boxen. Ernährungstechnisch hatte Curtis die schlechte Gewohnheit angenommen, unmittelbar vor dem Kampf einen Marsriegel und einen Orangensaft zu sich zu nehmen, um sich, trotz des förmlichen Verbots seines Trainers, mit dem Zucker aufzuputschen. Das ging so lange, bis er sich eines Tages, zu DeeDees Genugtuung, bei Kampfbeginn am Ring übergeben musste. Letzterer ist unermüdlich, wenn es darum geht, seinen Boxern die Regeln der Ernährung und des sexuellen Verhaltens einzutrichtern, ohne jedoch die exakten Gründe zu erläutern: es obliegt jedem Einzelnen, ihm zu vertrauen und die notwendigen »Opfer« zu bringen oder die Konsequenzen von Verstößen gegen das Berufsethos zu tragen. »Die Leute müssen selber lernen, Louie, auf die harte Tour.« Als ein Vertreter der Kommission zur Prüfung der Bandage von Curtis' Händen erscheint und sie abzeichnet, bevor Curtis die Handschuhe anlegt, verkündet DeeDee: »Anthony wird damit anfangen, im *gym* die Hände zu bandagieren. Ich habe ihm neulich Bandagen gegeben, und er hat gute Arbeit abgeliefert. Jaja, *brother* Anthony kann schon ganz gut bandagieren. Und *brother* Louie, intelligent wie er ist, müsste auch lernen, wie man Hände bandagiert. – Einverstanden, wenn Sie es mir zeigen.« Eddie hakt nach: »Du warst bei den Kämpfen von Curtis dabei, und bei drei Kämpfen von Ashante, du warst immer mit uns im Umkleideraum und in der Ringecke, da hast du doch gesehen, wie man das macht.« DeeDee und Strickland erinnern sich an einen Kampf von Young Joe Louis vor einigen Jahren, bei dem sein Sekundant ihm die Hände falsch bandagiert hatte; der Boxer aus Chicago musste damals in der fünften Runde aufgeben, weil er den Schmerz in den Händen nicht mehr ertrug.

Ich bin ständig zwischen dem Umkleideraum und dem Parkplatz unterwegs, um die Vorkämpfe zu verfolgen und gleichzeitig in Curtis' Nähe zu sein. Ashante hat Calhoun getroffen, der jedoch behauptet, zu beschäftigt zu sein, um sich mit ihm zu unterhalten; sie haben vereinbart, sich morgen im *gym* zu treffen, aber ich bezweifle stark, dass Calhoun dort auftauchen wird. Curtis möchte Kaugummi und schickt mich los, welchen aufzutreiben. (In den Stunden vor einem Kampf ist die Umgebung des Boxers bestrebt, all seine Launen zu befriedigen, um ihn nicht aufzubringen und dadurch eventuell seine Konzentration zu stören.) An der Bar wird jedoch keiner verkauft, und ich sehe auch niemand, der welchen kaut. Als ich endlich ein Stück von einem Burschen aus Tinley Park ergattern kann und damit in die Kabine zurückkehre, ist es zu spät; Eddie hat bereits welchen aufgetrieben. Zu meiner Verteidigung bringe ich an, dass ich weniger Leute kenne als Eddie. »Aber du kennst doch alle hier, Louie, und jeder kennt dich!« ruft DeeDee und fügt mit Bedauern hinzu: »Eigentlich schade, dass die Burschen aus Tinley Park nicht so gebaut sind, dass sie im Ring etwas aushalten, weil dann sicher zu jedem Match zwei oder drei Busse voll mit Anhängern mitkämen, das wäre eine schöne Masse von Eintrittskarten«. Ein Organisator findet immer eine Möglichkeit, einen Boxer aufzustellen, der sein eigenes Publikum mitbringt. Aber man kann sich kaum vorstellen, wie der dicke Weiße aus Tinley Park, der heute den Eröffnungskampf bestritten hat, über den Rang eines gewöhnlichen Steigbügelhalters oder, bestenfalls, eines »Taglöhners« im Ring hinauskommen will. Es gibt also keinerlei Gründe für Jack, ihn zu »protegieren« und ebenbürtige Gegner für ihn zu suchen.

*»Die kategorisieren sich selbst«*

Jack Cowen: Nimm zum Beispiel einen Boxer, der zu den Profis wechselt. Seine Erfolgsbilanz bei den Amateuren gibt dir eine ungefähre Vorstellung davon, wie er sich halten wird. Das ist das erste, seine Amateurbilanz. Dann versuche ich immer, einen Burschen, der zu den Berufsboxern wechselt, erst einmal mit zwei oder drei Siegen anfangen zu lassen – das soll ihm Zutrauen geben, wenn man so will. Danach muss man den Boxer einschätzen. Ganz im Stillen muss ich mich fragen: kann aus diesem Burschen ein guter Kämpfer werden, oder ist das nur ein Boxer unter vielen anderen? Außerdem denke ich, dass sich die Boxer selbst in die entsprechenden Kategorien einreihen. Die kategorisieren sich selbst. Nimm etwa einen Rodney Wilson, einen Lorenzo Smith oder einen Curtis Strong: das sind Burschen, die *Erfolg im Metier* wollen, die wollen es zu etwas bringen. Die zeigen kein Interesse, wenn ich sage »Hör mal, ich kann dir 300 Dollar für einen Kampf hier in Chicago zahlen, gegen einen Typ, von dem ich denke, dass du ihn schlagen kannst. Aber warte! Ich geb' dir 1.500 Dollar, wenn du in Seattle im Staat Washington kämpfst, und ich glaube, dass deine Siegchancen dort ebenso gut sind.« Die würden sagen »Wir nehmen den Kampf in Chicago«, weil sie ihre Karriere verfolgen.

Dann gibt es andere Boxer, die haben unterschiedliche Qualitäten, da sind auch gute Boxer dabei, aber die werden »Tagelöhner« [*journeymen*]. Die denken: »Na gut! Ich muss schließlich meine Miete bezahlen: ich nehme den Kampf für 1.500 Dollar lieber als den für 300.« Ich habe auch Burschen erlebt, die nach Europa gehen, *weil sie nach Europa wollen.* Die sind noch nie gereist. Die würden *gegen King Kong kämpfen*, um die Reise zu machen und Paris zu sehen.

Der dritte Kampf ist ein grobes *mismatch*: Loren Ross, ein junger, voll im Aufstieg begriffener und in dreizehn Kämpfen unbesiegter schwarzer Koloss aus Tennessee trifft auf den alten Fuchs Danny Blake, einen rundlichen, schwarzen Vierziger, dessen über 15 Niederlagen in Folge beweisen, dass er zwar einiges einstecken, seinem Gegener jedoch keinesfalls gefährlich werden kann. (Smithie hat ihn letzten Januar in Park West nach Punkten geschlagen, und das will etwas heißen ...) Blakes Taktik wird von seiner Physiognomie und seinem mangelnden Durchhaltevermögen bestimmt und wechselt nie: während der ersten zwei oder drei Runden verbirgt er sein Gesicht in den Handschuhen und bewegt sich, um seine geringe Größe und Reichweite zu kompensieren, in *crouch*-Haltung (mit gebeugten Knien und leicht nach vorn geneigt) möglichst nahe beim Gegner, den er mit Körperschlägen attackiert. Während der restlichen Runden bleibt er auf seinem Platz, verbarrikadiert sich hinter seiner Deckung und lässt die Schläge des Gegners über sich ergehen, ohne dass er dabei ernsthafte Schäden erleidet – seine Erfahrung ermöglicht es ihm, die meisten Schläge mit den Handschuhen, Schultern und Ellbogen abzufangen. Das Publikum unterstützt Blake, der in passiver Haltung den Schlaghagel auf sich niedergehen lässt und nur ab und an aus seiner Deckung kommt, um eine Gerade zum Körper des Gegners zu schlagen, worauf er sich sofort wieder einigelt. Mein Nachbar, ein großer Dunkelhaariger im schwarzen T-Shirt, ruft ihm zu: »Auf geht's, Großvater, mach ihn nieder!« Ross legt eine vorbildliche, klassische Technik an den Tag: er nutzt seinen Vorteil bezüglich Körpergröße und Reichweite voll aus und gewinnt alle Runden, indem er ruhig aus der Distanz boxt. Aber der Kampf ist unschön und langweilig. Blake »frisst« eine Serie von beidhändigen Geraden; sein Gesicht verfärbt sich purpurn und und die Schwellungen verleihen ihm einen weinerlichen Ausdruck. Das Ganze erinnert eher an eine Trainigseinheit mit einem Punchingball in Menschengestalt als an einen Wettkampf.

Als ich mit DeeDee über den Kampf spreche, meint der alte Coach: »Blake ist schon lange im Geschäft. Er war mal ein guter Boxer, und er kann kämpfen. Das kann den besten Boxern passieren, Louie, wenn sie zu lange im Ring bleiben ...« Er legt Wert darauf, dass man sich nie über einen Boxer lustig machen dürfe, egal wie dürftig dessen Leistung sei, denn es gehöre immer eine Portion Mut dazu, die Handschuhe anzulegen. Deshalb verwendet er nie Ausdrücke wie »*bum*«, »*stiff*«, »*trial horse*« oder »*tomato can*«, die gewöhnlich zur Bezeichnung unfähiger Boxer dienen. »Jeder Bursche, der in den Ring steigt, ist ein *Boxer*, Louie, vergiss das nie ... Als Boxer musst du immer deinen Mann stehen. Ich ziehe meinen Hut vor jedem, der in den Ring steigt, egal ob es ein Berufsboxer in einem Kampf über zehn oder zwölf Runden oder ein Amateur ist, der nur über drei Runden geht, ob er verliert oder gewinnt, ob er die Schläge aushält oder nicht, er muss nur sein Bestes geben und gut vorbereitet sein: wenn er dazu bereit ist, *hat er meine Hochachtung*.«

Der vierte Vorkampf wird wiederum von zwei Nieten bestritten: Danny Nieves, ein dicklicher, hellhäutiger Puertoricaner und Tony Lins, ein groß gewachsener Weißer, der über keinerlei Technik verfügt. Die beiden schubsen, haschen, stoßen und schlagen sich auf jede erdenkliche Weise. Am schlimmsten ist, dass Nives im Ring den Kasper spielt. Er stolziert wie ein Pfau in seinen blauen Shorts herum, deutet

Tanzschritte an, eine Art nonchalanten *break*, wobei er seinem Gegner herausfordernd den Rücken zuwendet, und tut so, als sei er am Rande eines K.o., um dann eine wütende Attacke zu starten. Mangels boxerischer Fähigkeiten sollen seine Possen zur Unterhaltung des Publikums dienen, das jedoch sein *showboating* nicht sonderlich schätzt und Partei für Lins ergreift, der deutlich schwächer erscheint, was allerdings kaum möglich sein kann. Ab und an landet Nieves einen Volltrefer in seinem Gesicht, und im Licht der Scheinwerfer sieht man die Schweißtropfen fliegen. Nach vier Runden, die mehr einer Catchveranstaltung als einem Boxkampf ähneln, umarmen sich die beiden und drehen unter Buhrufen ihre Runde durch den Ring.

Einige Monate später habe ich Danny Nieves interviewt, der bei der Stadtverwaltung eine Teilzeitstelle als Sportlehrer hat und zusätzlich als Rausschmeißer in einem Nachtclub und Elektriker (in Schwarzarbeit) tätig ist. Seine Faszination für den Ring erklärt er wie folgt:

> Ich fühle mich wohl, vor allem, wenn du im Ring stehst und die Leute deinen Namen rufen und das alles, *das ist fast, als würde man sich einen Schuss setzten.* Naja, also wenn ich im Ring stehe, dann fühle ich mich *als Schauspieler, wie auf einer Theaterbühne*: du lieferst deinem Publikum ein Schauspiel, so habe ich immer gekämpft. Ich muss meinem Publikum immer etwas bieten, um zu beweisen, dass ich ein guter Boxer bin, und deshalb ist es wie eine zweite Natur für mich, wenn ich im Ring stehe: ich fühle mich wohl zwischen den Seilen – ich kenne viele Typen, bei denen das nicht so ist, aber für mich ist es *fun.* [...]
> [Die Reaktionen der Zuschauer], das ist es, was den Kick gibt, ich will sagen, *nur deshalb lohnt sich das überhaupt.* Es gibt viele, die sagen, es wäre wegen des Geldes, aber weißt du, auch wenn die Typen Hunderte Millionen verdienen, es fehlt ihnen das Rampenlicht. Nimm zum Beispiel Sugar Ray [Leonard], Larry Holmes und die anderen – die haben alle ihre Schäfchen im Trockenen, aber sie vermissen das, das ist wie *high* sein, und deshalb versuchen so viele Boxer ein come-back. [...]
> [Nach einem Kampf], wenn du gewonnen hast, dann fühlst du eine große Erleichterung, eine große Befriedigung. Hast du verloren, dann ist es wie ein Sprung ins Wasser, weil da sind dann deine Freunde, und du hörst aus ihren Stimmen, dass du sie enttäuscht hast. Und ich, mir geht es wirklich schlecht, wenn ich verloren habe, mir geht es die *ganze Woche über* schlecht.

Das ist so, also ich glaube, ich würde mich lieber k.o. schlagen lassen als ein Match [nach Punkten] zu verlieren, ich hasse es, wenn ich verliere, ich hasse das, wenn du in die Ringmitte gehst und der Ringrichter den Arm von dem anderen Typ hochhebt [er brummelt wütend vor sich hin] *ich hasse das aus ganzem Herzen.* [...]
*Fun* haben, das ist *aufregend*: du weißt nie, was im Ring geschieht, und das *liebe* ich. Ich kann es überhaut nicht leiden, mich immer mit demselben herumzulangweilen. Aber beim Boxen, jedesmal – ich könnte zehnmal gegen dich antreten, und es wären zehn unterschiedliche Kämpfe. Und, äh, das gefällt mir beim Boxen: immer geschieht das Unvorhergesehene. Das ist wie bei Buster Douglas und Tyson: niemand hat geglaubt, dass Buster Douglas gegen Tyson gewinnen würde. Die Wetten standen 50:1 gegen ihn. Aber er hat gewonnen. [...] Vor allem bei den Schwergewichtlern weißt du nie, wer mit einem Mordsschlag ins Schwarze trifft. Der andere kann ihn dir verpassen, du kannst ihn dem anderen verpassen, und alles ist in einer Sekunde vorbei, und diese steigende Erregung, die gibt dir einen *rush*, das ist etwa wie ... »*Wow*! und das will ich haben.« Hier liegt offensichtlich eine leichte Gefährdung vor ...

Ich notiere: diese Veranstaltung hat wirklich kein Niveau. Jack Cowen setzt uns heute abend nicht etwa nur no-name-Produkte vor, sondern wahrhaft minderwertige Ware. Auf diese Weise wird er sein Publikum nicht an die South Side binden. Auch kann er sich nicht, wie bei der letzten Veranstaltung, damit entschuldigen, dass er einem ihm unbekannten »Fleischverkäufer«[23] aufgesessen sei, da die Hälfte der angekündigten Boxer aus dem Windy City Gym stammt. Für Curtis, der berechtigte Hoffnungen hat, bei Veranstaltungen auf internationalem Niveau zu boxen, die vom Fernsehen übertragen werden, ist es ärgerlich, sich im Rahmen eines solchen Programms präsentieren zu müssen. Selbst Wanda, seine überdrehte Schwester, die vom Boxen nicht die geringste Ahnung hat, ruft lauthals: »Ich kann mir diese Scheiße nicht an-

23 Mit dieser Bezeichnung wird das halbe Dutzend über das ganze Land verstreuter Boxhallen und »Trainingslager« belegt, die auf Bestellung und in großer Zahl mittelmäßige Steigbügelhalter liefern, »bei denen man sicher gehen kann, dass sie gegen den Hausboxer verlieren. Diese *›opponents‹* muss man nicht extra auffordern, zu verlieren. Sie bewegen sich schon so lange von Niederlage zu Niederlage, dass dies als ihr Markenzeichen gilt. Wenn sie ein paarmal siegen, haben sie keinen Marktwert mehr: ein Veranstalter auf der Suche nach Kanonenfutter wird nie so dumm sein, ein Risiko auf sich zu nehmen.«[E 16].

schauen!« Das Gelächter im Publikum ist stärker als der Applaus für diese Kämpfe, bei denen man nicht sicher ist, ob es sich um eine Zirkusaufführung oder ein sportlichen Ereignis handelt – aber kann man denn beim Boxen überhaupt von Sport sprechen? Auch der Ansager mit dem schönen Namen Angelo Buscaglio ist nur Mittelmaß: er muss seinen Text ablesen, stolpert über die Worte und verfügt über keinerlei Redegewandtheit. Zu alledem gibt es noch nicht einmal *card girls*. Zu Beginn des vierten Kampfes versucht eine der »exotischen Tänzerinnen« aus dem Club 104 ihr Glück: sie klettert in den Ring und tänzelt dort in ihrem Minibikini umher, aber mangels einer Nummerntafel muss sie die Runde zwei mit den zu einem V gespreizten Fingern anzeigen ...

Zurück im Umkleideraum. Während wir gespannt darauf warten, dass Curtis in den Ring steigen wird, lenkt Jeb Garney meine Aufmerksamkeit auf seine große, blitzende Armbanduhr mit violettem Leuchtzifferblatt und Steinbesatz.

JEB GARNEY: Siehst du das, weißt du, was das ist? [zu den anderen.] Wisst ihr, was das ist? Das sind Diamanten, und der Rest ist aus Gold.

CURTIS [halb bewundernd, halb scherzhaft]: Wow! Die ist ja super, möchten Sie mir die nicht schenken, Mr. Garney?

JEB GARNEY: Ihr wisst ja gar nicht, was das ist, [feierlich] das ist eine *Rolex Presidential*, die ist mindestens ihre fünftausend Dollar wert.

CURTIS [verdreht den Kopf, um das Stück besser bewundern zu können]: Also wirklich, Mr. Garney, warum schenken Sie mir die nicht?

JEB GARNEY: Machst du Witze? Also, na gut, ich sag' euch, wo ich sie herhabe: [er lacht in sich hinein, weil er uns an der Nase herumgeführt hat] die hab' ich *in Singapur gekauft, für 29,95 Dollar*. Die machen da Imitate, die sehen echter aus als echt. Auf der Rückseite ist sogar das Logo drauf, seht mal ...

(Ich finde es widerlich, einen solchen Scherz auf Kosten von Curtis zu machen, der Hunger leidet und dabei ist, für 500 Dollar in den Ring zu steigen. Ist diesem Menschen das überhaupt bewusst?)

Nach und nach verstummen die Gespräche und im Umkleideraum herrscht Schweigen. Die Spannung steigt, bis sie beinahe greifbar ist. Curtis fragt: »Sind alle hier *bei mir*? Seid ihr alle bei mir? Also, dann auf die Knie, um zu beten, ha-ha-ha!« Gezwungenes Gelächter.

## Strong schlägt Hannah durch Abbruch des Ringrichters in der vierten Runde

Pause. Der Ansager schreit: »Nach den Kämpfen können alle, die eine Eintrittskarte haben, beim Auftritt unserer *exotic dancers* im Club dabei sein. Wir bieten ihnen heute Abend eine umwerfende Show, die sie nicht versäumen sollten! Falls sie noch keine Karten haben, können sie sich noch welche besorgen – zwei für den Preis von einer ...« Außerdem gibt er noch bekannt, dass im Preis der Eintrittskarte zwei Getränke an der Bar zum Preis von einem enthalten sind.

Ich kehre in den Umkleideraum zurück, wo Curtis, DeeDee und Eddie sich gerade über die Höhen und Tiefen von William »The Refrigerator« Perry unterhalten, einen gutmütigen Riesen, Mitglied der Football-Mannschaft Chigago Bears, der, zunächst bewundert, heute wegen der Unfähigkeit verschmäht wird, seinen unstillbaren Appetit zu zügeln – im folgenden Jahr wird er wegen seiner anhaltenden Gewichtsprobleme entlassen und fristet sein Dasein bei armseligen Catchturnieren. Sein Geld, sein verblasster Ruhm, seine Verletzungen, seine Scheidung und seine unglücklichen Immobiliengeschäfte füllen die lokalen Klatschspalten: The Refrigerator musste den Bau seiner 2,5 Millionen Dollar teuren Villa stoppen, weil sein Agent ihm nur noch ein monatliches »Gehalt« zugestanden hatte, um ihn dadurch zu zwingen, Geld auf die Seite zu legen. DeeDee bemerkt treffend, dass man ziemlich dumm sein muss, sich angesichts der hohen Grundsteuern eine so teure Bleibe bauen zu lassen. Curtis philosophiert: »Es ist wohl so, dass du mit all dem Geld und Ruhm noch tiefer fallen kannst.« Er kann jedoch nicht umhin, mit neidvoller Bewunderung zu erwähnen, dass The Fridge seinem Schwiegervater einen BMW geschenkt hat ...

Der Zeitpunkt zum Aufwärmen ist gekommen. Curtis geht in den Gang hinaus, springt auf der Stelle und entspannt sich mit Schattenboxen. Eddie legt seine *pads* an und bietet sie ihm als Ziel. Jab-Jab-Rechte, Haken, Uppercuts. Energische Schläge, fragende Blicke der Besucher aus der Bar nebenan. Schweißperlen stehen auf den Schläfen des Boxers aus Woodlawn und rinnen an seinem Körper herunter. Wir bekommen Bescheid, dass es in fünf Minuten losgeht. Ich schlage auf Curtis' Faust und er erwidert diese Geste, ein ritueller Gruß vor dem Match. Spannung. Ängste. Erregung. DeeDee fordert uns auf, den Raum zu verlassen, damit Curtis in Ruhe mit seinen Brüdern beten kann. Ungeduldiges Warten vor der Tür. Der alte Coach sagt zu Jeb Garney: »Schauen

Sie doch mal, ob er fertig ist.« Ja, das Gebet ist gesprochen, der Augenblick des »*main event*« ist gekommen. »*Eight rounds of boxing!*« Im Gänsemarsch durchqueren wir die Bar: zuerst Jeb Garney in seinem blauen Umhang, dahinter Curtis, tänzelnd, den Kopf unter der Kapuze seiner weißen Toga verborgen, dann DeeDee und ich und schließlich Strickland, der den Abschluss bildet. Auf dem Parkplatz empfängt uns der Applaus der Zuschauer. Aus den Lautsprechern dröhnt *Let's get busy!*, Curtis' Kampflied.

Der Boxer aus Woodlawn steigt auf die Trittleiter und schiebt sich zwischen den Seilen durch. Jubel bei seinen Anhängern, vor allem bei seinen Schwestern und Freunden, die sich in der gegnerischen Ecke drängen und einen Höllenlärm veranstalten. Während der Ansage tänzelt er mit kurzen Schritten durch den Ring, seine Miene ist starr vor Konzentration. Hannah wärmt sich in seiner Ecke mit Schattenboxen auf, ohne ihn anzusehen. Dann stehen sich beide Kämpfer in der Ringmitte gegenüber, um die letzten Ermahnungen des Ringrichters zu empfangen. Curtis geht in seine Ecke zurück, DeeDee gibt ihm seine Anweisungen, Strickland massiert ihm den Hals und legt ihm den Mundschutz ein. »Ding!« Der Kampf beginnt. Hannah geht mit dem Kopf voraus los, drängt Curtis in die Seile, und, bevor sich die Zuschauer überhaupt haben setzten können, sprachloses Erstaunen! Curtis kassiert eine trockene Rechte ans Kinn, die ihn mit einem Knie auf die Matte zwingt. Ein Hauch von ungläubiger Konsternation geht durch die Menge. DeeDee richtet sich auf, um zu sehen, wie sein Boxer reagiert. Curtis richtet sich auf, tänzelt, stellt sich dann in Position und verschanzt sich hinter seinen Handschuhen. Hannah nimmt ihn unter Dauerfeuer.

DEEDEE: Leg' los, *get off, man!*
LOUIE [als Echo]: Leg' los, Curtis!!
EDDIE: Komm aus den Seilen!
LOUIE [wie irrsinnig]: Komm aus den Seilen!! *Get off the ropes!!! Get off the ropes!!!*
EDDIE: Auf, Curtis, los, schlag' ihn.
LOUIE: Schlag ihn, Curt!!! Schlag ihn!
[Entsetzen! Was macht er denn nur? Er bleibt mit dem Rücken in die Seile gelehnt und lässt ich nach Belieben von Hannah bearbeiten, obwohl er doch schon einmal zu Boden gegangen ist.]
EDDIE [mit überschlagender Stimme]: Auf, an die Arbeit! *Go to work!*
LOUIE [stimmt ein]: *Go to work ! Go to work Curtis!!!* Beidhändig!!
DEEDEE [bedächtig, aber bestimmt]: Auf, es reicht jetzt.

Curtis steigt in den Ring

LOUIE [schreit]: Komm aus den Seilen! Auf, es reicht jetzt, komm aus den Seilen!!!

[Verdammt, er ist wieder in seinem »*macho bag*«, unbeweglich hinter seiner Deckung verschanzt und lässt den Schlaghagel seines Gegners über sich ergehen, um ihm zu zeigen, dass er auch dessen beste Schläge wegstecken kann, ohne mit der Wimper zu zucken! Er will einfach nicht hören, was ihm gesagt wird.]

Hannah spürt seine Chance und forciert den Kampf, indem er seine Schlagserien auf Kopf und Körper vervielfacht. Es lässt sich nicht sagen, ob Curtis angeschlagen ist oder nicht, da er seinen Gegner nah herankommen lässt und sich damit begnügt, seine Schläge zu blockieren, ohne sie zu erwidern. Dann kommt er endlich aus seiner Deckung heraus und treibt Hannah mit einer Serie beidhändiger Geraden und Haken in die Ringmitte. Hannah hält dagegen und drängt ihn erneut in die Seile. DeeDee zetert: »*Get off the ropes.*« Ich wiederhole seine Anweisung schreiend in Richtung Curtis, der, unerklärlich, passiv verharrt. Mein Herz schlägt bis zum Hals: ist er nicht mehr auf der Höhe? (Ich bin kurz davor, in den Ring zu stürmen und ihn vor dem Zusammenbruch zu bewahren). Da kommt jedoch schon seine fulminante Antwort: Curtis kontert blitzartig und treibt Hannah in die entgegengesetzte Ecke, wo er ihn mit einem Hagel von Schlägen zum Kopf und Körper seinerseits in dem Augenblick zu Boden zwingt, in dem der Gong zum Rundenende ertönt.

Strickland steigt durch die Seile und stellt den Schemel in die Ecke, auf dem Curtis sich niederlässt. »Wie fühlst du dich?« fragt DeeDee mit einer Ruhe, die in der spannungsgeladenen Atmosphäre deplaziert wirkt. Curtis beruhigt uns: »Ich bin okay.« Strickland begeht den Fehler, mit dem feuchten Schwamm über Curtis' Hals wischen zu wollen, aber der schiebt ihn ohne weiter Umstände weg: kein Wasser auf seinen Körper, ansonsten erkältet er sich sofort. Während der einminütigen Pause erteilt DeeDee ruhige Ratschläge: kein Nahkampf, Distanz wahren, als Erster zuschlagen[24].

24 Die vom Trainer während des Kampfs erteilten Anweisungen sind grundsätzlich sehr einfach und werden beliebig oft wiederholt. Sie dienen stets der Erinnerung an die Grundregeln (Deckung hoch halten, Nachsetzen nach einer Geraden, Serien schlagen, usw.) und dazu, seinen Schützling auf eventuelle größere technische oder taktische Mängel seines Gegners aufmerksam zu machen. Auf diese Weise soll die mentale Energie des Boxers fokussiert werden, ohne gleichzeitig die im Training mühsam angeeigneten Automatismen zu hemmen.

Zweite Runde. Hannah stürmt wie ein Stier aus seiner Ecke und geht mit gesenktem Kopf auf Curtis los, der sich wieder hinter seinen Handschuhen verschanzt und sich in die Ecke drängen lässt (die improvisierte, am Eckenpfosten angebrachte Ringbeleuchtung wackelt und fällt beinahe in den Ring). Lebhafter Nahkampf, jeder versucht, beim anderen »durchzukommen«. Man ruft ihm zu: »Komm aus den Seilen, arbeite beidhändig, lass deine Gerade los, box doch!« Aber Curtis behält seinen Dickkopf. Cowen stellt sich neben mich und jammert frustriert: »Ich weiß nicht, was in diesen verdammten Curtis gefahren ist, immer muss er einen einfachen Kampf schwierig machen!« Nach und nach geht der Boxer aus Woodlawn zur Offensive über und macht den Kampf schneller, setzt aber nicht nach, wenn er seinen Gegner in Schwierigkeiten bringt. Hannah versteht sein Metier und weiß, wie er den Gegner aus dem Rhythmus bringen kann. Er senkt sogar die Deckung und zieht eine wüste Grimasse, um ihn zum Schlag aufzufordern. Aber Curtis lässt sich nicht aus der Fassung bringen.

Dritte Runde: DeeDee hat Curtis eindringlich ermahnt, sich Zeit zu lassen und seinen Stil durchzusetzen, indem er sich seitlich bewegen und dann seine Gerade einsetzen soll. Der Kampf wird lebhafter. Schöne Kombinationen von beiden Seiten. Curtis wechselt zwischen Verfolgung, Abblocken und Rückzug, um Hannas Serien abzuschwächen oder ins Leere laufen zu lassen. Es wird offensichtlich, dass er zu schnell und zu stark für ihn ist. Der Boxer aus Woodlawn wirbelt um Hannah herum und lockt ihn näher, indem er vorgibt, seine Deckung zum besseren Ausweichen zu öffnen und lässt dann trockene Gerade los, die alle ihr Ziel erreichen. Er löst sich ohne Probleme aus dem Nahkampf, indem er sich von einer Seite zur anderen dreht und platziert beidhändig schöne Uppercuts. Langsam bestätigt er sich als der »Chef« im Ring.

DEEDEE: Nach dem Jab geht man vorwärts.
LOUIE: Setz deinen Jab ein, Curtis!
[Kampfgeräusche, das Scharren der Stiefel auf der Matte, dumpfe Schläge, Schreie und Stöhnen aus dem Publikum.]
EDDIE: Zeig ihm deine Linke, bearbeite ihn mit Jabs!
LOUIE [brüllt]: Raus aus der Ecke!
EDDIE: Nicht zur Mitte, nicht zur Mitte!
DEEDEE: Gut so, jetzt tief halten.
LOUIE: Tief halten!
DEEDEE [nachdrücklich]: Einen Schritt zur Seite [lauter, mit rauher Stimme] *Einen Schritt zur Seite!*

EDDIE: Ja, gut so, näher ran, Schlagfolge!
KITCHEN: *Work! Work!*
DEEDEE [wütend]: Auf, *man*, geh ran! Beidhändig.
LOUIE [brüllt]: Näher ran, näher ran, beidhändig, los!!

Eine Kombination aus linkem Cross und rechtem Uppercut schickt den Boxer aus Indiana zum zweiten Mal zu Boden. Aber er kann einstecken und steht wieder auf, als ob nichts gewesen wäre. Gegen Ende der Runde schickt Curtis Hannah mit einem Hagel von Schlägen, der von einer kurzen Rechten auf die Schläfe gekrönt ist, in die Seile. Als der Boxer aus Indiana nach vorn fällt, »pflückt« ihn Curtis mit einem linken Haken auf den Hals. Mit einem Knie auf dem Boden spuckt Hannah direkt vor mir einen großen, schmutzigen Batzen Blut aus. Das Gesicht in Agonie verzerrt, zeigt er auf seinen Hals und bedeutet dem Ringrichter, dass er getroffen ist. Aber da ertönt der Gong und er wird in seine Ecke geschickt, wo er sich, mit geschwollenem Gesicht und Atemschwierigkeiten, auf seinen Schemel fallen lässt.

Verwirrung. Man ist zunächst der Meinung, dass Hannah zur vierten Runde nicht mehr antreten wird. Aber nein: er bekreuzigt sich und tritt tapfer wieder an. Er weiß, dass er geliefert ist und wird nun alles auf eine Karte setzen[25]. Curtis erwidert diesen letzen, konfusen Angriff mit einer Serie extrem heftiger Schläge. Er umtänzelt seinen erschöpften Gegner, der sich nur noch hinter seinen Handschuhen verschanzen und zu klammern versuchen kann. Es ist wie beim Tontaubenschießen. Curtis drückt Hannah in die Seile und stößt ihn zu Boden. Der andere fällt fast aus dem Ring. Es handelt sich jetzt nur noch um eine Formalität: er ist so geschwächt, dass Curtis ihn beim nächsten Schlagabtausch erledigen wird. Aber Hannah winkt, auf Knien, den Ringrichter herbei und zeigt ihm seine linke Hand, als wolle er andeuten, sich verletzt zu haben. (Jack Cowen bestätigt mir später, dass er tatsächlich ernsthafte Schulterprobleme hatte, bevor er in den Ring stieg.)

Der Ringrichter beugt sich zu Hannah herab und wendet sich dann zum Tisch der Offiziellen, um mit einer Geste das Ende des Kampfes anzuzeigen. Curtis hüpft zwischen den Seilen gegen den Ringpfosten und reckt, unter den Hochrufen des Publikums, den Arm nach oben. Voller Stolz und Freude dreht er eine Runde im Ring, wobei er zum Zeichen des Sieges die Fäuste wirbeln lässt. Jubel in den vorderen Rei-

25 Im Boxerjargon heißt diese Verzweiflungstaktik »*to go for broke*«. Sie besteht darin, für einen letzten, auf einen K.o. abzielenden Angriff alle Kräfte zu mobilisieren und volles Risiko einzugehen.

2A

3

6A

7

hen, bei Doc, Liz, Ashante, Curtis' Schwestern und Brüdern. Was für eine Erleichterung, nach den Schwierigkeiten in der ersten Runde ... Hannah klopft ihm gratulierend auf die Schulter: »Gute Arbeit, du hast einen harten Schlag, Junge«. Curtis umarmt ihn. (Ich kann nicht umhin, Rührung zu empfinden, wenn ich mir die Tristesse seiner Heimfahrt vorstelle, mit einer weiteren Niederlage auf dem Konto, die seinen Status als perfekter *opponent* bestätigt.) Während der Arzt der Kommission den Boxer aus Indiana untersucht und man auf die Verkündung der offiziellen Entscheidung wartet, posiert Curtis mit gebeugten Knien, wildem Gesichtsausdruck und vorgestreckter linker Faust für die anwesenden Amateurfotografen. »Meine Damen und Herren, der Ringrichter bricht den Kampf nach zwei Minuten zehn in der vierten Runde ab, und der Sieger, in der blauen Ecke, durch T.K.o. [*technical knock-out*], ist *Cuurtiiis Stroooong*! Curtis Strong ...[26]«

Nach diesem mageren Epilog wird Curtis am Ring von seinen Freunden, Verwandten und Fans bestürmt und beglückwünscht. Jeb Garney wischt ihm das Gesicht und DeeDee drängt ihn zur schnellen Rückkehr in den Club, damit er sich nicht erkältet. Aber immer wieder wird er aufgehalten, man umarmt ihn, drückt ihm die Fäuste und die Menge staut sich vor der einzigen Tür, die Zugang zum Nachtclub bietet. Ich biete ihm an, sich an meinen Schultern zu halten und erzwinge den Weg durch das Meer der Zuschauer, stolz darauf, den *champ* im Schlepptau zu haben. Die Menge strömt durch die Bar, die sich mit Nachtschwärmern füllt. Wir lavieren uns bis zu der Kammer, die uns als Umkleide dient, gefolgt von einer Fotografin, die Großaufnahmen von Curtis schießt, und der Journalistin Wylie, die mit ihren ignoranten Fragen zeigt, dass sie von der noblen Kunst nicht die geringste Ahnung hat.

Curtis ist überschwenglich und geschwätzig wie eine Elster. Er dankt Gott an allen Ecken und Enden und rechtfertigt sich dafür, in der ersten Runde zu Boden gegangen zu sein, indem er behauptet, das sei lediglich ein »Ausrutscher« gewesen. Jeb Garney muss darüber herzlich lachen: »Na gut, geht in Ordnung, aber was hatte dann sein Handschuh unter deinem Kinn zu suchen? Du hast uns da einen schönen Schrecken eingejagt.« Ein Mitglied der Boxing Commission, der Spaß daran hat, für ein Lokalblättchen als Sportberichterstatter tätig zu sein, kommt

26 Es ist Usus, dass die Ansager den Namen des Siegers grundsätzlich zweimal ausrufen, wobei Intonation und Rhythmus genau geregelt sind: das erste Mal fast schreiend und mit gedehnten Vokalen, das zweite Mal kurz und in tieferer Stimmlage.

mit seinem Tonbandgerät zum Interwiew; ich nutze die Gelegenheit, um das Gespräch heimlich aufzunehmen. Curtis erklärt, auf Wunsch seines Managers seinen Titel überall und jederzeit gegen jeden Gegner verteidigen zu wollen, ob es sich nun um einen Kampf über sechs Runden in Atlantic City oder über zehn Runden in Aurora gegen Torres handle: »Das ist egal, die Hauptsache ist, dass man mir etwas zu tun gibt, mehr verlange ich nicht. Wenn ich nicht aktiv bin, gehen das *Vergnügen* und die *Entschlossenheit* des Boxers verloren.«

Ich helfe ihm beim Ablegen des Tiefschutzes und trockne ihm Oberkörper und Arme mit einem Handtuch ab. Vor Aufregung und Freude hüpft er wie ein Floh herum, es gibt ja auch Grund dazu: er hat für mehr als tausend Dollar Eintrittskarten verkauft, seiner sportlichen Bilanz einen weiteren Sieg hinzugefügt, gegen einen erfahrenen Gegner Kaltblütigkeit bewiesen und eine gute taktische Leistung gezeigt. Sein Manager betont mehrmals, dass Jeff Hannah gegen drei ehemalige Weltmeister gekämpft hat – das entspricht zwar der Wahrheit, ist jedoch schon einige Jahre her, und er hat jedesmal verloren.

GARNEY: Er hat dich mit einer Linken erwischt, das war zwar kein harter Schlag, aber er hat dich aus dem Gleichgewicht gebracht. Na gut, das hat eine Weile für Aufregung gesorgt, haha [erleichtertes Lachen]. Auf jeden Fall war es nicht das Beste, was ich dieses Jahr gesehen habe ...

LOUIE: Hätten Sie vielleicht eine andere Art Aufregung bevorzugt?

GARNEY: [lacht aus vollem Hals]: Da kann ich gut drauf verzichten! Dir hat das vielleicht gefallen, Curtis, aber ich habe die ersten 15, 20 Sekunden überhaupt nicht lustig gefunden. Dieser Kerl war wie ein wütender Stier in der Arena!

CURTIS: Eben, deshalb habe ich mir Zeit gelassen, ich wusste doch genau, dass ich ihn früher oder später erwischen würde.

GARNEY: Aber klar doch, sicher.

CURTIS [mit Überzeugung]: Ich hab' es nicht eilig gehabt, aus der Deckung zu kommen und zu riskieren, dass er mich mit einem Überraschungsschlag erwischt ...

GARNEY: Das stimmt, da hast du schon recht.

CURTIS [zufrieden, dass sein Manager seine Ansicht teilt]: *Awright.*

GARNEY: Wenn du dich auf einen direkten Schlagabtausch mit einem Kerl mit dieser Erfahrung einlässt, der alles gibt, was er hat ...

STRICKLAND: Das war seine Strategie.

LOUIE: Und in der vierten Runde war er fertig, er konnte nicht mehr.

GARNEY: Ich hab' doch nur gesagt, dass mir die ersten zwanzig Sekunden nicht gefallen haben – das hat *ihm* [Curtis] nichts ausgemacht, wohl aber *mir*. [Alle lachen herzlich.]

Der Doc [erscheint in der Tür]: Super, Curtis, *bravo, mein Junge*!

CURTIS: Ist schon gut, vielen Dank.

KITCHEN: Hey, Curtis, wenn du dich angezogen hast, dann sag' mir doch, wann ich dich zusammen mit der Braut da fotografieren soll ... [er zeigt auf eine kokette junge Frau vor der Tür.]

CURTIS: Einverstanden. [Ich lache, ebenso wie Curtis, über die Hartnäckigkeit, mit der Kitchen versucht, ein paar Dollar zu verdienen.]

Plötzlich nehme ich wahr, dass sich drei Frauen im Umkleideraum befinden: das hat es nach einem Kampf noch nie gegeben – man merkt, dass DeeDee nicht da ist. Curtis ist von ihrer Anwesenheit sehr angetan und macht sich ein Vergnügen daraus, mit ausgeschmückten Details und viel Gehabe auf ihre Fragen zu antworten, obwohl diese von einer verblüffenden Naivität zeugen. Danach zieht er sich um (ohne zu duschen, da es keine Möglichkeit dazu gibt). Als er gerade die Hose angezogen hat, öffnet die Kassiererin ohne Warnung den Vorhang. Curtis ruft verlegen: »Oh-ho! Das ist die Nacht allen Schmerzes ... und allen Vergnügens!« Gelächter. Dann kommt Eddie mit Ashante, und das Gespräch dreht sich wieder um Technik und Taktik. Beide liefern ihre Interpretation von Curtis' »Ausrutscher-*knockdown*« in der ersten Runde und beteiligen sich daran, den peinlichen Zwischenfall kollektiv als bloßen Ausrutscher zu definieren.

EDDIE: Er war noch nicht richtig warm, das ist alles. Curtis war noch nicht aufgewärmt, als er ... Und als er wieder aufgestanden ist, war er okay. Er war noch nicht aufgewärmt, das ist alles. Er war noch kalt.

CURTIS: Als er mich auf die Matte geschickt hat [*sic*], war mir klar, dass ich in der Klemme saß. Denn das war kein echter *kock-down*. Aber der Ringrichter hat mich bis acht angezählt, und deshalb gilt das als *knock-down*.

LOUIE: Und dann hast du ihn am Ende der Runde fast k.o. geschlagen.

CURTIS: Ja, mit Gottes Hilfe, *Gott ist immer dabei*.

EDDIE: Und dann hat sich dieser Narr an deine rechte Seite gestellt und dein linker Haken ...

CURTIS: Er hat den Kampf von sich aus beendet.

KITCHEN: Ja, er hat das Handtuch geworfen, er hatte genug abbekommen.

Nicht identifizierbare Stimme: Er hatte genug.
CURTIS: Er hat sich die Hand verletzt.
LOUIE: Er hat sich die Schulter verletzt.
KITCHEN: Ach so, er hat sich verletzt?
EDDIE: Aber vor allem hat er langsam die Geraden von Curtis gespürt, und dann hat er doch auch noch ein paar ordentliche linke Haken kassiert, oder?
LOUIE: Weißt du, das war der linke Haken zum Hals, der den Kampf beendet hat, denn danach ist er in seine Ecke und hat bedeutet: »Nein,nein, das reicht jetzt.«
CURTIS: Ja, der hatte genug.
LOUIE: *Man*, dem hast du's gegeben, mit deinen *Bomben*!
CURTIS: Ich hab' dich gehört, wie du geschrien hast, ich solle aus den Seilen raus, aber DeeDee, dem war es klar, der hat mir nicht gesagt, ich solle aus den Seilen raus: er weiß, dass der Typ eine große Reichweite hat, er hat mir nur gesagt, ich soll meine Deckung gut halten, gerade zurückweichen und ausweichen.

Curtis' Vater ist da, schweigend und zurückgezogen. Curtis ignoriert ihn vollständig. Ich gestehe DeeDee, dass ich drauf und ran war, in den Ring zu springen und Hannah anzugehen, um ihn zu hindern, Curtis in der ersten Runde k.o. zu schlagen. »Was? Also wirklich, *bist du noch bei Trost*? Du bleibst schön brav in deiner Ecke, Louie, sonst kommst du zu keinem Kampf mehr mit.«

## Bühne frei für die »exotischen Tänzerinnen«

Man begibt sich in die Bar, die jetzt gut besucht ist. Alle gratulieren Curtis einzeln zu seinem Sieg. Dieser erklärt jedem, der es hören will, dass sein *knock-down* in der ersten Runde lediglich ein Ausrutscher war und dass er, allem Anschein entgegen, den Kampf von der ersten bis zur letzten Sekunde kontrolliert habe. Über Hannahs Aufgabe äußert er sich enttäuscht: er hätte es vorgezogen, »die Arbeit zu Ende zu bringen«, als dieser in der vierten Runde kurz vor dem K.o. stand, aber schön, das habe nicht in seiner Entscheidung gelegen ... Jeb Garney sitzt mit seiner und Jack Cowens Frau an einem Tisch in der Mitte des Raums und trinkt ein kühles Bier. DeeDee sitzt etwas entfernt davon und schwatzt mit ehemaligen Boxern. Curtis bewegt sich von einem Grüppchen zum nächsten, lächend, liebenswürdig und gesprächig.

# STUDIO 104 PRESENTS

# EVERY SATURDAY NITE

*Sexy Leg Contest*

**WIN $200 CASH PRIZE**

**Admission $5.00-Free w/plugger**
**8:00 until**

**2814 E. 104th St.**
**2 Blocks East of Torrence**
**312-768-7109**

***Free Birthday Party, Birthday Cake & Champagne.***

Auf der Tanzfläche im benachbarten Raum legt ein DJ Rap in voller Lautstärke auf und fordert von seinem gläsernen Pult aus die Kunden zum Tanzen auf, allerdings ohne großen Erfolg. Lediglich zwei Paare führen wilde Bewegungen zu der aggressiven Musik aus. Im anderen Raum löschen kleine Grüppchen ihren Durst an der Bar. DeeDee gießt sich diskret einen Whisky hinter die Binde. Er trägt die Baskenmütze, die ich ihm zu Weihnachten geschenkt habe – ein authentisches baskisches Stück, das ich in Montpellier bei einem Hutmacher aus Saint-Jean-de-Luz erstanden habe. Auf dem Fernsehschirm läuft ein Baseballspiel. Der Hausfotograf, »George Henderson Production, Video and Photography«, der mit einer großen, aufwändigen Polaroidkamera Porträts vor dem Hintergrund eines tropischen Gartens aufnimmt (ein sorgfältig gestaltetes Gemälde, vor dem die Kunden posieren), hat ebenfalls keinen großen Zulauf: bei einem Preis von 15 Dollar für ein Foto im Papprahmen ist das auch kein Wunder! Er lichtet ein dickes Mädchen in einem blauen Kleid ab, das in einem Meer aus Kissen und Krepp liegt, anschließend ein Trio bestehend aus Ashante, DeeDee und einem Burschen, den ich nicht kenne, ein alter Freund von Charles. Er ist es, der auf dem Foto mit DeeDee bestanden hat, und letzterer ist sogar so nett, ins Objektiv zu lächeln, was nur selten vorkommt. Der alte Coach thront in einem Korbsessel, neben ihm Ashante und der Dicke wie zwei Zerberusse. Inzwischen hat das Personal den Ring abgebaut, die Stühle zusammengeklappt, den Sichtschutz eingeholt und die Seile aufgerollt.

Die Bar hat sich mittlerweile zur Hälfte geleert, da nebenan die Show der *exotic dancers* begonnen hat. Nach der Exhibition des männlichen Körperkapitals, das sich durch Kraft und Gewalt manifestiert, ist nun das weibliche Äquivalent mit dem Register Sex an der Reihe. Die sogenannten Tänzerinnen sind dieselben jungen Frauen, die den Eintritt kassieren und bei den Kämpfen als *card girls* fungieren. Auf der in kümmerliches, oranges Schummerlicht getauchten Bühne (es gibt weder ein Stroboskop noch eine Discokugel) tanzt eine hochaufgeschossene Schwarze, die an ein in die Jahre gekommenenes Mannequin erinnert, verführerisch vor gut fünf Dutzend Zuschauern, hauptsächlich Männer (ehemalige und aktive Boxer), die an den beiden Bartresen am anderen Ende des Raumes lehnen. Sie trägt einen silberfarbenen Stringtanga und ein dazu passendes Oberteil, dessen sie sich gewandt entledigt, bevor sie die Zuschauer in der ersten Reihe mit ihren nackten Brüsten und ihrem weichen Hintern umgarnt.

Dies »exotischen Tänzerinnen« sind eher »pornographische Tänzerinnen«: die Dame hat keinerlei Hemmungen, die Knie der Kunden zwischen die Schenkel zu nehmen und sich mit ihrem ganzen Körper an ihnen zu reiben, sich zwischen ihre Beine zu knien und eine Fellatio zu mimen, oder sich rittlings auf ihre Schultern zu setzen (die sie vorher mit einem Handtuch zweifelhafter Sauberkeit bedeckt, das sie anschließend verwendet, um ihnen Luft zuzufächeln) und ostentativ deren Gesicht zwischen ihren Schenkeln einzuklemmen. Ihre Manöver sind so aggressiv, dass sich nicht wenige Zuschauer, die sich im Hintergrund halten, daran stören und, wie auf ein gemeinsames Kommando zurückweichen, wenn die Versucherin sich auf sie zubewegt. Als sie Anstalten macht, in unsere Richtung zu kommen, verdrückt sich Eddie mit Schreckensgeheul (»I don't want none of that«), ich folge ihm. Mehrere Männer verlassen den Raum, weil sie nicht auf diese brutale Art angemacht werden wollen oder befürchten, zu einem gegenseitigen Striptease auf die Bühne gezogen zu werden. Anthony hält sich vorsichtig in der Nähe der Tür und äußert später lauthals seinen Unmut darüber, dass ein solches Schauspiel in unserer Gegenwart stattgefunden hat. (Er ist Moslem. Kürzlich hat er mir gesagt, man müsse »der Versuchung und der Sünde widerstehen. Warum soll ich andere Frauen ansehen, wenn ich meine Frau zu Hause habe?«)

Jetzt kommt die Phase, in der es ums Geld geht: die Männer, an denen sich die Tänzerin gerieben hat, sind nun eingeladen, Geldscheine in ihren BH (den sie zu diesem Zweck wieder angelegt hat) oder ihren Slip zu stecken, was diese auch eifrig tun. Ashante ist von diesem Schauspiel peinlich berührt, bleibt aber stoisch auf seinem Platz, als die Frau überraschend auf ihn zugeht. Sie reibt sich verführerisch an seiner Brust und windet sich dann um ihn herum, bis sie ihn mit ihrem langen, fast nackten Körper buchstäblich eingewickelt hat (sie ist doppelt so groß wie er). Gut zwanzig Sekunden lang wird Ashante von den tentakelartigen Armen der Tänzerin eingeschnürt, und als sie ihn endlich freigibt, steckt er ihr mit autoritärer Geste einen Dollarschein in den Slip. Er ist rot wie Klatschmohn und ich lasse die Gelegenheit nicht aus, ihn aufzuziehen: »Man hat deine weichen Knie und dein verschwollenes Gesicht gesehen« (so spricht man auch von einem Boxer, der eine Abreibung kassiert hat).

Ich verlasse den Raum und verabrede mit Eddie, dass wir DeeDee hereinlegen wollen, indem wir ihm sagen, Curtis sei da drin auf der Bühne und würde gemeinsam mit der Tänzerin einen Striptease vorführen. »Wow! sieh nur, das darf ja wohl nicht wahr sein! *Man*, Curtis

Einer lacht, einer trinkt: Eddie und DeeDee.

Eddie, Liz und Dee-Dee posieren für das ›Foto nach dem Kampf‹

Liz, DeeDee und Louie

zieht sich zusammen mit der Mieze aus.« DeeDee springt von seinem Hocker auf, das Whiskyglas in der Hand. »*Was*, das muss ich sehen, *wo*?« Als er merkt, dass er einem Scherz aufgesessen ist, stimmt er in unser Gelächter ein. »Ich will verdammt sein! Den würde ich auf der Stelle k.o. schlagen, *knock him cold as a milkshake*.« Ich frage den alten Coach, warum *brother* Woods (der Co-Manager von Curtis und ehemaliger Leiter des Woodlawn Boys Club) heute nicht anwesend ist: »Weiß ich nicht, eigentlich hätte er kommen sollen. Aber das ist auch egal, das war ja nur ein kleiner Kampf zum Aufwärmen.«

Die Tanznummer der nächsten Dame ist noch »exotischer« als die der ersten. Sie setzt sich rittlings auf die Kunden und mimt offen eine Kopulation, mit verzerrtem Gesicht und simulierter Extase; einer der glücklichen Auserwählten darf sie sogar an sich drücken und ihr die Brüste küssen. Im Studio 104 gibt es eben keinen Manierismus und keine Baudrillard'schen Trugbilder!

Das Spektakel nimmt seinen Lauf, und ich habe die Gelegenheit, eine sexuelle Provokation zwischen der groß gewachsenen exotischen Tänzerin (die in einem fransenbesetzten Negligé herumspaziert, das die Sicht auf ihren nackten Hintern freigibt) und Tim Adams mitzuerleben, dem schwarzen Ringrichter, der Curtis' Titelkampf in Aurora leitete. Sie behauptet, er habe Angst vor ihr und sei kein richtiges Mannsbild für eine Frau wie sie. Er erwidert heftig, jedoch mit einem Lächeln im Mundwinkel, dass er es schon mit ganz anderen zu tun gehabt hätte und dass sie es sei, die einen Rückzieher mache. Wenn sie sich ihrer Weiblichkeit so sicher sei, brauche sie im nur auf die Toilette zu folgen, dann werde er ihr gern zeigen, wozu er fähig sei. (Angesichts des Umstands, dass Tim Adams von seiner momentanen Freundin begleitet ist, wirkt das ziemlich unschicklich.) Die Tänzerin spielt ihm den Ball sofort wieder zu, indem sie ihn auffordert, hier und sofort, vor ihr und in der Öffentlichkeit, seine Hose zu öffnen, »um das zu zeigen, was du hast«. Tim lässt sich nicht zweimal bitten und öffnet umstandslos den Reissverschluss, um die Attribute seiner Männlichkeit vorzuführen. Sie stachelt ihn weiter auf: »Hol ihn raus, hol ihn raus und lass ihn mich sehen.«

– Ach, du willst ihn sehen, bist du dir ganz sicher? Du wirst nicht enttäuscht sein, meine Schöne, das kann ich dir sagen! Willst du?
– *Hol ihn raus*, ich sag dir, hol ihn raus, zeig mir, was du hast. Ich wette, du holst ihn nicht raus, weil du nämlich in Wirklichkeit gar nichts zum Vorzeigen hast.
– *Okay*!

Tim tut so, als würde er tatsächlich sein Organ aus der geöffneten

Hose holen; seine Geste soll suggerieren, dass dieses von außerordentlicher Größe ist.

– Hol ihn raus und ich geb ihm [unverständlich].
  Sie geht auf ihn zu und fasst ihm unvermittelt zwischen die Beine.
– Wooo, fass ihn besser nicht an! *Die letzte Frau, die ihn angefasst hat, hat sich einen* doggy bag *besorgen müssen, damit sie ihrer Mutti noch was nach Hause bringen kann*![27]
  Einmütiges Gelächter der umstehenden Freunde und Schaulustigen. Tim fordert die Tänzerin auf, ihn noch einmal zu berühren. Als sie sich dazu anschickt, packt er sie beim Arm.
– Los, komm mit nach nebenan, und dann werden wir sehen, wer zuerst wieder rauskommt.
– Ich hab keine Angst vor dem, was du mir zeigen kannst. Du hast ja *gar nichts*, was du mir zeigen kannst.
– Okay, dann komm, geh da rein, und wir werden schon sehen, wer dann *rausgerannt* kommt.
  Sie verschwinden zusammen in der Abstellkammer, die uns vor kaum zwei Stunden noch als Umkleideraum gedient hat, was einen unkontrollierten Heiterkeitsausbruch bei Tims Freund zur Folge hat. Seine Freundin dagegen ist ganz bleich geworden. Nach langen zwei Minuten kommt die halbnackte Tänzerin mit stolzem und katzenhaftem Gang wieder heraus, gefolgt von einem jovialen Tim. Letzterer fragt in die Runde: »Habt ihr gesehen, wer zuerst rausgekommen ist?« Sie meint spöttisch: »*Aber renn' ich denn*? Du hast gesagt, wir werden schon sehen, wer aus dem Zimmer gerannt kommt. *Ich* renne nicht.«

DeeDee unterhält sich ein Weilchen mit einem ehemaligen Mittelgewichtschampion, der zusammen mit Ernie Terrell und Mohammed Ali in der amerikanischen Olympiamannschaft von 1960 war. Er stellt ihm mich und Liz vor. Ich mache Fotos in der Bar und lege ein paar Tanzschritte hin, zum Vergnügen von Ashante und Lamar, die unbedingt wollen, dass ich auf der Tanzfläche »*The Running Man*« vorführen soll, meine allseits bekannte Imitation des Rappers M.C. Hammer[28]. Dee-

27 Ein *doggy bag* (wörtlich: »Hündchentüte«) ist eine Papiertüte, in der die Gäste eines Restaurants die Reste ihrer Mahlzeit mitnehmen können, um sie dann zu Hause zu verzehren.

28 Beim Tanzen in einem Club der South Side hatte ich, ohne mir dessen bewusst zu sein, einen von dem Rapper M.C. Hammer »kreierten« Schritt mit solcher Perfektion imitiert, dass der DJ die übrigen Tänzer aufgefordert hatte, mir auf der Tanz-

Dee fängt ebenfalls an, sich zu bewegen und unterbricht dann Lamar, um ihm Wanda zu entführen. Sie drehen sich allein auf der Tanzfläche – ich finde sie rührend mit ihrem Eulenlächen und dem langen, roten Kleid, aber DeeDee, ewiger Liebhaber schöner Frauen, raunt mir später zu: »Sie ist wirklich hässlich, die arme Wanda.« Es ist bereits nach Mitternacht. Außer der Gruppe aus Woodlawn und Curtis' Familie ist fast niemand mehr anwesend – es wird Zeit, zusammenzupacken.

## »Wenn du noch zwei Kämpfe gewinnst, höre ich mit dem Trinken auf«

Wir verteilen uns auf die Autos: Ashante fährt mit Ernie Terrell und den beiden ehemaligen Boxern nach Norden; Olivier, Fanette, Liz, Eddie und die korpulente Dame mit den künstlichen Hüftgelenken aus der 63. Straße quetschen sich in meinen Plymouth Valiant; ich steige mit DeeDee bei Curtis ein. Als ich in den Jeep klettere, stelle ich fest, dass wir Gesellschaft haben: eine hübsche junge Schwarze mit Zöpfchen und einem granatfarbenen Pullunder sitzt im Dämmerlicht auf der Rückbank. Als DeeDee ihre Anwesenheit wahrnimmt, macht er Curtis, der gerade den Motor startet, darauf aufmerksam. Darauf beginnt ein langer Disput darüber, ob Curtis die junge Frau etwa aufgefordert hätte, ihn nach Hause zu begleiten, und ob sie vor oder nach dem alten Coach den Wagen bestiegen hätte. Das arme Mädchen bleibt stumm und scheint verschreckt, der Grund einer heftigen verbalen Auseinandersetzung zu sein, die sich über ein weites Stück des Wegs hinzieht. DeeDee bombardiert sie aggressiv mit Fragen (Wer bist du denn? Wessen Freundin bist du denn? Wie alt bist du? Was machst du hier? Wer hat dir gesagt, dass du in diesen Wagen steigen sollst?), die eigentlich an Curtis gerichtet sind, der währenddessen unbeirrt lauthals zu der *soul music* singt, die aus dem Radio dröhnt. DeeDee will damit zum Ausdruck bringen, dass er diese galante Einladung in letzter Minute keinesfalls billigt. Während der ganzen Fahrt streiten sich die beiden darüber, wo und wann Curtis das Mädchen absetzen soll. DeeDee besteht darauf, dass Curtis sie als erste bei sich daheim vorbeibringt; Unterton: keine Mätzchen mit ihr, nachdem du mich heimgebracht hast.

fläche Platz zu machen. Das hat mir dann den Spitznamen »The French Hammer« eingebracht, der in der Boxhalle durchaus ironisch wirkte, hätte er sich doch auch auf meine Schlagkraft beziehen können ...

Die Wortsalven fliegen hin und her. Als wir die South Chicago Avenue kreuzen, droht der alte Coach sogar, er wolle aussteigen und allein schauen, wie er nach Hause komme. Ich beruhige leise das Mädchen: »Hab' keine Angst, die balgen sich immer so, das ist wie bei einem alten Ehepaar.« Sie ist sichtbar von DeeDees Groll eingeschüchtert. Dieser und Curtis kommen kurz noch einmal auf den Kampf zu sprechen. Der Boxer aus Woodlawn verteidigt sich vor der Kritik seines Trainers. (Meiner Meinung nach hat er den Hang, nach einem Kampf allzu sehr mit sich zufrieden zu sein: er sieht seine Fehler nicht.) Beide kichern unisono bei der Erwähnung von Frau Garney. »Die ist ja wirklich hässlich, oder, DeeDee, die hat sogar einen Schnurrbart. – Ja, stimmt schon, sie ist hässlich, aber sie hat's bis obenhin [she's loaded]. – Was wollen Sie damit sagen? – Sie hat Geld wie Heu. Ihre Eltern waren reich. Sie hat ein Vermögen geerbt.« Trotz der ohrenbetäubenden Lautstärke der Musik gelingt es mir, das Gespräch aufzuzeichnen. Auszüge:

DEEDEE: Ich würde gern wissen, wie die da ins Auto gekommen ist.

CURTIS [mit gespielter Überraschung]: Ach so, Sie wissen nicht, wie sie da rein gekommen ist?

DEEDEE [zügelt mit Mühe seine Erregung]: Nein, ich habe die Dame nicht einsteigen sehen!

CURTIS: Ja war sie denn schon drin, als Sie eingestiegen sind?

DEEDEE: Aber ja!

CURTIS [nimmt einen wütenden Tonfall an und versucht, die Rollen zu vertauschen]: Aber wie ist sie dann reingekommen?

DEEDEE: Ich sag' dir doch, sie war schon drin, als ich eingestiegen bin.

CURTIS: *Man*, aber sie waren doch allein im Wagen, niemand ist einfach so eingstiegen: sie wird wohl mit Louie gekommen sein ...

DEEDEE [ruhig]: *Bestimmt nicht.*

CURTIS [wendet sich dem Mädchen zu]: Mit wem bist du hier reingekommen?

MÄDCHEN [verschüchtert]: Ganz allein.

DEEDEE [ungläubig]: Ganz allein?

CURTIS [als ob die Angelegenheit damit erledigt wäre]: Damit ist ihre Frage doch beantwortet, DeeDee, oder? *Machen sie also keinen Buhmann aus mir*: Ich bin derselbe wie Sie [Unterton: »die Mädchen fliegen eben auf mich, aber ich kann nichts dafür«].

DEEDEE: Uh-uh, bestimmt nicht, du bist nicht wie ich.

CURTIS: Nein, ich bin nicht so, das stimmt, Sie sind schließlich ein Wilder [heathen] ... [er lacht genüsslich über seine Erwiderung, und ich stimme ein]. Ich würde besser den ganzen Abend auf Sie aufpassen. Derrick zu hintergehen und solche Sachen [als DeeDee mit Wanda tanzte, hat Curtis aus vollem Hals gelacht]!

DEEDEE [indigniert] Derrick hintergehen?

CURTIS: Ja!

DEEDEE: Ihn und Wanda?

CURTIS [jovial] Jaha!

DEEDEE: Ich hab' mich nur ein bisschen amüsiert. Ich hab' in keiner Weise [unverständlich]. Das lag nur an dem Glas [unverständlich].

CURTIS [vorwurfsvoll]: Warum müssen Sie auch immer trinken?

DEEDEE [verärgert]: Ich hab' nichts anderes zu tun.

Es folgt eine längere Auseinandersetzung über DeeDees Recht, sich aufgrund seines hohen Alters ab und an den Genüssen des Lebens hingeben zu dürfen (die Curtis sich versagen muss), sowie ein Disput darüber, ob Curtis das Mädchen vor oder nach DeeDee und mir nach Hause bringt.

CURTIS [unterbricht DeeDee schreiend, damit man ihn trotz der lauten Musik versteht, die aus den Lautsprechern des Autoradios dröhnt]: Amüsieren? Ich, mich amüsieren? Das ist überhaupt nicht amüsant!

DEEDEE: Und danach bringst du Louie nach Hause. Du bringst die Dame zuerst heim, und *danach* mich, und dann setzt du Louie bei sich ab: ich bin doch nicht *blöd*. [Da Curtis so tut, als würde er nicht zuhören, wird er wütend.] Also gut, halt' hier an, ich sag's dir, fahr links rüber und halt an, da drüben, neben dem [unverständlich].

LOUIE: Das geht hier nicht, DeeDee, das ist die South Chicago Avenue, die kann man nicht in dieser Richtung fahren.

CURTIS: Also wirklich, DeeDee, ich hab' Ihnen doch gesagt, Sie sollen mit der Sauferei aufhören, *man*. Ich werd' Sie aus meinem Karren werfen müssen!

DEEDEE [wird wirklich wütend]: Verdammt, *kann ich jetzt vielleicht aussteigen*! Scheiße! Ich kann ganz alleine nach Hause finden.

CURTIS: Sind Sie sicher? Sind Sie damals gut heimgekommen, als ...

DEEDEE [unterbricht ihn]: ... Fahr' hier rechts, es reicht.

CURTIS: Irgendjemand sollte ihm eine runterhauen ... [*somebody better slap him upside ...*]

DEEDEE [unterbricht ihn erneut]: Niemand wird mir eine runterhauen.

LOUIE [zu dem Mädchen, das vor Angst versteinert auf der Rückbank sitzt]: Die kabbeln sich immer so, das ist kein Grund zur Beunruhigung. [...]

Das Gespräch kommt schließlich wieder auf den Kampf des heutigen Abends zurück.

CURTIS: Plötzlich hat er einen Hagel von Schlägen in alle Richtungen losgelassen, er war völlig unkoordiniert, ich konnte seine Deckung nicht ausmachen und auch nicht durchkommen. Und dann hat mich sein Schlag in dem Augenblick erwischt, als ich kontern wollte. Und ich wollte – habe versucht, meine Füße richtig zu stellen. [Er ist über die indifferente Haltung DeeDees wütend, der offensichtlich nichts von seinen Erkärungen wissen will.] Und dann – das war kein *knock-down*! Ich hab Ihnen schonmal gesagt, der Ringrichter hat das wie einen *knock-down* angezählt, also musste ich wohl *so tun, als ob* es ein *knock-down* gewesen sei. [Er hebt die Stimme, um DeeDee zu hindern, ihm ins Wort zu fallen, aber vergeblich.]

DEEDEE: Du bist zu Boden gegangen und jedesmal, wenn du zu Boden gehst, egal ob es ein *flash knock-down* [wenn der Boxer sofort wieder hochkommt] oder ein richtiger *knock-down* ist, egal, das ist kein Ausrutscher ... [kurze Pause.] Und du bist immer – jedesmal kommst du wieder hoch und haust den Burschen in der gleichen Runde k.o. Das passt doch nicht zusammen!

CURTIS: Was passt da nicht zusammen? [Verteidigt sich mit lauter, aber neutraler Stimme.] *Die Fans wissen das zu schätzen*!

DEEDEE: Jaja, ich weiß, das ist wie bei dem stämmigen Kerl mit Übergewicht ... [Er bezieht sich auf einen Kampf vom vergangenen Jahr, bei dem Curtis von einem zehn Pfund schwereren Gegner kurz zu Boden geschickt worden war.]

CURTIS: Ja.

DEEDEE: Er hat dich zu Boden geschickt, bum-bum! Du bist aufgestanden und hast dann ihn zu Boden geschickt, verstehst du, was ich meine? [Pause.] Ja, weil du zu lange brauchst, um dein Gehirn einzuschalten [*get your mind jacked up*].

CURTIS: Aber als ich zu Boden gegangen bin und der Ringrichter mich wie bei einem *knock-down* angezählt hat, da hab ich gewusst, dass ich in die Gänge kommen muss [get busy].

DEEDEE: Außerdem brauchst du zu lange, um in den *Nahkampf* zu gehen. Und im Nahkampf bist du *stärker*, aber da musst du die Knie beugen. Wie oft hast du ihn niedergeschlagen?

CURTIS [dreht sich mit wiederkehrendem Stolz zu mir]: Louie, wie oft hab' ich ihn zu Boden geschickt?

LOUIE: Äh, dreimal, und einmal hat der Ringrichter es als Ausrutscher gewertet. [Pause.] Und einmal hast du ihn umgestoßen, also du hast ihn in die Seile geschubst.

Curtis [unterbricht mich]: Er hat mir einen Kopfstoß ins Auge versetzt.

DeeDee: Ja, ich weiß.

Louie: Er wäre beinahe durch die Seile gerutscht und aus dem Ring gefallen.

DeeDee [nickt lachend]: He-he-he, und er hat auch mit den Ellbogen gestoßen. Da ist nichts Schlimmes dran ... das ist ein *alter Hase*, der hat gut vierzig Kämpfe hinter sich. [...]

DeeDee verkündet, dass er den Abend bei einem letzten Glas in einer Kneipe in der Nähe seiner Wohnung beschließen werde. Curtis nimmt dies zum Anlass für eine weitere Moralpredigt.

Curtis: *Man*, jetzt hören Sie doch auf, Sie brauchen nichts mehr zum Trinken! [Hebt die Stimme in gespielter Wut.] Sie sind wirklich unmöglich, ja, Sie sind *unmöglich*.

DeeDee [kichert, als hätte er die passende Antwort gefunden]: *Wenn du noch zwei Kämpfe gewinnst*, wenn du noch zwei Burschen niedermachst, *dann höre ich mit dem Trinken auf*.

Curtis: Ja, das ist gut. Louie, hast du gehört, du hast doch gehört, was er gesagt hat, oder?

LOUIE: Ja, ich hab's gehört.
DEEDEE: Noch zwei, du machst noch zwei Burschen nieder, und ich höre mit dem Trinken auf.
LOUIE: Ich bin Zeuge.
DEEDEE [triumphierend]: *Und mit dem Rauchen*!
CURTIS [voller Freude, dass DeeDee in diesem Maß am Gelingen seiner Karriere interessiert ist]: Haben Sie Angst gehabt, als er mich zu Boden geschickt hat?
DEEDEE [indifferent]: *Aber nicht doch.*
CURTIS: Warum nicht?
DEEDEE [schüttelt den Kopf]: Uh-Uh.
CURTIS [skeptisch]: Warum nicht? *Warum nicht*?
DEEDEE: Warum? Weil ich gesehen habe, wie du aufgestanden bist. [Gesetzt.] Du bist nicht mit wackligen Beinen hochgekommen, à la James Brown, [er murmelt zwischen den Zähnen], denn dann hätte ich sofort gewusst, dass es aus mit uns ist. Aber ich habe gewusst, dass du nicht angeschlagen bist.

Als wir auf die Cottage Avenue kommen, verkündet Curtis freudig, dass er zunächst mich, dann das Mädchen und zuletzt DeeDee heimbringen werde. »Und glauben Sie bloß nicht, dass Sie mir zu sagen haben, wo ich hingehen soll: *der einzige Ort, wo Sie mir sagen können, was ich zu tun habe, ist der Ring.*« Der Jeep Comanche hält vor meinem Block, ich springe auf den Gehsteig und wir verabschieden uns bis Morgen im *gym*.

Am nächsten Tag läutet kurz nach Mittag das Telefon, als ich gerade dabei bin, meine Aufzeichnungen ins Reine zu schreiben. DeeDee ist am Apparat und berichtet das Neueste. Er ist noch etwas benommen von dem Whisky zweifelhafter Qualität, den er letzte Nacht getrunken hat – in der Eckkneipe an der 69. Straße und Indiana Avenue, in Begleitung von Curtis und dem Mädchen. »Ich bin nicht lange geblieben, außer mir und dem Barmann war niemand da. Ich hab' ihm dieses Tier Curtis vorgestellt.« Curtis hat ihn dann heimgefahren, bevor er das Mädchen nach Hause begleitet hat. Was soll man sagen ...

DEEDEE: Den werd' ich mir schon noch vorknöpfen und ihm eine Abreibung verpassen, wegen diesem Mädchen. Die hatte auf jeden Fall nichts im Auto zu suchen. Außerdem ist sie jünger, als sie behauptet. Sie ist die kleine Freundin von Milkman, und der ist noch nicht mal 16, also ... Sie sagt, sie hätte mit ihm gestritten und sei deshalb abgehauen.

LOUIE: Jedenfalls haben Sie ihr ganz schön Angst eingejagt, DeeDee, so viel ist sicher.

DEEDEE: Ach weißt du, ich hab *schon eine ganze Menge von denen in Angst versetzt und sie aus dem gym gejagt*. Da sind Mädchen in die Halle gekommen und ich hab sie gefragt [mit kaltem und hartem Tonfall]: »Was habt ihr hier zu suchen?« Dann war da noch dieses Mädchen, das Curtis besuchen kam und sich vor dem Ring niedergelassen hat. Ich hab' laut gerufen: »Curtis, deine Frau verlangt dich am Telefon!« [er gluckst vor Lachen.] Er stand ganz schön dumm da ... Ich komm' heute nicht in die Halle, vielleicht nehm' ich mir einen Ruhetag.

In der Tat haben wir alle Ruhe nötig: es war ein langer Tag, vom Wiegen bis zur Rückkehr aus dem Studio 104, und selbst wenn DeeDee behauptet, sich nie Sorgen zu machen, ist die Spannung im Umfeld eines Kampfs immer anstrengend. »Oh, mir ist nicht bange. *Shit*, mir ist vor nichts bange, Louie. *Da war doch nichts dabei*. Das war keine große Sache. Dieser Kampf, das war doch nichts. Mich bringt nichts aus der Ruhe. Was passiert, passiert sowieso. Nach fünfzig Jahren in diesem Zirkus berührt mich das kein bisschen. Auch als Curtis zu Boden gegangen ist, da hab ich nur genau hingeschaut, und als ich gesehen habe, wie er aufgestanden ist, da wusste ich, dass er nicht angeschlagen war. Er hat Hannah in derselben Runde zu Boden geschickt und beinahe wäre der Kampf zu Ende gewesen. Dasselbe ist in Harvey passiert, als er gegen diesen kräftigen Burschen gekämpft hat: er hat sich niederschlagen lassen, ist wieder aufgestanden und hat dann den anderen mit dem Arsch auf den Boden geschickt, und er hätte ihn auch k.o. geschlagen, wenn er weiter Druck gemacht hätte. Ich weiß, wie er sich im Ring verhält. Er treibt seinen üblichen Blödsinn beim Training [*pull that shit* – das heißt, er verharrt passiv in den Seilen und ermüdet seinen Gegner, indem er ihn in seine Handschuhe schlagen lässt]. Wenn du das zu lange treibst, dann bist du danach zu entspannt. Das wird zur Gewohnheit, sobald du die Handschuhe anlegst, er hat das in der Halle mit Keith getrieben, er ist in den Seilen eingeschlafen, und dann schläfst du auch beim Kampf ein. Mir ist klar, dass er weiß, was er tut. Die Anderen wissen das nicht, aber er weiß genau, was er tut, ich bin sicher, dass er es weiß. Aber das kommt alles vom *gym*: wenn er mit Keith im Sparring ist, dann kann er nicht so loslegen, wie er möchte, er kann mit ihm nicht hart arbeiten. *Es gibt nicht genug Burschen, gegen die er im Sparring richtig hart boxen kann* – Rodney und Tony sind im Augenblick nicht

da, und Ashante ist noch nicht soweit.« DeeDee ist der Meinung, dass es zur Zeit niemanden im *gym* gibt, mit dem Curtis tatsächlich auf dem ihm angemessenen Niveau trainieren könnte: er schlägt zu hart, zu schnell und hat keine Nachsicht mit seinen Sparringspartnern.

Der Coach schimpft wieder einmal über den alten Page, der ihn heute Morgen in aller Frühe angerufen hat.: »Er wollte mir nur sagen, dass Al Evans in der Stadt sei [mit gespielter Aufregung]: Al Evans ist in der Stadt, DeeDee!« *Wer ist denn schon Al Evans? Ein Nichts ist er, ein Niemand, der kann überhaupt nichts.* Ich hab' ihm gesagt: »*Man*, warum erzählst du mir das, ich pfeif' drauf, ich will's gar nicht wissen. Und du bist so aufgeregt, dass ich zuerst gedacht habe, Jesus Christus sei in der Stadt«. Evans ist ein zweitklassiger lokaler Boxer, dessen einzige Ruhmestat darin besteht, vor über zehn Jahren Mike Tyson k.o. geschlagen zu haben, und zwar im Rahmen eines unbedeutenden Amateurturniers, an dem er eigentlich gar nicht hätte teilnehmen dürfen, da er zu alt war (er war damals 24 und Tyson kaum 14). Danach ist er ins Profilager gewechselt und hat in sechs Kämpfen fünf Niederlagen kassiert; heute »verkauft« er sich als Sparringspartner in den Trainingslagern bedeutender nationaler Promoter, die immer einen Schwergewichtler brauchen können, der ihren Schützlingen als Punchingball dient. Er war gestern ebenfalls bei der Veranstaltung und der Conferencier des Studios 104 hat ihn dem Publikum vorgestellt. »Das ist ein sympathischer Bursche, der ist schon in Ordnung. Aber warum zum Teufel soll ich dich in aller Frühe anrufen, um dir zu sagen, dass Al Evans in der Stadt ist? Das wäre mir nie in den Sinn gekommen«.

DeeDee wird heute vielleicht daheim bleiben, um sich auszuruhen und das *gym* geschlossen lassen – das wäre das erste Mal in den drei Jahren, in denen ich dort aktiv bin. Er tut dies jedoch nur sehr zögerlich: »Ich weiß nicht, ob Eddie da sein wird, und wenn der sich mit Lorenzo und Keith beschäftigt hat, dann kümmert er sich kaum noch um die anderen Burschen. Es tauchen ja immer welche auf. Und ich will nicht, dass irgendwelche Kerle in die Halle kommen und sich an unserem Material vergreifen. Ich finde schon jetzt kein einziges Paar Handschuhe mehr. Ich hab' Anthony gefragt, ob er sie hätte, aber er sagt nein. Vielleicht ist irgendjemand reingekommen und hat sie genommen.« DeeDee liegt sein *gym* wirklich am Herzen.

Busy Louie vor dem Kampf in seiner Ecke

# »Busy« Louie bei den Golden Gloves

Sieben Wochen Vorbereitung. Fünfzig Tage schweißtreibende Plackerei, vor Anstrengung verzerrte Gesichtszüge, ständig zwischen Zweifel und Enthusiasmus wechselnde Gefühle und schließlich noch das, was Joyce Carol Oates so schön als »mönchische Devotion«[E 1] bezeichnet. Ein allmorgendliches Laufpensum von zehn Kilometern durch den klirrend kalten Chicagoer Winter, Milliarden teils kaum wahrnehmbarer, einfacher oder komplizierter, jedoch immer mit Eifer ausgeführter, zur ständigen Perfektionierung wiederholter Bewegungen und ebenso viele eingesteckte und ausgeteilte Schläge. Heute abend werde ich im Ring stehen – der Augenblick der Wahrheit. Die Chicago Golden Gloves haben begonnen, das prestigeträchtigste Amateurturnier der Stadt. Seit über sechzig Jahren gibt es diese Veranstaltung, die mit Stolz auf ihre Tradition verweist und noch heute die Erinnerung an die Legenden der großen Tage der noblen Kunst auferstehen lässt, als das Chicago Stadium und der New Yorker Madison Square Garden darum wetteiferten, wessen Stern am Boxhimmel heller scheine. Tony Zale, Ernie Terrell, Sonny Liston und Cassius Clay haben dort erstmals ihr Können aufblitzen lassen und für Aufregung gesorgt. Angstgefühle, Ungeduld. Wenn es doch nur schon soweit wäre.

Boxer werden, sich auf einen Kampf vorbereiten – es ist, als trete man einer Religion bei. *Opfer*! Ständig führt der alte Coach DeeDee dieses Wort im Mund, und er kennt die Materie: ein halbes Jahrhundert war er hinter den Kulissen der Boxringe von Chicago, Los Angeles, Osaka und Manila unterwegs, sein Werdegang ein ständiges Auf und Ab. Jack Blackburn war sein erster Lehrmeister, der Trainer von Joe Louis, der seinen täglichen Lauf hier im Washington Park absolviert hat, in dem auch ich noch heute morgen gelaufen bin. Er hat alle *gyms* der South Side durchlaufen, bevor er sich ein paar Jahre ins asiatische Exil begeben hat, um dort über eine unglückliche Herzensangelegenheit hinwegzukommen. Zurück im Elend dessen, was vom schwarzen Ghetto Chicagos nach den Tagen eines kurzen, aber intensiven Ruhms noch geblieben ist, verbinden sich noch zwei weitere Namen von Weltmeistern mit dem seinen: der Philippino Roberto Cruz und der Amerikaner Alphonso Ratliff. Beide geraten in Vergessenheit, bevor das breite Publikum sie zur Kenntnis nimmt. Der Woodlawn Boys Club ist seine letzte Station. Heute überlebt DeeDee mit dem, was sich ihm bietet, er schlägt sich durch. Tag für Tag öffnet er das *gym* exakt zur gleichen Zeit und schließt die mächtige Gittertür pünktlich um sieben Uhr abends. »Dieses verdammte *gym*, es gibt Tage, da kann ich es nicht ertragen.« Dennoch kann ihn nichts davon trennen. Es ist ganz einfach: hier will er sein, hier *ist* er, einschließlich der Sonntage, an denen seine Schützlinge dann am Abend ihre Kämpfe in Park West, dem International Amphitheater an der Ecke Halsted und 43. Straße, oder einem Vorstadtkino bestreiten. Er hat sein Leben der Kunst des Boxens geopfert, er hat alles dafür gegeben und gleichzeitig so viel und dennoch so wenig zurückbekommen. »Mein Leben war eine einzige Vergeudung, aber eine verdammt schöne!«, sagt er mir mit einem Lächeln. Für ihn gibt es nichts zu bereuen.

*Opfer!* Das Wort hallt von den vergilbten Wänden der Halle, bricht sich an der abblätternden Decke, streift die an ihren Ketten baumelnden Sandsäcke und findet sein Echo in den Metallschränken, wo die festen Mitglieder am Ende des Tages ihre Arbeitsutensilien verstauen: abgewetzte Handschuhe, schweissgetränkte Bandagen, Stiefel, Kopfschutz, abgetragene Kleidungsstücke in Farben, die früher einmal gewagt waren. Die Vorbereitung auf einen Kampf ist ein wahrhaftes Ritual der Selbstkasteiung, dem man sich täglich neu unterwirft. Heute verstehe ich besser, warum DeeDee ständig mahnt: »Boxer zu sein heisst, dass dich diese Tätigkeit rund um die Uhr in Anspruch nimmt. Du musst das immer im Kopf haben. Wenn du gut sein willst, kannst du nichts anderes tun.« Tatsächlich liegt es weniger an der Brutalität der Kämpfe, dass Profiboxer am Ende ihrer Karriere die Handschuhe an den Nagel hängen, sondern vielmehr an der steten und unumgänglichen Härte des Trainings, dessen Verschleißeffekte sich langsam, aber stetig auf Psyche und Physis auswirken. Niemand kann den Lauf der Zeit anhalten, vor allem nicht die Boxer mit ihren Wachträumen von der Unsterblichkeit.

Das Leben des Boxers im Ring gleicht der »bösen, brutalen und kurzen« Existenz, die Thomas Hobbes erwähnt, wenn er vom Naturzustand spricht. Im Vergleich dazu erscheint das Leben im *gym* von Trägheit und Annehmlichkeiten geprägt[1]. Es hat ein eigenes Zeitgefüge, das

1 Es wurde schon häufig – und meiner Erfahrung nach zu Recht – dargestellt[E 2], dass Boxer außerhalb des Rings oft sehr sanftmütig und geradezu darauf erpicht sind, die Liebenswürdigkeit an den Tag zu legen, die ihnen zwischen den Seilen verwehrt ist.

sich in die Unendlichkeit erstreckt, seine genau festgelegten Riten und Rhythmen, die paradoxerweise gleichermaßen zum Ziel haben, den letzten Kampf zu vergessen und den nächsten vorzubereiten. Es nährt sich nicht aus einer unvorhersehbaren und gefürchteten Gewalt, die hingenommen wird, sondern aus einer gewollten, geplanten, selbstgewählten Gewalt, die bejaht wird, weil sie kontrolliert und gezähmt ist. Der Ring ist nebensächlich: der Kämpfer wird im anonymen Halbdunkel der Boxhallen geformt, die sowohl Zufluchtsort als auch Werkstatt sind. Das *gym* besteht in erster Linie aus Geräuschen oder, besser, aus einer Symphonie spezifischer Geräusche, die man aus tausenden heraushören kann – heftiges Atmen und Stöhnen, das Klatschen der Handschuhe auf den Sandsäcken, Kettenklirren, der regelmäßige Galopp der Seilspringer, das unnachahmliche »ra-ta-ta-ta« der Punktbirne – ein betäubendes Stakkato. Dann sind da die Gerüche, durchdringend und beißend. Alles zusammen schafft ein Mikroklima, eine dichte, nahezu erstickende Atmosphäre, der eine betäubende Monotonie zu eigen ist, und die durch alle Poren des Körpers dringt und ihn einhüllt, formt, bis auf den letzten Nerv erregt und ihn für den Kampf bereit macht.

»Deinen Kampf gewinnst du im *gym*« ist die ständige Rede der alten Hasen. Denn *das gym ist die Fabrik*, eintönig, von der Außenwelt abgeschlossen, auf das Wesentliche beschränkt. Hier wird mit scheinbar archaischen, in Wahrheit jedoch hochwissenschaftlichen und bewährten Methoden die Präzisionsmechanik der Boxer geformt. Die Arbeit am Sandsack gleicht dem Ausformen eines Werkstücks mittels des Grobwerkzeugs der behandschuhten Fäuste. Werkzeug und Werkstück verbinden sich dabei zu ein und demselben Körper, der dem Boxer als Waffe, Schild und Zielscheibe dient[E 3]. Die korrekte Distanz finden, richtig atmen, antäuschen (mit Augen, Schultern, Händen, Füßen), einen Schritt zur Seite gleiten, um dem Sack auszuweichen und ihn dann in der Bewegung mit einem linken Haken auf mittlerer Höhe zu treffen. Nicht zu hoch, nicht zu weit ausholen, damit der Schlag nicht vorab erkennbar ist. Mit einer kurzen Bewegung nachsetzen und eine rechte Gerade folgen lassen, wobei das Handgelenk wie ein Schraubenzieher gedreht wird, um den Handrücken genau im Augenblick des Aufschlags waagrecht zu stellen. »Der linke Haken und die rechte Gerade gehören zusammen wie Mann und Frau«, erklärt mir der Assistenztrainer Eddie. Der hintere Fuß wird leicht gedreht, das Körpergewicht auf das andere Bein verlagert. Gleichzeitig das Becken gerade soweit zurückdrehen, dass der Körper in einem Winkel zum Gegner steht, der diesem die kleinstmögliche Angriffsfläche bietet. Ein Schritt nach links, dann der linke Jab, Dreh- und Angelpunkt des Bewegungsablaufs, weil gleichermaßen zur Verteidigung (den Gegner auf Distanz halten) wie zum Angriff geeignet. »Schlag deinen Jab! Gib's ihm! Lass ihn Leder fressen mit deiner Linken! Setz einen doppelten Jab und schick eine Rechte hinterher.«

Um es deutlich zu machen: die Arbeit am Sandsack fordert mentalen und physischen Einsatz in gleichem Maß. Die Grenze zwischen beiden verschwimmt im Schweiß, der mir brennend in die Augen perlt. »Beweg deinen Kopf, verdammt! Das ist kein Sack, was du da vor dir hast, Louie, das ist ein Mann!« höre ich DeeDee grollen. »Wie oft muss ich dir denn noch sagen, dass du denken sollst. *Denken! Man boxt mit dem Kopf.*« Trotzdem ist sich jeder, der es am eigenen Leib erfahren hat, sehr genau bewusst, dass es im Ring kaum eine Möglichkeit dazu gibt, weil sich dort alles im Rahmen von Reflexen und in Sekundenbruchteilen abspielt. Der Kopf wird zum Körper, der Körper zum Kopf. Boxen ist in gewissem Maß mit einer Schachpartie vergleichbar, bei der intuitiv und aus dem Bauch heraus gezogen wird.

*Das gym ist auch Refugium.* Es dient als Zufluchtstätte, die man aufsucht, um sich dem harten und grausamen Licht der Außenwelt und den Blicken zu entziehen, die einem von den Weißen, den Polizisten, den schwarzen »Bourzois« (wie sich mein Freund Ashante auszudrücken pflegt) in Gestalt kleiner Chefs und Ladenbesitzer und all den sogenannten ordentlichen Bürgern zugeworfen werden, die von einem abrücken, wenn man in den Bus steigt. Es ist nicht angenehm, als junger, armer Schwarzer in Amerika zu leben. Im *gym* dagegen kann man sich abkapseln, man bleibt unter seinesgleichen. Es bietet Schutz – vor der Außenwelt, aber auch vor sich selbst. Hier kann man das Leben ausklammern, das man, aus Gewöhnung und Müdigkeit, schon nicht mehr als ungerecht empfindet, sondern eben nur als hart, so wie die Fäuste. In der Halle werden nicht viel Worte gemacht, unnötige Bewegungen werden vermieden. »Wir sind hier nicht in einem Salon, du sollst hier keine Konversation treiben, an die Arbeit, *work*!« Jeder ist bestrebt, seinen Körper zu einem Bollwerk zu machen, hinter dem man sich verschanzen kann. Man lässt seine Deckung nie ganz fallen, nicht einmal hinter der Tür des Umkleideraums, der die Funktion eines Sanktuariums hat[E 4]. In diesem engen Kabuff mit den schmierigen, in einem schreienden Blau überstrichenen Rigipswänden sitzt man auf dem Holztisch, der zugleich als Bank dient und tauscht mit scheuer Sparsamkeit Worte, Berührungen, Lachen und vor allem Blicke. In den verstohlenen Gesprächen geht es ums Boxen, um Frauen, Schlägereien,

Boxen, Gefängnis, *American football, rap music*, Boxen. Und immer wieder ums Boxen, das Thema ist unerschöpflich. Man kommentiert das Sparring: »Du hast mich mit dieser Rechten erwischt, Cliff, ich spüre meinen Kiefer immer noch ... Denk dran, dass du deine linke Hand oben lässt, Keith, wenn du aus dem Nahkampf gehst. Du kassierst noch zu viele Schläge.« Seit eine Handverletzung seine vielversprechende Karriere unterbrochen hat, fungiert Butch spontan als technischer Berater: »Wenn dich ein Schläger wie Torres angeht, dann lässt du ihn kommen und konterst mit harten Jabs. Mit harten! Du musst genau auf den Hals zielen und so zuschlagen, als wolltest du da durchhauen.« Holyfields Gewinnchancen werden auf drei zu eins geschätzt: der Jamaikaner »Razor« Ruddock hat zwar einen guten Punch, aber es fehlt ihm an der Deckung. Und Holyfield ist gerade aus der darunterliegenden Gewichtsklasse aufgestiegen, er ist »zu hungrig«.

Das *gym* ist das Gegengift zur Straße. Jede in der Boxhalle verbrachte Stunde ist dem Teerbelag der 63th Avenue entrissen. Nach zehn Jahren im Ring, sechzehn Siegen und einem Unentschieden bei den Berufsboxern hofft Lorenzo, demnächst um den Titel des Weltmeisters der WBO im Weltergewicht kämpfen zu können. »Wenn es die Boxerei nicht gäbe«, vertraut er mir zögernd an, »dann wüsste ich nicht, wo ich heute wäre ... Wahrscheinlich im Knast oder irgendwo umgekommen, man kann nie wissen. Ich bin in einer harten Gegend aufgewachsen, und für mich persönlich ist es gut, wenn ich darüber nachdenke, was ich tun soll, bevor ich es tue. Das hält mich von der Straße ab. Das *gym* ist ein guter Platz für mich, ich bin da jeden Tag. Denn wenn du im *gym* bist, dann weisst du, wo du bist, da brauchst du keine Befürchtungen zu haben, dass du in Schwierigkeiten gerätst oder dass man auf dich schießt.« Und wenn das *gym* geschlossen würde? Das Gerücht geht um und verbreitet Schrecken. Die Stadtverwaltung hat versprochen, das angrenzende Maryland-Kino abzureissen, eine Ruine aus Ziegeln und Brettern, dessen Verfall in den 1970er Jahren begann, als das ehemals weiße und wohlhabende Viertel von Woodlawn den brutalen Wandel zum schwarzen Ghetto abgeschlossen hatte. Ja, was soll werden, wenn das *gym* schließt? Curtis will nicht einmal den Gedanken zulassen. »Das wäre, wie wenn man den Kindern das Zuhause wegnimmt. Es gibt so viele Jugendliche im Viertel, du weisst schon, die hängen auf der Straße rum und gehen ins *gym*, um von der Straße wegzukommen. Dann gibt es welche, die sind schon älter, die versuchen hier, von der Flasche wegzukommen und von den Joints und den Drogen, die kommen ins *gym* und wollen ihr System sauberkriegen. Das wäre, als würde man der Öffentlichkeit, den Leuten hier, etwas wegnehmen. Das geht nicht. Das würde viel ausmachen. Auch für mich ... Na hör' mal, mir das Dach über dem Kopf wegzunehmen, das ist, als würde man meinen Kindern Weihnachten oder das Essen aus dem Mund nehmen.«

*Das gym ist vor allem auch eine Traumfabrik.* Die Träume drehen sich natürlich um Ruhm, Erfolg und Geld. Eine Million Dollar zu verdienen, in einer einzigen Nacht ... Dabei spielt es keine Rolle, dass die Börse der Boxer »aus dem Club« kaum einmal zweihundert Dollar für einen Kampf über vier oder tausend für einen Hauptkampf über zehn Runden übersteigt und auch nur unwesentlich mehr beträgt, wenn der spanischsprachige lokale Fernsehsender *Telemundo* geruht, seine Kameras aufzustellen. Aber wer weiß, ob nicht eines Tages, mit viel Willenskraft, Hartnäckigkeit, Opferbereitchaft und guten *connections*, vielleicht doch ... Man erzählt sich, dass Alphonso Ratliff sie verdient hätte, diese berüchtigte Million, bevor er sich in Las Vegas von Tyson die Visage hat demolieren lassen. Die Wahrheit ist weniger glänzend: seine höchste Gage betrug nicht mehr als dreißigtausend Dollar, abzüglich der Anteile für den Areopag aus Managern, Trainer, *cutman*, Promoter, der immer größer wird, sobald man ein wenig nach oben kommt. Die Rechnung stimmt bei weitem nicht. Curtis spricht davon, die 63$^{th}$ Avenue wieder aufzubauen, diesen Korridor der Hoffnungslosigkeit: »Schau dir all die ausgebrannten Gebäude an, die Brachflächen, die Menschen ohne Arbeit, die Drogen nehmen. Wenn ich erstmal Weltmeister bin, werde ich das alles ändern. Ich werde Geschäfte eröffnen, mit leuchtenden Neonfassaden, ein Desintoxikationszentrum, eine Wäscherei und auch einen Jugendclub.« Wenn ich erstmal Weltmeister bin ...

Egal. Bis es soweit ist, funktioniert das *gym* weiterhin als Spielautomat der *In-Differenz* und der *In-Existenz (machine à tirer de l'in-différence et de l'in-existence).* Man wird an Marlon Brando erinnert, der in einer berühmten Sequenz in *On the Waterfront* als Ex-Boxer seinem Bruder gegenüber äußert: »Verstehst du nicht? Ich hätte nach oben kommen können. Ich hätte der Herausforderer sein können. Ich hätte jemand sein können.« *Jemand sein*, darum dreht sich alles! Aus der Anonymität heraustreten, aus dem grauen Alltag ausbrechen, und sei es nur für die Zeit einiger Runden[2]. Der Boxer im Ring ist einer, der mit jeder Faser seines Wesens die Botschaft verkündet: »Ich will jemand

2 Nach dem Muster von Tully, dem gequälten Charakter aus Leonard Gardners Roman *Fat City* [E 5], der von John Huston unter dem gleichen Titel verfilmt wurde.

sein. Ich existiere.« Er will um jeden Preis gesehen, bekannt und anerkannt werden, und sei es nur im Kreis der unmittelbaren Nachbarschaft, der Freunde oder von Kindern aus dem Viertel wie denen, die darum streiten, wer Curtis' Sporttasche tragen darf und sein Kommen und Gehen mit bewundernden Augen verfolgen. »*Role model*« zu sein, gleichermaßen Antithese zum und Antidot gegen den allseits bekannten und bewunderten, aber gleichzeitig mit Misstrauen beobachteten Drogendealer, das will schon etwas heißen. Aber die Golden Gloves bedeuten noch unendlich viel mehr, sie bilden eine eigene Galaxie. »Weißt du, der Titel bei den Golden Gloves, da träumen alle davon, okay? Das ist ein Lebenstraum! Golden Gloves! Ist dir eigentlich klar, dass du da im TV gezeigt wirst? *Man!*« Curtis trommelt Chears frenetisch auf die Brust. »Meine Golden Gloves-Jacke hier, weißt du, was da Besonderes dran ist? Ich werd's dir sagen: du kannst die nicht im Laden kaufen, du musst sie dir im Ring verdienen«. Und von den Golden Gloves ist es ja nur noch ein kleiner Schritt bis in Caesar's Palace.

Die Opferbereitschaft beschränkt sich jedoch nicht nur auf die Boxhalle. »Die Arbeit im *gym* ist nur die Hälfte der Angelegenheit. Die andere Hälfte, das ist die Disziplin: richtige Ernährung, früh zu Bett gehen, morgens aufstehen und laufen, sich von den Frauen fernhalten und all diese Dinge – eben auf den Körper achten.« Nahrung, Schlaf, Sex: die heilige Dreifaltigkeit des Boxkults[E 7]. DeeDee hat einen Diätplan für mich ausgetüftelt: Fisch, Hähnchenbrust und Truthahnschnitzel, als Beilage gekochtes Gemüse, etwas Obst und als Getränk Tee und stilles Wasser. Brot, Zucker und Sodahaltige Getränke sind wie die Pest zu meiden. Und wenn ich trotzdem noch Hunger habe? Er wettert: »Hunger haben, das will doch nichts heißen! Das ist nur in deinem Kopf, das gibt es in Wahrheit gar nicht – aus und Schluss.« Aber die Entsagung bei Tisch ist nichts im Vergleich zur Entsagung im Bett. Die Frau wird zum Objekt aller Wünsche und Schrecken. Immer wieder wird mit felsenfestem Glauben behauptet, man müsse in den langen Wochen vor dem Kampf keusch leben, denn der Liebesakt führe zu Verweichlichung und Schwächung. Der Grund: »Wenn du kommst, verlierst du Blut aus der Wirbelsäule.« Ashante mahnt mich zur Ordnung: »Du lässt jetzt die Finger von den Frauen, Louie, es sind nur noch drei Wochen bis zum Kampf«. Der kleine Reese äußert sich ebenso ka-

Jean-François Laé schreibt dementsprechend: »Allein die Tatsache, in den Ring zu klettern, ist ein Aufstieg. Eine Niederlage drückt dem Mann noch lange kein Brandzeichen auf. Man fürchtet sie nicht und vermeidet sie auch nicht um jeden Preis.«[E 6]

tegorisch: »Dieser Sex, das ist ein Monster, *man*. Das bringt dich um, ich weiß es, denn ich hab's ausprobiert.« Fat Joe, der sich letztes Jahr damit gebrüstet hatte, dass er keinen einzigen Tag auf Sex verzichten würde und dann, wie allseits erwartet, bei seinem ersten Kampf eine ordentliche Abreibung kassierte, hat sich diesmal mit päpstlichem Eifer vorbereitet: »Ich hab' meiner kleinen Freundin gesagt: kommt nicht in Frage! Das muss bis nach dem Kampf warten. Ich hab' schon den Job aufgegeben, der mir 300 Dollar die Woche brachte, damit ich hart trainieren und den Titel gewinnen kann, und ich werde doch nicht alles zunichte machen, indem ich mir ein Mädchen ins Bett hole, oder?« Bei Fred, einem bissigen Nervenbündel, dem regelmäßig ab der zweiten Runde der Atem ausgeht, wird fehlende Beständigkeit bemängelt: »Das ist wirklich schade. Fred könnte ein guter Boxer sein. Er hat Kraft, er kann zuschlagen und einstecken. Aber er liebt die Frauen zu sehr ...«

Von allen Opfern ist dies das schwerste. Anthony sitzt mit nacktem Oberkörper und düsterer Miene hinter DeeDees Schreibtisch: »Weißt du was, Louie? Ich hab' genug, ich will nicht mehr. Tag für Tag, boxen, schwitzen, boxen, schwitzen, Tag für Tag. Mir reicht's wirklich. Jeden Tag dieselbe Leier. Das ist doch kein Leben.« Sein Blick schweift ab und bleibt an der Decke hängen. Ich weiß nicht, was ich sagen soll, es ist das erste Mal, dass ich ihn in diesem Zustand erlebe – gewöhnlich platzt er vor Energie und trainiert mit einer an Hysterie grenzenden Verbissenheit. Der Grund: seit fünf Wochen hat er seine Verlobte nicht mehr angerührt, und bis zum nächsten Kampf sind es noch vierzehn Tage. »Das halt' ich nicht durch, Louie, das halt' ich nicht durch.« Noch schlimmer ist seine Angst, dass Bonnie, die süße Bonnie, Trost in den Armen eines anderen suchen könnte. Resümee: »Kommen Sie mir nicht mit diesen Damen. Ich könnte Ihnen eine Liste von Boxern zusammenstellen, die ein für alle Mal von den Frauen fertiggemacht worden sind, die so lang ist, dass Ihnen das Herz brechen würde[3].«

Am 29. Januar beende ich meinen ersten Monat intensiven Trainings mit drei Runden frustrierendem Sparring gegen Ashante. Ich kann weder meinen Rythmus finden, noch seine Angriffe im Zaum halten. Meine Schläge sind ungenau, unkoordiniert, überhastet, und Ashante hat keinerlei Mühe, durch meine Deckung zu kommen und mir seine kurzen Haken auf die Nase hauen. Er kontert nach Belieben und erwischt mich mit einer Kombination zum Kopf, die mitten ins

3 Diese Aussage stammt von Paddy Floyd, Trainer von Sugar Ray Leonard während dessen Amateurzeit[E 8].

Schwarze trifft: Bim-Bam! Mein Kopf wird nach hinten geschleudert. Benommen und halb groggy gehe ich mich umziehen und verlasse das *gym* physisch erschöpft und nervös mit dem Gedanken, dass ich es wohl nie zum Boxer bringen werde und ebensogut gleich aufhören könne.

5. Februar: eine Stunde Lauftraining mit dem Hund durch einen kalten Nieselregen. Dieses *roadwork* ist eine wahre Tortur, aber ich werde langsam zäh. Mein Körper gewöhnt sich allmählich an die drastische Diät. Seit Weihnachten habe ich vier Kilo abgenommen, damit ist schon die Häfte geschafft. DeeDees Ratschläge und Zurechtweisungen werden lebhafter und eindringlicher, je näher der Tag des Schicksals rückt – ein gutes Zeichen. Ich bin wütend auf Aaron, der drei Runden lang versucht hat, mir den Kopf abzuschlagen. Die Kopftreffer mit seiner Rechten haben mich Sternchen sehen lassen. Ich habe ihn mit einer Linken an die Schläfe ins Wanken gebracht, aber ohne nachzusetzen. Wenn ich beim Sparring nicht bissiger werde, schaffe ich es nie. Beim Duschen beruhigt mich Ashante und warnt mich vor, dass ich zu Beginn des Kampfes Panik spüren werde: »Bei deinem ersten Kampf hast du zwei Gegner: den Burschen vor dir und dann das Publikum. Manchmal bist du so beeindruckt, dass du nicht mehr weißt, was du tun sollst. Ich habe deshalb meine ersten beiden Amateurkämpfe verloren. Danach war ich so deprimiert, dass ich alles hinschmeißen wollte.«

Noch zehn Tage. Das *gym* ist gut besucht, es summt wie in einem Bienenstock. Der Ring ist zwei Stunden lang ununterbrochen belegt. Wer sparren will, muss Schlange stehen. Die Profis »Machine Gun« Ashante, Lorenzo »The Stallion« Smith, der alte Smithie, Big Earl und sogar »Rockin'« Rodney Williams sind extra gekommen, um mit den Kandidaten für die Gloves zu arbeiten. Die Spannung steigt täglich mehr. »Boxhead« John ist mürrisch geworden; mit seinem geschorenen Kopf und dem hungrigen Gesichtsausdruck ähnelt er einem Marvin Hagler in Miniaturausgabe. Er wartet auf dieses Treffen, seit er sein heimisches Alabama vor zehn Jahren verlassen und bei der Armee zu boxen begonnen hat. »Mighty« Mark Chears schwitzt unter seiner Kapuze vor sich hin, er besteht nur aus Konzentration. Rico drischt wie ein Besessener auf den Uppercutsack ein. Fred ist seit einer Woche nicht mehr gesehen worden, ein schlechtes Zeichen. Bestimmt treibt er sich mit seinen Kumpanen von der Disciples-Gang irgendwo auf der 73$^{th}$ Avenue herum. DeeDee wägt lange ab, wie er die optimalen Paarungen für das Sparring zusammenstellen könnte. Er ruft zunächst Rico auf, begutachtet dann Anthony, fordert Cliff zur Geduld auf und macht sich Gedanken über die möglichen Kombinationen, bevor er die Gruppierungen festlegt, die ihm am harmonischsten scheinen. Ich »drehe« vier kraftvolle, kämpferische Runden im Ring, zwei mit Reese und zwei mit Ashante. Meine Schläge kommen gut, meine Verteidigung ist besser geworden. Ich beende das Training mit drei Runden am Sandsack, drei am *jab bag*, drei weiteren mit Seilspringen und einer Serie mörderischer Bauchmuskelübungen. Mit schmerzendem Körper dusche ich in Gesellschaft von Smithie: »Am Abend vor dem Kampf solltest du möglichst nicht aufbleiben, geh ins Bett oder leg dich aufs Sofa, damit du deine Beine nicht anstrengst. Sei einfach faul und entspann dich. Das ist echt wichtig: du hast jetzt die volle Energie, und die musst du dir bis zum Kampf bewahren. Verschwende sie nicht.«

Nur noch ein Tag. Donnerschlag im *gym*: »Hast du es schon gehört, Louie?« fragt O'Bannon, der gemütliche Postbedienstete, der uns mit seinem Kleinbus zum Wiegen fährt. Was denn? Tyson ist von »Buster« Douglas zerlegt worden! Was denn, »Iron« Mike Tyson, der Unbesiegbare, der eigentlich als unmenschlich galt, weil er seine Gegner schon in Angst und Schrecken vesetzte, bevor sie überhaupt im Ring standen, dieser Tyson ist zu Boden gegangen, erledigt, fertig? Selbst diejenigen, die den Kampf gestern spät in der Nacht im bezahlten Kabelfernsehen angeschaut haben, können es immer noch nicht recht glauben. Dabei ist es gar nicht so verwunderlich: »*Tyson got his ass whipped*. Die Lektion wird ihm gut tun: man soll mit der Wissenschaft vom Boxen kein Schindluder treiben. Hast du gesehen, wie viel Fett er angesetzt hat? Er war nicht vorbereitet, er hat nicht ernsthaft trainiert, er war hinter den Mädchen her.« Anthony schüttelt mir die Hand, mit einem dieser *soul shakes*, die seine Spezialität sind. »*Alright*, Louie kämpft morgen Abend!« Man könnte meinen, er fiebere meinem Kampf mehr entgegen als seinem eigenen. Ein paar Minuten später erscheint auf allen Bildschirmen der Welt Nelson Mandela, der nach 23 Jahren aus dem Gefängnis freikommt. Aufrecht, strahlend und würdevoll bildet er einen vollständigen Gegensatz zu Don King, der seit Tokyo unaufhörlich und wild gestikulierend darum bemüht ist, die skeptischen Medien davon zu überzeugen, dass der aufs äußerste erniedrigte Tyson Opfer einer Fehlentscheidung des Ringrichters geworden ist.

Das Wiegen in einer Turnhalle der North Side hat etwas Irreales und entbehrt nicht einer gewissen Komik. Die Szenerie erinnert gleichermaßen an einen Zirkus, ein anatomisches Museum und einen Schlachthof: Die langsame Bewegung der Reihen dicht zuammengedrängten, menschlichen Fleisches in einem fensterlosen Untergeschoss lässt einen frösteln und lächeln zugleich. Alle Größen, Farben, Formen und Sorten sind hier vertreten. Da gibt es kleine, hartgesottene Burschen, nur mit Shorts und Sonnenbrille bekleidet, die ihren potentiellen Gegnern drohende Blicke zuwerfen. Ein dicklicher Puertoricaner mit Schweinchengesicht, langen Koteletten und fettigen Haaren spaziert splitternackt herum und stellt sein winziges Geschlechtsteil zur Schau, zum Vergnügen seiner Kumpanen, die an der Wand lehnen und sich vor Lachen ausschütten. Ein großer, ebenholzfarbener Schwergewichtler lässt unerschütterlich seine Muskeln spielen, während er darauf wartet, auf die Waage aus Metall zu steigen. Die zwei Superleichtgewichte mit der Tönung von Milchkaffee neben mir schwatzen mit fahrigen Buchhaltergesten, und ein Weißer mit schlaffem Bauch trägt eine riesige Unterhose spazieren, in der ein großes Lineal zu stecken scheint. Rico, James und Mark sind bereits gewogen und haben sich schon wieder angezogen. Jetzt stehe auch ich auf der Waage. 137 Pfund. Photo. Auf der Rückfahrt erfahre ich, dass die Eltern von Rico und Reese so mittellos sind, dass es bei ihnen öfters nicht einmal zum Essen reicht. DeeDee macht sich Sorgen, ob Rico mit leerem Magen kämpfen kann. Ich schäme mich, dass ich in diesem Kreis aus wissenschaftlicher Neugier und eher zum Spaß boxen will.

Es ist Sonntag Nachmittag, und ich werde zusehends nervöser beim Gedanken an meinen Kampf. Plötzlich fühle ich mich schwach; irgendwie drückt mich der Magen. Liz ist genervt, weil ich dauernd nach der Uhrzeit frage. Ich fühle mich erkältet: der Hals schmerzt, die Nase läuft, die Zunge ist pelzig, ich bin matt und kraftlos. Ich nehme ein ausgiebiges, heißes Bad und versuche, mich mit Pfefferminzschokolade, Peperridge Farm-Keksen und einem Eis zu beruhigen. Das macht jedoch alles nur noch schlimmer, denn ich weiß genau, dass diese Dinge meinem Organismus nicht guttun. Eine diffuse Angst überkommt mich und schnürt mir die Kehle zu.

Am nächsten Morgen wache ich um elf Uhr auf. Ich habe geschlafen wie ein Murmeltier und kann es kaum glauben, dass ich heute Abend im Ring stehen werde. Mit viel Überwindung zwinge ich mich, nachmittags um vier ein Stück Hähnchenbrust und eine Grapefruit hinunterzuwürgen. Ich fühle mich gelassen, konzentriert und voller Energie. Wir treffen uns im Boys Club, um gemeinsam zum Saint Andrews Gym zu fahren. Jeder begrüßt mich mit ermutigenden Worten, aber zurückhaltend und ohne großes Getöse. Seltsamerweise empfinde ich meine Rolle als Hoffnungsträger des Boys Club nicht etwa als belastend und einschüchternd – der Gedanke ermuntert mich sogar. »Hey, Louie, der

Big James steigt auf die Waage, gefolgt von Rico

»Busy« Louie beim Schlange stehen zum Wiegen

französische Bomber[4], du wirst heute Abend siegen!« DeeDee stellt seine übliche, nichtssagende Miene zur Schau. »Bist du soweit, Louie, hast du alles? Bandagen, Tiefschutz, Mundschutz?« Er wühlt in den Tiefen seiner Sporttasche herum, bringt eine kleine, bräunliche Flasche zum Vorschein und nimmt dann zwei Wattestäbchen aus einem Lederetui. Mit der Geste eines Chirurgen taucht er vorsichtig einen der Q-tips in den Flakon und überreicht ihn mir: »Steck dir das in die Nasenlöcher, aber richtig tief, und verteile es gut.« Der Geruch ist intensiv, aber nicht unangenehm. Das Adrenalin verursacht ein Gefühl der Kälte an der Nasenscheidewand. Die Tinktur wird dafür sorgen, dass ich zur Abwechslung einmal weniger aus der Nase blute. Als wir aufbrechen, noch eine letzte Ermutigung von Alphonso, der sich mit raubtierhaften Bewegungen vor seinem Spind ankleidet: »Du wirst heute Abend jemand verdreschen, *man*«. Oder verdroschen werden.

Ein Schneesturm tobt über der Stadt und sorgt für dichten Verkehr. Wir brauchen über eine Stunde bis zum Saint Andrews Gym. Das Lampenfieber steigt unaufhörlich, je näher wir unserem Ziel kommen. Wir begegnen der Verunsicherung mit Gelächter und der bewussten Übertreibung unserer Ängste. Als wir an die Kreuzung Addison und Paulina kommen, kehrt jedoch unser Selbstvertrauen zurück und eine unbändige Lust auf den Kampf gewinnt die Oberhand. Wir betreten den großen Saal. Vier Dollar Eintrit, ein Dollar der Hot-Dog und das Glas Bier. Der Verkäufer von T-Shirts und Aufnähern mit Tyson-Portraits beklagt sich hinter seinem Stand: der Wert seiner Ware hat sich durch die Niederlage des Idols in Tokyo beträchtlich vermindert. Das familiäre und wohlerzogene Publikum (ungefähr 800 Personen, einschließlich der Boxer und ihres zahlreichen Anhangs, relativ wenig Schwarze, eine erdrückende Überzahl von spanischsprachigen Mexikanern und Puertoricanern, Weiße mit ärmlichem Äußeren) ist gekommen, um sich zu amüsieren oder gute Boxkämpfe zu sehen. Entsprechend der jeweiligen Kategorie werden die Kämpfe mit unterschiedlichen Augen betrachtet: die »Novizen« im Ring dienen der Erheiterung, ihre Brüder aus der Kategorie »open« sollen Technik und »Herz« [*heart*] beweisen. Und wenn sich ein »Tier« produziert, wird aus vollem Hals gelacht. Die Berufsboxer im Publikum sind am schwierigsten zufrieden zu stellen: als zwei mittelmäßige Boxer sich mit affektierten Posen produzieren, erhebt Ashante sofort seine mächtige Stimme: »Los, auf, ihr Nieten! Bewegt euch im Ring!«

4 Anspielung auf Joe Louis' Spitznamen »*The Brown Bomber*« in den 1930er und 1940er Jahren.

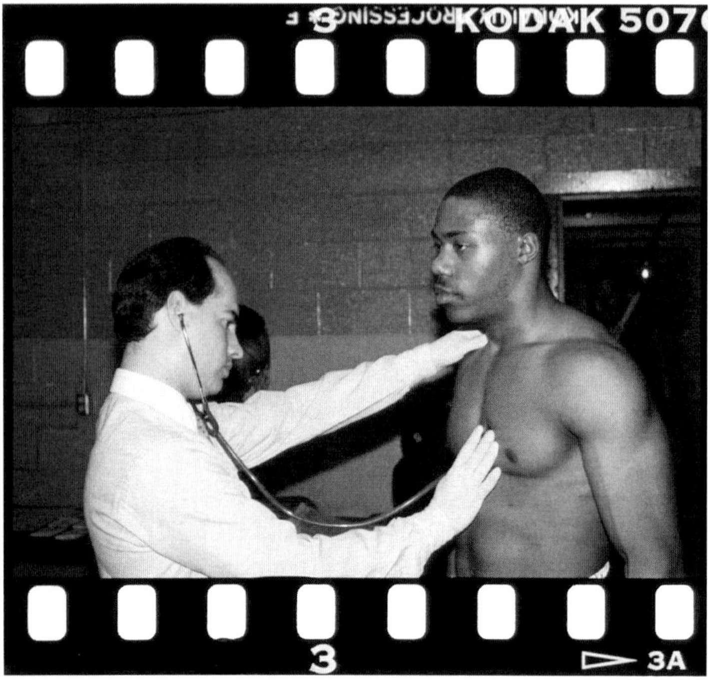


Letzte kurze ärztliche Kontrolle

Nach der Prüfung der Lizenz und einer flüchtigen medizinischen Untersuchung werde ich zum Tisch der Funktionäre gerufen, wo ich ein Paar nagelneue Handschuhe in Empfang nehme; alles geht so schnell, dass mir kaum Zeit zur Beunruhigung bleibt. Ich werde den achten Kampf bestreiten, nach Fred und Chears, und vor Big James. In dem nackten Raum, der als provisorische Umkleide fungiert, ziehen sich die Boxer schweigend um. Allen ist die Angst anzusehen, die einige hinter einer nach außen zur Schau getragenen dünnen Fassade von Mut und vorgegebener Selbstsicherheit zu verbergen suchen. Ich lege meinen Tiefschutz unter den schwarzen Bermudas an, dann die langen, roten Strümpfe mit den weißen Socken darüber und schließlich das blaue »Ringside«-Trikot, welches mir Ashante überreicht hat. Smithie bietet an, mir die Hände mit den blauen *handwraps* zu bandagieren, die DeeDee ihm anvertraut hat. Er geht dabei mit der mütterlichen Sorgfalt einer Krankenschwester vor und prüft bei jeder Wicklung die korrekte Spannung der Bandage, die weder zu fest noch zu locker sitzen darf. Die

Banges Warten im Umkleideraum

Handrücken werden dick eingebunden und jeder Finger einzeln umwickelt. »Mach jetzt mal eine Faust, ist es gut so?«

Fred ist schon an der Reihe. Curtis hat ihn noch schnell »zurechtgerückt«, bevor er in den Ring klettert: »*Don't forget you're from Woodlawn, nigger!*« Er ist schrecklich nervös, fällt aber sofort über seinen Gegner her, einen untersetzten jungen Mexikaner, den er zwei Runden lang wie ein Wilder mit Schlägen bearbeitet. In der dritten Runde geht ihm »der Treibstoff aus«, und er muss eine ganze Serie von Rechten und Uppercuts einstecken. Curtis lehnt mit aufgestützten Ellbogen an der Ringecke und schreit aus vollem Hals: »*Come on, fight, motherfucker, fight!*« Ein letzter Hagel von Haken und unpräzisen Geraden, dann hat Fred gewonnen – ein Sieg auf Messers Schneide. DeeDee und Eddie jubeln verhalten, und mit ihnen ganz Woodlawn.

Ich hatte die unglückliche Idee, bei der Handschuhausgabe den Funktionär zu fragen, ob mein Gegner anwesend sei. »Ja, Cooper, das ist der da drüben.« Mist, es ist ein großer Schwarzer mit katzenhafter

Muskulatur. Er muss mindestens einen Meter fünfundachtzig groß sein, mit langen, beweglichen, lianenhaften Armen und schlanken Beinen, die aus seinen weißen, perfekt gebügelten Shorts herausragen. Zwei ältere athletische Schwarze mit Galgenvogelgesichtern massieren seine Schultern und flüstern ihm irgendwelche hinterhältigen Kriegslisten zu. Ich denke sofort: »Scheiße, der Bursche kann boxen! Schon allein seine Stiefel! Die sind mindestens ihre 60 Dollar wert, und wenn er nicht boxen könnte, hätte er die nicht. *Shit*, der wird mich flachlegen!« Dennoch kann ich mich gleich wieder fassen, indem ich an meine Sparringsrunden im *gym* denke: dieser Kerl kann ja wohl nicht besser sein als Ashante oder Lorenzo, oder? Ich wärme mich hinten in der Turnhalle unter einem überdimensionalen Sternenbanner mit Schattenboxen auf, meine Begleiter immer dicht bei mir. Eddie fordert mich nochmals zum Enspannen auf, Ashante und Smithie überschütten mich mit guten Ratschlägen. Ich kann es kaum erwarten, in den Ring zu klettern – endlich ist der wochenlang ersehnte und gefürchtete Augenblick da. Jetzt nur nicht versagen!

Von diesem Augenblick an geht alles sehr schnell. Ich habe nur noch bruchstückhafte Erinnerungen an einzelne Momente, die sich kaum mehr zu einem Ganzen zusammenfügen. Meine Konzentration ist zu stark, die Spannung zu hoch. Eddie befeuchtet mein *mouthpiece* mit seiner Spritzflasche, schiebt es in meinen völlig ausgetrockneten Mund und schickt dann einen Strahl kalten Wassers hinterher. Es ist soweit, jetzt bin ich dran, und diesmal ist es ernst! Die ganze Zeit in diesem verdammten *gym* war ich so wild darauf, und jetzt habe ich nur noch ein Verlangen: zu kämpfen. Unten am Ring treffe ich auf DeeDee. Sein Blick ist väterlich, streng und voller Zuneigung; kein Wort kommt über seine geschlossenen Lippen, ein kaum wahrnehmbares Lächeln spielt um seinen Mund. Ich schlage mit meinem Handschuh von oben und unten leicht auf die geschlossene Faust, die er mir hinhält. Dabei wird mir richtig warm ums Herz. Dann steige ich die Trittleiter hinauf, während Eddie seinen massigen Oberkörper beugt, um mir die Seile auseinanderzuhalten.

Die Scheinwerfer über dem Ring sind gleißend hell. Der Ansager John Bollino, pensionierter Offizier der amerikanischen Armee, verkündet mit dramatischem Tremolo in der Stimme die Namen der Kämpfer: »Busy« Louie gegen Larry Cooper. Ich glaube zu träumen, als ich meinen Namen und den darauffolgenden Applaus höre, der hinter mir von den Rängen tönt, wo sich die Jungs vom *gym* versammelt haben. Nervös und tief atmend hüpfe ich auf der Stelle, mein Blick geht

»Busy« Louie wird am Ring von DeeDee begrüßt und von Ashante und dem Doc ermutigt

in die gegenüberliegende Ecke, wo mein Gegner dieses Abends seine dünnen Gliedmaßen ausschüttelt und die Fäuste in der Luft kreisen lässt. »An die Arbeit, Louie!« Hier stehe ich nun, *allein im Ring*. Die langen Wochen des Wartens und der verbissenen Arbeit, die mich hierher geführt haben, ziehen an mir vorbei. Es mag leichtfertig sein, aber ich fühle nicht die geringste Angst, sondern nur Entschlossenheit und Wut. War es nicht Cus d'Amato, der legendäre Trainer und »Macher« von Mike Tyson, der gesagt hat, Boxen sei ein Sport der *self-control*. Man muss die Angst kennen, um sie zu beherrschen. Die Angst ist wie das Feuer. Du kannst sie dir dienstbar machen[E 9].« Der *referee*, ein schmerbäuchiger Mexikaner mit dicht an den Kopf geklatschten Haaren, ruft mich in die Ringmitte, um seine letzten Anweisungen zu erteilen.

Der Pfiff zum Rundenbeginn tönt. Ich gehe resolut auf Cooper zu, der mir seine zusammengelegten Fäuste hinhält, die ich berühre, bevor ich mich auf ihn stürze. *Jab, jab, jab*, Rechte. Cooper hat einen Reichweitenvorteil und kontert mich heftig, es knallt gleich zu Beginn. Ich kassiere eine Gerade auf die Nase, was mich aber nicht daran hindert, weiter ins Gefecht zu gehen und meinen Jab loszulassen. Die Rufe des Publikums und der Hagel der ausgeteilten und einkassierten Schläge verschmelzen zu einer aberwitzigen Rhapsodie. Die leichteren und weniger gepolsterten Wettkampfhandschuhe machen die Fäuste schneller und verleihen den Schlägen mehr Wucht – viel mehr Wucht! Und dieser verdammte Cooper schlägt hart. »Nimm die Hände hoch, Louie, nimm die Hände hoch!« Smithie schreit sich heiser. Ich schlage eine Serie schnell aufeinanderfolgender Geraden. Cooper geht sofort zurück, weicht meinem linken Haken aus und setzt mir dann einen Dampfhammerschlag mitten auf die Nase, dass es überall kribbelt. Sobald es in den Clinch geht, verfangen sich meine Fäuste in den Tentakeln, die ihm als Arme dienen, und all meine Absichten, ihn mit Körpertreffern zu bearbeiten, laufen ins Leere. Ich attackiere wieder, mit einem Jab auf den Brustkorb, und dann: BUMM! Alles schwankt, der Ring dreht sich um mich, die Deckenbeleuchtung wird blendend hell und ... ich sitze mit dem Hintern auf der Matte und habe das Gefühl, mir sei eine Granate mitten im Gesicht explodiert. Ich habe nichts kommen sehen. Mit einem Satz springe ich wieder auf, der Ringrichter nimmt meine Fäuste, wischt sie an seinem grauen Trikot ab und schickt mich in die neutrale Ecke. Er geht mir auf die Nerven, wie er sich dicht an mich drängt, während sein großer, schlaffer Mund in singendem Englisch zählt: »Drei, vier, fünf ...« Scheiße, er zählt mich stehend an, *I've been knocked down*. Ich bin furchtbar wütend. »Ist schon gut, ist schon gut, ich bin okay, es ist nichts passiert.« Aus dem Augenwinkel beobachte ich Cooper, der in seiner Ecke durchatmet. Ich greife ihn erneut an, Jab gegen Jab, und versuche immer wieder, durch seine Deckung zu kommen. Er geht in den Clinch und bearbeitet meine Weichen. Ich antworte mit einer satten Rechten auf seinen Plexus. »*Break!*«, dann »*Box!*« Austausch von Jabs und Geraden. Dann beendet der Pfiff zum Rundenende unser Gerangel. Anhaltender Applaus.

Ich gehe in meine Ecke, wo Eddie schon den Schemel bereitgestellt hat. Das Erstaunlichste an der ganzen Angelegenheit ist, ... dass ich nicht im Geringsten erstaunt bin. Ich komme mir wie ein alter Haudegen des Rings vor, als Eddie meinen Mundschutz herausnimmt und ihn routiniert säubert. »Wie fühlst du dich?« »Gut.« Ich bin nicht einmal außer Atem. Zu meiner Linken nehme ich am Rand des Rings DeeDees Kopf wahr, mit seiner dicken Brille und dem Barett auf dem Kopf. Er spricht leise auf mich ein: »Du bist zu weit weg, du musst zwei Schritte näher ran gehen. Halt das Handgelenk steif und verkrampf dich nicht,

du machst das alles sehr gut.« Ich gurgle und spucke dann das Wasser in den Werbeeimer von Budweiser, den man mir vor die Füße gestellt hat. Die Pfeife ertönt, das Eckenteam verlässt den Ring. Cooper steht wieder vor mir. Pfiff zur zweiten Runde. Wir nehmen den Kampf wieder auf, scheller und härter als zuvor. Zum Überlegen bleibt keine Zeit. Mein geschwollenes Gesicht pulsiert und trieft vor Schweiß. Ich boxe »instinktiv« und verstärke mein Pressing, wie bei einer Zeitrafferaufnahme, wo alle Bewegungen übertrieben wirken. Coopers Fäuste fühlen sich an wie gehärteter Stahl. Ich versuche mehrmals, meinem Jab linke Haken folgen zu lassen, jedoch ohne großen Erfolg: meine Schläge gehen ins Leere, weil ihr Ziel behende rückwärts ausgewichen ist. Ich bleibe dennoch in der Offensive und lande drei Treffer mit der Linken. »Schlag zuerst zu! Nicht abwarten! Kombination!« Ich erinnere mich deutlich an eine mächtige Linke auf den Brustkorb, die mir den Atem nimmt, als wir aus dem Clinch gehen. Ich gleite tänzelnd an den Seilen entlang, um Luft zu holen und Coopers rechten Geraden auszuweichen. Piff zum Ende der Zweiten Runde, zurück in die Ecke. Das gleiche Ritual auf dem Schemel, nur dass ich diesmal nach Luft ringen muss. Eddie zieht an meinem Hosenbund, damit mein Bauch nicht eingezwängt ist: »Tief einatmen, noch einmal. Auf, Louie, diese Runde gewinnst du uns!«

Auf zur letzten Runde: ich stürze mich auf Cooper und attackierte pausenlos. Ich stecke viele Schläge ein, gebe jedoch auch gut heraus und die aufgeregten Schreie meiner Anhänger tönen mir in den Ohren. Wir werden beide müde. Drei Minuten im Ring, das ist eine Ewigkeit! Jab, Jab, Rechte, doppelter Jab, ich bin sehr *busy* – meinen Kampfnamen habe ich mir wenigstens verdient! Als Eddie »dreißig Sekunden« schreit, wirble ich, so schnell meine Arme es erlauben. Der überraschte Cooper versucht mich auf Distanz zu halten, indem er seinen rechten Arm ausstreckt und die Handfläche wie eine Gabel öffnet. Ich fühle einen plötzlichen Energieschub, komme endlich durch seine Deckung und nagle ihn direkt neben meiner Ecke mit dem Rücken an die Seile. Jab, beidhändige Haken zum Körper und zum Kopf, *»over and under«*. Bingo! Alle finden ihr Ziel. Freudengeschrei von der Woodlawn-Fraktion. Cooper versucht, mich wegzustoßen und verschanzt sich dann hinter seinen Handschuhen. Ich schlage, so schnell ich kann: punkten, jetzt schnell Punkte machen! Ich will ihn k.o. schlagen. Er wehrt sich, geht in den Clinch und beginnt seinerseits, meinen Körper zu bearbeiten. Eddie und Ashante springen vor Aufregung fast in den Ring: »Beidhändig, beidhändig! Tief, nochmal tief!« Mir geht die Luft aus und ich befreie mich mit einem wütenden Jab, um Cooper dann mit einer Rechten anzugreifen, die er in seinen Handschuhen abfängt. Pfiff. Ende der dritten Runde. Der Kampf ist vorbei. Wir umarmen uns einen Augenblick lang eng und schlagen uns gegenseitig auf die Fäuste, bevor jeder in seine Ecke zurückgeht.

Eddie drückt aufgeregt meine Schultern und nimmt mir mit hektischen Bewegungen den Kopfschutz ab: »*You fought a helluva fight, Louie, a helluva fight!*« DeeDee strahlt übers ganze Gesicht, Ashante und Smithie erklären mich zum Sieger. Ufff! Ich bin fertig, skeptisch, entzückt, platt, erstaunt, erleichtert und einfach glücklich. Tausend Emotionen ergreifen Besitz von mir. Ich habe es unbeschadet überstanden, das ist schon mal nicht schlecht – dieser Teufel von Cooper hat wie ein Presslufthammer zugeschlagen (ich habe dann erfahren, dass er bereits neun Siege bei einer einzigen Niederlage auf dem Konto hat). Alles ist so schnell gegangen, zu schnell. Ich bin vor allem zufrieden, dass ich meinem *gym* Ehre gemacht habe, dessen Ruf von den anderen Clubs beneidet wird. Der Ringrichter ruft uns in die Ringmitte. Bollino verliest mit seiner Grabesstimme das Urteil der Kampfrichter: »Und hier ist ihr Sieger nach Punkten, in der roten Ecke, aus Bessemer Park, Larry Cooooppeeeer! Larry Cooper ...« Seine Ansage geht in den Buhrufen aus dem Publikum unter, Pfiffe tönen von überall. »Buuuh! Buuuh! *Bullshit!*« Smithie und Eddie zetern laut gegen die Kampfrichter. Ich beglückwünsche Cooper, der vor Zufriedenheit strahlt: »Guter Kampf, mein Junge, guter Kampf, viel Glück für die Zukunft.« Der Schiedsrichter bedeutet mir, den Ring zu verlassen. Ein Offizieller löst eilig meine Handschuhe und überreicht mir mein *passbook*, das den ganz frischen Eintrag aufweist: »Niederlage: Cooper, nach Kampfrichterentscheidung.« Plötzlich überkommt mich eine unbändige Lust, über das Ganze laut zu lachen. Liz, Eddie, Oliver, Ivan, Rico, Ashante, Aaron, Reese, Mark und der alte Scottie mit seiner Rotweinfahne drängen sich um mich: »*Man*, du hast gewonnen, die Schweine haben dir den Kampf gestohlen!« DeeDee legt olympische Gelassenheit an den Tag: »Aus meiner Sicht hast du den Kampf mit dieser Serie in der letzten Runde gewonnen. Sie hätten ihn stehend anzählen müssen, er hat sich nicht verteidigt«. (Ich denke, er ist vor allem erleichtert, dass ich nicht verletzt bin: Ashante erzählt mir später, dass er bis zum letzten Moment gezögert hat, mich in den Ring klettern zu lassen: »Ich möchte nicht, dass Louie sich umbringen lässt.«) Liz umarmt mich überschwänglich: »Lo, Lo! Du hast gekämpft wie ein Löwe, ich habe meinen Auge nicht getraut.« Ich doch auch nicht! Ich bin immer noch verblüfft, dass alles so

Sieg für den Woodlawn Boys Club: Big James und »Mighty« Mark Chears präsentieren stolz ihre Pokale, eingerahmt von Eddie und DeeDee

schnell vorübergegangen ist. Olivier und Eddie bestehen darauf, dass ich einen Eisbeutel auf mein Auge und meine Nase lege, die beide beängstigend anschwellen. Liz verschwindet, um mir an der Bar einen Beutel mit Eis füllen zu lassen. DeeDee entspannt sich endlich: »*Boxing is never fun.* Man steigt nicht in den Ring, um sich zu amüsieren. Man amüsiert sich erst nach dem Kampf.«

Schmerzhaftes Erwachen am Morgen nach dem Kampf. Ich habe geschlafen wie betäubt und kann mich an keinen Augenblick des Kampfes erinnern. Habe ich denn das alles nur geträumt? Ich fühle mich steif und psychisch leer, wie eine ausgepresste Zitrone, von der nur noch die vertrocknete Schale übrig ist. Beim Blick in den Spiegel starrt mich ein übel geschwollenes Gesicht an. Mein linkes Auge ist halb geschlossen und geht von rotbraun ins Violette über: das war die Gerade, die mich in der ersten Runde zu Boden geschickt hat. Es ist nicht schön anzusehen. Der Nasenrücken ist rot und auf den doppelten Umfang geschwollen: behutsam taste ich ihn ab, um sicherzugehen, dass er nicht wieder gebrochen ist. Ein Schnitt läuft über meine linke Braue. Die Unterlippe ist geschwollen und bläulichrot und ich habe ein blaues Mal am linken Mundwinkel. Außerdem bereiten mir meine malträtierten Rippen Probleme beim Atmen. Nein, es gibt keinerlei Zweifel, ich habe nicht geträumt.

All dies Schmerzen verschwinden jedoch bei meiner triumphalen Ankunft im *gym*. Ich komme mir vor wie ein Soldat, der nach einem Fronteinsatz in die Kaserne zurückkehrt: von allen Seiten Handschläge, Lächeln, Augenzwinkern, Schulterklopfen, Komplimente und empörte Kommentare über die Kampfrichterentscheidung. »Man hat dich ganz schön übers Ohr gehauen, Louie!« Ab jetzt bin ich voll und ganz in ihre Reihen aufgenommen: »*Yep, Louie's a soul brother.*« Ashante erkundigt sich voll Begeisterung nach meinem nächsten Kampf, aber DeeDee unterbricht uns trocken: »Es gibt kein nächstes Mal. Du hast deinen Kampf gehabt. Das reicht, um dein verdammtes Buch zu schreiben. Du brauchst nicht in den Ring zu steigen, du nicht.«

»Einer von DeeDees Boys«

# Lust und Leid des Handelns*

*Nihil humanum alienum est.*
Baruch Spinoza

Das vorliegende Buch ist einerseits eine Art soziologischer *Bildungsroman* über das Boxen, ein persönlicher Erfahrungsbericht über die Initiation in ein körperliches Metier, dessen heroische Symbolik Allgemeingut ist – Mohammed Ali ist zweifellos, noch vor Pelé, der berühmteste und meistverehrte lebende Mensch auf Erden –, dessen nüchterne Wirklichkeit aber ebenso verkannt wird. Es ist jedoch zugleich auch ein wissenschaftliches *Experiment.* Es will den praktischen Nachweis für die Fruchtbarkeit eines Ansatzes erbringen, der auf theoretischer, methodologischer und rhetorischer Ebene die Tatsache gebührend berücksichtigt, dass der soziale Akteur in erster Linie ein Wesen aus Fleisch, Blut und Nerven ist und über Sinn (in der doppelten Bedeutung von sinnlich und sinngebend) verfügt, ein »leidendes Wesen« (der junge Marx spricht 1844 in seinen ökonomisch-philosophischen Manuskripten von *leidenschaftlichem Wesen*), das an dem Universum teilhat, von dem es hervorgebracht wird und an dessen Schaffung es seinerseits mit Leib und Seele beteiligt ist. Die Soziologie muss darauf hinarbeiten, dass diese leibliche Dimension der Existenz, die insbesondere im Fall des Boxers offensichtlich, tatsächlich aber auch bei allen Menschen mehr oder weniger wahrnehmbar ist, wieder hergestellt und greifbar wird. Dies setzt ein exaktes methodisches Vorgehen des Aufspürens, Beschreibens und Entzifferns sowie einen Stil der Darstellung voraus, der das Einfangen und die Vermittlung von Lust und Leid des Handelns ebenso gestattet wie das des Lärms und der Betriebsamkeit der sozialen Welt, die von den etablierten Methoden der »Wissenschaften vom Menschen« üblicherweise ausgeblendet oder gar nicht wahrgenommen werden.

Den erfolgversprechendsten Weg zu diesem Ziel bietet eine Beobachtungs- und Analysetechnik, die mit einer Initiation in den und eventuell sogar einer moralischen und sinnlichen Konversion zum unter-

* Dieser Text wurde ursprünglich als Vorwort für die brasilianische Ausgabe des Buches *Corpo et alma. Notas etnograficos de um apprendiz de boxeador,* Rio de Janeiro, Relume Dumará, 2002 verfasst.

suchten Kosmos einhergeht und, unter der ausdrücklichen Voraussetzung ihrer theoretischen Fundierung, dem Soziologen die Aneignung der kognitiven, ethischen, ästhetischen und konativen Schemata ermöglicht, die den Alltag derer bestimmen, die diesen Kosmos bevölkern. Wenn Pierre Bourdieus Aussage zutrifft, dass wir »mit dem Körper lernen« und sich »die soziale Ordnung dem Körper über die dauernde, mehr oder minder dramatische, der Affektivität jedoch immer viel Raum bietende Konfrontation einprägt«, dann ist es für den Soziologen unerlässlich, sich dem Feuer der Aktion *in situ* auszusetzen. Um besser ins Innerste dieser »Beziehung zur Präsenz in der Welt« vorzudringen, dieser Beziehung »zum ›auf der Welt sein‹ im dem Sinn, dass man ihr zugehört und von ihr besessen wird, in der weder Akteur noch Objekt postiert sind«[1], die jedoch beide als solche definiert und mittels einer Vielzahl unsichtbarer, aber deshalb nicht weniger starker Fäden miteinander verbindet, muss er seinen Organismus und die ihm innewohnende Sensibilität und Intelligenz in das Epizentrum der symbolischen und materiellen Kräfte stellen, die er untersuchen will und danach streben, die Appetenzen und Kompetenzen zu erwerben, die als treibende Kräfte im untersuchten Universum wirken. Die Boxer können uns hier viel vermitteln, und zwar nicht nur über das Boxen, sondern auch und gerade über uns selbst.

Dennoch wäre es gekünstelt und irreführend, wollte man als Motiv der Untersuchung, die das vorliegende Werk, als Vorstufe einer zweiten, vorwiegend theoretischen Arbeit, auf einem eher erzählerischen Niveau zusammenfasst, den Willen anführen, den Wert einer leiblichen Soziologie zu beweisen und ihre Gültigkeit einer konkreten Prüfung zu unterziehen. In Wahrheit ist das Gegenteil zutreffend: das Bedürfnis, eine transformierende Erfahrung vollständig zu verstehen und zu bewältigen, die ich weder gewollt noch vorausgesehen hatte und die mir lange Zeit unzugänglich und unklar geblieben war, hat mich dazu veranlasst, die Notwendigkeit einer Soziologie zu thematisieren, die sich nicht allein *auf* den Körper im Sinn eines Objekts *bezieht*, sondern *vom* Körper als Untersuchungsinstrument und Vektor der Erkenntnis *ausgeht*.

In die Boxhalle von Woodlawn war ich zufällig und mangels anderer Möglichkeiten geraten. Ich war zu dieser Zeit auf der Suche nach einem Ort, an dem ich, aus nächster Nähe, die Alltagswirklichkeit des amerikanischen Ghettos wahrnehmen und verspüren konnte, das ich aufgrund einer entsprechenden Einladung des bedeutenden schwarzen Soziologen William Julius Wilson untersuchen wollte[2], von dem ich jedoch aufgrund meiner Herkunft aus einer Familie der Mittelklasse in einem kleinen, südfranzösischen Dorf nicht die geringste praktische Apperzeption hatte. Aus gleichermaßen ethischen wie epistemologischen Gründen schien es mir von Anfang an unmöglich, ohne einen entsprechenden soziologischen Zugriff über die South Side von Chicago zu schreiben, die ihr erdrückendes Elend direkt unter meinem Fenster ausbreitete (und zwar wörtlich, da mir die University of Chicago das letzte verfügbare Appartement aus ihrem Wohnraumkontingent zugewiesen hatte, das niemand sonst wollte, weil es direkt an der Demarkationslinie zum Schwarzenviertel Woodlawn liegt, auf der im Abstand von fünfzig Metern weiße Telefone aufgestellt sind, von denen aus man im Notfall die Wagen der Privatpolizei der Universität verständigen kann). Auch schien mir die normale Soziologie der Beziehungen zwischen Klasse, Kaste und Staat in der amerikanischen Metropole durch und durch von falschen Konzepten geprägt, die letztlich nur die Wirklichkeit des Ghettos verschleiern, da sie den rassebezogenen (und rassistischen) *common sense* der nationalen Gesellschaft darauf projizieren: hier ist in erster Linie das Märchen von der »underclass« anzuführen, einem neologistischen Zwitterbegriff, der den Wissenschaftlern die bequeme Möglichkeit bot, weiße Vorherrschaft und Unfähigkeit auf sozialer und urbaner Ebene auszuklammern und ihre Aufmerksamkeit auf die Ökologie der Armenviertel und das ›antisoziale‹ Verhalten ihrer Bewohner zu richten[3].

Nach mehreren Monaten erfolgloser Suche nach einem Ort, an dem ich das lokale Geschehen teilnehmend beobachten konnte, nahm mich ein französischer Freund und Judoka in das *gym* in der 63. Straße mit, das, keine zwei Blocks von meiner Wohnung entfernt, dennoch auf einem anderen Planeten zu liegen schien. Ich wurde sofort Mitglied: einerseits aus Neugierde, aber auch deshalb, weil es offensichtlich die einzig akzeptable Möglichkeit war, mich im Viertel aufzuhalten und mit jungen Leuten von dort zusammenzutreffen. Bereits nach dem ersten Training habe ich begonnen, ein ethnographisches Tagebuch zu führen, ohne mir auch nur im Ansatz darüber im Klaren zu sein, dass ich die Boxhalle mit wachsendem Eifer mehr als drei Jahre lang besuchen und während dieser Zeit jeden Abend mehrere Stunden damit beschäftigt sein würde, auf insgesamt fast 2.300 Seiten Notizen die Ereignisse, Interaktionen und Gespräche des jeweiligen Tages festzuhalten. Durch meinen Beitritt zum Woodlawn Boys Club war ich plötzlich, ohne es zu wollen, mit einer dreifachen Herausforderung konfrontiert.

Die erste Herausforderung war schonungslos, oder sogar brutal:

würde ich fähig sein, diesen anspruchsvollen und harten *Sport zu lernen* und seine Grundlagen in ausreichendem Maß zu meistern, um mir einen kleinen Platz in der gleichermaßen bruderschaftlichen und wettbewerbsorientierten Welt des Boxens zu sichern, mit den Mitgliedern des Clubs auf Respekt und Vertrauen gegründete Beziehungen zu knüpfen und somit meine Forschung über das Ghetto durchführen zu können? Die Antwort liess mehrere Monate auf sich warten. Nach einer schwierigen und schmerzhaften Anfangsphase, während der mein technisches Unvermögen lediglich von meiner Frustration und, bisweilen, auch von Entmutigung übertroffen wurde (diejenigen, die später meine liebsten Ringkameraden werden sollten, wetteten ohne Ausnahme auf mein unmittelbar bevorstehendes Aufgeben), war ich in der Lage, meine körperliche Kondition zu verbessern, meine Moral zu stärken, mir die Bewegungsabläufe des Boxens anzueignen und die Taktik zu verinnerlichen. Ich habe meine Lektionen in Seilspringen und, beim regelmäßigen Sparring mit den Boxern des *gym*, meine Prüfungen zwischen den Seilen absolviert, bevor ich, mit der enthusiastischen Unterstützung des gesamten Clubs, aktiv an den *Golden Gloves*, dem großen Cicagoer Boxturnier, teilnahm. Später überlegte ich mir sogar, Berufsboxer zu werden. Ich konnte meine praktischen Kenntnisse der noblen Kunst so erweitern und vertiefen, dass der alte Trainer DeeDee mich eines Tages bat, ihn als »cornerman« (Ringbetreuer) bei einem wichtigen Kampf von Woodlawns Starboxer Curtis zu vertreten, der in Übersee stattfand. DeeDee hat auch immer prophezeit, dass ich eines Tages mein eigenes *gym* eröffnen würde: »*You gonna be a helluva coach one day, Louie, I know that*«.

Kaum dass ich die Eingangsschwierigkeiten bewältigt und die für meine dauerhafte Einbindung in das Milieu notwendigen Mindestbedingungen erfüllt hatte, stand ich einer zweiten Herausforderung gegenüber, die sich auf mein ursprüngliches Projekt bezog: würde ich die sozialen Beziehungen im schwarzen Ghetto aus meiner Einbettung in diesen besonderen Ort heraus erfassen und beschreiben können? Die langfristige Immersion in diese kleine Boxhalle und die intensive Teilnahme an den dort täglich sich knüpfenden Wechselbeziehungen haben es mir ermöglicht – ich bin jedenfalls dieser Meinung, und der Leser mag sein entsprechendes Urteil fällen –, mein Verständnis des Ghettos im allgemeinen und, konkret, meine Analyse der Struktur und Funktion des schwarzen Ghettos von Chicago im postfordistischen und postkeynesianischen Amerika des ausgehenden zwanzigsten Jahrhunderts grundlegend zu ändern. Vor allem konnte ich erkennen, was diese *terra non grata* von den vernachlässigten Stadtvierteln anderer fortschrittlicher Gesellschaften unterscheidet[4]. Als erstes habe ich die falsche, seit den ersten Arbeiten der Chicagoer Schule tief in der amerikanischen Soziologie der Zusammenhänge zwischen Rassentrennung und urbaner Marginalität verankerte Vorstellung verworfen, das Ghetto sei ein »desorganisiertes«, von Mangel, Bedürftigkeit und Vernachlässigung gekennzeichnetes Universum. Das *gym* hat es mir auch ermöglicht, durch die Verbindung von Theoriearbeit und fortgesetzter empirischer Beobachtung die »orientalisierende« Sicht des Ghettos und seiner Bewohner wirksam zu hinterfragen und die Machtbeziehungen ins Zentrum der Untersuchung zu rücken, die es zu dem machen, was es ist: ein Instrument zur wirtschaftlichen Ausbeutung und sozialen Ächtung einer der ethnischen Ehre entblössten Gruppe, eine Art »ethnisch-rassisches Gefängnis« zur Zwangsverwahrung von Amerikas urbanen Parias[5].

Bleibt schließlich die dritte, größte Herausforderung, die ich mir niemals hätte träumen lassen, als ich eines schönen Tages den Woodlawn Boys Club betrat. Das vorliegende Buch ist eine erste Antwort darauf, die allerdings nur bestimmte Bereiche erfasst und, wie alle wissenschaftlichen Untersuchungen, auch wenn sie die Gestalt einer Erzählung annehmen, als provisorisch gelten muss: Wie lässt sich diese intensiv körperliche Praxis und grundlegend kinetische Kultur, dieses Universum, in dem das Wesentlichste jenseits von Sprache und Bewusstsein übermittelt, erworben und entwickelt wird, oder, kurz gesagt, diese von Menschen (oder Männern) geschaffene Institution, die an der äußersten praktischen und theoretischen Grenze der Praxis angesiedelt ist, anthropologisch fassen? Anders gesagt: wenn ich einmal, ›mit dem Körper‹, mit meinen Fäusten und Eingeweiden, verstanden habe, worin das Metier des Boxers sowohl im Sinn von Beschäftigung und sozialem Status, aber auch von Amt und Mysterium (entsprechend der Etymologie des Wortes *mestier*) besteht, wenn ich selbst von ihm vereinnahmt, erfasst und in ihm gefangen bin, werde ich dann in der Lage sein, dieses Auffassungsvermögen der Sinne in die Sprache der Soziologie zu übertragen und adäquate Ausdrucksformen zu seiner Vermittlung zu finden, ohne dass dadurch seine wesentlichsten Merkmale verloren gehen?

Die Organisation des Buchs nach dem Prinzip kommunizierender Röhren, das sich mit zunehmender Seitenzahl umkehrende Verhältnis von Analyse und Erzählung, von Begrifflichkeit und Veranschaulichung (der nicht eingeweihte Leser kann sich vom Schluss des Buches aus nach vorn arbeiten, um so vom – soziologisch konstruierten – »Erlebten« zur Soziologie vorzustoßen), die Vermischung von Genres und Schreibformen, aber auch der strategische Einsatz der Photographien und persönlichen Aufzeichnungen entsprechen dem Bestreben, den Leser am sinnlichen und moralischen Alltag des gewöhnlichen Boxers teilhaben zu lassen, ihn im Lauf des Buches zusammen mit dem Autor zittern zu lassen und ihm *sowohl* das logische Verständnis für die sozialen Mechanismen und existenziellen Kräfte zu vermitteln, die den Boxer bewegen, *als auch* die besondere *Aisthesis*, die seine Intimität als Kämpfer erhellt[6]. Indem wir uns mit der Entstehung des Boxers beschäftigen und »die drei Elemente Körper, individuelles Bewusstsein und Kollektiv« näher betrachten, die ihn formen und Tag für Tag erbeben lassen, entdecken wir »das eigentliche Leben, den ganzen Menschen«[7]. Und wir entdecken uns in ihm.

*Loïc Wacquant*
Paris, im Mai 2002

# Anmerkungen*

## Anmerkungen zum Prolog

*(im Text mit [En] gekennzeichnet)

1 Stellvertretend für einige große Namen der zeitgenössischen Literatur der Vereinigten Staaten nennt Arthur Krystal (»Ifs, Ands, Buts: The Literary Sensibility at Ringside«, Harper's Magazine, Juni 1987, No. 274, S. 63-67) Ernest Hemingway, Jack London, Dashiell Hammett, Nelson Algren, James Farrell, Ring Lardner, Norman Mailer und Ralph Elson, zu denen sich kürzlich (als eine der wenigen Frauen in dieser Männerriege) Joyce Carol Oates mit dem schönen Essay *On Boxing* gesellt hat (Garden City, Doubleway, 1987; deutsch: *Über Boxen*, Manesse, Zürich, 1988).

2 Eine Ethnographie der Hochzeitsfeste von Anthony und Mark findet sich in meinem Artikel »Un mariage dans le ghetto«, *Actes de la recherche en sciences sociales*, Juni 1996, No. 113. S. 63-84.

3 Zum ökologischen Paralogismus vgl. Aaron Cicourel, »Interviews, Surveys, and the Problem of Ecological Validity« (*The American Sociologist*, Feb. 1982, No. 17, S. 11-20) sowie die entsprechenden methodologischen Ausführungen von Howard Becker, »Studying Practitioners of Vice and Crime« (in: William Haberstein (Hg.) *Pathways to Data*, Chicago, Aldine, 1970, S. 30-49).

4 Loïc Wacquant, »Corps et âme: notes ethnographiques d'un apprenti boxeur«, *Actes de la recherche en sciences sociales*, November 1989, No. 80, S. 33-67.

5 Loïc Wacquant, »›Busy Louie‹ aux Golden Gloves«, Gulliver, April-Mai 1991, No. 6, S. 12-33.

6 Marcel Mauss, *Die Gabe. Form und Funktion des Austauschs in archaischen Gesellschaften*. Frankfurt/Main, Suhrkamp, 1990, S. 178.

7 Jeffrey M. Ricmer, »Varieties of Opportunistic Research«, *Urban Life*, Jan. 1977, No. 5-4, S. 467-477.

8 Zur »historischen Verbundenheit« der amerikanischen Schwarzen mit Frankreich und deren Ursprung in einer erlebten, in den Vereinigten Staaten tabuisierten und gewaltsam unterdrückten Rassentrennung vgl. Tyler Stovall, *Paris Noir: African Americans in the City of Light*, Boston, Houghton Mifflin, 1998.

9 Kurt Wolf, »Surrender and Community Study: The Study of Loma«, in: Arthur J. Vidich and Joseph Bensman (Hg.), *Reflections on Community Studies*, New York, Wiley, 1964, S. 233-263.

## Anmerkungen zu »Die Straße und der Ring«

1 George Plimpton, *Shadowbox*, New York, Putnam, 1977, S. 38.

2 Dazu verweise ich auf folgende Quellen: die Beschreibungen des New Oakland Boxing Club in Kalifornien und des berühmten Kronk Gym in Detroit von Ralph Wiley (*Serenity: A Boxing Memoir*, New York, Henri Holt and Company, 1989, S. 28-29, 153 ff.), des Rosario Gym in East Harlem/New York von William Plummer (Buttercups ans Strong Boys: *A Sojourn at the Golden Gloves*, New York, Viking, 1989, S. 51 ff.) und des Cabbagetown Boxing Club in einem Vorort von Toronto von Stephen Brunt (*Mean Business: The Rise and Fall of Shawn O'Sullivan*, Markham, Penguin, 1987, S. 43-69). Der Band der Fotografin Martine Barrat, *Do or Die* (New York, Viking, 1993, Vorwort von Martin Scorsese) bietet die detailgetreue visuelle Umsetzung der Atmosphäre einer Boxhalle in New York, die an Ronald Frieds großartiges Portrait des Stillman's Gym zu seinen besten Zeiten erinnert (*Corner Men: Great Boxing Trainers*, New York, Four Walls Eight Windos, 1991, S. 32-53).

3 Emile Durkheim, *L'Education morale*, Paris, PUF (1902-1903) 1963 (deutsch: *Erziehung, Moral und Gesellschaft. Vorlesung an der Sorbonne 1902/1903*. Neuwied am Rhein: Luchterhand, 1973).

4 Guy Lagorce, »Mort dans l'après-midi«, l'Express, 17. März 1989 (zum Tod des Boxers David Thio von den Elfenbeinküste, der im Ring starb). Eine Ode auf die noble Kunst stammt von George Peters, Pleins feux sur les rings, Paris, La Table Ronde, 1970, insb. S. 199-200. Eine Zusammenfassung dieser Dialektik aus faszinierter Verehrung und empörter Ablehnung des Boxens in den Vereinigten Staaten liefert die historische Untersuchung von Jeffrey Sammons, *Beyond the Ring: The Role of Boxing in American Society* (Urbana and Chicago, Unversity of Illinois Press, 1988).

5 Pierre Bourdieu, »Programm für eine Soziologie des Sports«, in: *Rede und Antwort*, Frankfurt/Main, Suhrkamp, 1992, S. 205.

6 Marcel Mauss, »Les techniques du corps«, in *Sociologie et anthropologie*, Paris, PUF, (1936) 1950, S. 368-369 – die Hervorhebungen stammen von mir.

7 Marcel Mauss, ibid., S. 383

8 Martin Sánchez-Jankowski, *Islands in the Street. Gangs in Urban American Society*, Berkeley, University of Califoria Press, 1991; Mercer Sullivan, »Getting Paid«: *Youth, Crime and Work in the Inner City*, Ithaca, Cornell UP, 1989; und Phillipe Bourgois, *In Search of Respect: Selling Crack in El Barrio*, Cambridge, Cambridge UP, 1995.

9 Zum Vergleich siehe die Soziographie des beschleunigten Verfalls der schwarzen Ghettos von Chicago in: Loïc Wacquant und William Julius Wilson, »The Cost of Racial and Class Exclusion in the Inner City«, *Annals of the American Academy of Political and Social Science*, Januar 1989, No. 501, S. 8-25.

10 Diesen Begriff verwenden St. Clair Drake und Horace R. Cayton in ihrem großartigen Werk *Black Metropolis: A Study of Negro Life in a Northern City*, Chicago, The University of Chicago Press, (1945) 1994.

11 Einen geschichtlichen Abriss über die rigide Rassentrennung bei der Wohnungspolitik in Chigago, die in der Vergangenheit prägend für Stadt und Bevölkerung war, bietet Arnold Hirsch, *Making the Second Ghetto: Race and Housing in Chicago 1940-1960*, Cambridge, Cambridge UP, 1983. Eine umfassende Analyse der sich ändernden Beziehungen zwischen Klassenungleichheit und Rassendomination im Amerika dieser Zeit bietet der Klassiker von William Julius Wilson, *The Declining Significance of Race*, Chicago, The University of Chicago Press, 1980, insb. S. 88-143.

12 Die folgenden Daten sind entnommen aus: Chicago Fact Book Consortium, *Local Community Fact Book: Chicago Metropolitan Area*, Chicago, Chicago Review Press, 1984, S. 114-116. Eine ausführlichere Untersuchung der Veränderung des schwarzen Ghettos von Chicago während der letzten fünfzig Jahre findet sich bei Loïc Wacquant, »The New Urban Color Line: The State and Fate of the Ghetto in Post-Fordist America«, in: Craig J. Calhoun (Hg.), *Social Theory and the Politics of Identity*, Cambridge, Basil Blackwell, S. 231-276.

13 Chicago Tribune, *An American Millstone*, Chicago und New York, The Review Press, 1986, S. 170.

14 Melvin L. Oliver, »The Urban Black Community as Network: Toward a Social Network Perspective«, *The Sociological Quarterly*, Dez. 1988, Bd. 29, No. 4, S. 623-645.

15 Chicago Tribune, *An American Millstone*, Chicago und New York, The Review Press, 1986, S. 170.

16 Beschreibungen und Analysen der außergewöhnlichen Konzentration von Gewaltkriminalität im Ghetto und ihrer Auswirkungen auf schwarze Jugendliche findet sich bei Jewelle Taylor Gibbs et al. (Hg.), *Young, Black and Male in America: An Endangered Species*, Dover, Auburn House Publishing, 1988; Darnell F. Hawkins (Hg.), *Ethnicity Race and Crime: Perspectives across Time and Place*, Albany, State University of New York Press, 1995, sowie Jean McCord (Hg). *Violence and Childhood in the Inner City*, Cambridge, Cambridge UP, 1997.

17 Leonard Gardner, *Fat City*, New York, Farrar, Strauss & Giroux, 1969.

18 Zitiert nach Thomas Hauser, *The Black Lights: Inside the World of Professional Boxing*, New York, McGraw-Hill, 1986, S. 113 und 186.

19 Zitiert nach Judith Folb, *Runnin' Down Some Lines: The Language and Culture of Black Teenagers*. Cambridge. Harvard UP, 1980, S. 39.

20 David Halle, *America's Working Man*, Chicago, The University of Chicago Press, 1984, Kap. 9.

21 Der Prozess der Marginalisierung der schwarzen Jugendlichen der Ghetthos wird weiterhin dargestellt in: Douglas Glasgow, *The Black Underclass: Poverty. Unemployment and Entrapment of Ghetto Youth*, New

York, Vintage Books, 1980; Terry Williams and William Kornblum, *Growing up Poor*, Lexington, Lexington Books, 1985; John M. Hagedorn, *People and Folks. Gangs, Crime and the Underclass in a Rustbelt City*, Chicago, *Lakeview* Press, 1988; William Julius Wilsen, *When Work Disappears*, New York, Knopf 1997. Die Portraits einer Reihe von ›Gefangenen des Ghettos‹ bietet die Erfolgsreportage der Newsweek, die von Sylvester Monroe und Peter Goldman unter dem Titel Brothers: *Black and Poor – A true Story of Courage and Survival* (New York, William Morrow and Co, 1988) aufgegriffen wurde, sowie die auf der Grundlage einer Hörfunkdokumentation von LeAlan Jones und Lloyd Newman, (zwei Jugendliche der South Side) entstandene Erzählung *Our America: Life and Death on the South Side of Chicago* (New York, Washington Square Press, 1977).

22 Die Interdependenz zwischen Unterhaltungssektor, Politik, Sport und Religion in der scharzen Community Amerikas dokumentiert Charles Keil in: *Urban Blues,* Chicago, The University of Chicago Press, 1966.

23 Vgl. T. Hauser, *The Black Lights, op. cit*, S. 146-171 und 179-183; Jeffrey T. Sammons, *Beyond the Ring, op.* cit, p. 235-245; Stephen Brunt, *Mean Business, op. cit.,* passim; Sam Toperoff, *Sugar Ray Leonard and Other Noble Warriors,* New York, McGraw-Hill, 1987 sowie Andy Ercole et Ed Okonowicz, *Dave Tiberi, the Uncrowned Champion,* Wilmington, The Jared Company, 1992.

24 Georg Simmel, »The Sociology of Sociability«, *American Journal* of Sociology, 1949, No. 55, S. 254-268.

25 Ned Polsby, *Hustlers, Beats and Others,* Chicago, The University of Chicago Press, (1967) 1985, S. 20-30.

26 Die Verwaltung des Körperkapitals beschreibt Loïc Wacquant ausführlich in »Pugs at Work: Bodily Capital and Bodily Labor Among Professional Boxers«, *Body and Society,* März 1995, Bd. 1, No. 1, S. 65-94.

27 Vgl. Roger D. Abrahams, *Positively Black,* Englewood Cliffs, Prentice Hall, 1970 Martin Sánchez-Jankowski, *lslands in the Street, op. cit.*; Judith Folb, *Runnin' Down Some Lines, op. cit.*

28 S. K. Weinberg und Henri Arond, »The Occupational Culture of the Boxer«, *American Journal of Sociology*, 1952, vol. 62, No. 5, S. 460-469 (bezüglich der Daten zwischen 1900-1950); T.J. Jenkins, »Changes in Ethnic and Racial Representation Among Professional Boxers: A Study in Ethnic Succession«, Chicago, unveröffentl. Diplomarbeit, University of Chicago, 1955 ; Nathan Hare, »A Study of the Black Fighter«, *The Black Scholar,* 1971, No. 3-3, S. 2-9; John Sugden, »The Exploitation of Disadvantage. The Occupational Sub-Culture of the Boxer«, in John Horne, David Jary and Andrew Tomlinson (Hg.), *Sport, Leisure, and Social Relations,* London, Routledge and Kegan Paul, 1987, S. 187-209; Jeffrey T. Sammons, *Beyond the Ring, op. cit.*

Bezüglich der Karrieren amerikanischer Juden während der ersten Hälfte des 20. Jahrhunderts vgl. Stephen A. Riess, »A Fighting Chance: The Jewish-American Boxing Experience, 1890-1940«, *American Jewish History,* 1985, No. 74, S. 233-254 ; einen allgemeinen Überblick bietet Benjamin G. Rader, *American Sports: From the Age of Folk Games* to *the Age of Spec-*tators, Englewood Cliffs, Prentice-Hall, 1983.

29 Peter Niels Heller, *Bad Intentions: The Mike Tyson Story,* New York, Da Capo Press, 1995; Die vielfältigen Signifikationen der Karriere von Tyson als lebender Verkörperung der Männlichkeit beschreibt Tony Jefferson in »Muscle«, »Hard Man« and »›Iron‹ Mike Tyson: Reflections on Desire, Anxiety and the Embodiment of Masculinity«, *Body* & *Society*, März 1998, Bd. 4, No. 1, S. 77-98.

30 Stephen Brint und Jerry Karabel, »Les ›community colleges‹ américains et la politique de l'inégalité«, *Actes de la recherche en sciences sociales,* 1987, No. 86-87, S. 69-84.

31 Loïc Wacquant und William Julius Wilson, »The Cost of Racial and Class Exclusion in the Inner City«, *art. cit.*,S.17, 19, 22.

32 Zit. nach David Haipern, »Distance and Embrace«, in: Joyce Carol Oates und David Halpern (Hg.), *Reading the Fights,* New York, Prentice-Hall Press, 1988, S. 279.

33 Bezüglich einer methodischen Kritik dieses falsch-wahren Konzepts und seiner sozialen Anwendungen vgl. Loïc Wacquant, »L'›underclass‹ urbaine dans l'imaginaire social et scientifique américain«, in: *L'Exclusion. L'Etat des savoirs,* Paris, La Découverte, 1996, S. 248-262.

34 Betty Lou Valentine, *Hustling* and *Other Hard Work: Life Styles in the Ghetto,* New York, Free Press, 1978.

35 Loïc Wacquant und William Julius Wilson, »The Cost of Racial and Class Exclusion in the Inner City«, *art. cit.*, S. 24.

36 Henri Allouch, »Participation in Boxing Among Children and Young Adults«, *Pediatrics,* 1984, No. 72, S. 311-312.

37 Joyce Carol Oates, *On Boxing* (Garden City, Doubleday, 1987, S. 72 (deutsch *Über Boxen*, 1988)

38 Vgl. Loïc Wacquant, »A Fleshpeddler at Work: Power, Pain, and Profit in the Prizefighting Economy«, *Theory and* Society, Feb. 1998, No. 27-1, S. 1-42.

39 Thomas Hauser, *The Black Lights, op.* cit., S. 135.

40 William Plummer, *Buttercups and Strong Boys, op. cit*, S. 57.

41 Pierre Bourdieu, *Le sens pratique,* Paris, Minuit, S. 130 (deutsch: *Sozialer Sinn*, Fankfurt am Main: Suhrkamp, 1987).

42 Pierre Bourdieu, *Esquisse d'une théorie de la pratique,* Genf, Droz, 1972, S. 196 (Reed. Seuil, 1999; deutsch: *Entwurf einer Theorie der Praxis auf der Grundlage der kabylischen Gesellschaft*. Frankfurt am Main: Suhrkamp, 1976).

43 Joyce Carol Oates, On *Boxing, op. cit*, S. 28-29.

44 Gil Clancy (Startrainer und Manager), zit. nach Thomas Hauser, *The Black Lights, op. cit.*, S. 43.

45 Gerald Early, »Three Notes Towards a Cultural Definition of Boxing«, in: Joyce Carol Oates und David Halpern, *Reading the Fiqhts, op. cit*, S. 20.
46 George Plimpton, »Three With Moore«, in: Joyce Carol Oates und David Halpern, *ibid.*, S. 173.
47 Loïc Wacquant, »Pugs at Work«, *art. cit*, S. 75-82.
48 Ähnliche Beobachtungen bei kalifornischen Wettkampfschwimmern finden sich bei Daniel F. Chambliss, »The Mundanity of Excellence: An Ethnographic Report on Olympic Swimmers«, So*ciological Theory,* Frühjahr 1989, Bd. 7, No. 1, S. 70-86.
49 R. G. Mitchell, *Moutain Experience: The Psychology and Sociology of Adventure.* Chicago, The University of Chicago Press, 1983.
50 George Bennett und Pete Hamill, *Boxers,* New York, Dolphi Books, 1978, S. 23; vgl. auch Jeffrey T. Sammons, *Beyond the Ring, op. cit*, S. 237; S. K. Weinberg und Henri Arond, »The Occupational Culture of the Boxer«, *art. cit.* S. 463; Nathan Hare, »A Study of the Black Fighter«, art. cit., S. 7-8.
51 »Avancer, reculer, riposter«, Gespräch mit dem Nationaltrainer Aldo Consentino, *Libération,* 11-12 Feb. 1989, S. 31.
52 Paul Connerton, *How Societies Remember,* Cambridge, Cambridge UP, 1989.
53 Alfred Willener, »Le concerto pour trompette de Haydn«, *Actes de la recherche en sciences sociales,* Nov. 1988, No. 75, S. 61 – die Hervorhebungen stammen von mir.
54 Erving Goffman, *Interaction Rituals,* New York, Vintage, 1966.
55 Loïc Wacquant, »The Prizefighter's Three Bodies«, *Ethnos,* Nov. 1998, Bd. 63, No. 3, insb. S. 342-345.
56 Thomas Hauser, *The Black Lights, op. cit.*, S. 199,
57 Erving Goffman, *The Presentation of Self in Everyday Life,* Harmondsworth, Penguin, 1959, S. 21.
58 Ich übernehme diesen Terminus aus William Graham Sumners *Folkways,* Boston, Ginn, (1906) 1940.
59 Edward Albert, »Riding a Line. Competition and Cooperation in the Sport of Bicycle Racing«, *Sociology of Sport Journal* 1991, No.8, S. 341-361.
60 Michel Foucault, *Naissance de la clinique. Une archéologie du regard médical,* Paris, PUF, 1963, S. 168 (deutsch: *Die Geburt der Klinik. Eine Archäologie des ärztlichen Blicks.* München: Hanser, 1973).
61 Zum Begriff »emotionale Arbeit« vgl. Arlie Hochschild, »Emotion Work, Feeling Rules and Social Structure«, *American Journal of Sociology,* Nov. 1979, Bd. 85, No. 3, S. 551-575.
62 Konrad Lorenz, *On Aggression,* New York, Harcourt, Brace and World, 1966, S. 281.
63 Erving Goffman, *The Presentation of Self in Everyday Life, op. cit.*
64 Stephen Brunt, *Mean Business, op. cit,* S. 55.
65 Hans Gerth et C.-Wright Mills, *Character and Social Structure*, New York, Harcourt, Brace, Jovanovitch, 1964.

66 Joyce Carol Oates, On *Boxing, op. cit*, S. 25 und 60.
67 Allen Gutman, *From Ritual* to *Record: The Nature of Modern Sports*, New York, Columbia UP 1989, S. 160.
68 André Rauch, *Boxe, violence du XXe siècle*, Paris, Aubier, 1992. Dieses Werk enthält, unter anderem, ein grobes Plagiat meines 1989 in *Actes de la recherche en sciences sociales* veröffentlichten Artikels »Corps et âme«, und zwar auf den Seiten 222, 225, 226, 227-237 und 278-279 (sowie auf S. 362, Anm. 172; S. 363, Anm 185; S. 368, Anm. 206 und S. 408, Anm. 201), wo Rauch vollständig und ohne Angabe der Quelle meine Schilderung des Trainings im *gym* von Woodlawn einschließlich aller Zitate und Quellenangaben übernimmt (vgl. Anm. 47, 48, 62, 73, 86, 88 und 90, S. 389-395), wobei er, zur Verschleierung, diese Schilderung mit Auszügen aus Stellungnahmen von Boxern und Trainern versetzt, die er *L'Equipe* entnommen hat. Den Gipfel der Unredlichkeit erreicht er mit seiner Anmerkung 103 (S. 398), wo er meine Analyse zum Verhältnis zwischen *gym* und Ghetto zusammenfassend wiedergibt und diese als Ergebnis eines Gesprächs darstellt, das er »mit L. Denachet, dem Generalsekretär der ›Anciens de la Boxe‹ im September 1990« geführt haben will.
69 Marcel Mauss »Les techniques du corps«, *op.cit.*, S. 385.
70 Gene Tunney, ehemaliger Schwergewichtschampion, zit. nach Jeffrey T. Sammons, *Beyond the Ring, op. cit.*, S. 246.
71 *The Thrilla in Manilla,* Videokassette des Kampfes »Ali-Frazier Heavyweight title fight«, NBC Sports Venture, 1990.
72 Zit. nach David Anderson, *In the Corner: Great Boxing Trainers Talk About their Art,* New York, Morrow, 1991, S. 121.
73 John Dewey, *Experience and Nature*, Chicago, Open Court, 1929, S.277.
74 Sugar Ray Robinson ist zitiert nach Thomas Hauser *(The Black Lights, op. cit.*, S. 29), Mickey Rosario nach William Plummer *(Buttercups ard Strong Boys, op. cit.*, S. 43).
75 Hugh Brody, *Maps and Dreams,* New York, Pantheon Books, 1982, S. 37 *– die Hervorhebungen stammen von mir.*
76 Joyce Carol Oates, *On Boxing, op. cit.*, S. 108.
77 George H. Mead, »The Biologic Individual«, addendum zu *Mind, Self and Society from the Standpoint of* a *Social Behaviorist,* C. W. Morris (Hg.), Chicago, The University of Chicago Press, 1934, S. 347-353.
78 Peter Pasquale, *The Boxer's Workout: Fitness for the Civilized Man,* Garden City, Doubleday, 1988.
79 Pierre Bourdieu, *Le Sens pratique, op. cit*, S. 137. (deutsch: *Sozialer Sinn*, Frankfurt/Main, Suhramp, 1987, S. 149).
80 Jean-Pierre Clément, »La force, la souplesse et l'harmonie. Etude comparée de trois sports de combat: lutte, judo, aïkido«, in: Christian Pociello (Hg.), *Sports* et *société. Approche socioculturelle des pratiques,* Paris, Vigot, 1987, S. 285-301.

81 Jean Lave, *Cognition in Practice: Mind, Mathematics and Culture in Everyday Life*, Cambridge, Cambridge UP, 1989, P. 14 ff.

82 Loïc Wacquant, »De la ›terre promise‹ au ghetto: la ›Grande Migration‹ noire américaine, 1916-1930«, *Actes de la recherche en sciences sociales,* Sept. 1993, No. 99, S. 43-51.

83 Ein anschauliches Portrait der South Side Mitte des 20. Jahrhunderts bieten der Klassiker von St. Clair Drake und Horace Caton, *Black Metropolis, op. cit.*, sowie Richard Wright, *12 Million Black Voices: A Folk History ot the Negro in the United States,* Photos von Edwin Rosskam, New York, Thunder's Mouth Press, (1941) 1988.

84 Vgl. Chris Mead, *Champion: Joe Louis, Black Hero in White America*, New York, Charles Scribner's Sons, 1985; et Jeffrey Sammons, *Beyond the Ring, op. cit.*, S. 96-129.

85 Eine Fülle präziser Belege für diese von Autorität und Affektion geprägten Beziehungen zwischen Trainern und ihren Boxern findet sich bei Ronald K. Fried, *Corner Men, Op. cit.*

86 Pierre Bourdieu, »Programme pour une sociologie du sport«, *op. cit*, S. 214.

87 Emile Benveniste, Le *Vocabulaire des institutions indo-europeennes*, Paris, Minuit, Bd. 2, 1969 (deutsch: *Indoeuropäische Institutionen: Wortschatz, Geschichte, Funktionen.* Frankfurt/Main – New York: Campus-Verl., 1993)

88 Emile Durkheim, *Les Formes élémentaires de la vie religieuse*, Paris, PUF, (1912) 1960 (deutsch: *Die elementaren Formen des religiösen Lebens.* Frankfurt/Main: Suhrkamp 1981).

89 Michael Polanyi, *The Tacit Dimension,* Garden City, Doubleday, 1967.

90 Howard Becker, »Photography and Sociology«, in: *Doing Things Together*, Evanston, Northwestern UP, 1986, S. 223-271.

91 William Plummer, *Buttercups and Strong Boys, op. cit.*, S. 67.

92 Norbert Elias, *Die höfische Gesellschaft*, Neuwied und Darmstadt: Luchterhand, 1969.

93 Max Weber, *Wirtschaft und Gesellschaft*. (zit nach: *Economie et société*, Paris, Plon, [1918-1920] 1971, S. 301).

94 Jean-Claude Bouttier et Jean Letessier, *Boxe. La technique, l'entrainement, la tactique*, Paris, Robert Laffont, 1978, S. 97.

95 Zum historischen Prozess der Rationalisierung des Sports, vor allem in den Vereinigten Staaten, vgl. Allen Gutman, *From Ritual to Record, op. cit.*, insb. Kap. 2.

96 Daniel F. Chambliss, »The Mundanity of Excellence«, *art. cit*, S. 78-81.

97 Emile Durkheim, *Les Formes élémentaires de la vie religieuse, op. cit*, S. 637.

98 G. R. Mc Latchie, »Injuries in Combat Sports«, in: Tim Reilly (Hg.), *Sports Fitness and Sports Injuries,* London und Boston, Faber and Faber, 1981, S. 168-174.

99 Michel Foucault, *Surveiller et punir. Naissance de la prison*, Paris, Gallimard, 1975, S. 172-196 (deutsch: *Überwachen und Strafen. Die Geburt des Gefängnisses*. Frankfurt am Main: Suhrkamp, 1977)

100 Pierre Bourdieu, Le *Sens pratique, op.cit.*, S. 111. (deutsch: *Sozialer Sinn*, Frankfurt/Main, Suhrkamp, 1987, S. 122).

101 Ich übernehme diesen Begriff aus Claude Lévi-Strauss, *La Pensée sauvage*, Paris, Plon, 1962, insb. Kap. 1, »La science du concret«. (deutsch: *Das wilde Denken*, Frankfurt am Main: Suhrkamp, 1973).

102 Jeffrey T. Sammons, *Beyond the Ring, op. cit*, S. 236.

103 S. K. Weinberg und Henri Arond, »The Occupational Culture of the Boxer«, *art. cit*, S. 462,

104 Pierre Bourdieu, *Algérie 60. Structures économiques et structures temporelles*, Paris, Minuit, 1977 (deutsch: *Die zwei Gesichter der Arbeit: Interdependenzen von Zeit und Wirtschaftsstrukturen am Beispiel einer Ethnologie der algerischen Übergangsgesellschaft*, Konstanz: UVK, 2000).

105 Astolfo Cagnacci, *René Jacquot, Partisan du ring*, Paris, Denoël, 1989, S. 13.

106 Thomas Hauser, *The Black Lights, op. cit*, S. 166 ff.

107 William Plummer, *Buttercups and Strong Boys, op. cit.*, S. 123-124.

108 Weinberg et Arond, »The Occupational Culture of the Boxer«, *art. cit.*, S. 462.

109 Vgl. Marcel Mauss, »Les techniques du corps«, *op. cit.*, S. 385.

110 Falls Zweifel an der Möglichkeit einer Verallgemeinerung dieser Interpretation boxerischer Praxis bestehen sollten, empfehle ich die Lektüre der Studien von Jean Lave über das Erlernen des Rechnens *(Cognition in Practice, op. cit)*, von Jack Katz über die moralische und sensuelle Logik krimineller Karrieren *(Seductions of Crime*, New York, Basic Books, 1989), von David Sudnow über die Improvisation bei Jazzpianisten *(Ways of the Hand: The Organization of Improvised Conduct*, Cambridge, Harvard UP, 1978), von Joan Casselt über den Beruf des Chirurgen *(Expected Miracles: Surgeons at Work*, Philadelphia, Temple UP, 1991), und von Joseph Alter über die soziale, moralische und symbolische Organisation des traditionellen indischen Ringkampfs *(Bharatiya kushti)* in Benares *(The Wrestler's Body : Identity and Ideology in Northern India*, Berkeley, University of California Press, 1992), um nur fünf eindeutig unterschiedliche Universen herauszugreifen.

# Anmerkungen zu »Eine Abendveranstaltung im Studio 104«

1 Eine Analyse dieser Tätigkeit sowie der ökonomischen und finanziellen Organisation des Berufsboxertums in den Vereinigten Staaten findet man bei Loïc Wacquant, »A Fleshpeddler at Work. Power, Pain, and Profit in the Prizefighting Economy«, *Theory and Society*, Feb. 1998, Bd. 27, No. 1, S. 1-42.

2 Zur hier erwähnten Ethik der Körperbeherrschung, der sich der Boxer unterwerfen muss, sowie der damit verbundenen Einschränkungen in Bezug auf Ernährung, Familienleben, Geselligkeit und Sexualität vgl. Loïc Wacquant, »Sacrifice«, in: Gerald Early (Hg.), *Body Language*, Saint Paul, Minnesota, Graywolf Press, 1998, S. 47-59 (dt. Übers.: »Opfer: Über die Berufsethik des Preisboxers«, *Berliner Debatte Initial. Zeitschrift für sozialwissenschaftlichen Diskurs*, 12-1, Januar 2001, S. 22-29).

3 United States Senate, *Hearings* on *Corruption in Professional Boxing Before the Permanent Committee on Governmental Affairs, One Hundred Second Congress, August 11-12, 1992,* Washington, Government Printing Office, 1993.

4 In-Jin Yoon, *On My Own: Korean Businesses and Race Relations in America,* Chicago, The University of Chicago Press, 1997; Jennifer Lee, »Cultural Brokers: Race-Based Hiring in Inner-City Neighborhoods«, *American Behavioral Scientist*, April 1998, Bd. 41, No. 7, S. 927-937.

5 Vgl. Terry Williams, *Crackhouse Notes from the End of the Line*, Reading (Massachusetts, Addison-Wesley, 1992) und Philippe Bourgois *(Searching for Respect: Selling Crack in El Barrio,* Cambridge, Cambridge UP, 1995).

6 Eine kurze Zusammenfassung dieses soziologisch-boxerischen Experiments findet sich in »Bienvenue au ghetto«, *L'Equipe magazine,* 27 Okt. 1990, No. 471, S. 68-71 und 75.

7 Patricia A. Turner, *I Heard It Through the Grapevine: Rumor in African-American Culture*, Berkeley, University of California Press, 1993. Eine weitere Version findet sich in der Aussage eines »Hustler« über sein Leben auf der South Side, vgl. Loïc Wacquant, »The Zone: Ein Hustler im amerikanischen Schwarzenghetto«, in: Pierre Bourdieu et al., *Das Elend der Welt*, Konstanz: UVK, 1997, S. 179-204).

8 Zur Schlüsselrolle dieser Etablissements bei der Reproduktion der expressiven Geselligkeit der schwarzamerikanischen Gemeinschaft vgl. Michael J. Beil, *The World From Brown's Lounge: An Ethnography ot Black Middle-Class Play*, Urbana, University of Illinois Press, 1983.

9 Howard S. Becker, *Outsiders: Studies in the Sociology of Deviance*, New York, The Free Press, 1963.

10 Vgl. Loïc Wacquant, »A Fleshpeddler at Work«, *art. cit*, S. 6-14.

11 Loïc Wacquant, »La boxe et le blues«, *Les cahiers de l'IRSA*, Montpellier, Feb. 1998, No. 2, S. 223-233.

12 Zum Stellenwert von Rededuellen und der Bedeutung der ›Kunst der schönen Rede‹ in der urbanen afroamerikanischen Kultur und Soziabilität vgl. Roger O. Abrahams, *Down in the Jungle: Negro Narrative Folklore from the Streets of Philadelphia* (New York, Aldine de Gruyter, 1963), sowie Thomas Kochman, *Rappin' and Stylin' Out: Communication in Urban Black America* (Urbana, University of Illinois Press, 1972).

13 Loïc Wacquant, »The Prizefighter's Three Bodies«, *Ethnos,* Nov. 1998, Bd. 63, No. 3, S. 325-352.

14 Loïc Wacquant, »A Flesh Peddler at Work«, *art. cit.*, S. 23-30.

15 Teddy Brenner und Brian Nagler, *Only the Ring was Square,* Englewood Cliffs, Prentice-Hall, 1981, S. 22.

16 Steven Brunt, *Mean Business: The Rise and Fall of Shawn O'Sullivan,* Harmondsworth, Penguin, 1987, S. 201.

## Anmerkungen zu »Busy« Louie bei den Golden Gloves

1 Joyce Carole Oates, *On Boxing* (Garden City, Doubleday, 1987).

2 Z.B. Pete Hammill, *Boxers*, New York, Bantam, 1977.

3 Zu dieser Arbeit der körperlichen Produktion des boxerischen Habitus vgl. auch Loïc Wacquant, »Pugs at Work: Bodily Capital and Bodily Labor Among Professional Boxers«, *Body and Society,* März 1995, Bd. 1, No.1, S. 65-94.

4 Vgl. Loïc Wacquant, »Protection, discipline et honneur: une salle de boxe dans le ghetto américain«, *Sociologie* et *société,* Frühjahr 1995, Bd. 27, No. 1, S. 75-89.

5 Leonard Gardner, *Fat City,* New York, Vintage, 1969.

6 Jean-François Laé, »Chausser les gants pour s'en sortir«, *Les temps Modernes,* No. 521, Dez. 1989, S. 129.

7 Loïc Wacquant, »Sacrifice«, in Gerald Early (Hg.), *Body Language: Graywolf Forum Two,* Saint Paul, Minnesota, Graywolf Press, 1998, S. 47-59.

8 Paddy Flood, zit. nach Sam Toperoff, *Sugar Ray Leonard and Other Noble Warriors,* New York, McGraw-Hill, 1987, S. 32.

9 Zit. nach Jose Torres, *Fire* and *Fear: The Inside Story of Mike Tyson,* New York, Warner Communication Books, 1989, S. 60.

1 Pierre Bourdieu, *Meditations pascaliennes*, Paris, Edition du Seuil, 1997, S. 168.

2 Unsere Zusammenarbeit erstreckte sich über vier Jahre und begann zu dem Zeitpunkt, als Wilson sein wegweisendes Werk der 1980er Jahre veröffentlicht hatte: *The Truly Disadvantaged*, Chicago, The University of Chicago Press, 1987.

3 Loïc Wacquant, »L'›underclass‹ urbaine dans l'imaginaire social et scientifique américain«, in: *L'Exclusion. L'état des savoirs*, Paris, Editions La Découverte, 1996, S. 248-262.

4 Ein erster Überblick über diese Arbeiten findet sich in meinem Buch *Urban Outcasts: Towards a Sociology of Advanced Marginality*, Cambridge, Polity Press 2003; vgl. auch »Elias in the dark Ghetto«, *Politix*, 56, Herbst 2001, S. 209-218, sowie »›The Zone‹: Le métier de ›hustler‹ dans le ghetto noir américain«, (*Actes de la recherche en sciences sociales*, 93, Juni 1992, S. 38-58; deutsche Fassung von J. Ohnacker in: Pierre Bourdieu et al., *Das Elend der Welt*, Konstanz, UVK, 1997, S. 179-204).

5 Loïc Wacquant, »Three Pernicious Premises in the Study of the American Ghetto«. *International Journal of Urban and Regional Research*, 21-2, Juni 1997, S. 341-353 (dt. Übers.: »Drei irreführende Prämissen bei der Untersuchung der amerikanischen Ghettos«, in: Wilhelm Heitmeyer, Rainer Dollase und Otto Backes [Hrsg.], *Die Krise der Städte: Analysen zu den Folgen desintegrativer Stadtentwicklung für das ethnisch-kulturelle Zusammenleben*, Frankfurt a.M., Suhrkamp 1998, S. 194-210); »›A Black City Within the White‹: Revisiting America's Dark Ghetto«, *Black Renaissance - Renaissance Noire*, 2-1 Herbst/Winter 1998, S. 141-151, sowie »The New ›Peculiar Institution‹: On the Prison as Surrogate Ghetto«, *Theoretical Criminology*, 4-3, 2000, S. 377-389.

6 Der interessierte Leser findet eine Ergänzung in: Loïc Wacquant, »The Prizefighter's Three Bodies«, *Ethnos*, 63-3, November 1998, S. 325-352; »Whores, Slaves and Stallions: Languages of Exploitation and Accomodation Among Professional Fighters«, *Body & Society*, 7-2/3, Juni 2002, S. 181-194, sowie »*Chicago fade*: remettre le corps du chercheur en scène«, *Quasimodo*, 7, Frühjahr 2003, S. 171-179.

7 Marcel Mauss, »Allocation à la société de psychologie« (1923), Nachdruck in *Oeuvres*, Bd. 3: *Cohésion sociale et divisions de la sociologie*, Paris, Editions de Minuit, S. 281.

# Verzeichnis der Abbildungen*

## Die Straße und der Ring



*Falls nicht anders vermerkt, stammen die Aufnahmen vom Autor.

S. 51
»Keine Bildung, keine Zukunft«: Werbetafel in einer Straße des Ghettos (im Viertel von Fuller Park); im Hintergrund die Gebäude der Robert Taylor Homes, die größte Häufung von Elend in der westlichen Welt und zu 100% von Schwarzen bewohnt.

S. 54
»Rockin« Rodney Wilson genießt das äußerst seltene Vergnügen weiblicher Gesellschaft neben dem Ring.

S. 65
»*Floorwork*«: Tony »The Rock« Jackson bearbeitet den Sandsack, während Anthony »Ice« Ivory sich mit Schattenboxen vor dem Wandspiegel aufwärmt; im Hintergrund das Fenster des Büros, von dem aus DeeDee den Saal überwacht.

S. 66
»*Ringwork*«: Lorenzo »The Stallion« Smith arbeitet mit Eddie, dem zweiten Trainer des Clubs an den Pads (Eddie im schwarzen T-Shirt »Iron Mike Tyson, King of the Ring«).

»*Tablework*«: Curtis Strong beim Bauchmuskeltraining auf dem Tisch, aufmerksam beobachtet von seinem Cousin (der seine Beine arretiert) und seinem Sohn Christopher (auf dem Stuhl). An der Wand links die Portraits von Harold Washington, dem ersten schwarzen Bürgermeister von Chicago, sowie von Martin Luther King, rechts davon Poster von Boxern und Veranstaltungsplakate lokaler Boxkämpfe.

Smithie und Anthony beenden ihre Trainingseinheit mit drei Runden frenetischem Seilspringen vor dem Eingang der kleinen Küche des Boys Club.

S. 83
Mit konzentriertem Blick schlägt Curtis, der seinen Everlast-Kopfschutz trägt, einen Jab in Richtung seines Sparringspartners Gary »Ashante« Moore.

S. 96
»Fat« Joe und Smithie (eigentlich Ed Smith) bei der Arbeit im Ring: Joe, in Deckungshaltung, hat die linke Faust halb geöffnet, um Smithies Jab besser blockieren zu können.

S. 109
Von seinem Sessel im Hinterzimmer verfolgt DeeDee, mit der Stoppuhr in der Hand, aufmerksam die Fortschritte seiner Schützlinge.

S. 119
In Begleitung von Eric, einem Amateurboxer, und Reggie (im T-Shirt *Ringside*), dem Trainer einer anderen Boxhalle, beaufsichtigt DeeDee das Sparring. Die Stoppuhr ist immer dabei.

S. 122
Eddie (mit dem Rücken zur Kamera) hat alle im Blick: Lorenzo und Little Keith (die sich vor dem Sparring beim *shadow-boxing* vor dem Spiegel aufwärmen), Jimmy und Steve (die eine Runde im Ring absolvieren) und »Boxhead« John Sankey am *speedbag*. Das Bild wurde vom Eingang zu DeeDees Büro aus aufgenommen.

S. 125
Reggie demonstriert einem aufmerksamen Neuling den Bewegungsablauf des Uppercut vor dem Boxsack, der zur Übung dieses Schlags dient.

S. 133
Ashante, der seinen »Schwitzanzug« (sweat suit) aus Vinyl trägt, wickelt nach Trainingsende die Bandagen von den Händen. An seiner rechten Hand sieht man, dass er die Stoffbandagen mit einer Lage Klebeband verstärkt hat, um seine Handrücken besser vor Schlägen zu schützen [Foto: Michel Deschamps].

S. 136
Curtis posiert nach seinem Sieg. Hinter ihm schwenken (von links nach rechts) Cliff, ein Boxer des Boys Club, sein Cousin der Pastor, und seine Brüder Lamon und Derrick den gerade eroberten Gürtel des Champions von Illinois (International Amphitheater, Oktober 1988).

S. 141
Wayne Hankins alias Butch, der allzeit gelassene »Fighting Fireman«, bearbeitet den *speed bag*.

S. 156
Ankündigung der von Rising Star Promotions organisierten Boxveranstaltung am 30. Juni 1990 im Studio 104.

S. 167
Laury Myers, seit jeher der Noblen Kunst verfallener professioneller *cutman*, in dem Hotelzimmer, das er bei Smithies Kampf im Casino Harrah's in Atlantic City bewohnte (Juni 1990).

S. 176
Curtis (in der Latzhose) und DeeDee (im für besondere Tage reservierten weißen Baumwollhemd) warten zusammen mit Cliff (links) und Eddie (im Hintergrund) im hinteren Teil des Saals auf das Wiegen.

Jack Cowen (links) und sein Assistent sitzen auf dem Boden des Wiegesaals und sortieren Handschuhe und sonstiges Zubehör für die Kämpfe am Abend.

S. 180
»Was würdest du denken, Louie, wenn ich so einen Hut aufhätte?«Ein Original aus Woodlawn posiert unter der Hochbahn.

S. 190 Ein Zuschauer und seine Begleiterin in der einem großen Boxabend angemessenen Garderobe: Ringe und Anhänger aus Golddublee für ihn, Imitat einer Fendi-Handtasche für sie.

S. 203
Keith »Minicannon« Rush *vs* Sherman Dixon, über 4 Runden.

Gut 300 Zuschauer scharen sich zu Beginn der Kämpfe in der Abenddämmerung um den Freiluftring auf dem Parkplatz des Restaurants.

Sofort nach Beginn des Kampfes geht Keith resolut seinen Gegner an.

Zwischen zwei Runden (eines anderen Kampfes, der letzten Monat im Studio 104 stattfand) trocknet Eddie Keiths Gesicht unter den Blicken von dessen Manager und Betreuer Elijah.

Die Menge applaudiert und amüsiert sich über die Darbietung; mit erhobenen Armen: Wanda, Curtis' Schwester.

S. 210
In dem zur Loge umfunktionierten Abstellraum bandagiert DeeDee (im blauen Umhang mit der Aufschrift »Curtis Strong«) die Hände seines Schützlings - inmitten von Bacardikisten, Posterstapeln und Restaurantbedarf. Links die schwarze Ledertasche, in der er seine Ausrüstung aufbewahrt: Binden, Gaze, Heftpflaster, Schere, Vaseline, Arzneifläschchen ...

S. 219
Curtis betritt in seinem weißen Bademantel den Ring, begleitet von den Hochrufen der Zuschauer und unter den Blicken von Ringrichter Peter Pogorsky.

S. 223
Curtis Strong *vs* Jeff Hannah, über 8 Runden

Zu Beginn des Kampfes drängt Hannah Curtis in die Ecke und bearbeitet ihn mit einem Hagel von Schlägen, nachdem er ihn zur Verblüffung der Zuschauer niedergeschlagen hatte.

Ab der dritten Runde zeigt sich Curtis als »Herr im Ring« und straft seinen Gegner mit beidhändigen Uppercuts.

Das Kampfergebnis wird bekanntgegeben: Hannah ist erleichtert, Curtis glücklich und Jeb Garney stolz auf seinen blauen Umhang.

Zurück in der Abstellraum-Loge, sinniert Curtis über den Weg, den er zur Erfüllung seiner Ambitionen zurückzulegen hat.

S. 228
Werbung für den »sexy leg-Wettbewerb«, der jeden Samstag im Studio 104 stattfindet, 200 Dollar Preisgeld bar auf die Hand und 5 Dollar Eintritt.

S. 231
Bangen und Pein sind vergessen. Enstpannung und Spaß an der Bar des Studio 104 nach dem Kampf.

Einer lacht, einer trinkt: Eddie und DeeDee verbringen die »dritte Halbzeit« des Abends an der Bar.

Eddie, Liz und DeeDee posieren für das ›Foto nach dem Kampf‹.

Liz, DeeDee und Louie an der Bar des Studio 104 [Foto: Olivier Hermine].

S. 239
Eine Straße des Ghettos in der Nähe des *gym*, mit den typischen Vorderfronten eines Schönheitssalons und eines Schnapsladens.

S. 243
DeeDee sitzt auf dem Bett in seiner Küche und redet am Telefon über das Boxen.

## »Busy« Louie bei den Golden Gloves

S. 244
»Busy« Louie, »aus Montpellier, zur Zeit beim Woodlawn Boys Club in Chicago«, erwartet in seiner Ecke voller Ungeduld die Begegnung mit Larry Cooper vom städtischen *gym* Bessemer Park [Foto: Jimmy Kitchen].

S. 256
Zwischen Zirkus, Anatomiemuseum und Schlachthof ...

Big James steigt auf die Waage, gefolgt von Rico (Ricardo Harris).

»137 Pfund, Foto«: »Busy« Louie beim Schlange stehen zum Wiegen [Foto: Mark Chears].

S. 258
Letzte kurze ärztliche Kontrolle der Teilnehmer der Golden Gloves am Abend der Ausscheidungskämpfe.

S. 259
Im Umkleideraum vor dem Kampf: allein mit sich selbst, man ist ängstlich und die Stimmung ist beängstigend.

S. 261
Kurz vor dem Kampf: »Busy« Louie wird am Ring feierlich von DeeDee begrüßt und erhält letzte Ermutigungen von Ashante und Olivier (alias »the doc«) [Foto: Ivan Ermakoff].

S. 263
»Busy« Louie in action

Im Rampenlicht: »Busy« Louie geht zum Angriff über, nachdem er gleich zu Beginn des Kampfes niedergeschlagen worden war [Foto: Jimmy Kitchen].

»Busy« Louie schlägt am Ende der dritten Runde eine beidhändige Serie, die seinen Gegner in Schwierigkeiten bringt.

S. 266
Sieg für den Woodlawn Boys Club: Big James und »Mighty« Mark Chears siegen in ihrer jeweiligen Klasse und präsentieren, eingerahmt von Eddie und DeeDee, stolz ihre Pokale.

S. 268
»Busy« Louie beim Training am double-end bag. Aus seinem Büro im Hintergrund wacht DeeDee mit strengem Blick [Foto: Jim Lerch]